U0017671

康 樂 主 編　新　　　　橋　　　　譯　　　　叢

Capitalism and Modern Social Theory:
   An analysis of the writings of Marx, Durkheim and Max Weber by ANTHONY GIDDENS
Copyright © Cambridge University Press 1971
This edition arranged with CAMBRIDGE UNIVERSITY PRESS
through Big Apple Tuttle-Mori Agency, Inc., Labuan, Malaysia
TRADITIONAL Chinese edition copyright © 2012 by YUAN-LIOU PUBLISHING CO., LTD.

新橋譯叢 | 5

資本主義與現代社會理論：
馬克思・涂爾幹・韋伯

著者 / 紀登斯
(Anthony Giddens)

譯者 / 簡惠美

總主編 / 康樂

編輯委員 / 石守謙、吳乃德、梁其姿
章英華、張彬村、黃應貴
葉新雲、錢永祥

總策劃 / 吳東昇
允晨文化實業股份有限公司
台北市南京東路 3 段 21 號 11 樓

責任編輯 / 陳正益

發行人 / 王榮文
出版・發行 / 遠流出版事業股份有限公司
台北市中山北路一段 11 號 13 樓
郵撥 / 0189456-1
電話 / 2571-0297
傳真 / 2571-0197

著作權顧問 / 蕭雄淋律師

1994 年 5 月 1 日　新版一刷
2022 年 9 月16日　新版二十四刷

售價新台幣 400 元

缺頁或破損的書，請寄回更換

版權所有・翻印必究　Printed in Taiwan

ISBN 957-32-2888-2

YL*ib* 遠流博識網
http://www.ylib.com
e-mail: ylib@ylib.com

新 橋 譯 叢　　資本主義與現代社會理論：馬克思·涂爾幹·韋伯
Capitalism & Modern Social Theory
An analysis of the writings of Marx, Durkheim and Max Weber

5

作者／紀登斯

譯者／簡惠美
校訂／錢永祥
　　　陳忠信
　　　蔡錦昌

Capitalism and Modern Social Theory: An Analysis of the Writings of Marx, Durkheim and Weber

(Cambridge University Press, 1971)

總　序

　　這一套《新橋譯叢》是在臺灣新光吳氏基金會獨力支持下進行編譯的。其範圍廣及人文社會科學的幾個最重要的部門，包括哲學、思想史、歷史學、社會學、人類學、政治學、經濟學等。我細審本叢書的書目和編譯計劃，發現其中有三點特色，值得介紹給讀者：

　　第一、選擇的精審　這裏所選的書籍大致可分爲三類：第一類是學術史上的經典作品，如韋伯(M. Weber, 1864—1920)和涂爾幹(E. Durkheim, 1858-1916)的社會學著作。經典著作是經得起時間的考驗的；作者雖已是幾十年甚至百年以前的人物，但是他們所建立的典範和著作的豐富內涵仍然繼續在散發著光芒，對今天的讀者還有深刻的啓示作用。第二類是影響深遠，而且也在逐漸取得經典地位的當代著作，如紀爾茲(C. Geertz)的《文化詮釋》(*The Interpretation of Cultures*)、孔恩(T. Kuhn)的《科學革命的結構》(*The Structure of Scientific Revolutions*)等。這些作品是注意今天西方思想和學術之發展動向的中國人所不能不讀的。第三類是深入淺出的綜合性著作，如帕森思(T. Parsons)的《社會演進》(*The Evolution of Societies*)、契波拉(Carlo M. Cipolla)主編的《歐洲經濟史論叢》(*The Fontana Economic History of Europe*)。這些書的作者都是本行中的傑出學人，他們鉤玄提要式的敍述則可以對讀者有指引的功用。

　　第二、編譯的愼重　各書的編譯都有一篇詳盡的導言，說明這部書的價值和它在本行中的歷史脈絡，在必要的地方，譯者並加上註釋，使讀者可以不必依靠任何參考工具即能完整地瞭解全書的意義。

第三、譯者的出色當行　每一部專門著作都是由本行中受有嚴格訓練的學人翻譯的。所以譯者對原著的基本理解沒有偏差的危險，對專技名詞的中譯也能夠斟酌盡善。尤其值得稱道的是譯者全是年輕一代的學人。這一事實充分地顯示了中國在吸收西方學術方面的新希望。

中國需要有系統地、全面地、深入地瞭解西方的人文學和社會科學，這個道理已毋需乎再有所申說了。瞭解之道必自信、達、雅的翻譯著手，這也早已是不證自明的真理了。民國以來，先後曾有不少次的大規模的譯書計劃、如商務印書館的編譯研究所、國立編譯館和中華教育文化基金會等都曾作過重要的貢獻。但是由於戰亂的緣故，往往不能照預定計劃進行。像本叢書這樣有眼光、有組織、有能力的翻譯計劃，是近數十年來所少見的。我十分佩服新光吳氏基金會的深心和魄力，也十分欣賞《新橋叢書》編輯委員會的熱忱和努力。我希望這套叢書的翻譯只是一個新的開始，從初編、二編、三編，不斷地繼續下去。持之以恆，人文學和社會科學在中國的發展一定會從翻譯進入創造的階段。是為序。

余英時

1984 年 9 月 5 日

目　錄

原　序

理性總是存在著，只不過並不總是以理性的形式存在。

——馬克思

本書之寫作在於作者相信，一般社會學家都認爲當今的社會理論有徹底修正的必要。要做這種修正，首先必須對現代社會學的主要參考架構之建構者的著作重新加以思量。準此，有三人位於首要之列：馬克思、涂爾幹與韋伯。本書的目標有兩重：第一，對此三位作者個別的社會學理念做一簡明而又包容廣泛的分析；其次，則檢視馬克思所特有的觀點與後面兩位作者的某些主要不同之處。我的主要用意雖然不是在爲"馬克思主義"社會學與"資產階級"社會學二者之間的關係作任何全面性的評估；不過，圍繞著這個問題所引起的種種論斷與反論斷，如此難分難解，我僅希望本書能爲此開出新路的初步工作有所助益。當然，無可避免的，我也提及許多爲人所熟悉的見解；然而，這三位作者著作中的基本學理，最近都已有了學術性的淸楚分說，因此我相信，我在本書中的分析將大大地不同於圈內某些已成的作品。

當然，我並不是意指本書中所討論的三位學者的著作，就代表了體現在社會學中的唯一一條具有意義的社會思想脈流。相反的，從1820 到 1920 這百年之中，社會思想之令人訝異的發展，正是各種不同形式的理論之百花齊放。馬克思同時代的人物，如托克維爾(Tocqueville)、孔德及史賓塞等人的作品，對於現代社會學裡的種種問題都還有著一定的關係，因此，似乎理應將這些人都收攏到本書中，來做個詳細的討論。但我並不打算這麼做，理由是一方面有篇幅上的限制，一方面是因為當今馬克思的影響實在是其他人所難以望其項背的（若是以馬克思作品內容中比較具有學術深度的層面而言，則更是如此）。再則，現代社會理論的大多數主要流派（雖然有無數的修正與推演介乎其間），無不可溯源於本書所要集中討論的三位作者身上。馬克思的著作很顯然的是當今各種不同形式的新馬克思主義的活水源頭；涂爾幹的著作則可視為"結構功能學派"（structural-functionalism）的主要靈感來源；而至少有某些現代的現象學社會學流派是直接或間接受到韋伯著作啓發的。此外，在諸如宗敎、社會階層化等社會學中較為專門的研究領域裡，馬克思、涂爾幹及韋伯，這三人的影響都是相當深遠的。

正如涂爾幹本人在為一個友人（Hamelin，他的同事）所寫的一本有關康德的著作的序言裡所指出的：任何想要把跟他不同時代的思想勾勒出來的人，必定會遭遇到一個無法兩全的難題。如果他保留了原作者在作品中所使用的詞彙，那麼他便要冒行文老套過時的危險，使自己的著作不易與現今產生關連；但是如果他在自覺的情況下將所用的詞彙現代化，那麼他的分析又有不忠於原著之眞正理念的危險。這眞是一語道盡了本書作者的難處：如何使三位作者的社會思想與現代掛鉤？不過，在分析他們的著作時，這樣的難題倒不是眞的不可解。凡是遇到這樣的問題時，我通常都保留住原文的語彙。不過，眞正的困難還在於：在翻譯這些作者的著作時，那些原來在德文或法文裡具有獨特的文化意義的詞彙便很難處理。例如德文的 Geist 或法文 représentation collective 便沒有令人滿意的英文同義詞；況且，本書所觸及的關於英、法、德三國社會發展的差異，也多少由這些特別的語詞表現出來。在可能的範圍內，我將儘量注意原著行文脈絡裡字詞所指涉的特別涵意，以面對這樣的難題，並在引文時，時時修正現有的英譯文。

　　本書非為批判而作，而是一本詮釋性與比較性的書籍。我儘量用現在式來行文，為的是強調這些作者與**當代**的關連。對於馬克思、涂爾幹或韋伯著作裡的弱點或含混之處，我並不想一一加以指認，而毋寧更願將三個作者作品中可辨認得出的內在一致性彰顯出來。同時我也儘量避免做學術性的繁瑣工作，去指認三人著作中的各個理念的出處。但是這三個人都以一種與人辯論的方式來寫作，所以無可避免的，我必會徵引到一些其他作者的想法，或對思想上的傳統作些引介。為了能夠恰當地詮釋他們的著作，對此三人的社會及歷史背景，我也做了某種程度的(但也是很緊要的)"尋根"工作。從很多方面來說，他們三人的人格當然有著很戲劇性的差異，而且這種人格上的差異也必然與他們所建構的社會理論內容息息相關。我略去這點不談，是因為他們三人寫作的詳細"緣起"，並不是我的分析目標。我所關懷的是：想將三者間一些複雜的學術關係做一番釐清。

　　在結論的那幾章裡，我並非企圖將涂爾幹與韋伯的著作做直接的比較，而是拿馬克思的著作當作參照點來與前二者作比較。由於馬克思早期著作出版的遲滯，使得馬克思與涂、韋二氏在著作中所呈現的聚合點與分歧點，不易有個清楚的分說。對評估馬克思思想具有極端重要性的這些早期著作，在距其寫作年代約有百年之久才首次出版，因此直到相當晚近──約當涂爾幹(1917)與韋伯(1920)辭世的十年後──人們才有辦法透過這些早期作品來掌握馬克思著作的思想內容。當我處理馬克思的著作時，即設法擺脫二次大戰以來籠罩馬克思研究的學術惡靈——將其著作二分爲"青年期的"馬克思與"成熟期的"馬克思。只要仔細檢視馬克思於1857-8原來寫來作爲《資本論》之底本的《政治經濟學批判大綱》，我們無疑就會發現，馬克思未曾放棄其早期作品中的主要觀點。但是實際上，那些也肯承認此一事實的學者，在分析馬克思的思想時，仍然側重在馬克思著作中的一部分，而鄙棄另一部分(譯按：這是指法國的 Althusser)。我則試圖提出一個較平衡而整合的分析，而且仍然保留《資本論》在馬克思畢生著作中的根本地位。

除了馬克思本人外，很少有像涂爾幹這樣始終遭受誤解的社會思想家。在他生時，涂爾幹的理論性著作被大多數的批評家視爲體現著一種令人無法接受的形上觀點——"團體心靈"(group mind)。晚近較能會心者已不再有這種誤解，然而取而代之的却是將整個重心放在強調涂爾幹的功能論上。在本書中，我將視涂爾幹爲一歷史思想家來解釋他。涂爾幹總是強調：在社會學裡，歷史極具份量與意義。我相信能夠欣賞這點的話，那麼對涂爾幹思想的評估就必然會大不相同於一般的論斷。涂爾幹主要的關懷並**不在**於"秩序的問題"(the problem of order)，他所關注的是：在一定的社會發展概念的脈絡裡，"秩序之**變遷**性質"(the changing nature of order)的問題。

在本書所分析的素材中，韋伯的著作可能是其中最複雜棘手的，無法在一般的層次上泛泛的處理它。一些二手性的研究者之所以未能掌握韋伯著作中的基本一致性，我想就是基於這個緣故。我用一個顯然弔詭的說法來說：韋伯研究成果中所特有的**分歧性**，正足以顯示出貫通其作品的認識論原理。正是韋伯徹底的新康德主義，將其在各個不同領域的不同著作連結在一個整體的架構中。韋伯的社會學理論在某些重要的層面上，和涂爾幹與馬克思二人之所以會有如此截然不同的差異（我將在結論的那幾章裡做部分的分析），就是基於他這個立場。

最後，還有一點也許應該提的。我相信社會學家總是應該留意理論所從出的社會背景的。然而，強調這點並不即意謂完全接受一個全然相對論的立場———一個概念只有在形塑出它的環境裡才是"妥當的"（valid）。馬克思著作的遭遇正可說明這點。我曾斷言：馬克思的理論形成於資本主義的早期發展階段，其後，西歐主要國家的一連串經驗則有助於形成一種在本質上大不相同於馬克思原來觀點的所謂"馬克思主義"。任何形式的實踐性理論都有它的聖保羅（St. Paul），而且在某種限度上來說，這乃是無可避免的。不過，承認這點，並不就是說：後來的資本主義發展"推翻"了馬克思的理論。今日，相對於其他後來的作者，馬克思著作仍然呈現出可貴的社會概念、歷史概念。我不相信這些觀念上的歧異可以用傳統的方式來解決———以經驗的事實來證明科學理論是"確實的"還是"無效的"。然而，它們也不是像哲學理論那樣可以完全無視於經驗事實的參證。即使社會學與社會哲學間的藩籬難以界定，然而其分界依然存在。不過，如果社會學家僅將其學科之幅度限定在那些經驗事實易於應用來驗證的範圍裡，我敢肯定的說，這也是錯的。這是一條通向貧瘠荒蕪的形式主義之路，使社會學疏離於真實的生命與生活（lebensfremd），而與那些它原本最能有所貢獻的課題了不相干。

安東尼・紀登斯
1971 年 3 月 3 日

概　論

艾克頓爵士(Lord Acton)於其 1895 年的劍橋大學就職演說辭中,愷切地說出他的信念: 現代歐洲與其過往時代之間是有一「顯而易見的界線」, 現代時期之繼中古時期而起更非「平凡無奇到光是保留表面風貌的正當延續」而已。他說:

> 始料所未及的, 在一種更張的律則下, 這世界的事事物物都有了新的秩序, 並且我們承自古代以來的延續紐帶也被剪除了。在那些日子裡, 哥倫布(Columbus)改變了我們的世界觀, 扭轉了生產、財富與權力等各方面的條件; 馬基維利(Machiavelli)將政府由法律的限制中解放出來; 伊拉斯莫斯(Erasmus)將古典之學的潮流從俗界引領入基督教的神聖領域; 路德(Luther)則打破了傳統與權威之鎖鍊的最堅實環節; 還有哥白尼(Copernicus)更擎其無比驚人之力為未來的新世代樹立起進步的表記。……這是一種新生命的覺醒; 這世界為一種前所未知的力量所影響控制著, 並轉而運行於一個與往昔大不相同的軌道上❶。

艾克頓續言道, 歐洲傳統秩序的動搖, 乃是歷史科學(historical science)發展的動源。所謂傳統的社會,意指人們的眼光老是逡巡於過

---

❶ Lord Acton: *Lectures on Modern History* (London, 1960), p. 19。

往而晃然莫辨於今古。正因爲如此，使得"歷史"並不那麼相干；昨日
與今日的賡續，使得"曾是"與"是"之間缺乏清楚明白的分辨。因此，
歷史科學之存在，預設了一個變遷已經無所不在的世界，甚且在某種
程度上來說，過往已成爲人們所急欲擺脫的包袱。在現代時期裡，人
們已不再認爲出身的境遇即是其終生所必須接受的處境，反而試圖將
一己的意志加於現實之上，以驅使未來就範於他們所欲求的模式。

　　如果說文藝復興時代的歐洲造就了人們對歷史的關懷，那麼工業
革命時代的歐洲則爲社會學的興起提供了必要的條件。於 1789 年發生
的法國大革命可以說是這兩大事件複合體間的觸媒劑。依一般標準來
說，英國是第一個有某種程度民主政治的國家；雖然說英國的民主成
果並不是沒有經歷過一番政治上的革命風潮就得到的，然而，以其社
會與經濟的歷程觀之，英國自十七世紀以來的社會變遷脚步可說是相
當穩健的。反之，發生於法國的大革命，則戲劇性地一舉推翻了代表
貴族與特權的舊體制(ancien régime)，而追尋一可能普遍實現自由
與平等原則的新社會。於 1789 年所宣布的《人權宣言》(*The Declara-
tion of Human Rights*)更提出：「對於人權的無知、輕忽與鄙視乃
是公衆禍害的根源」。於是，法國大革命(至少看起來好像是)終於將十
六與十七世紀的通俗理性主義擴展延伸到人類社會本身的領域裡來
了。1789 年法國大革命的政治風暴事實上還顯示出也標示出發生在社
會裡的一種翻根捲土式的大變革，在這方面，同樣由英國扮演了領導
的角色。由農業與手工業的生產方式轉變爲建立在工廠與機械上的工
業經濟，也是十八世紀末發生在英國的。而此種變遷的巨大影響於十
九世紀時，顯而見諸英國及西歐其他幾個主要的國家。

　　當然，由法國大革命的政治氛圍與工業革命所引發的變遷二者所

連結成的具體背景，通常被認爲就是形成社會學的社會情境。然而，我們當不能忘記，自十八世紀晚期以來，西歐各個國家都各自有多麼不同的經歷，而就在此一歧異的架構中，社會學的主要傳統於十九世紀裡誕生。今日的社會學家經常草率談論十九世紀歐洲"工業社會"之興起，這即是忽略了此一歷程所牽涉的複雜性。

　　對西歐三個主要的國家——英國、法國與德國——來說，十八世紀末期正是其經濟繁榮躍昇的時代。十八世紀末的英國，經濟發展脚步遠超越於其他兩國之前，而在這些年裡，一連串影響深遠的工技改進，使得棉紡業的結構產生了蛻變，機械化與工廠生產方式因而也迅速的擴展開來。然而，十八、十九世之交，工業革命所能直接影響的範圍，也不過是英國經濟上的某些環節而已。即使過了二十年之後，景象也依然沒什麼改變，只是棉紡業從五十年前在整個經濟體系內還微不足道的景況，變成已在英國的工業生產中占了領先地位的景況而已 ❷。直到十九世紀中葉，英國方可稱得上是個眞正的"工業社會"。法國與德國的情形與此大不相同。若要套句今天的用語，以"低度開發"(under-developed)國家來稱呼它們，這也是大大不妥的❸。在某些方面來說，例如文化成就的水平，尤其是在文學、藝術與哲學方面，這兩個歐陸國家與英國相較下，可能還有過之而無不及。然而自十八世紀中葉以來，在經濟發展的層面上，它們很顯然是落在英國之後的；直到足足過了一個世紀之久後，法國和德國方能在某些實質的程度上，

❷ Phyllis Deane & W. A. Cole: *British Economic Growth* (Cambridge, 1969), pp. 182-92。

❸ 參見 David S. Landes: *The Unbound Prometheus* (Cambridge, 1969), p. 125.

重新爭回那久已爲英國所取得的領導地位❹。

　　再則，以英國爲衡量標準來說，十九世紀早期，不論是德國還是法國，都還不是一個內部政治穩定的國家———個自由主義的中產階級在政府裡占有重要地位的國家。法國的復辟事件乃是反動階層的利益在受到嚴重的打擊之後的實質表現，打散了二十五年前雅各賓黨人(Jacobins)所持的崇高的進步理想。由大革命所引發的社會與政治裂痕，與其說是在 1789 年的事件以及隨之而來的一連串事變中獲得解決，毋寧說是更形惡化了；事實上，1870 年以前的法國執政當局，沒有能將其政權維持在二十年以上者。至於德國，正如馬克思在其早年學術思想中就注意到的，「分潤了現代國家的復辟傾向，而未分享其革命的潮流」❺。這個國家於十九世紀之初，實際上還未成其爲一個現代意義的國家，只不過是些君主城邦的鬆散組合，這個情形一直要到俾斯麥上台後才得到改善，在他治理下的普魯士，方能以其優勢地位完成德國在政治上的完全統一。

　　德國的"落後"乃是馬克思在早期的歷史唯物論裡的根源問題。作爲一個"青年黑格爾主義者"，馬克思起初也認爲：只要以理性批判現存制度，即可引起社會劇烈的變革、足以帶動德國趕上或超越其他兩個西歐先進國家。不過，馬克思很快就發現，這種激進的─批判的架勢正巧落入德國典型光說不練的窠臼中──只有"理論"的關懷，而沒有"實際"的行動。馬克思言道，「以政治而言，德國人只**想**別的國家所

---

❹英國與其他兩國在經濟進步層面上的差異，當然很可以推溯到十八世紀以前。參見 F. Cronzet. "England and France in the eighteenth century: a comparative analysis of two economic growths", in R. M. Cartwell: *The Causes of the Industrial Revolution in England*(London, 1967), pp. 139‑74。

❺ *EW*, p. 45。

做的**❻**」。黑格爾的思想體系——將整個人類的歷史轉化爲心靈或精神的歷史-——正是此種心態的最佳哲學典範。馬克思歸結道：如果德國想要有更進一步的發展，只有靠著對那運行於變遷中的物質力量有所認識以補其光有哲學批判的不足，方有可能；而變遷本身是不止存在於觀念層面的。

　　許多作者都已相當正確地強調，馬克思的著作裡滙聚有來自三方面的影響 **❼**。西歐三個先進國家各因其在社會、經濟與政治情況上的差異所發展出來的不同思想潮流，在馬克思的滙歸下，成爲一強而有力的思想綜合體。與功利主義哲學有緊密相關性的政治經濟學，是貫穿整個十九世紀英國的社會理論主流。馬克思接受了許多亞當斯密與李嘉圖所發展出來的主要論點，然而却將之與法國社會主義的各流派對於資產階級社會之有限特質的某些觀點融於一爐；而後者正是馬克思在巴黎寫作其 1844 年的《經濟與哲學手稿》(|the Economic and Philosophical Manuscripts) 時，對未來社會之設想的靈感來源。將政治經濟學與社會主義整合於歷史流脈之中，却又是黑格爾辯證法之運用。馬克思的著作就這樣首尾一貫地將英、法、德各個分歧經驗下的智識重新組合爲一體，而同時又爲這些在社會、經濟與政治結構上的不同現象，提供一理論上的解釋基礎。

　　當馬克思死於 1883 年時,涂爾幹與韋伯還是處於學術生涯起步階段的年輕人。但就在這個時候，西歐三個主要國家的社會結構，與馬克思發展其基本觀點之時，已有了相當大的改變。相對於英國，法國

---

❻ *EW*, p. 51。

❼ 參見 Lenin: "The three sources and three component parts of Marxism", *V. I. Lenin, Selected Works* (London, 1969), pp. 20- 32。

與德國那些帶有潛在革命本質的工人階級運動，已在政治體系裡扮演著領導的角色。然而這些運動的影響力却爲另一股正在興起中的民族主義波濤所平衡掉了；尤其是在德國，未曾有過成功的中產階級革命經驗，中產階級仍隸屬於一個由國家官僚體系、軍隊、以及現存的層級制度所掌握運作的強大專制秩序。在德國國內，雖然有反社會主義法律的制定，但社會民主黨(一個在 1875 年之後顯然是"馬克思主義"的政黨)的勢力還是膨脹了；不過到了十九世紀末，這個政黨發現，他們的革命態勢越來越與他們在社會中所處的眞正地位無法相契，因爲這個社會大致上已經「由上而下地」轉化爲一個工業社會了。

　　也就是在此情況下，恩格斯(Engels)於馬克思死前不久，開始出版一連串的辯護文字，將馬克思主義闡述成一種有系統的學說，而其中最重要也最具影響力的是《反杜林論》(*Anti-Dühring*)。此文強調，馬克思社會主義並非一烏托邦式、或一廂情願式的社會主義理論，而乃是一"科學性"的理論。這個辯解奠立了對馬克思主義作實證論式之解釋的基礎，並且獨霸了一次大戰前的馬克思主義學術圈，而後來也成爲蘇聯的官方哲學 ❽。馬克思死後的十年裡——正是涂爾幹與韋伯爲他們畢生著述之主要觀點奠下基礎的時期——是馬克思主義成爲政治上與思想上一股重要勢力的關鍵時期。在恩格斯影響下的哲學性的唯物論，被普遍認定爲就是"馬克思主義"，並爲社會民主黨提供了理論上的架構，而容許理論與實踐之間實質上可以錯開：社會民主黨實質上越來越變成一改革性的政黨，雖然仍保留其革命政黨的稱號。可是，此正顯示，社會民主黨的主要發言人也實在沒有認清那使德國

---

❽ George Lichtheim: *Marxism, an Historical and Critical Study* (London, 1964), pp. 238-43。

快速追上英國之工業化地位的變遷之眞正意義所在。

　　關於"理念"(ideas)對於社會發展之影響，這個在本世紀之交引起馬克思主義者與其批評者之間不斷爭論的問題，必須在這個背景下來加以解釋。涂爾幹與韋伯都以恩格斯、考茨基(Kautsky)、以及拉布里奧拉(Labriola)等人所傳播的哲學唯物論，作爲他們批評馬克思主義論點的對象。自由主義分子與馬克思主義者都將他們的辯論圍繞在觀念論與唯物論的二分法論點上。於是，關於馬克思著作是否具有有效性的爭論，便集中在理念是否僅爲"附帶現象"(epipheonomena)而在社會發展過程中並不扮演"獨立"的角色這個問題上。我在本書中的主要關懷點之一即在指出：這些爭論根本無關於將馬克思的著作拿來與涂爾幹及韋伯的作品相比較，當作是不同類型的社會理論。馬克思與後二者一樣，都在尋求突破唯心論與唯物論的傳統哲學二分格局。也就是混淆了這種流傳已久的二分論與馬克思本身對唯心論所採取的"唯物論式"的批判，所以才會將馬克思與"學院派"或"資產階級"社會學之間眞正的歧異根源，弄得模糊不清。

　　此項理論糾結在晚近才日趨明朗。這是由於二次大戰後，西方馬克思研究又蔚然復興才導致的。收錄於烈查諾夫(Rjazanov)的《馬克思—恩格斯全集》(*Marx-Engels Gesamtausgabe*)裡的馬克思與恩格斯各種以前所未曾出版的著作之再度出現，在此一復興中當然扮演了最主要的角色。然而，像《經濟與哲學手稿》這種著作的出版，其所引發的新的詮釋問題，與其幫助解決的問題一樣多。這包括了馬克思著作本身的"內在"性質及其一致性的問題，以及馬克思與其他社會思想家的理論立場在思想上有何種關連的問題。由此狀況所引發的種種錯綜複雜的難題，大部分都會在本書中有所說明。在評析與追索當代的馬克思主義與"學院派"社會學之間的論戰根源時，最緊要的工作，似乎必然是先重建那些貫串於主要思想家著作中的中心主題，因爲這是現代社會理論的起源。因此，本書的前三分之二即在分別處理馬克思、涂爾幹與韋伯三人所各自建立的社會理論形式(一到十二章)。由於必須以一簡明且一貫的方式來鋪陳每一位作者在其著作中所含藏的中心論題，因此，我不準備對三位作者思想的"邏輯性"及實際的"妥當性"作批判分析。

在三章結論的首章裡(第十三章)，我將分析涂爾幹與韋伯二人如何將其自身觀點與他們所認定的馬克思觀點分離開來的主要方式。但他們的觀點不應該就以其"面值"來領會。因此，在十四及十五章裡，我將把涂爾幹與韋伯這方面的見解抽出來，再重新評估他們的著作與馬克思著作之主要相應點及歧異點。同時，應該強調的是，在結論的三章裡，還有許多可以將馬克思、涂爾幹與韋伯加以比較的重要路子，都被忽略或沒交代。在所有的缺漏中，最明顯的應該算是有關三人在方法論上所採取的不同觀點了：**從初步印象來看**，這似乎是最該在本書中討論的基本的比較性課題。從某方面看來，的確如此；然而，本書的基本論點是認爲：他們三人最主要的旨趣所在，是想勾勒出與已往的社會型態大異其趣的現代"資本主義"社會結構。過去幾十年來的社會學所強調的，不過是追尋一種形式的"一般理論"。這也許是個值得嘉許的目標，然而卻使我們的目光遠離了那些現代社會思想奠立者的著作中所傳達的主要意旨，也因而模糊了他們的社會理論所提出的最緊要問題之意義。我並不認爲他們三人中的哪一個，有建立一個無所不包的思想"體系"之意圖——通常大家都這麼認爲；事實上，他們每一個都斬釘截鐵地否定這種說法。因此，當我集中全力說出每位作

者著作中所呈現的內在統一性時，我也不時盡力交待他們每個人對各
自建立的觀點與達到的結論所作的規限。他們都說，這些觀點與結論
是局部性的，而且不是完整全包的。

書名簡稱表

以下所列之書名縮寫，是常在註解中所引用到的。至於這些被引用書籍的各別版本，則列於書後的參考書目裡。凡註明兩個出處者，則表示所引原文爲作者自譯，或作者將原有的英譯文作了某些修正。兩個出處的頭一個，通常指的是英文版，而後面一個指的是原著。

馬克思與恩格斯的著作

Cap	*Capital*
CM	*The Communist Manifesto*
EW	*Kar Marx, Early Writings*
GI	*The German Ideology*
Gru	*Grundrisse der Kritik der politischen Ökonomie*
SW	*Selected Works*
We	*Werke*
WYM	*Writings of the Young Marx on Philosophy and Society*

涂爾幹的著作

DL	*The Division of Labour in Society*
DTS	*De la division du travail social*

EF　　　*The Elementary Forms of the Religious Life*

FE　　　*Les formes élémentaires de la vie religieuse*

PECM　*Professional Ethics and Civic Morals*

RSM　　*The Rules of Sociological Method*

Soc　　*Socialism*

Su　　　*Suicide*

LS　　　*Le Suicide*

期　刊

AS　　　*Année sociologique*

RP　　　*Revue philosphique*

韋伯的著作

ES　　　*Economy and Society*

FMW　　*From Max Weber: Essays in Sociology*

GAR　　*Gesammelte Aufsätze zur Religionssoziologie*

GASS　*Gesammelte Aufsätze zur Soziologie und Sozialpolitik*

GAW　　*Gesammelte Aufsätze zur Wissenschaftslehre*

GPS　　*Gesammelte politische Schriften*

MSS　　*Methodology of the Social Sciences*

PE　　　*The Protestant Ethic and the Spirit of Capitalism*

RC　　　*The Religion of China*

RI　　　*Religion of India*

WuG　　*Wirtschaft und Gesellschaft*

第 **1** 篇

馬克思

第1章
馬克思的早期著作

就某個意義而言，馬克思的著作橫跨了三個世紀。雖然他生的時候十九世紀已經過了二十年，而死的時候這個世紀離結束還有一段時間，他的著作卻在二十世紀發揮了最大的影響力——在政治的領域裡這當然是確定的，但即使在思想的領域裡可能也是如此。然而，這些著作的根源卻在十八世紀晚期，源自於法國 1789 年的大革命所帶來的政治與社會的變遷。以此，馬克思的著作將法國大革命的振盪引入當今這個時代裡來，並且在 1789 年與其後約一百三十年的俄國十月革命之間呈現了一條直接的綿延線。

雖然世人對馬克思的童年所知甚少，但他成長時期的各種殘篇與信件卻有一些留傳下來。其中為時最早的是三篇短論，寫於他在校時期最後的考試期間。無可諱言的，這些篇章都少有內在的旨趣及原創性，但其中卻也透露著激發出他成年時期之寫作的激切慷慨的襟懷❶。三篇中以題為"一個青年在選擇職業上的反省"這一篇最見新意。它討論到一個人在選擇其終生所欲從事的行業時所負有的道德義務與所擁

---

❶值得注意的是有些評論者試圖在這些文章裡析離出馬克思後期著作裡的許多根本主題來（參閱 A. Cornu: *Karl Marx et Friedrich Engels*（Paris, 1955），vo l.l，pp. 65-6）。不過這些論文最驚人的特色是其年輕人陳腐浪漫的理想主義。

有的自由幅度。馬克思的結論是：

> 在選擇職業時，我們應該遵循的主要指針是人類的幸福與自
> 我完成。我們不應該認爲這二者的利益會互相衝突，而一方必然
> 摧毀；另一方面人類的天性本來就是這樣的：人們只有在爲其社
> 會的改善與福祉努力時，才會使一己得到完滿。歷史承認那些爲
> 共同目標勞動因而自己變得高尚的人是偉大的人物……❷。

　　像這樣的一種觀點，終將引領作爲大學生的馬克思一心鑽研黑格爾——我們可以在他的哲學裡確實看到自我完成的理論。「吾人一己之完美」的極致之理論。馬克思於 1837 年寫給他父親的一封信裡說到，在他發現對康德及費希特的哲學感到不滿，並且最終也要斥絕他年輕時代所喜愛的抒情詩之後，他「鑽到[黑格爾的]大海裡去」❸。但即使在黑格爾哲學系統的魔力初度吸引住作爲大學生的馬克思時，馬克思也絕不是個盲目的正統黑格爾派門人。最初馬克思對黑格爾理論感到興趣，是在他到柏林唸書時，從研讀哲學與法律的課程中所引發的，這我們可從他描述所做的筆記看出端倪來 ❹。將"實然"與"應然"劃分開來的康德式二元論，在馬克思來說——而且他畢生都這麼認爲——完全與個人想要將其哲學應用到其目標的追求上的需求不能相容。費希特的哲學也受到同樣的反對：它將邏輯與眞理這一方面的性質(就像分別是數學與經驗科學牽涉到的性質)和人類主體在這個不斷發展中的世界裡發生的干預作用劃分開來。是故，這個立場必須要代之以以

---

❷ *WYM*, p. 39。

❸ *WYM*, pp. 40-50。

❹ *WYM*, pp. 42-7。

下這套認識:「我們必須從對象的發展上細心研究對象本身,其間不可任意加以分割;事物本身的原理性(Vernunft)在這裡應當作為一種自身矛盾的東西發展,並在自身求得自己的統一❺」。

馬克思發現自己無法單獨解決這些問題,因此也無可避免的要在自己的思想中重溯整個德國唯心哲學的演進歷程——從康德到費希特,再到黑格爾 ❻。然而最初將馬克思吸引到黑格爾之處的,並不是後者哲學令人嘆服的包容深廣,也不是他哲學前提本身的特定內容,而是古典德國哲學在康德的影響下所具有的二元分裂取向,在黑格爾的手上宣告終結。黑格爾對於馬克思的衝擊是透過兩個部分有別的來源的中介,二者分別都牽涉到將黑格爾哲學接引到政治立場上,不同於黑格爾的保守主張❼。影響之一,就是剛思(Eduard Gans)的教學,這位在柏林開課的學者對馬克思啓發良多。剛思在黑格爾身上添加了許多聖西門(Saint-Simon)哲學的色彩 ❽。不過我們幾乎可以肯定地說,馬克思早在更年輕的時代就已接觸到聖西門的學說,而如果說聖西門的著作對於成形期中的馬克思的影響,在某些方面而言與黑格爾對他的影響不分軒輊的話,這也是不錯的❾。

馬克思之所以接受黑格爾,還有第二個因素,他是柏林大學的"博

❺ *WYM*, p. 43; *We. Ergänzungsband*(*Ergd*), vol. 1, p. 5。

❻ 參閱 Robert C. Tucker: *Philosophy and Myth in Karl Marx* (Cambridge, 1965),pp. 31-69。

❼ 關於"青年黑格爾派"的觀點,參見 Georg Lukacs 在其 *Der junge Hegel* (Zurich and Vienna, 1948)中的分析,pp. 27-130。

❽ 見 Hanns Günther Reissner: Eduard Gans (Tübdngen,1965)。

❾ 這個觀點有力地陳述於 Georges Gurvitch: "La sociologie du jeune Marx", La *Vocation actuelle de la sociologie* (Paris, 1950),pp.568-80。這一章在第二版(1963)時,由另一篇更一般性的討論所取代,題為"La sociologie de Karl Marx"。

士俱樂部"的成員之一。在這個圈子裡，馬克思結識了黑格爾各路家數的追隨者，其中以鮑爾(Bruno Bauer)為最特出的人物❿。鮑爾及其身邊所圍繞的這群"青年黑格爾學派"(Young Hegelians)所最關懷的問題涉及到基督教神學，而這個問題正是黑格爾著作的本有關懷之一。馬克思的博士論文——關於德謨克里特斯與伊比鳩魯二人的哲學之比較研究——顯示了鮑爾的理念對他的強烈影響。但是就在馬克思提出其博士論文時，費爾巴哈(Feuerbach)的《基督教的本質》(*The Essence of Christianity,* 1841)一書出版了⓫。恩格斯(Engels)後來提及這本書對青年黑格爾學者的震撼道:「魔法被解除了:"體系"被炸開了，而且被拋到一旁去⋯⋯。大家都很興奮:我們一時都成了"費爾巴哈派"了 ⓬」。此書對馬克思正在發展中的思想之直接影響，在事實上定然要比恩格斯在四十年後所描述的複雜與間接 ⓭。費爾巴哈和黑格爾一樣，都沒有被馬克思全盤接受 ⓮。不過，費爾巴哈對於青年黑格爾學者在 1842 年末的支配性影響，仍是無可懷疑的。馬克思寫於 1843 年一篇討論黑格爾國家哲學的批判文字，就受到費爾巴哈強烈的

---

❿關於鮑爾對馬克思的影響，最近的討論見 Davrid McClellan: *The Young Hegelians and Karl Marx* (London,1969)， pp. 48ff 及全書各處; 亦見於同作者之 *Marx before Marxism* (London,1970)。

⓫ Ludwig Feuerbach: *The Essence of Christianity* (New York, 1957)。

⓬ *SW*, vol. 2, p. 368。

⓭參見 McClellan: *The Young Hegelian and Karl Marx,* pp. 92-7. 不過 McClellan 說「恩格斯對於此書之影響的描述，完全與事實不符」，這話是太過火了。可參見馬克思於 1842 年早期所寫的著名言論:「除了跋涉過"火河"(river of fire)外，別無通往真理與自由的途徑」("費爾巴哈"一字在德文中字面的意思便是"火河""brook of fire"。*WYM*, p. 95。

⓮我們可以這樣說，費爾巴哈個人的觀點裡深植許多模糊不清之處，並且在 1834 到 1843 年這段期間，其觀點有某些確實的轉變。參見 Feuerbach: *Sämmtliche Werke*, vols.1-3 (不過在這個集子裡，有一些將文章與年份錯置的失誤。)

影響，而後者的立場也構成了他在《經濟與哲學手稿》裡的基本立場的要素。

在《基督教的本質》及其後出版的書裡，費爾巴哈試圖推翻黑格爾哲學的唯心論前題，而直率的主張說，對人性的研究，起點應該是生活在「真實的、物質的世界」裡的「真實的人」。黑格爾認為"真實的"乃是從"神聖的"那裡散放出來的，費爾巴哈則堅持所謂神聖的，乃是真實的一種幻生之物；事物、存在先於思想，因為人類不會在他對世界活動之前，就先對世界有所反省：「思想自存在中衍生出來，而不是存在衍生自思想❶」。黑格爾從神和自身分裂對立的觀點來看人類的發展。在費爾巴哈的哲學裡，只有當人與自我決裂，當他與自己疏離時，才會有神的存在。神是個幻想出來的東西，在他的身上，有人類自己最崇高的權力與能力的投射，因此，他被認為是完美而全能的，有別於人類自己的有限與不完美。

然而，依據費爾巴哈的說法，人與神之間這種深刻的對比，同時也是個鼓舞人類將自身能力發揮出來的積極資源。哲學的工作就在於倒轉黑格爾的觀點，而將物質的世界置於首要之位，並以此轉化性的批判，而使人由異化了的自我復原過來。宗教必然由人本精神來取代，前此所投注於神的愛，也將轉而灌注於人，使人類得以復原為一體，人只為了人本身。「儘管舊哲學說：凡不是思想的，就不存在，而新的哲學則要說：相反的，凡不被愛的，而且無法為人所愛的，就不會存在❶」。

吸收了費爾巴哈的理念後，結果是使馬克思又回轉到黑格爾那兒；

---

❶ 前引書，vol.2, p. 239。

❶ *Sämmtliche Werke*, vol.2, p. 299。

他試著發掘出新觀點所涵蘊的意義,特別是將它應用到政治的領域裏。費爾巴哈的哲學中能吸引馬克思的那些部分, 基本上與最初黑格爾思想中吸引他的那些因素相同: 它似乎提供了將分析與批判融合在一起的可能性, 以及將哲學"實現出來"的可能性。一般常認為, 馬克思早期關於政治與工業裡的異化現象(alienation)的著作, 不過是將費爾巴哈的"唯物主義"擴展到社會的領域裡去罷了(這是費爾巴哈未曾處理到的)。但是,這並不對; 費爾巴哈自認他的哲學的根本意義所在是, 它讓人在黑格爾之外"有所選擇", 並以此而**取代了**黑格爾; 馬克思從來沒有接受這一點。即使在他對費爾巴哈最為狂熱的時候, 馬克思仍然尋求將後者與黑格爾並列。馬克思能夠保守住一種歷史的視野: 這正是黑格爾哲學的核心部份, 而費爾巴哈即使無意如此, 但在實際結果上卻已經大體放棄了這樣的一種觀點**⓱**。

國家與"眞正的民主"

馬克思對黑格爾的國家哲學的批判, 寫於 1843 年, 這是我們可以辨別出馬克思早期的歷史唯物論 **⓲** 的第一本著作, 並成為他在一年後所出版的《經濟與哲學手稿》裡以更大篇幅探討異化問題的起點, 馬克思在對黑格爾做過詳密的逐文分析後, 也像費爾巴哈那樣的"翻轉"了黑格爾。他說道:「黑格爾把謂語、客體當成主體來看, 但是在這種主

⓱在 1843 年寫給 Ruge 的一封信裡, 馬克思也說道費爾巴哈「關心自然太多而關懷政治太少, 而後者正是當今的哲學得以履行的唯一手段」。We, vol. zl, p. 417。

⓲眾所皆知的, "歷史唯物論"這個詞彙並不是馬克思所用的, 而是首先出現在恩格斯的著作裡, 我們在這裡用它的時候, 必須要記住, 這個名詞所涵蘊的理論上的封閉性, 可能遠遠超過了馬克思在他的歷史研究中所願意容忍的程度。

體化的過程中，它們卻被他與它們眞正的主體性——也就是主體——析離了❶」。因此，馬克思分析的重點在於重新認定眞正的主體：存活在"眞實的"、"物質的"世界中活動的個人；並且去追索個人在國家的政治體系裏被"客體化"(objectification)的過程 ❷。眞實世界無法在理念的研究中推導出來，相反的，理念界應該是眞實世界的歷史性的成果。對黑格爾而言，市民社會(bürgerliche Gesellschaft)，也就是所有那些在國家的政治與司法結構之外的經濟與親屬關係，在本質上都屬於毫無節制的自我主義所主宰的領域，人們在其中彼此相互爭鬥。人只有到了接受國家所伸展出來的秩序時，才是理性、有紀律的動物；國家是個普遍的領域，在其中，所有市民社會裡以自我利益爲出發點的人類活動都被斬絕。以此，依據黑格爾的說法，國家不僅與市民社會裡的個人之生活斷絕，而且在邏輯上是先於個人的。行動的個人，那歷史的眞正創造者，乃從屬於由國家所體現出來的政治參與理念之下的，因此，國家儼然是社會發展的動力來源。

馬克思繼續論道，費爾巴哈已指出，在宗敎裡，人只是以替身參與到一個有和諧、有美、會使人感到滿足的不眞實且幻化的世界裡，而在實際上卻是生活於日常一個充滿苦痛與災難的境域中。同樣的，國家是政治活動的一個異化的形式，體現與那被理想化了的宗敎世界同等虛幻的普遍"權利"。黑格爾的觀點是基於他認爲，政治上的代議權利是市民社會的自我中心個人主義與國家的普遍主義之間的中介。

---

❶ *WYM* ,p. 166；*We* ,vol. 1, p. 224。

❷ 關於〈批判〉一文較有見解的討論，見 Jean Hyppolit：“La conception hégélienne de l´Etat et sa critique par Karl Marx”, *Etudes sur Marx et Hegel* (Paris,1955), pp. 120-41。

但是，馬克思指出，沒有任何現存的政治組織形式，實際上有這種關連存在；在現存的國家裡，普遍性的參與政治生活是一種理想，而追求黨派的利益才是真實的。因此，那些在黑格爾眼裡似乎是與市民社會中的個人特殊利益分離且高於其上的東西，事實上卻是此種特殊利益的衍生物。「**政治體制**(political constitution)至今一直都是個**宗教性的領域**(religious sphere)，是人民生活的**宗教**；是同人民生活現實性的**人間存在**相對立的人民生活普遍性的天堂❷」。

在希臘**城邦**裡，每個人——每個自由的公民——都是個**政治動物**(zoon politikon)：社會與政治這兩個範疇毫無間隙地融合在一起，並沒有一個分開獨立的"政治"領域。私人生活與公共生活並無分野，唯有的"私己個人"(private individuals)，是那些像奴隸那樣完全缺乏公民所擁有的公共身分的人。中古歐洲則與此相反。在中古時期，市民社會裡的各種不同階層本身即構成政治活動單位：政治權力直接依賴於、並表現出社會之劃分為各種穩定的社會—經濟階層❷。「每個私人的領域都有其政治的性格，都是個政治的領域……❷」。在此種社會形態下，各個階層都變得政治化了，然而"私人的"或"個人的"仍未與"政治的"劃分開來。與市民"社會"有別的"國家"的觀念，是近代才有的，因為只有到中古時期以後，市民社會的各種利益領域(尤其是經濟利益)才變成個人的"私人權利"的一部分，並因此而可與政治這個"公共的"領域劃分開來。現在，財產的分配被認為是在政治權力的體制之外。不過，在真實的情況裡，擁有財產仍大可決定政治的權力

---

❷ *WYM*, p. 176。

❷ 參見馬克思關於封建等級(Stände)之轉化的討論，*We*, vol.1, pp. 273ff。

❷ *WYM*, p. 176；*We*, vol. 1, p. 232。

——不是像中古社會那樣以合法的姿態來進行，而是披上一層普遍的政治參與的外衣**㉔**。

根據馬克思的分析，要想實現他所謂的"真正的民主"，必須解決市民社會裡"自我的"個人利益與政治生活之"社會的"性格之間的分野，以克服個人與政治共同體之間的疏離。這只有在促使國家與社會之間的關係產生具體轉變的情況下才有可能，譬如使現在只是個理想（普遍的政治參與）的觀念，變成實際的存在。「黑格爾自國家出發，把人變成主體化的國家，民主則自人出發，使國家成為客體化的人。……在民主裡，**形式的**原理同樣也是**實質的**原理**㉕**」。普選的施行，馬克思說，就是達成此一目標的手段。普選使得市民社會的每一成員都成為一個政治的存在，而因此使得那"政治的"不再是個分離的範疇。「由於有了**普遍的選舉權**和**被選舉權**，市民社會第一次**真正**上昇到脫離自我的抽象，上昇到作為自己的、真正的、普遍的、本質的、存在的**政治存在㉖**」。

革命的實踐

關於馬克思在〈批判〉一文中所提出來的觀點與其後寫於1844年的那本書(譯按：指《經濟與哲學手稿》)之間的關係，向來多所爭論。**㉗**很顯然的，〈批判〉一文不過是對國家與政治的一個初步的分析；而且

㉔ *WYM*, pp. 187-8。

㉕ *WYM*, pp. 173-4。

㉖ *WYM*, p. 202；*We*, vol. 1, p. 326。

㉗ 對於這個問題不同的看法，見 Lichtheim, pp. 38-40；Shlomo Avineri：*The Social and Political Thought of Karl Marx* (Cambridge,1968), pp. 33-40。

原稿也沒有完成——馬克思曾說他要進一步發展某些觀點，但事實上
並沒有做到。況且，他的分析的主要旨趣指向於激進的雅各賓主義
（Jacobinism）；為了超越現存國家的形式，必須做的就是將1789年
大革命所宣示的抽象理念具體實現出來。但是，毋庸置疑的，〈批判〉
裡所涵攝的一些觀念，馬克思後來並沒有放棄。確實，這是了解馬克
思的國家理論及國家之廢除的可能性等等的一把鎖鑰，並且其中所有
包含的觀念貫穿於整個馬克思的成熟作品中。不過這個時期的馬克思
與其他一般的青年黑格爾派人物一樣，仍然遵循費爾巴哈所設定的，
以"意識的改革"為必要手段的思考路線。就在1843年九月從德國動身
前往法國的前夕，馬克思寫給盧格（Arnold Ruge）的一封信中表示，
他深信所有的"教條"都必須加以懷疑，不管它們是宗教的，還是政治
的：

　　因此，我們的口號應當是：意識的改革，不是靠教條，而靠
　分析那神秘得連自己都不清楚的意識，不管這種意識是以宗教形
　式或是以政治形式出現，那時就可以看出，世界早就在幻想一種
　一旦認識便能真正掌握的東西了。……人類要洗清自己的罪過，
　就只有說出這些罪過的真相❷。

　　馬克思在巴黎時，與法國的社會主義直接接觸的結果，很明顯的
表現在他寫於1843年底的〈黑格爾法哲學之批判導言〉一文裡❷。這篇

❷　*WYM*, pp. 214-15。
❷　最初收於 Ruge 於 1844 年 2 月出版的 *Deutsch-französische Jahrbücher* 中。*WYM*, pp,
　249-64。類似的理念也出現在馬克思同樣題為"On the Jewish Question"的另一篇文章
　裡，*WYM*, pp, 216-48。後一篇文字的另一種譯文可在 *EW* 中找到，pp. 3-31。

論文的大部分觀點是馬克思前此所發表的〈批判〉裡的主題之延展，但是馬克思不再強調"解除神秘"(demystification)這個爲鮑爾所熱衷，並且是馬克思早期對黑格爾之批判分析的主調。「宗教的批判」，馬克思承認，「是所有批判的前題」；不過這個工作已經大致上完成了，而目前最迫切且必要的工作應該直接指向政治的領域。

　　廢除作爲人民**幻想的**幸福的宗教，也就是要求實現人民的**現實的**幸福。要求拋棄關於自己處境的幻想，也就是**要求拋棄那需要幻想的處境**。因此對宗教的批判就是對苦難世界——宗教是它的神聖光暈——的**批判的胚胎❸**。

　　然而馬克思繼續說道，光是"批判"本身，並不夠。他認爲，這在德國——這個在發展上十分落後的國家——尤其如此。對德國的政治結構加以抽象的、哲學上的"否定"，無關乎德國所必須去契合的眞正需求——如果想要把它加以轉化的話。「甚至對於我國政治現狀的否定，也都成了現代各國的歷史儲藏室中布滿灰塵的歷史❸」。在促進社會的進步上，德國對歐洲國家所做的貢獻，只限於觀念的領域裡。德國是「在哲學上與時代並進」，而不是「歷史上的與時並進者」。因此，想要透過哲學批判來掃除現有的狀態是徒然的，因爲這只會使得觀念與現實之間的斷層繼續存在。揭露出思想層次上的衝突矛盾，並無益於此種狀況的改善。所必須的是，去進行「只用一個辦法——即通過**實**

---

❸ *EW*, p. 44；*We*, vol. 1, p. 379。貫串於馬克思著作裡所有有關宗教、國家、異化或資本主義等等的"廢除"或揚棄(abolition, Aufhebung)之陳述，都必須在 aufheben 這個動詞所具有的三層意義(廢除、保留、振興)上來加以理解。因此，所謂宗教的"廢除"，所指的並不單只除去它，而是帶有辯證性的超越的意思。

❸ *EW*, p. 45。

踐(praxis)──才能解決那些**課題㉜**」。

　　如果德國想要有所變革，那麼必不可出之以漸進改善的方式，而必須採取激烈的革命手段：由此途徑，德國所達到的「不止是現代各國家**現有水平層次**(official level)，而且也到達了這些現代國家就將要達到的**人的高度**(human level)㉝」。德國社會實質的落後，正好爲它提供了一個超越其他歐洲國家的環境。然而，除非對政治的"理論性"批判與一個特定的社會團體──由於它在社會上的地位，使得它具有革命性──的經驗能夠結合起來，否則此種超越就無法達成。在這裡，馬克思首次提及無產階級。他指出，德國的經濟發展仍處於低層次階段，這意謂著工業無產階級剛要出現。然而，這個無產階級進一步的發展，再加上德國當時的社會與政治結構所發展出來的特殊落後形式，將可提供德國一個超越其他歐洲國家所必須的環境組合㉞。

　　馬克思在無產階級身上發現"普遍性質"(universal character)這個黑格爾企圖在理性的國家所蘊涵的理想裡尋找到的特質。無產階級是個「被徹底的鎖鍊束縛著的階級」；它是「一個由於自己受的普遍苦難而具有普遍性質的領域，這個領域並不要求享有任何一種特殊權利，因爲它的痛苦不是特殊的無權，而是一般無權」。無產階級身上聚集了社會所有最深的罪惡。它生活於貧窮的狀況下，而這種貧窮並不是由於物質資源的匱乏所造成的自然貧窮，而是現代的工業生產組織所導致的"人爲的"結果。既然無產階級是社會非理性之滙聚的承受者，那麼，它的解放便同時也是社會整體的解放。

㉜ *EW*, p. 52, *We* ,vol. 1, p. 385。

㉝ *EW*, p. 52。

㉞ *EW*, pp. 57-9。

人的**完全喪失**……只有通過**人的完全恢復**才能恢復自己。
……無產階級宣告現存**世界制度的解體**，只不過是揭示**自己本身
存在的秘密**，因爲它就**是**這個世界制度的**實際解體**。……哲學把
無產階級當作自己的**物質**武器，同樣的，無產階級也把哲學當做
自己的**精神**武器❸。

　　自 1844 年早期起，馬克思開始鑽研政治經濟學，初步的研究成果
是以一系列的斷篇保留下來，它們直到 1932 年才得以出版問世，名爲
《經濟與哲學手稿》。在這種研究的刺激下，馬克思的思想路數越發與
其他的青年黑格爾學派人物互別門徑；其中值得注意的例外是恩格
斯，他在將馬克思的精力導引向經濟學這方面上，有重大的影響。《手
稿》之所以在馬克思的整個工作中居於決定性的重要地位，其原因有下
列數端：這本手稿，基本上是馬克思爲了撰寫他後來出版的《資本論》
而數次易稿中最早的一份草稿。而馬克思爲《手稿》所寫的序文，勾勒
出他原先頗具雄心的一個計劃的大綱，然而他終未能完成此一計劃。
我們可以從這個馬克思在其思想生涯(相對而言)相當早期所研擬出的
計劃裡看出，毫無疑問的，《資本論》——即使它最終是以如此冗長而
繁複的面貌呈現出來——只不過是馬克思原先計議要對資本主義做一
範圍更廣的批判的其中一部分而已。馬克思最初想要出版「許多各自獨
立的小書」來分別涵攝「法律、道德、以及政治上的批判」，然後再將這
些分別處理的各部分以一結論式的綜論性著作貫串起來 ❻。在《手稿》
中，馬克思所處理的，只是就經濟關係上的直接影響爲著眼點，來處

---

❸ *EW*, pp. 58-9；*We* vol. 1, p. 391。
❻ *EW*, p. 63。

理這些制度性的領域。因此，這份著作是馬克思對政治經濟學這一門志在處理這個領域的學問進行批判的最早嘗試。

《手稿》另外還有一層很重要的意義，那就是馬克思在此書中直接處理了一些問題，而這些問題由於不同的原因，在他後來的著作中，不復是他直接注意的對象。這其中有某些問題，已不在馬克思後期作品的探討之列，因爲相對於他想要對現代資本主義提出一個理論性批判的最高目標而言，他認爲這些問題都已得到圓滿的解決了。對於宗教的分析即其一例。《手稿》一書是馬克思仍將其相當的心力貫注於宗教的最後所在。不過，某些《手稿》中的主要論題不再見於馬克思後來的著作，卻是由於其他原因。其中最重要的，也是在《手稿》中占有最中心地位的，是對於異化的分析。雖然在他 1844 年以後的著作裡，這個詞彙本身已很少出現，但是無可置疑的，異化這個意念一直深植於馬克思成熟作品的根處，在後來的著作裡，馬克思將糾結於異化，這個《手稿》裡所用的觀念之中的各個線頭梳解開來。因此，"異化"這個具有一種馬克思不願意再捲入的抽象、哲學性性格的字眼，也就顯得多餘了。不過，《手稿》裡對於異化的直接探討，足以提供我們一個無價的線索，來洞察蟄伏於馬克思後期思想中的最主要主題。

異化與政治經濟學理論

馬克思在《手稿》裡對政治經濟學的批判所根據的主要假設，大要如下：政治經濟學者的著作必須受到兩項主要的批評。首先是他們認定，資本主義特有的生產條件，可推及於所有的經濟形態，經濟學者乃是以交換經濟與私有財產的存在這個前題爲其出發點。自利與利潤

的賺取，被認為是人類的自然本性。然而事實上，馬克思指出，交換
經濟的形成是一種歷史過程所產生的結果，資本主義則是歷史上一套
特定的生產制度。它只是歷史上先它出現的其他生產體制中的一個，
而且它和其他先前出現的生產體制一樣，不會是最終的一個。第二層
謬誤是，經濟學者認為純粹"經濟的"關係可以**抽離出來**加以處理。經
濟學家說到"資本"、"商品"、"價格"，以及其他種種時，就好像這些
都能獨立於人的媒介之外而自有生命。其實很明顯地不是如此。譬如
將一枚錢幣視為一個物理上的物體，那麼在這個意義上它確實是一個
獨立於人的存在，但是只有當它成為一套特定的社會關係中的一個成
分時，方可被稱為"貨幣"。可是經濟學家卻試圖將所有的事物都化約
為"經濟的"，並躲避掉那些無法以經濟概念來處理的事事物物。

　　因此，政治經濟學並不知道有失業的工人，也就是處於勞動
關係之外的勞動人。小偷、騙子、乞丐、失業者、饑餓者、貧窮
的和犯罪的勞動者，這些都是些**在政治經濟學看來**並不存在、而
只有在其他人眼中，也就是在醫生、法官、掘墓人、以及乞丐管
理人等等的眼裏才存在的**角色**；他們是些在政治經濟學領域之外
游蕩的幽靈罷了**❸❼**。

　　每一個"經濟的"現象同時也必定是個社會現象，某一種"經濟"類
型，也就預先設定了一個特定的社會類型**❸❽**。

　　這些錯誤的觀念的表現之一，就是經濟學家只將工人視為資本家

---

❸❼ *EW*, pp. 137-8；*We, Ergd*, vol. 1, pp. 523-4。
❸❽ *EW*, pp. 120-1。

的"成本"，就像其他任何一種資本支出一樣。政治經濟學宣稱，雖然被分析的眞正"對象"是社會中的人，但這個事實無關緊要。就是因為這個原因，經濟學家才可以混淆他們對資本主義生產方式所做的解釋最重要的一點：資本主義的基礎是普羅階級、或工人階級與布爾喬亞階級或資產階級之間的區分。這些階級在工業生產的成果的分配上，進行著固有的鬥爭。一方的工資和另一方的利潤，都取決於「資本家與勞動者之間的艱苦鬥爭」──一種擁有資本者較容易在其中獲得優勢的關係**㊷**。

馬克思對於資本主義生產中異化現象的分析是以一個"當今的經濟事實"為其出發點的，(這又是一個其早期陳述的主題在後來的《資本論》中得到詳盡推展的例子)：資本主義越是發達，工人就越是窮困。資本主義的生產方式所帶來的鉅大財富，都被土地及資本的擁有者所佔有了。這種勞動者與其勞動生產品之間的分離，並不只是個財貨──照理說應該屬於勞動者的財貨──的剝削問題而已。馬克思所討論的重點所在是，在資本主義裡，工人和工人所生產出來的物品被當成同一類事物來看──就像在純粹理論的層面上政治經濟學的看法一樣。「工人創造的商品愈多，他就愈變成廉價的商品。物的世界**增值**和人的世界的**貶值**成正比 **㊶**」。這牽涉到扭曲了馬克思所謂的"對象化"(Vergegenständlichung)。本來工人是透過一己的勞動來改造自然的世界；就塑造世界這一點而論，他的產品乃是此種與外在世界交互作用下的結果。但是在資本主義之下，工人(亦即主體與創造者)却與其

㊷ *EW*, p. 69。
㊶ *EW*, p. 121。

產品(亦即對象)變成同類的東西❹。

　　生產與對象化的過程，逐變成了一種對象的**喪失**和**被對象奴役**的形式，工人「變成了對象的奴隸……」❷。工人在資本主義經濟裡的異化，根本是由於勞動的生產力──隨著資本主義的發展而逐漸增大──與工人對自己的產品擁有的控制之缺乏其間不成比例所致。就像政治領域裡所發生的異化一樣，這也相應於宗教裡的異化。基督教倫理賦予上帝的特質，脫離了人類的掌握，而變成好像是由一個外在的代理人所要求的一般。如出一轍的，工人的生產也成為「一種異己的東西……，並且成為同他對立的獨立力量。他所賦予對象的生命作為敵對的和異己的東西與他相對抗 ❸」。因此，對象化──**所有的**勞動(涉及將勞動力轉換到其所創造出來的對象身上去的勞動)所必具的特性──在資本主義之下便與異化是同一回事。換言之，勞動的產品已"外在於"工人，這不只是就其本體論而言如此，另外還有一層更深刻而更特定的意思：亦即「凡是成為他的勞動品的東西，就不再是他本身的東

❹ *EW*, p. 123。就一個更寬廣的知識論層面而言，馬克思批評黑格爾弄錯了對象化與異化之間的相關性。馬克思指出，黑格爾的唯心論之根本，在於認定"物性"(thinghood)即是"外化的自我意識"這樣一個前提，因此，只有靠人類的自我外化，對象化才有可能。然而事實上，馬克思推測，根本是另一回事兒：異化的存在已先預設了對象化的現象，並且(以馬克思所用的概念來說)，異化乃是資本主義所特有的、在特定方式下被扭曲的對象化所造成的結果。不幸的是許多後來的作者都未能掌握住對象化與異化之間的根本差別。

❷ *EW*, pp. 122 & 123。

❸ *EW*, p. 123。在此一行文脈絡裡，馬克思用到兩個語詞來討論異化：Entäremeung (estrangement)以及 Entäusserung (externalisation)。這兩個用法在馬克思的分析裡多少是可以互換的。(永祥按："Entfremdung"雖然很確定地是"異化"，"Entäussdrung"則同時指"異化"和"外化"兩種意思，而"外化"又和"Vergegnsrändlichung"(對象化)有非常緊密的關係。在本章中，作者用"alienation"一字同時指"異化"和"外化"，中譯已儘量加以區分。

西**㊹**」。

　　工人和其產品的異化，有幾種不同的形式。在討論這些形式時，馬克思大量地利用了費爾巴哈的語彙，不過，很清楚的，他是很具體地在思考資本主義作爲一個特定的、歷史性的生產方式所產生的影響。馬克思討論異化的幾個主要面相如下：

　　1.　工人對他的產品的處置沒有控制權，因爲他所生產的已被他人所佔有，他也就無法從中得利。市場經濟的根本原理是貨物本來就是生產來作交換之用的；在資本主義的生產裡，貨物的交換與分配都是由自由市場的運作來控制的。工人本身也像是商品一樣在市場上被買賣，因此無力過問他的產品的命運。市場運作的方式是以犧牲工人的利益來提昇資本家的利益。因此，「工人愈是生產得多，他就愈是必須消費得少；他所創造出來的價值愈高，他就變得愈沒價值」。

　　2.　工人在工作本身中的異化：「如果勞動的產品是外化，那麼生產本身就必然是能動的外化，或活動的外化，外化的活動**㊺**」。工作本身並不帶給人內在的滿足感，好讓工人能夠「自由地發揮自己的體力和智力」，因爲這種勞動是獨由外在的環境所強加制定的。工作變成達到某種目的的手段，而不是目的本身，這可由此一事實看出：「只要肉體的強制或其他強制一停止，人們就會像逃避鼠疫那樣逃避勞動**㊻**」。

　　3.　既然經濟關係同時也是社會關係，那麼勞動的異化，必然直接有社會方面的意義。這就回轉到馬克思的出發點上：在資本主義裡，人際關係有被化約爲市場運作的趨勢。這可直接印證於貨幣在人際關

㊹ *EW*, p. 122。

㊺ *EW*, p. 123-4。

㊻ *EW*, p. 125; *We, Ergd*, vol. I, p. 514。

係中所具有的意義。貨幣促使社會關係理性化，因爲以它作爲一種抽象的標準，即使最不相同的性質也可互相比較，或互相化約。「誰能買到勇氣，誰就是勇敢的，即使他是胆小鬼。……所以，從貨幣持有者的觀點來看，貨幣能把任何特性和任何對象同其他任何即使與它相矛盾的特性或對象相交換……❹」。

　　4.　人類生活在一個與自然世界有積極的交互作用的關係中。技術與文化都是這種交互關係的表現與結果，同時也是使人類有別於禽獸的主要特質。當然，某些動物也會生產，不過只是出之以一種機械的、適應的方式。被異化的勞動則將人類的生產活動降格成爲一種適應，而非積極地去支配自然。這使得人類個體與其"類存在"(Gattungswesen)分離，與人類此一類的生命之所以有別於禽獸的特質分離❹。在這一點上，馬克思的討論緊相應和於費爾巴哈，然而其旨趣卻大不相同。關於馬克思在其 1844 年《手稿》裡對於異化的分析，許多後起的研究者都將馬克思的立場與費爾巴哈的等而觀之；而使得馬克思的討論較其實際的內涵更帶有"烏托邦"的色彩❹。馬克思用費爾巴哈的語彙，說人乃是一種"全面的生產者"，而相對於動物只能進行"片面的"生產，並且受限於其生物性的構造中本能的因素所形成的生產情境：不過他的分析要比這個術語所表現的來得更加具體與明確。

　　在馬克思看來，人類之所以有別於禽獸，是因爲人類的技藝、能力與品味都是由社會所形塑的。"孤離的個人"乃是功利主義理論的虛

---

❹ *EW*, p. 193。

❹ Feuerbach: *Essence of Christiantiy*, pp. 1-12。馬克思也自由地使用 Gattungsleben 這個字眼，"類生命"的意思。

❹ 兩個不同的例子：H. Poitz: *Der entfremdete Mensch*(Frankfurt,1967);以及 Tucker (前引書)。

構：沒有任何存活著的個人，不是被生於一個正在運轉中的社會，並為其所塑造。每一個個人承受了前其各代所累積起來的文化，並且在他與所生存的社會與自然世界的交互作用裡，也出力進一步改造那個世界——同為其他人所經歷的世界。「人的個人生活和類生活並不是**各不相同的**」，馬克思認為，「……人是一個**特殊**的個體……同樣地他也是**總體**，觀念性的總體，被思考和被感知的社會之自覺的主體性存在❺⓿」。譬如說，使人與動物有別，使人獲得"人性"的，乃是人作為社會一份子的身分，以及支撐這個社會，使這個社會成為可能的一套技術與文化資源。某些動物也有與人類類似的感官，不過對於視覺或聽覺裡、或者藝術或音樂裡的美的感受，則是人類特有的才能，也是社會的產物。食與色，對於人類來說，並非只是為了獲得生物性的滿足而已，在社會發展的過程中，以及在與自然世界作創造性的交互作用過程中，這些都已轉化為使人類獲得許多不同滿足的活動❺❶。「五官感覺的形成是以往全部世界歷史的產物」，然而，「不僅五官感覺，而且所謂精神感覺，實踐感覺(意志、愛等等)，一句話，**人的**感覺，感覺的人性，都只是由於**它的**對象的存在，由於**人化**的自然界，才產生出來的❺❷」。

在資產階級社會裡，人以各種可辨認的方式與接續於社會的紐帶——可將"人性"賦予人的紐帶——脫離了。首先是異化的勞動「使類生命與個人生命異化」，其次，「它把抽象形式的個人生命變成同樣是抽

---

❺⓿ *EW*, p. 158; *We, Ergd*, vol. 1, p. 539。

❺❶ 參見下文 pp. 51-3。

❺❷ *EW*, p. 161; *We, Ergd*, vol. 1, p. 541。關於此點的進一步討論，關係到涂爾幹的，見下文 pp. 364-9。

象體形式和異化形式的類生命的目的❸」。無論就理論而言，或針對實際的情況而言，在資本主義裡，個人的生命與需求好像是獨立於其作為社會的成員之身分而先固定存在。這可在政治經濟學的理論裡清楚地看到(並且，在某種稍微不同的方式上，也可以在馬克思先前所批評的黑格爾的市民社會理論裡發現到)，它們將其社會理論的基礎奠立在孤立的個人的自利追求上。以此，政治經濟學「將私有財產編派為人類的根本特質❸」。然而，不僅是"個人"與"社會"分離開了，後者且變成**從屬於**前者。社群裡的生產資源——就生活於貧困中的人口大多數而言——被用來支持機體之存活所必需的最低條件。僱傭勞動者大眾的生存狀況是，他們的生產活動完全受到其肉體存在之最根本所需的驅策：

> 人類正漸漸地退回到**穴居生活**，然而是在一種異化的、敵對的形式下回到那裡去的。野人在自己的洞穴——這個自由地給他們提供享受和庇護的自然要素——中並不感到更陌生，反而感到如**魚**得水般的自在。但是，窮人的地下室卻是敵對的、「具有異己力量的住所，只有當他把自己的血汗獻給它時才讓他居住❸」。

據說，照馬克思的陳述方式，人與其"類存在"的異化，是藉著他對資本主義的分析而呈現出來的。並且，在相當的程度上**不是對稱的**：換個方式說，異化的結果是透過階級結構而確定下來，由無產階級在濃縮的形式下獨自承担。將異化這個觀念由一般性的形上範疇——這是黑格爾與費爾巴哈對此一觀念的用法——移轉到一個特殊的社會與

---

❸ *EW*, p. 127。　❸ *EW*, p. 148。　❸ *EW*, p. 177。

歷史脈絡裡，這是馬克思在其《手稿》裡所取的主要基調。不過，馬克思並不認為異化全然只限定在僱傭勞動者的處境上。資本家本身也受役於資本，因為私有財產及金錢的統治，已支配了他自身的存在。工業家必須是「**埋頭苦幹的、清醒的、節儉的，而且平凡的**」。

> 享受對他來說只是次要的事，是一種服從於生產的休息；同時，享受是**精打細算的**，從而它本身是一種**經濟的**享受，因為資本家把自己的享受也算入資本的費用。因此，他為自己的享受所花的錢，只限於這筆花費能通過資本的再生產而得到補償（這還包括了所滋生的利潤），所以，享受服從於資本，進行享受的個人服從於積累資本的個人，而以前（封建社會裡——譯按：在馬克思原文中無此五字）的情況恰恰相反❺❻。

《手稿》只是些初步筆記的集成，而不是一部已完成的作品。其中關於異化的勞動的討論，明白顯示出馬克思於 1844 年時仍在摸索能將其獨特之觀照明白表陳出來的途徑。雖然他處理異化問題時的主要題旨並不難於辨認，然而他用來陳述它們的手法，卻經常是隱晦而簡略的。當馬克思在分析經濟學家的著作時，他所用的是政治經濟學的語彙，而直接討論到異化時，則使用費爾巴哈的術語。再真實不過的是，這個時期的馬克思尚未成功地將他得自於這兩個不同源流的觀念統合起來，而在《手稿》中，此二者便處於一種彼此不能相安的關係狀態中。雖然如此，《手稿》對資本主義提出了一個概括性的批判分析的骨架，

❺❻ *EW*, p. 179.「封建社會裡」五字由作者加。在他處馬克思應和於 Moses Hess 道：「私有財產已使我們變得如此愚昧與偏執，認為一件物品只有在我們擁有它時，在它作為資本而為我們存在時，或它可以直接供我們吃、住等，簡言之，以某種方式可資利用時，它才是**我們的**。」(p. 159).

而且這些不完整的筆記，包涵了所有馬克思在其後期著作中發展得更
爲精煉的重要理念。

一般都認爲在 1844 年的《手稿》裡說到，關於人的「被貶落到動物
的層次」，以及人在資本主義的生產條件下和其"類存在"的異化時，馬
克思的思考的基礎是一套"人"被異化於其作爲一個類的生物特質的抽
象觀念。因此，人們假定，在馬克思思想演進的這個早期階段裡，他
是相信人在基本上是個有創造力的生物，其"自然的"習性正爲資本主
義的限制性特質所否定。實際上，正好相反的，馬克思認爲，資本主
義的鉅大生產力爲人類未來的發展所提供的機會，是以前的生產形式
所無力供給的。資本主義生產進行時所處的社會關係之組織方式，在
事實上却使得這些歷史上產生出來的可能性無從實現。異化的勞動所
具有的特質，所表現出來的並不是(未經異化的)"自然人"(man in
nature)與(已經異化的)"社會人"(man in society)之間的緊張性，而
是表現了**一個特殊的社會形式**——資本主義——所蘊生的潛力與此一
潛力之無從實現之間的緊張關係。人之所以有別於禽獸，並不只是因
爲人類與其他物種在生物上的差異，而是人類社會經過很長時期的發
展所創造出來的文化成就。雖說人類所秉的生物特性是成就此種文化
的必要條件，但是充分條件仍是社會的演化本身。人類和其"類存在"
的異化，乃是人和從社會裡蘊生出來的特質與習性的社會性的分離**⑤**。

----

⑤像梅耶爾說馬克思是「假定人種是高貴而聰慧的，其善性與智能都受挫於文明的歷程」
(Alfred G. Meyer: *Marxism, the Unity of Theory and Practice*[Ann Arbor, 1963], p.
57)這樣的言論著實不妥的。就像 Mészáros 所說的：「在(馬克思的)觀念裡找不到對於
自然的感情性的或浪漫的懷想。在他的規劃裡，並沒有回返"自然"、回歸到原始"自然的"
狀態或"簡單的"需求裡的召喚……」。István Mészáros: *Marx's Theory of Alienation*
(London, 1970)。

早期的共產主義觀

　　《手稿》裡也包含了馬克思最早關於共產主義的廣泛討論。他在這個論題上的發揮與其早期對黑格爾的國家哲學之批判裡有關"眞正民主"的分析文字之間，有很明顯的連續性。不過《手稿》中的討論，無疑的留有受到法國社會主義影響的痕跡，馬克思並且放棄了"民主"一詞而代之以"共產主義"❺❽。他宣稱異化的克服，端視私有財產能否被廢除而定。因爲事實上存在於生產裡的異化是其他各種形式的異化(不管是在宗教上或政治上)的根本所在，所以光是"眞正民主"的建立是不夠的；所必須的是要在去除私有財產與僱傭勞動之間的現有關係的基礎上，更徹底地對社會重新組織。

　　馬克思將其一己的共產主義觀與**"粗陋的**共產主義"(crude communism)分隔開來❺❾。粗陋共產主義之主要形式是奠基於私有財產的情結性嫌惡，主張所有人都必須化約於同一個層次上，而每個人都享有相等的財產。馬克思斷言，這絕非眞正的共產主義，因爲其立論之偏頗正如在政治經濟理論裡所發現到的一樣，是奠基於被扭曲了的勞動之對象化現象。此種粗陋的共產主義會被推逼到一種原始的禁慾主義，在其中整個社群會變成資本家，而不是由個人作爲資本家。在粗陋共產主義裡，所有權的統治仍居於支配的地位，只是這回是負面的：

---

❺❽馬克思提到德國社會主義者的影響；但辯稱「在這個主題上，有**原創性**且重要的德國著作」只限於 Hess, Weitling 及恩格斯等人的某些作品而已。*EW*, p. 64。

❺❾我們不完全清楚此處馬克思心裡想的是誰，不過可能是指 Babeuf 及 Cabet 的追隨者。恩格斯在其"The progress of social reform on the Continent"一文中曾討論到這些個集團, *We*, vol.1, pp. 480-96。

普遍的，構成一股力量的嫉妒，是**貪欲**的採取的，並且僅僅是用**另一種**方式來滿足自己的偽裝形式。……對整個文化和文明的世界的抽象否定，向**貧窮**的、沒有需求的人──他不僅沒有超越私有財產的水平，甚至從來沒有達到私有財產的水平──的**非自然**的單純倒退，恰恰証明私有財產的這種揚棄，絕不是真正的占有❻。

馬克思繼言道，粗陋的共產主義並未掌握住正面超越私有財產的可能性。私有財產的去除，當然是轉化到另一種新的社會形式的必要條件。但是未來的社會主義社會的組織原則應該要集中在「**私有財產**即**人的自我異化的積極的**揚棄，因而是通過人並且爲了人而對**人**的本質的真正**占有**」；這牽涉到「人向自身，向**社會的**（即人的）人的復歸，這種復歸是完全的、自覺的而且保存了已往發展的全部財富的❺」。恢復人類生存的社會性質，是與馬克思《手稿》所載的共產主義觀念不可分的一個部分。共產主義社會將不會奠基於個我主義式的自利，這個經濟學家認爲是人類一般天性的特色上，而是要奠基於個人與社會共同體間的相互依賴共存的意識覺醒上。馬克思強調，人的社會天性深深滲入於人的存在之根源裡，而且絕對不只是表現在其與他人直接交往的活動上。不過，共產主義將不會否定每個人的個體性。相反的，馬克思的整個討論重點在於：共產主義社會將會允許個人的特殊潛力與才能以一個前此的社會體系所不可能提供的方式發揮出來。對馬克思而言，這一點兒也不矛盾。只有透過社會性的共同體，透過集體生

❻ *EW*, p. 154; *We, Ergd*, vol.1, pp. 534-5。
❺ *EW*, p. 155; *We, Ergd*, vol.1, p. 536。

產出來的資源之運用，人才眞有成爲個體化的之可能。

　　這個精彩動人的信條與其一再強調靑年黑格爾學派所持的"批判哲學"之限制的言論是相連貫的。光是在理論上超越私有財產，光是以共產主義的"理念"來取代私有財產的"理念"是不夠的。共產主義的確實展現，「實際上將經歷一個極其艱難而漫長的過程❷」。

---

❷ *EW*, p. 176; *We, Ergd*, vol.1, p. 553。

第2章
歷史唯物論

馬克思與恩格斯共同合作的第一個成果，就是那本具有強烈爭議性格的《神聖家族》(*The Holy Family*)。此書於 1844 年後半開始著手，而於 1845 年年尾才出版。書的主要部分是馬克思所寫的，它紀錄了馬克思與其他青年黑格爾學派最後的決裂。接著不久便是《德意志意識型態》(*The German Ideology*)一書的完成。此書寫於 1845 到 1846 年間，同樣是一部批判性的著作，不過這卻是馬克思頭一次為歷史唯物論的要領提出其一般性綱要的作品。自此之後，馬克思的一般觀點不再有什麼改變，終其一生他都傾力於為他這本著作中所提出的觀點作理論上的探討與實際上的應用。

《德意志意識型態》全書，在馬克思或恩格斯的生前都未得出版。馬克思於 1859 年回顧其寫作《德意志意識型態》一書的那段日子時說，他與恩格斯並沒有因為這本書的不能出版而感到失望：他們「就情願讓原稿留給老鼠的牙齒去批判」，因為他們的主要目的——「自己弄清問題」——已經達到了❶。不過馬克思認為他對黑格爾所作的"批判"以

---

❶ *SW*, vol. 1, p. 364, 關於恩格斯對於早期著作——上溯及《德意志意識形態》——的重新回顧，見 A. Voden: "Talks with Engles", 收於 *Reminiscence of Marx and Engles* (Moscow, n.d.), pp. 330ff.

及 1844 年，是他的學術生涯中最具意義的一道分水嶺。馬克思在他爲
《政治經濟學的批判》一書所寫的序文中提到，在他對黑格爾的國家哲
學所作的分析中，他得到這樣的結論：「法律關係以及國家的形式，無
法經由其本身、或者所謂的人類心靈(Geist)的一般發展來加以掌握，
它們毋寧是根植於生活的物質條件裡的❷」。

　　恩格斯後來論及《德意志意識型態》時說，在那書裡對歷史唯物論
所作的解說，「只是證明了我們當時的經濟史知識有多麼的不完整❸」。
然而，雖然馬克思在此時期的經濟史知識的確很微薄——關於生產體
系的發展"階段"之架構，後來有了極大幅度的修正——但是書中所論
述的歷史唯物論與馬克思後來在他處所描述的，有緊密的相合。無論
作怎樣的劃分都將是主觀的論斷，不過，與其將《德意志意識型態》劃
歸爲馬克思的"早期"著作之一，倒不如將它認定爲馬克思成熟期的第
一本重要著作還來得恰當些。

　　自從馬克思寫於 1843 年以及 1844 年的著作在 1929 到 1932 年間
被出版以來，這些著作與他成熟的歷史唯物觀之間的關係，引起了不
斷的爭論。這些爭論有很明顯的政治性意義，而且爭論之點大概很難
有一個讓參與爭執的各方都能感到滿意的解決。不過事實上，存在於
對黑格爾的〈批判〉與 1844 年《手稿》以及馬克思的成熟思想之間的主
要連續線，是十分明顯的。馬克思在早期著作中所發展的，與在其後
期著作中所具體提陳的一些最重要的主題，可分別如下：

　1.　馬克思在很大的程度上承續了黑格爾的一個觀念：人類逐漸地
"自我創造"。正如馬克思在其 1844 年《手稿》中對此一觀念的表達：

❷ *SW,* vol. 1, p. 362; *We,* vol. 13, p. 8。
❸ *SW,* vol. 2, p. 359。

「**整個所謂的世界歷史**不外是人通過人的勞動而誕生的過程…」❹。

2.　異化的觀念。馬克思之所以將"異化"這個字眼大體上摒除於其1844 年以後的著作之外，其原因之一當然是他想要將自己的立場與抽象的哲學做個決定性的分野。所以在《共產黨宣言》(*The Communist Manifesto*, 1848) 裡，他嘲弄地論及那些寫下"人性的異化"的德國哲學家所說的"哲學胡說"❺。那些實質上在《手稿》中已經包含著、然而一直要到《德意志意識型態》一書，才完全發展出來的觀點，其主要的涵意在於：異化必須被當作是一種歷史性的現象來加以研究，我們只有透過個殊的社會型態之發展，才得以理解它。馬克思在其關於歷史發展階段的研究中，追溯了分工的成長，以及私有財產的興起，見其大成於隨著歐洲封建制度的瓦解、農民喪失對生產工具的控制這個過程。這個過程裡，也就是大批的無產僱傭勞工產生的過程，在《資本論》中被描述為資本主義興起的必要先決條件❻。

3.　如我們在馬克思對黑格爾之國家哲學的〈批判〉中所見的一套關於國家之理論的核心，以及國家在未來社會形式中的消滅。雖然馬克思在寫作〈批判〉時，心中對於所盼望的並冀以取代資本主義的那種社會體制，只有一個初步的概念，不過，可以經由消除"政治"這個個別領域的手法，來達到國家之廢除的目的的這個要旨，仍然內在於其後

---

❹ *EW,* p. 166。關於馬克思對於"勞動"的概念，見 Helmut Klages: *Technischer Humanismus* (Stuttgart, 1964), pp. 11-128。

❺ *CM,* p. 168; *We,* vol. 4, p. 486。

❻認為馬克思將"異化"這個概念自其後期的著作中刪去而結果造成其早期與後期著作間的一大裂痕者，例如 Louis Feuer: "What is alienation ? The career of a concept", *New Politics,* 1962, pp. 116-34; 以及 Daniel Bell: "The debate on alienation"，收入 Leopold Labedz: *Revisionism* (London, 1963), pp. 195-211。至於站在相反的政治觀點上而可加以比較的論述，參見 Louis Althusser: *For Marx* (London, 1969) pp. 51-86, 及全書各處。

來在這個問題上的看法之中。

4. 以歷史唯物論的主要基本原理作爲分析社會發展的視角。雖然
在其早期著作中，馬克思經常以黑格爾與費爾巴哈的語彙來寫作，但
是很明顯的是，馬克思所出發的立場，在知識論上，與這兩位作者，
尤其是黑格爾，是斷然不同的。馬克思並不是想尋求一個新的哲學來
取代舊有的觀點；他斥拒哲學而較偏愛社會的以及歷史的取徑。因此，
馬克思在其 1844 年《手稿》中即已強調，資本主義乃生根於一個明確的
社會形式中，其主要的結構特徵在於資本家與僱傭勞動間的分裂的階
級關係❼。

5. 對革命性的**實踐**(praxis)之理論提出的一套總結看法。馬克思
對史特勞斯與鮑爾的評論(他們二者以抽象的人之"自我意識"，來取代
"抽象的自然"之實體)已預示了他在《神聖家族》與《德意志意識型態》
中所大加論列的觀點：批判哲學除了在革命行動的最早階段有意義
外，再沒有其他的意義。只有將理論與實踐結合起來，只有在理論的
了解與實際的政治行動結合在一起的情況之下，社會才有被轉變的可
能。這意指把對於可能在歷史中發生的轉化的研究，與可以將這些變
遷實現出來的一個實際行動的計劃統合在一起。

1844 年《手稿》與《德意志意識型態》之間的轉變之關鍵點，可在馬
克思寫於 1845 年 3 月的一些對於費爾巴哈的短論中找到，這些短論以
題爲《費爾巴哈提綱》(*Theses on Feuerbach*)而著稱 ❽。馬克思對費
爾巴哈有數點批評。首先，費爾巴哈的取徑是非歷史的。費爾巴哈認

---

❼ *EW*, p. 195。

❽《費爾巴哈提綱》首次由恩格斯於 1888 年出版，他說此書蘊涵了「一個全新世界觀的光
彩胚芽」(*SW*, vol. 2, p. 359)。此處的引文引自 *WYM* 的譯文，pp. 400-2。

爲有一抽象的"人"先於社會而存在：他不止將人化約爲宗敎人，而且也未能看出「"宗敎情感"本身就是個社會的產物, 並且他所分析的抽象的個人乃是屬於一個特殊的社會形式的❾」。其次，費爾巴哈的唯物論只停留在一個哲學學說的層次上, 將理念單純視爲物質眞實的"反映"。然而事實上，在意識與人類實踐間有不斷的交互作用存在。費爾巴哈與所有先前的唯物論哲學家一樣，視"物質眞實"爲人類行動的決定性因素，而未嘗分析"客體"世界受到"主體", 亦即受到人類行動的影響而有的改變。馬克思則以另一種方式來突顯這個十分重要的論點。他說，費爾巴哈的唯物論學說無法解釋革命行動乃是人類有意識、帶意志之行動的結果這個事實，相反的[費爾巴哈]卻以物質眞實對理念的"單向"影響來描述這個世界。不過, 馬克思指出：「環境正是由人來改變的，……而敎育者本身也必定是受敎育者……❿」。

　　在馬克思眼裡, 費爾巴哈的一項極具重要性的貢獻是, 他指出「哲學[亦即黑格爾的哲學]不過是變成思想的、並且經過思考加以闡述的宗敎, 不過是人的本質之異化的另一種形式和存在方式⓫」。不過在這樣做時，費爾巴哈也同時採取了一種"冥想式的"或消極的唯物論，而忽略了黑格爾所強調的「作爲推動原則與創造原則的否定性之辯證……⓬」。就是這種在主體(社會中的人)與客體(物質的世界)之間的辯證中，人逐漸的將物質世界宰制於其所欲達成的目的之下，跟著再轉化其目的而生成新的需要，這成爲馬克思之思想的焦點所在。

---

❾ *WYM*, p. 402。

❿ *WYM*, p. 401。

⓫ *EW*, p. 197，加上我的添加文字。

⓬ *EW*, p. 202。關於此點更進一步的申說，見 p. 403-6。

唯物論的主旨

　　因此，在《德意志意識型態》與其後的著作裡所建立的歷史唯物論之一般觀念，與費爾巴哈及稍早的哲學唯物論傳統大異其趣。正如馬克思所說的，"唯物論"並不涉及任何邏輯辯論得出的本體論立場之假設 ⓭。馬克思無疑的是接受一個"實在論的"立場；根據此一論點，理念乃是人類的腦力在與一可知的物質世界進行過交感作用後的產物；理念並不是建立在獨立於經驗之外的人類心靈之內在範疇上。但這與以一決定論式的哲學唯物論來解釋社會的發展絕不相干。人類的意識受制於主體與客體之間的辯證性交互作用，在其中，人積極的塑造他所存在的世界，而同時這世界也塑造著他。這可由馬克思的觀察——由他在《費爾巴哈提綱》中的一個論點發展而來——來說明：即使是我們對物質世界的理解，也受到社會的制約。費爾巴哈未能看出，感官的知覺並不是一直都固定不變的，而是整合於以下這樣的一個現象世界裡：

　　　[它是]一個歷史的產物，是世世代代活動的結果，其中每一代都在前一代所達到的基礎上繼續發展前一代的工業和交往方式，並隨著需要的改變而改變它的社會制度。甚至連最簡單的"感覺的確定"的對象也只是由於社會發展、由於工業和商業往來才提

⓭當然，這並不是說馬克思的立場沒有暗含一定的本體論假說。參見 H. B. Acton: *The Illusion of the Epoch* (London, 1955)。關於認為馬克思是一個傳統意義下的"唯物論者"的有力批駁，見 Alfred Schmidt: *Der Begriff der Natur in der Lehre von Marx* (Frankfurt, 1962)；又見 Z. A. Jordan: *The Evolution of Dialectical Materialism* (London, 1967)。

供給他的**⓮**。

對馬克思而言，歷史乃是人類的需要之創造、滿足、與再創造的過程。這就是人與禽獸的不同之處，它們的需要是固定而不會改變的。這也是勞動——人類與其自然環境之間的創造性交互作用——之所以成爲人類社會之基礎的原因所在。個人與其物質環境之間的關係，是以個人所在的社會之特殊性格爲媒介的，在研究人類社會的發展時，我們必須自一項經驗性的視察來著手，對人類存在之**必要條件**的社會生活之具體過程作一番檢視。正如馬克思在這一段值得長文引述的篇章裡所表示的：

> 這種視察方法並不是沒有前題的。它從現實的前題出發，而且一刻也不離開這種前題。它的前題是人，但不是某種處在幻想的與世隔絕、離群索居狀態的人，而是處在一定條件下進行的、現實的、可以通過經驗觀察到的、發展過程中的人。只要描繪出這個能動的生活過程，歷史就不再像那些本身還是抽象的經驗論者所認爲的那樣，是一些僵死事實的搜集，也不再像唯心主義者所認爲的那樣，是想像的主體的想像的活動。

> 思辯終止的地方，即在現實生活面前，正是描述人們的實踐活動和實際發展過程的眞正實證的科學開始的地方。關於意識的空話將銷聲匿跡，它們一定爲眞正的知識所代替。對現實的描述會使獨立的哲學失去生存環境，能夠取而代之的，充其量不過是從對人類歷史發展

⓮ *GI*, p. 57, *We*, vol. 3, p. 43。

的觀察中抽象出來的最一般的結果的綜合。這些抽象本身離開了現實的歷史就沒有任何價值。它們只能對整理歷史資料提供某些方便，指出歷史資料的各個層次間的連貫性。但是這些抽象與哲學不同，它們絕不提供適用於各個歷史時代的藥方或公式。相反，只是在人們著手考察和整理資料(不管是有關過去的還是有關現代的)的時候，在實際闡述資料的時候，困難才開始出現❶。

在這一響亮的措辭中，馬克思宣稱有建立一門經驗性的社會科學之必要。這門學問的基礎將奠立在對人與自然之間的創造性與動態性的交互作用之研究上，也就是對人的打造自我的創發性過程之研究。馬克思關於社會發展的主要"階段"的觀念，以及他著作裏的其他幾個基本的領域，都必須從零散的材料裡加以重建。除了《德意志意識型態》裡所提出的架構外，馬克思並沒有在其他地方，對他所區分的幾個主要的社會類型，有個一貫的說明。不過，存在於馬克思的社會發展解釋中的一般性原理倒是清楚可見的。每一個經由馬克思所界定出來的各種不同類型的社會，都自有其性格獨具的內在動力或者發展"邏輯"。然而這些都只有在**事後的**經驗性分析裡才能被分析發掘出來。這一點同時在兩個方面都是成立的，一是作為一種廣義的理論性原理，一是較狹義地追溯從一個社會類型到另外一個社會類型的發展過程。「歷史別非他物」，馬克思肯定地說，「不過是各個世代的依次交替。每一代都利用以前各代遺留下來的材料、資金和生產力；由於這個緣故，每一代一方面在完全改變了的條件下繼續從事先輩的活動，另一方面又通過完全改變了的活動來改變舊的條件 ❶」。像「後一個時期的歷史乃

---

❶ *GI*, p. 38-9; *We*, vol. 3, p. 27。

❶ *GI*, p. 60。另參見 *The Holy Family*,或 *Critique of Critical Critique* (Moscow, 1956), p. 125。

是前一個時期歷史的目的」這種論調，就只是將"目的"硬塞給歷史的一種目的論的扭曲❶。

在他論及有人所主張的、資本主義階段乃是每個現代社會走向共產主義之建立所必需的一個先決條件時，馬克思也同樣的抱持著此一看法；他斥拒單一直線式的立場。他拿羅馬這個早期的歷史時代爲例來說明，某些後來在西歐的資本主義形成裡扮演基本要角的條件，已存在於羅馬時期裡，然而這不但沒有導致資本主義生產的興起，羅馬的經濟反而自內部瓦解了。這顯示出「事件本身雖然極其相似，但發生在不同的歷史情境裡，就會產生相當不同的結果。」馬克思繼續說道：若是分別地研究一下這些情況，就不難了解這一點，「但是，如果我們仰賴的是一個歷史哲學的理論的**重要鑰匙**──其主要特質是超歷史的──時，我們將永遠也不會了解這一點❶」。

馬克思的社會分類是以追索分工的逐漸分化現象爲其基礎的。如他在 1844 年《手稿》中所言，分工的擴展亦即是異化與私有財產的成長。從原始而未分殊化的共有財產制中，階級社會之所以形成，當然是依靠分工現象裡的專業化程度，而正是這種將人與其個別職業上的專門化等同爲一體(例如僱傭勞動者)的分工現象，否定了人類有作爲一個"普遍的"生產者的能力範圍。「分工發展的各個不同階段，同時也

❶ *GI*, p. 60。馬克思在論及普魯東對黑格爾辯證法的應用時，也做了同樣的評論。普魯東只是將黑格爾的觀念之遞遭代之以經濟的範疇，因此而免於對歷史的發展詳加研究。「普魯東先生認爲經濟關係每一個都像是一個社會階段，一個生一個，一個來自一個，就像反命題出於正命題一樣，而在它們的邏輯序列中展現人性之無人身的理性(the impersonal reason of humanity)。」*The Poverty of Philosophy* (London n.d.), p. 93。

❶ 寫給 *Otyecestvenniye Zapisky* 的編輯的一封信，譯文見 T. B. Bottomore and Maximilien Rubel: *Karl Marx: Selected Writings in Sociology and Social Philosophy* (London, 1963), p. 38。

就是所有制的各種不同形式。這就是說，分工的每一個階段還根據個人與勞動的材料、工具和產品的關係，來決定他們之間相互的關係❽」。

階級出現之前的制度

　　人類社會的每一種形式都預設了某種初步的分工。但是在最簡單的社會，即部落社會裡，這類分工只有最小的程度，大致是依性別來分：女人，由於大體上是以養育子女為職，故擔任的生產角色比男人次要。人類最初完全是共產性的動物；個體化則是伴同日漸複雜且專業化的分工現象而來的歷史發生。與逐漸複雜的分工攜手共進的，是能夠生產出超過滿足人類的基本欲求所必需的剩餘產品的能力。這則又需要有物品的交換；交換本身則造成人類個體化的進展——在資本主義下，隨著專業分工的發展、貨幣經濟和商品生產，這個過程達到最高點。因此，人是**靠**歷史的進展，才變得個體化了：「[人]原先是以一種**類存在**、一種**部落體**、一種**群居的動物**出現……。交換本身即是造成這種個人化的主要媒介❿」。財產原先也是共有的；私有財產並不是得自於一種自然的狀態，而是後來社會發展的結果。馬克思斷言，認為人類社會原始的存在狀況是個由分別的個人，各自擁有一丁點兒的私有財產，在某個日子裡群聚在一起，透過某種契約性的合議而形成一個共同體的說法，是個無稽之談。「一個孤離的個人是完全不可能有土地財產的，就像他不可能會說話一樣。頂多他也只能像動物一樣，

---

❽ *GI*, p. 33。
❿ *Pre-Capitalist Economic Formations* (London, 1964), p. 96; Gru, pp. 395-6。

靠土地當作維持生命的資源❷」。個人與他所耕作的土地之間的關係，馬克思強調，是要**透過**共同體的媒介來建立的。「生產者是作爲家族、部落、他的同胞所聚合起來的團體等等的一個成員而存在——它們和別的家族、部落、團體等等相混合、相對立，而在歷史上採取各種不同的型態❷」。

　　最簡單的部落社會形式就是那種過著遷徙的生活、並以狩獵、採集或放牧等辦法維生的形式。部落並不在某個地方定居下來，而是在耗盡了某個地區的資源後就移往它處。人會定居下來，並不是因爲他們的天性；只有當他們發展到某個階段，亦即從遊牧的群體變成一個穩定的農業共同體時，情形才會如此。一旦這種轉變發生後，就會有許多因素起而影響這個共同體向前邁進的腳步，這包括周遭環境的物質條件，以及部落的內在結構，也就是"部落的性格"。更進一步的分工，則是人口增加，隨著人口增加而被迫有所接觸的部落之間的衝突，以及部落之間的征服等相關過程的產物 ❷。這就有產生一個以部族爲基礎的奴隸制度的可能，這是一個分化了的階層體系——其中包括「家父長制首長；其下的部落成員；最下的奴隸」——的一部分❷。諸社會之間的往來，刺激了貿易，同時也激起了戰爭。既然「不同的共同體在他們的自然環境中發現不同的生產工具以及不同的維生方法❷」，於是就會有生產品之交換的發展，進一步刺激起職業領域裡的專門化，因而有了商品生產的最初開始：也就是說，專爲能在交換市場上銷售而

❷ *Economic Formations.* p. 81。

❷ 同前書，p. 87; *Gru*, p. 389。

❷ 參見 *Cap*, vol. 1, pp. 87-9。與涂爾幹的相似之處可加以注意。

❷ *Pre-Capitalist Economic Formations*, pp. 122-3。

❷ *Cap*, vol. 1, p. 351。

生產。最初的商品包括奴隸、牲口、以及金屬等，原本都是以物易物式的交換。當這樣的交換越來越多，而它們所包括的商品種類也日漸繁多時，某些形式的貨幣使用就發生了。以此建立的交換關係便足以提昇較大單位團體的互相依賴，而促成了比較大規模的社會出現。

在馬克思的早期著作裡，由於所使用的歷史根據只限於歐洲，所以從部落社會到古代社會(希臘與羅馬)，他只劃出了一條單一直線的發展，不過後來馬克思從部落制出發，分別出不止一線的發展，這中間特別包括了東方社會(印度與中國)。不過他另外還分辨出一個特殊的部落社會——日耳曼式——的類型。此一類型與崩解中的羅馬帝國共同產生了西歐所發展出來的封建制度。

馬克思對於"亞細亞生產方式"(Asiatic mode of production)(東方社會)之本質的看法，前後有些變化。從他 1853 年開始在《紐約每日論壇報》(*New York Daily Tribune*)上所發表的文章中，馬克思相當強調氣候與地理的因素，由於這些因素，在農業裡中央化的灌溉系統就相當重要，因此促成了強大的中央政府，或者"東方式的專制體制"(oriental despotism)❷❻。然而在馬克思後來的看法中，此一現象的根源在於此種社會類型的內在性格裡，屬於地方上社群本身的特性。東方社會高度地排斥變遷，這種停滯的傾向，並不是單獨源於中央化的行政機關的嚴厲獨裁統治，而且還(主要是)由於鄉村公社內在的自足性。小小的鄉村共同體是「完全自給自足的，並且本身就具備了生產及剩餘生產的所有條件❷❼」。這種現象的歷史淵源雖不甚清楚，但不論

❷❻ *The American Journalism of Marx and Engels* (New York, 1966); *Articles on India* (Bombay, 1951); *Marx on China 1853-60* (London, 1968).
❷❼ *Pre-Capitalist Economic Formations*, p. 70。

其最早是如何開始的, 其結果是一個「自給自足式的手工與農耕單元」, 得不到更進一步分化所需的動源。

人口的增加在東方社會裡只會導致「在尚未有人居住的土地上, 按照舊的社群樣子的……新社群」的產生❷。其根本的原因是土地私有財產制的缺乏。凡在土地財產的私人擁有權獲得發展的地方, 就像在部分的歐洲以及尤其是在羅馬那樣, 人口的成長會導致所有權的產生, 以及不斷擴張的傾向。然而在東方社會裡, 個人「從來也沒有變成所有者(owner), 而只是個佔有者(possessor)」。這種類型的社會並不一定是專制的; 小的鄉村公社可以以一種脫離了整體的鬆散組合群體的形式而存在。不過, 各社群可能會將其一部分的剩餘產品提供出來, 通常是在宗教──「想像中神在部落形式下的存在」──的導引下, 貢獻給一位君主。但是統治者與其臣民的結為一體, 並非基於一個因為廣泛的經濟相互依賴的關係而凝聚起來的統一的社會; 它仍然是一種基本上由分隔開的單元所組成的社會, 各單元被一種以君主個人為中心的宗教性結合所維繫起來。

地方村落共同體的自給自足性格, 確實限制了城市的成長, 而城市也從來未曾在印度或中國扮演過支配性的角色 ❷。由希臘與羅馬所代表的社會型態則與之相反, 城市具有十分重要的地位。馬克思相當強調, 都市化一般而言是分工裡的分化最清楚的指標。「城市與鄉村的相對立是隨著野蠻到文明、部落制度到國家、地方局限性到民族等轉變為起始的, 並且貫穿於直到現今的整個文明的歷史……❸」。城市與

---

❷ *Cap*, vol. 1, p. 358。亞細亞生產方式的結構最終在西方殖民主義的沖擊下被破壞。

❷ 後來韋伯在談到印度及中國時也指出這一點。

❸ *GI*, p. 65; *We*, vol. 3, p. 50。

鄉村的劃分也為資本的成長提供了歷史的條件，因為資本的發生首先是在城市裡，並且也為資本和地產之間的分離提供了條件。在城市裡，我們發現到「僅僅以勞動與交換為基礎的所有制開始出現了❸」。

古代社會，一個以城市為基礎的文明，是第一個明確的階級社會形式。亞細亞式的社會雖然也顯示出國家組織的某種程度的發展，但是馬克思並不認為它們算是一種已成熟的階級體制，因為在地方層次，財產仍然完全是共有的❸。只有當私人支配的財富剩餘到足以讓一群只從自己內部拔擢成員的人，清楚地和生產者大眾區分開來時，才會有階級的存在。即使在古代社會裡——尤其是在希臘——"共有及公有的財產"仍然超過私有財產。

古代世界

古代社會起源於「好幾個部落，不管是依協議還是靠征服，組合成一個城市❸」。與東方不同的是，城市乃是個經濟體。組成城市國家的那些原先的部落都是帶有侵略性而且好戰的。城市首先就是以軍事為重心而組織起來的，貫穿於希臘與羅馬歷的，便是一種擴張者的性

❸ *GI*, p. 66。

❸ Wittforgel 認為馬克思「且曾做下根據他自己的理論出發的立場所無法避免的結論，亦即，在亞細亞生產方式的條件下，負責農業管理的官僚體系構成統治階級」。Karl A. Wittfogel: *Oriental Despotism* (New Haven, 1957), p. 6。既然馬克思指出俄羅斯是個"半亞細亞的"(Semi-Asiatic)社會，那麼"亞細亞生產方式"的階級特性便存在著相當大的政治性的意義。Wittfogel 對於俄國學者在亞洲社會這個論題上的爭辯，作了(缺乏同情的)評論(同前書，第9章)。參見 George Lichtheim: "Marx and the Asiatic mode of production", *St. Anthony's Papers*, No. 14, 1963, pp. 86-112。

❸ *GI* p. 33。

格。馬克思對於古代社會的分析集中在羅馬上。羅馬雖然是個都市社會，但它並不是完全不受土地資產之影響的。私人的土地所有者同時也是個城市公民。馬克思將此描述爲「農耕者居住於城市的形態 ❸」。在整個羅馬歷史時期裡，統治階級就是奠基於土地資產的擁有上。基於這緣故，人口的成長帶來了擴張領土的壓力；這是羅馬社會之變遷的主要根源，是其結構中的主要"矛盾"：「雖然………這是共同體本身的經濟條件的一個根本要素，然而它也打斷了共同體所賴以維繫的紐帶 ❸」。由於人口的擴張，也由於因此帶來的軍事冒險，使得奴隸制度擴大開來，並且土地資產也日益集中。征服性的戰爭與殖民，使得社會的分劃更加明確，導致奴隸階層的膨脹 ❸。奴隸成爲生產勞動的主力，而地主貴族則逐漸成爲不同身分的統治階級，專管公共的資產以及戰事的調配。「整個系統……是建立在有限的人口數量上，若要強行突破這個界限，則勢必危及古代文明自身的條件。」這就引起了馬克思所謂的"強制性外移"(compulsory emigration)的壓力，在定期性的殖民地建立過程中，它「成爲社會結構中的一個正規的環節 ❸」。

　　來自於土地缺乏的壓力之所以會如此強大；原因是沒有任何促使從現存資源增加生產力的動機。沒有什麼觀念能"推動"人們對增加利潤有興趣：

　　　財富並不是生產的目的，縱使卡圖(Cato)可以研究哪一種耕作法最有利，或者布魯特斯(Brutus)可能甚至以最高的利率放債。

---

❸ *Pre-Capitalist Economic Formations*, pp. 79-80。

❸ *Ibid.* p. 83。

❸ 同前書， pp. 92-3。

❸ *American Journalism of Marx and Engels*, p. 77。

人們研究的問題總是，哪一種所有制的形式會造就最好的國家公民。以財富本身作爲目的的，只限於一些從事貿易的民族……❸。

財富並不因其自身的緣故而受到重視，而是因爲它所能帶來的"私人享樂"；商業與製造業因而受到統治階級的懷疑甚至嘲弄。此外，勞動一般而言都受到輕視，不是自由人應該做的事。

共和時期即將結束時，羅馬城邦已建立在「對所征服的省分的無情剝削」上❸，這是在皇帝的領導下公然有制度地進行的事。羅馬社會內部的階級鬥爭，集中在貴族與平民之間的衝突。前者無恥地剝削平民，主要的手法是放高利貸，這在羅馬達到一個很高程度的發展，雖然始終並未能形成某種資本累積的一般過程。討論到高利貸所扮演的角色時，馬克思在《資本論》的第三冊中指出，雖然放貸者的資金在其他條件的配合下，在資本主義的發展裡占有很重要的分量。然而若是沒有這些條件的配合，它就將只是一種削弱經濟的力量。發生在羅馬的情形就是如此；平民由於被迫去服軍役而不斷的面臨破產的困境，貴族便以奇高的利率貸款給他們，結果不但他們的眞正所需沒有獲得補足，高利貸反倒成爲一股腐蝕小農民的力量。「一旦羅馬貴族的高利貸完全毀滅了羅馬平民，這種剝削的形式就到達了終點，一種純粹的奴隸經

---

❸ *Pre-Capitalist Economic Formations*, p. 84。馬克思注意到，古代世界的觀點雖然以異化的形式存在著──以「狹隘的民族、宗教、或政治」的形式──但仍然在很大程度上將人類置於世界的中心所在，而不像**資產階級**社會，人類的目的變成從屬於生產與累積財富。但馬克思隨即說道：「然而事實上如果剝除掉狹隘的**資產階級**形式，那麼，財富豈不正是在普遍交換中造成的個人之需要、才能、享用、生產力等等的普遍性嗎？因此，雖然"幼稚的古代世界"從某個方面來說優於現代世界，但那只是就一個相對而言比較狹窄的範圍內的人類潛能來說才是如此」。同前書，pp. 84-5。

❸ 此言出自恩格斯，*SW*, vol. 2, p. 299。

濟就會起而取代小農制的經濟❹」。

　　作爲一種體制的奴隸制，在羅馬史中經歷了許多不同的階段。起初是在家長制體系裡，奴隸協助小生產者，等到平民本身也逐漸被迫降入奴隸階層時，便導致大農場(latifundiae)的興起，以大規模的方式進行，爲供應市場而生產。但由於商業與工業的發展未能超過某個水平，再加上大部分人口因受剝削而陷於貧窮，大農場本身即不再是個合乎經濟的方式。貿易上進一步的下跌開始，城鎮也隨之衰落。活下來的商業卻被國家官員的重稅所擊垮，因爲他們試圖以此來支持一個四分五裂的帝國。奴隸制本身開始被廢除，大規模的栽植業因而被拆散，其土地出租給小農莊上的世襲佃農。小規模的栽種便成爲主要的耕作方式。

　　以此，羅馬，在巔峯時是一個以集結匯聚了龐大經濟資財的大帝國，終於走向沒落之途；雖然它達到了相當高的生產力，但社會內部的結構卻抑制了它超過某一水準的成長。大量農民的生產工具的被剝奪——在討論資本主義的起源時，馬克思十分強調這個過程——並沒有導致資本主義生產的發展，反而是促成了一個以奴隸制爲基礎的體制，最後終於自內部起而趨於瓦解。

封建制度與資本主義發展的起源

　　蠻人的入侵羅馬，因此，只是加速了古代世界的衰落：眞正的原因還是來自於羅馬本身的內部發展。馬克思顯然並不認爲上古社會是

---

❹ *Cap.* vol. 3, p. 582。

封建制度之發展的一個**必要的**階段 ❹; 不過無論如何, 在西歐, 羅馬帝國的崩潰是構成封建社會之興起的基礎。馬克思並沒有在任何地方討論到封建制度早先狀況的細節。但是很可能他會接受恩格斯在其《家族、私有財產與國家的起源》(*Origin of the Family, Private Property and the State*)一書中的主要觀點, 根據此一內容, 當蠻人在面對如何管理他們所征服的土地的問題時, 他們被迫去調整他們自己的行政體制, 同時也採取羅馬遺產中的某些要素。這個新的社會秩序是以軍事首領的支配性地位為其重心所在, 終於導致軍事領導轉化為王政的體制 ❹。準此, 一群作為[王室]個人扈從的家臣便構成了新的貴族, 其間, 再加上一些從羅馬化的官員與學者中拔取出來的受過教育的菁英分子。西歐幾個世紀不斷的戰禍與內部的動盪, 使得被徵為蠻人軍隊之核心分子的自由小耕農, 陷入永遠的貧困中, 結果他們變成地方貴族領主的農奴。到了第九世紀時, 農奴制已居於主要地位。不過馬克思曾在某處表示, 在整個封建時期裡, 仍有蠻族古老的(日耳曼式)社會組織形式之基本結構存在著, 這可在地方上所存在的共有財產中得到具體的證明。此一基本結構「在整個中世紀裡, 仍然是民眾的自由與生命獨一無二的堡壘 ❹」。

　　馬克思對於描寫封建社會之特性, 並沒有多大的興趣, 而將其注意力集中在從封建制度到資本主義的轉化過程上──雖然此處他的論說仍留有很大的缺陷與模糊之處。我們所能拼湊出來的馬克思對成熟

❹ *Pre-Capitalist Economic Formations*, p. 70.
❹ 馬克思確實在某處簡短的指出歐洲在羅馬之後的體制是個"綜合", 在其中「兩個體系彼此互相修正」。*A Contribution to the Critique of Political Economy* (Chicago, 1904), p. 288.
❹ *Pre-Capitalist Economic Formations*, pp. 144-5。(取自馬克思寫給 Zasulich 的信的第三份草稿)。

期的歐洲封建社會的看法，得遵循他那個時代經濟史研究的標準觀念。
封建經濟的基礎，在於利用了不自由的農奴的小規模農作；再輔以家
庭工業以及城鎮裡的手工藝製作。但是封建體制基本上是農村式的：
「如果說古代是從**城鎮**及其周圍的小領地開始的，那麼中世紀就是從**鄉
村**開始的❹」。在農奴制裡，雖然勞動者必須貢獻其生產品的一部分給
領主，但是生產者與其產品之間的異化程度却很低。農奴就是他自己
的所有者，一般說來是爲自己及家人之所需而生產。「領主並不想從他
的領地上收取最大的利潤。他毋寧是有什麼要什麼，而讓農奴及佃農
安靜地去照管生產的事❺」。資本主義早期階段的歷史，對馬克思而言，
幾乎就是小生產者與其對生產品的控制之間的異化愈演愈烈的一段歷
史：換言之，亦即小生產者被剝奪生產工具的歷史，以及結果他完全
依賴在市場出賣自己勞力的歷史。

　封建制度的瓦解、資本主義的早期發展，與城鎮的興起有密切的
關連。馬克思強調市鎮自治運動於西元十二世紀中興起的重要性，它
具有一種"革命的性格"，並且使得都市共同體最終能保持住高度的行
政自主性❻。正如古代一般，中心都市的發展與商業資本及放貸者的
資本的形成、還有這類資本藉以運作的貨幣制度携手並進，這些力量
破壞了以農業生產爲基礎的體制❼。雖然某些市鎮的確是從羅馬帝國

❹ *GI,* P. 35。　❺ *EW,* p. 115。
❻馬克思引 Thierry 之言，大意是說 capitalia 這個字，起初是與自主的都市社群之興起
　一同出現的。見馬克思與恩格斯於 1854 年 7 月間的通信，*Selected Correspondence*
　(London, 1934), p. 72。
❼ Dobb 認爲使得封建制度衰落的主要原因「是封建制度作爲一種生產體系之缺乏效率，
　再加上統治階級在稅收上不斷增長的需求……」。Maurice Dobb: *Studies in the Devel
　opment of Capitalism* (London, 1963), p. 42。對於 Dobb 此書的討論，見 Paul M.
　Sweezy: *The Transition from Feudalism to Capitalism* (London, 1954)。

時期起一直保存下來的，但是從中心城鎮到成爲富裕的商業及製造業中心的發展，眞正要到十二世紀才開始；並且是由被解放的農奴展開的。在商業成長的刺激下，貨幣的應用以及繼起的商品交換，以空前的勢力擴展到已往自給自足式的農村封建經濟裡。這有利於城市裡放貸事業的成長，促使擁有土地的貴族的資產沒落，並讓較爲富裕的農民能以金錢的方式來完成他對於領主的義務，或者從後者控制下整個解脫出來。英國在十四世紀終了時，農奴制已幾乎完全聲銷跡匿了。無論他們的封建身分是什麼，那個國家裡的大量勞動人口，當時都已是自由的農耕經營者。當然，農奴制的命運在歐洲各地大不相同，在某些地區，農奴制還歷經了幾個"復興"的時期❹。

　　雖然早在十四世紀的義大利，我們就可發現「資本主義生產的開始」❹，在十五世紀的英國也有類似的端倪，這些現象在範圍程度上都還很有限。城市受到強大的行會組織的支配，這類組織嚴格限制了一個師傅所能使用的工人及學徒的數量，行會並且將自身置諸商業資本——「他們所接觸到的自由資本的唯一形式」❺——之外。此外，既然勞動人口的大部分都是獨立的農民，資本主義便沒有發展的可能。"原始積累"(primary accumulation)❺——亦即資本主義生產方式的初步

❹這是恩格斯曾注意到的一個現象，他曾提及十五世紀時，歐洲東半部有"第二次農奴制"的興起。見他於 1882 年 12 月寫給馬克思的信，*Selected Correspondece*, pp. 407-8。

❹馬克思提到，資本主義生產的發展，最早發生於義大利，「農奴制的瓦解也比其他任何地方都要早」。*Cap*, vol. 1, p. 716。

❺ *Cap.* vol. 1, p. 358。

❺這個名詞的一般譯法是"primitive accumulation"。這裡我遵照 Sweezy(p.17) 及其他人，將 ursprünglich 譯爲"primary"，以避免一般用法所可能誤導的涵意。(永祥按：Sweezy 及 Giddens 的譯法並未被學界接受，爲免造成進一步的混淆，中譯仍從俗，取"原始積累"定譯。

形成方式——的過程，牽涉到正如馬克思所一再強調的，農民生產工具的被剝奪，一串「用血與火爲字母在人類歷史上寫下的」事件。

　　這個過程在不同的時期裡，以各種不同的方式，發生在不同的國家裡，而馬克思所注意的則是英國，這個過程在英國是以"經典的形式"出現的。在英國，由自主的農民轉化爲僱傭勞動者的現象，在十五世紀末期積極開始❺。到了此時，幾次龐大的封建戰爭已耗盡了貴族的資源。由貧困的貴族解散出來的扈從，成爲第一批被投入市場的"自由的無產階級群衆"，而封建貴族衰頹的地位，更由於王權的增長而益趨惡劣。坐擁土地的貴族越來越被捲入交換經濟裡。結果產生圈地運動；在英國引起羊毛價格飛漲的法蘭德斯羊毛工業，給這個運動提供了進一步的推動力量。在與「王室與議會的頑強對抗」下，封建領主將大量的農民趕走，強迫他們離開耕地。耕地變爲牧地，只須一些牧人照管。發生在十六世紀的這整個徵收的過程，從宗教改革運動那兒獲得「一個新的而且嚇人的動力」；廣大的教會土地被轉送給王室的寵臣，或者被便宜賣給投機者，他們將世襲的佃戶趕走，並且將他們所耕種的土地併合成大的單元。那些被徵收了土地的農民都「大批地變成了乞丐、流浪者，其中一部分人是由於習性，但大多數則是因爲環境的逼迫❺」。針對此一現象於是有了反游蕩的嚴厲立法；藉著這類手段，流浪的人口「被迫習慣於僱傭勞動制度所必需的紀律❺」。

　　於是，到了十六世紀初期時，英國開始有了無產階級——一個被奪去財產的農民所組成的階層，他們是"流動的"（floating）、不定的一

---

❺ *Cap.* vol. 1, pp. 718ff。

❺ *Cap.* vol. 1, pp. 718, 721&734; *We,* vol. 23, pp. 746, 748&762。

❺ *Cap.* vol. 1 p. 737。

群人，和生產工具分離，被拋入市場，成爲"自由的"僱傭勞工。馬克思嘲諷的評論道：政治經濟學家以純粹正面的眼光來解釋這個現象，大談人類從封建繫累與拘限的獲得解放，而完全不理會這種自由所代表的是「對"神聖的財產權"加以最無恥的破壞，對個人採取最粗暴的暴力❺」。

　　不過，馬克思指出，這些事件本身並不能被認爲是資本主義興起的充分條件。在十五、十六世紀之後，沒落中的封建制度仍殘存於進一步的崩潰與一個較進步的生產樣式——資本主義——之間。一個具有某種重要性的因素，刺激了後者的發展：海外貿易既迅速又巨大的擴張。此乃十五世紀後半的驚人地理大發現所帶來的結果。這些主要包括美洲的發現以及好望角的繞行，「帶給商業、航海業及工業前所未有的刺激，因而也就促進了崩潰著的封建社會內部所產生的革命因素的迅速發展 ❻」。由此種雨後春筍般擴展的貿易所急速滙集而來的資金，再加上由於美洲金、銀礦的發現所源源擁入的貴重金屬，改變了英國既有的社會與經濟結構。在通商港口或不受舊自治城鎮及其行會控制的內陸地區，建立起新的工廠手工業。雖然「享有行會特權的城市對這些新的工業培養所進行了激烈的鬥爭」❼，但是後者仍迅速地成長。以此，現代資本主義是離開舊有製造業中心，而「在大規模的海上及陸上貿易的基礎上」開始的❽。有組織的工廠製造業並非起源於受行會控制的技藝工業，而是起於馬克思所謂的紡紗與織布等"農村副業"

❺ *Cap.* vol. 1, p. 727。
❻ *CM*, p. 133; *GI*, p. 73。
❼ *Cap.* vol. 1, p. 751。
❽ *Pre-Capitalist Economic Formations*, p. 116.

(rural subsidiary operations)中，並不需要什麼技藝的訓練。雖然農村社會絕對不是其「最徹底、最純粹的形式」發展的地方，然其啓始的動力，是源自那兒的 ❺。未達此一階段前，資本就不會是個革命性的力量。雖然前此開始於十七世紀的重商主義之發展，是瓦解封建結構的一個主要因素，但依此而發展的城市，基本上還是依賴於舊體制的，它們一旦獲得某種程度的權力，便會扮演起根本上是保守的角色。

　　打十六世紀一開始，掌握資本者——也就是初生的資產階級——的上昇，便開始了逐步的發展。金與銀的流入，導致物價的升騰飛漲。這使得貿易與工業有大量的利潤可以賺取，却也是致使大地主趨於破產的根源，並且也使得僱傭勞動者的人數大增。所有的這些事實所帶來的政治成果，是第一次英國革命，這正是國家權力的迅速擴張中的一個環節。中央化行政管理之發達中的各種機構，以及得到了鞏固的政治權力，被用來「大力促進從封建生產方式向資本主義生產方式的轉變過程，縮短過渡時間❻」。

　　即使到了今天，我們對於最初的資本家的特定起源所知仍不多，而馬克思在這方面所能提供的具體歷史材料也很少。不過他確實指出了兩種成對比的演進到資本主義生產的歷史模式。第一種情況，是商人階級中有一部分人離開了純粹的貿易運轉，而直接插手於生產。這發生在義大利早期的資本主義發展中，同時也是英國從十五世紀末到十六世紀初的資本家的主要來源。然而，這種資本主義構成的形式很快就變成「真正的資本主義生產模式形成的障礙，並且隨著後者的發展

---

❺同前書，p. 116。馬克思又說：「既然古代人並沒有超出個別的都市手工技藝與運用的道展，他們就沒有可能會有大規模的工業。」(p. 117)。

❻ *Cap,* vol. 1, p.751。

而日趨沒落❻」。第二條通往資本主義發展的大道，根據馬克思的說法，
「眞正是革命性的路」。在其中個別生產者本身積累資本，並將他們的
活動範圍從生產擴大到貿易上來。因此，他們一開始就自外於行會並
與之對抗。雖然馬克思對於這第二種模式在工廠手工業裡的發展方式
只給了一些暗示，但他確實對這個過程在英國的農業中的進行過程做
了一些說明。到十七世紀中葉時，大部分的土地都已爲資本主義式的
農莊主所擁有，他們使用僱傭勞工，並且爲了供應市場而生產。由於
他們強力霸佔從封建時期就保留下來的公共土地，所以資產大幅度地
增加，但這個篡奪公地的過程是漫長的，直到十八世紀的後半期才整
個完成。這過程的完成，與獨立農民的完全消失俱在同時，「兼併土地
以作爲資本」，並爲城鎮裡的工業創造出了「其所必需的、不受法律保
護的無產階級❼」。

　　馬克思將資本主義時期裡的生產組織分爲兩大階段。首先是以工
廠手工業爲主導的階段。此一類型的明顯特徵，在於把手工業的技藝
分成不同的特定工作，由不同的工人來操作；也就是說這些工人集體
來完成在行會制之下、由一個技術師傅來做的事。工廠手工業比手工
藝生產來得有效率，不是因爲技術上有什麼進步，而是由於分工的關
係，使得每個工人一小時所產生出來的單位產品較多。此種生產形式
在英國盛行於十六世紀至十八世紀尾聲；它有其一定的限制，十八世
紀終了時，由於市場極度的擴張，工廠手工業的生產不敷實際的需求。
因此，便形成了強大的壓力，要求創造出在技術上更有效率的生產工

❻ *Cap,* vol. 3, p. 329。
❼ *Cap,* vol. 1, p. 733; *We,* vol. 23, p. 761。

具；「機器的發展是爲應付市場需求的必然結果❸」。結果就是"工業革命"❹。機械此後便支配了資本主義的生產方式。技術上講求不斷的改進的一股動力變成資本主義的一個表記。機器越來越複雜且昂貴的發展，是造成資本主義經濟之集中化的一個主要因素，馬克思在《資本論》裡討論到資本主義預期中的崩潰時，再三強調的便正是這個集中化的現象。

---

❸寫給 Annenkov 的信，引自 *Poverty of Philosophy*, p. 156。

❹恩格斯比馬克思較早用到這個名稱。見前者所著的 *Condition of the Working Class in England in 1844* (Oxford, 1968), pp. 9-26。關於"工業革命"這個名稱的起源，有某些爭論。參見 Dobb, p. 258。

第**3**章
生產關係與階級結構

　　根據馬克思的說法，社會的發展是人與自然之間不斷進行生產交互作用所產生的結果。人類「一旦開始**生產**其用以維生的工具，他們就開始與禽獸有了分別……**❶**」。「生活裡的生產與再生產(production and reproduction)」，不但是受到人類有機體生物性需求所控制的緊要事項，而且，更重要的是，它同時也是新需求與新智能的創造性資源。所以，無論就歷史而言，或在分析上來說，生產活動是社會的根本所在。生產是「第一件歷史活動」，並且「物質生活的生產……是……一切歷史的基本條件，即使在數千年後的今天，我們仍必須無時無刻的從事於此，以維持人類的生活**❷**」。每個個人在他日復一日的行動中，時時刻刻都在再創、再造著社會：這同時是個維持社會組織之穩定的來源，又是個促使修正工作不斷進行下去的根源。

　　在每一種生產體系裡，都必然會有一套存在於與生產有關的個人之間的明確社會關係。一般而言，這是馬克思對政治經濟學與功利學派最重要的根本批判之一。"孤離的個人"這個觀念，是資產階級個人主義哲學所擬構的，它企圖掩飾生產活動終必會彰顯出來的社會性。

---

❶ *GI*, p. 31。
❷ *GI*, p. 39。

馬克思稱亞當斯密為"政治經濟學中的路德"，因為他以及在他之後的其他經濟學家，已正確的認定，勞動是人自己之自我創造的資源 ❸。但是經濟學家不清楚的是，人要透過生產來達成自我創造，必然會有個**社會**發展的過程。人類從未個人單獨地從事生產，而總是在成為一個確定的社會形式之一員的情況下，才從事生產的。因此，沒有任何一個社會不是以一套確定的生產關係為其基礎的❹。

　　在生產中，人不但作用於自然，而且彼此也交互作用。他們只有在以某種方式互相合作的情況下才能生產，並相互交換他們的活動。為了生產，他們進入一定的連繫與關係之中，而且只有在這些社會的連繫與關係中，他們對自然所採取的行動，即生產，才會發生❺。

　　每一種社會形式都存在著「一定量的生產力，那是個人與自然、及個人個人之間，在歷史上所創造出來的關係，而由前一代依序傳交給下一代……❻」。馬克思並不想為導致生產力(Produktionskräfte)擴張的緣由，建立任何概括性的理論。這只有在具體的社會與歷史的分析裡，才有辦法加以解釋。因此，生產力在從封建制度到資本主義的轉變中所發生的改進，只能在一連串偶發的歷史事件中來加以解釋。進而言之，在某些社會裡，生產力雖有高度的發展，但社會組織中的

---

❸ *EW,* p. 147。

❹馬克思所常用的這個語詞(Produktionsverhältnisse)在英文裡事實上有兩層意思，它可以指生產的"條件"(condition)，也可以指"關係"(relations)。關於馬克思著作中"生產關係"一詞的用法，參見 Louis Althusser *et al.: Lire le Capital* (Paris, 1967), vol. 2, pp. 149-59。

❺ *SW,* vol. 1, p. 89。

❻ *GI,* p. 51。

某些因素却阻礙了進一步的發展。馬克思舉秘魯爲例，那兒從某些方面來說，具有一個已開發了的經濟，但是由於貨幣制度的缺乏而被拖住脚步。未能發展出一套貨幣制度的原因，大半是由於這個國家恰好有個孤立的地理位置，以致阻礙了貿易的發展所致❼。

階級支配

據馬克思的說法，階級的出現是在生產關係中有了分殊化的分工現象後才產生的，此一現象使得剩餘生產得以累積，並由一個少數人的集團所霸佔，這些少數人因此便與生產大衆處於一種剝削與被剝削的關係中。在討論到社會階級之間的關係時，馬克思經常使用**支配**(Herrschaft)與**階級支配**(Klassenherrschaft)這兩個名詞。在馬克思著作的英文版裡，它們經常都被譯爲"統治"(rule)及"階級統治"(class rule)。但這兩個字眼通常較德文原意多加添了一層別有所指的權力之暗示。因此，用"支配"這個語詞比用"統治"要來得恰當些❽。

馬克思對階級支配的各種分析，主要全部指向於闡明資產階級社會獨特的結構與面相這個目的上，而比起這個全神貫注之焦點的重要性來，概念上的精確倒是次要的。結果，馬克思往往漫不經心地使用**階級**(Klasse)這個字眼，直到他學術生涯相當晚期時，他才感覺有需要使用更精確的方式來表達階級的概念 ❾。就像"理性化"這個概念在

---

❼ *Gru*, p. 22。

❽ 參見 W. Wesolowski: "Marx's theory of class domination: an attempt at systematisation", 收於 Nicholas Lobkowicz: *Marx and the Western World* (Notre Dame, 1967), pp. 54-5。關於韋伯著作中之**支配**(Herrschaft)的問題，見下文 p. 261。

❾「至於發現現代社會裡有階級的存在，以及這些階級間的鬥爭，我沒什麼好居功的」。於

韋伯的思想裡所佔有的地位一般，階級的觀念也是馬克思著作的根本所在，以致於在他最重要的一些著作裡，他便認定了它具有某種一定的意義。諷刺的是，我們往往可以發現到，馬克思身後所遺留下來的手稿裡，最被攻擊的要害，正是他試圖為階級概念作系統性分析的地方❿。在這些手稿中，他首次在其著作裡明白的提出「什麼構成一個階級?」這個問題。但是終其手稿的整個篇章，馬克思所說的，主要都是反面的。階級絕不可等同於收入的來源，或者是分工裡的功能地位。依這些判準會產生眾多紛云的階級：例如，醫生，他們的收入來自於診治病人，和農人是屬於不同的階級，因為農人的收入得自土地的耕種等等。此外，運用這樣的判準將會錯斷生產過程中個人在所屬群體中的位置：例如，兩個同為建築者的人，一個可能是受雇於大農莊裡的無產者，而另一個則擁有他自己經營的小生意。

　　馬克思強調，階級並非所得群體(income groups)。這是《資本論》中的一般前題假設的一個特殊面相：經濟物品的分配並不是獨立於生產或者與生產分開的領域，而是受生產方式所支配的。馬克思將彌爾(John Stuart Mill)及許多政治經濟學者所持的論點斥為"荒謬"，他們說生產雖然是受制於明確的法則，而分配却是由(可調整之)人類組織所控制的 ⓫。支撐這種觀點的一個假設是：階級只是所得分配不公平的一個產物，因此，可以藉著將所得的差距減至最低的辦法，來將

　　1852 年 3 月寫給 Weydemeyer 的信，*Selected Correspondence*, p. 57 參見 Stanislaw Ossowski: *Class and Class Structure in the Social Consciousness* (London, 1963), pp. 69-88 以及全書各處。

❿ "階級"(The classes)這一節置於《資本論》第三冊(由恩格斯所編)的末尾，(*Cap,* vol. 3, pp. 862-3)，只是個幾篇。

⓫ *Gru,* p. 717。

階級鬥爭緩和下來，甚至整個消除掉。然而，對馬克思而言，階級是生產關係的一個面。儘管此一用語的變化多端，馬克思之階級觀念的大意還是相當容易從分散在他的著作中的眾多相關的零散片斷裡，搜羅指證出來。階級是由個人藉著以生產為手段，而產生的私人財產之擁有的關係，所組合而成的群體。這會產生一種基本上二分的階級關係模型：所有的階級社會都是圍繞著一條劃分兩個相互對立的階級──一個支配者，另一個為臣服者──的基線而建立的 ❷。在馬克思的用法裡，必然形成的階級都牽涉到某種鬥爭關係。關於這一點，馬克思不止一次地在語詞上加以強調。因此，在論及十九世紀法國農民的地位時，馬克思說道：

> 小規模耕作的農民形成一個為數眾多的群眾，個中份子都處於類似的狀況下，但彼此却沒有發展出多重的關係。是他們的生產方式使得他們彼此孤立，而不是互相溝通往來……。如果數百萬的家庭都能生存於將他們的生活模式、利益及文化，與其他階級的種種分隔開來的經濟狀態裡，而使得他們處於與後者相互敵對的狀況下，他們便會形成一個階級。如果這些小耕農之間的互相關連只是地區性的，並且，也沒有基於利益上的認同而在他們中間產生社群、國家的結合與政治組織，那麼他們便不能形成一個階級 ❸。

在另一個地方，馬克思對資產階級也表示類似的論點：資本家只

---

❷ 參見 Ralf Dahrendorf: *Class and Class Conflict in an Industrial Society* (Stanford, 1965), pp. 18-27。

❸ *SW*, vol. 1, p. 334。

有在他們被迫與另一階級作鬥爭時，才會形成一個階級。否則的話，
資本家會在市場上的利潤追求中彼此作經濟上的競爭❹。

階級結構與市場關係

　　必須加以強調的是，出現在馬克思著作裡的二分階級觀念，是個
理論的建構。只有資產階級社會——正如馬克思對它的未來發展所作
的設計——大致上較爲接近這個景象。所有在歷史上出現的階級社會，
都顯示出一種較爲複雜的關係體系，而與二分的階級結構軸心有部分
交互重疊之處。以此，在資產階級社會裡，此種複雜的群體，有以下
三類：

　　1.　有某些階級雖然在現存的社會形式裡扮演著經濟上與政治上的
重要角色，但它們是邊際性的，因爲它們要不是來自於正要被取代的
生產關係組合裡，就是，相反的，來自於正在躍昇中的生產關係的組
合❺。前者的例子是自由農民，他們雖然在法、德兩國仍然強大，但
却逐漸被拖進對農業資本家的仰賴中，或者被迫加入都市無產階級的
行列❻。

　　2.　某些階層與社會中的某個階級保持著一種功能上仰賴的關係，
因此也與那個階級有著相同的政治認同。在企業的管理工人中，馬克
思稱之爲"幹事"(officers)的——高級的管理幹部——就屬於這個範

❹ *GI*, p. 69。

❺ 參見 Donald Hodges: "The 'intermediate classes' in Marxian theory", *Social Research*, vol. 28, 1961, pp. 241-52。

❻ *SW*, vol. 1, p. 217。

疇**⓱**。

3.　最後，是些失業者(Lumpenproletariat)中的異質性的一群人，他們站在階級體系的邊緣上，因為他們並不全然被整合於分工裡。這些人是些「小偷和各種罪犯，靠社會的殘渣過活，他們是沒有固定生計的流浪者，沒有家沒有窩的人**⓲**」。

　　一個階級成為一個同質性整體的程度，在歷史上各有不同：“從屬的層級”(subordinate gradations)存在於所有的階級中 **⓳**。在《法國的階級鬥爭》(*The Class Struggles in France*)一書裡，馬克思分析了 1848 到 1850 年間，金融資本家與工業資本家之間的鬥爭。這個經驗性的例子顯示了作為一個整體的資產階級中，永遠有再分割的情形；就像其他類似的再分割一般，這是由於對同一種利益的分割爭奪：「這是因為利得可以被劃分為兩種收益的緣故。這兩類資本家所表現的，正是此一事實，沒有別的**⓴**」。根據馬克思的說法，階級構成與階級鬥爭的本質，會隨著社會繼起形式的出現而有相當大的改變。前資本主義社會是全然局限在其組織裡的。若將馬克思用以形容法國農民的隱喻一般化，那麼我們可以說，每個前資本主義社會「都是由大小一致的成分，經過簡單的混合後所形成的，就像許多馬鈴薯擱在一個袋子裡，就成了一袋馬鈴薯㉑」。經濟關係在這樣的社會裡，並不單只是市場關係；經濟上的支配或從屬，皆溶入於個人與個人之間的關係裡。因此，封建地主的支配性便透過私人的契約關連及稅收的直接付給來表現。

⓱ 參見 *Cap*, vol. 3, pp. 376ff。馬克思也指出「學者、律師、醫生，等等」是階級的「意識形態代表者與發言人」。*SW*, vol. 1, p. 140。

⓲ *SW*, vol. 1, p. 155。

⓳ *CM*, p. 132。

⓴ *Gru*, p. 735。

㉑ *SW*, vol. 1, p. 334。

此外，農奴雖然必須將其生產的一部分貢獻給領主，但對其生產工具却保留著很大的控制權限。只有在資本主義裡，赤裸的市場關係才儼然是人類生產活動的主宰，因為它有賴於大量勞工的使用，而這些勞工除了他們的勞力外，別無賴以交換維生之物的東西。「不同於封建社會以各種紐帶將人與其"自然的在上位者"維繫起來的情形」，資產階級社會「有一種無情的格調，人與人之間，除了赤裸裸的自我利益、除了冷硬的"現金交易"之外，別無其他的關係可言……。總之，就剝削而言，它已不再有宗教與政治上的虛幻來作為掩飾，代之而起的是赤裸、無恥、直接而蠻橫的剝削❷」。因此，在資產階級社會裡，階級關係變得簡單化且普遍化。發展的資本主義一旦建立，就一步一步地走向兩大階級——無產階級與資產階級——在市場上直接對立的局面。至於其他階級——地主、小資產者與農民——都是些過渡的階級，而分別為這兩大階級集團所逐漸吞沒。

在馬克思的觀念裏，階級形成生產關係與社會其他層面、或社會的"上層結構"(Überbau)之間的主要連繫。階級關係是政治權力分配所圍繞的主軸，也是政治組織所賴以維繫的樞紐。對馬克思而言，經濟與政治權力是緊密地(雖然不是斷然不可分地)連結在一起的。然而，再次的，這個原理必須被置於歷史的脈絡裡來看。政治代理者的形式與生產方式是緊密相關的，以是，市場關係在經濟上具有重大的意義。私有財產最初出現在古代，但仍被限定在經濟生活的有限範圍內。中世紀時，財產歷經數個階段的演變，從封建的土地財、到流動的生意財，最後到投資於城市製造業裡之資本興起。在古代社會以及中世紀

---

❷ *CM,* p. 135。

裡，財產一直大部分被拘限在社群的範圍內，階級支配的關係亦復如此。這是說政治力量的運作主要仍以一種鬆散的方式在**共同體**(communitas)中進行的。而現代資本主義卻是「取決於龐大的企業以及全球性的競爭，而揚棄了所有社群性組織的外貌❷」。現代國家是伴同資產階級與封建殘餘之間的鬥爭而一起出現的，但同時也是受到資本主義經濟需求的刺激而興起的。

　　相應於此種現代私有財產的，是現代國家。它是由財產的擁有者經由賦稅的方式所逐漸締造成的；並且透過國家債而整個落入這些人的手中。它的生存變成全然地仰仗於財產的擁有者(那些資產階級)所擴充起來的商業資本，一如國家基金在股票交易中的漲跌起落所反映出來的那樣❷。

　　國家在資產階級社會中的特別形式，依資產階級在其中是否得到高昇的情形而有所不同。譬如在法國，資產階級與專制王權的結合，刺激了一個強固的公務系統(officialdom)的發展。相反的，在不列顛，國家「在負責**官方統治**的地主貴族，與實際上支配著市民社會所有各個層面的**非官方**的資產階級之間，有著一種古式、老到且固有的妥協❷」。不列顛這種政治秩序的特殊締造過程，使得組織官僚體制的因素在國家裡的重要性降到了最低點。

---

❷ *GI*, p. 79。
❷ *GI*, p, 79。
❷ *We*, vol. 11, p. 95。

意識形態與意識

　　促使社群瓦解、私有財產擴張的因素，同樣也潛藏於民法(civil law)的起源中。此種法律體系的編纂最早出現在羅馬，但是由於羅馬社會內部的製造業與商業的解體，使得此一工作沒有最後的結果。隨著現代資本主義的興起，法律的形成也出現新頁：羅馬法在義大利及其他地方的早期資本主義中心被採行，而成為民法的根源。民法的權威乃奠基於理性化的規約，而不是盛行於傳統社群中的宗教戒律 ❷⁶。現代的法律系統與司法，主要是在意識型態上對資產階級社會的一種支援。但是，這只不過是以下這個事實在現代的表現：在所有的階級社會裡，支配階級皆以發展或執掌意識形態的形式來正當化他們的支配。「執掌**物質**生產工具的階級，同時也控制了**精神**(geistig)生產的工具，因此一般說來，那些缺乏精神生產工具的人所秉持的理念，都是附屬於這個階級的❷⁷」。

　　據馬克思的看法，意識乃根植於人的**實踐**(praxis)中，因此是社會性的。這就是「人類的存在並非由其意識所決定，相反的，他們的社會性存在決定了他們的意識」這句話背後的涵意❷⁸。這個觀察為馬克思帶來許多的中傷毀謗。但是此處發生效用的是**社會性**的存在(social being)這個語詞，並且，關於意識是由人類在社會中的活動所控制這一點，也沒有多少可以反駁的餘地。就拿語言來說，馬克思指出，我們可以從這裡得到具體的例子。馬克思說，語言「與意識一般古老，語言**是**也為他人而存在的實際意識，而且就是基於這個緣故，它真的也

---

❷⁶關於韋伯在這個問題上的討論，見 *ES*, vol. 2; 另參見涂爾幹：*DL*, pp. 142 ff.。

❷⁷ *GI*, p. 61; *We*, vol. 3, p. 46。

❷⁸ *SW*, vol. 1, p. 363。見下文 pp. 340-362 ff，與韋伯、涂爾幹在這方面更進一步的相關探討。

是為了我個人而存在……㉙」。理念的表達，並且，確實，任何不只是情感的展現，都受到語言的制約。但語言是個社會的產物，就是因為身為社會中的一份子，個人才需要語言的範疇，這構成其意識的參數（parameters）。

　　馬克思對於意識形態的特殊形式在階級社會中所扮演的角色的看法，乃直接從以下這些更一般性的考慮而來。哲學與史學上的觀念論的主要缺點是，它試圖從那些社會中、支配觀念體系內容的推論，來分析社會的性質。但這完全忽略了價值與權力之間並沒有片面關係存在的這個事實：支配階級有能力散播支持其支配地位為正當的理念。因此，自由與公平的理念雖然在資產階級社會中佔有主導的地位，但皆不可就其"表面價值"觀之，而直接據以為社會之真實；相反的，資產階級社會裡的合法的自由，實際上是用來正當化契約性義務上的真實情況：無產的僱傭勞工在義務上之較資本擁有者，處於大為不利的狀態下。此點的重心所在是，意識形態必須置於其所嵌入的社會關係中來加以研究：我們必須研究的不只是孕生出各形各色理念的具體過程，還要研究是什麼因素決定了某些理念成為某個社會的主要思潮。雖然意識形態顯然有其超越時間的連續性，但是無論是此一連續性，還是其中所發生的任何變化，我們都無法單純由其內在的內容來加以解釋。理念不會因著自身的緣故而推演，它們的演變只有在當它們作為社會上的眾人之意識的要素時才會發生，並且循著一條確切的**實踐**之線而進：「雖然即使是個店員，他都很能夠在日常生活中分辨出某人

㉙ *GI*, p. 42。

所宣稱的和其眞正的自我之間的不同，然而，我們的史學家甚至連這點小見識都沒有。他們認爲每個時代都正如其所說的話，也如它自己所想像的❸」。

　　在馬克思對意識形態所做的處理中，有兩個相關的重點，我們必須加以釐淸：兩者我們在上面也都提過。首先是個人行動發生所在的社會環境制約了他們對自己所居之世界的看法。這就是語言所以形成人的"實際意識"之意。其次一個定理，關係到理念的**散播**與創造：馬克思的通論是，在階級社會裡，任何時代的主導理念，都是統治階級的理念。根據後面這個假定，理念的散播便十足有賴於經濟力量在社會裡的分配。基於這個看法，意識形態是構成社會之上層結構的一部分：任何時代裡所盛行的思潮，都爲支配階級的利益提供了正當性。因此，透過階級系統的媒介，生產關係便形成一個「眞正的基礎，在上面可造起一個法律與政治的上層結構，而有確定形式的社會意識與之相應❸」。馬克思並不設定這兩個模式之間有個固定的關連──意識是由社會**實踐**所塑造的。每個個人或團體都可能發展出與其時代盛行的觀點有所不同的理念：但除非它們能與支配階級的利益相契合，或者契合於一個向現存權威結構挑戰的階級，否則便不會發展成主導的理念❸。因此，許多在十八世紀末十九世紀初用以鼓舞建造機器的理念，雖然流行了很多個年頭，但是它們迅速的得到響應和擴散，也只是發生在由於資本主義的擴張，而使得資本家需要使產量增加到手工製造所無法承担的地步之時。

───────────────

❸ *GI, p.* 64; *We, vol.* 3, *p.* 49.

❸ *SW*, vol. 1, p. 363。

❸ 參見 *GI*, pp. 472-3。

　　透過對於社會行動與社會意識之關係的一個辯證性觀念的背景，來接受階級支配的角色，會使某些關於生產關係與意識之"上層結構"之間，在任何特定社會中的種種關連上所產生的明顯困境，都得到解決❸。個人的生產活動，在與他人和自然之間的交互關係中，涉及社會行為與意識間一種連續不斷且交相往返的相互作用：以此而蘊生的理念，受到階級支配結構對其是否加以採納或散播的制約。以此，支配的意識形態往往「部分由……某種支配的意識或精思巧慮，部分由……此一支配的道德手段」所共同組成❹。"上層結構"所據以興起之社會的"真正基礎"，總是由行動的、意志的個人所構成，也因此總是涉及到理念的創造與應用。"上層結構"的要點不在於它包含了理念(雖然生產關係並不包含)，而在於它乃是由一個社會關係體系(尤其是在政治、法律與宗教的形制上)———一個安排與正當化階級支配系統的關係體系———所組成的。

　　關於歷史知識之相對性的問題，馬克思無甚困難地就加以解決了。毫無疑問的，人類意識的所有形式，包括最具高度複雜性的意識形態在內，都根植於明確的社會條件之組合中。但這並不排斥以理性的原則來對歷史作回顧性了解的可能性。因此，必有某些為所有社會所共有的特徵：不過這要到對社會有科學性了解———這是由資本主義所派生———的狀況下才有可能。馬克思用類推的原理(analogy)來說明這點。對人這種較高級的生物加以解剖，便能供給我們了解猩猩之生物結構的鎖鑰；同樣的，了解了資產階級社會的發展歷程與結構，我們

---

❸參見 John Plamenatz: *Man and Society* (London, 1968), vol. 2, pp. 279-93。

❹ *GI,* p. 473; *We,* vol. 3, p. 405。見 Karl Korsch: *Marxismus and Philosophie* (Leipzig, 1930), pp. 55-67。

便能運用相同的範疇來解釋古代世界的社會發展。應用政治經濟學家所擬定的概念，我們便有可能將"勞動"與"生產"這類的觀念，以一非常概括性的方式，用來指出各種複雜程度不一的社會之特性。不過，這些概念是資本主義生產興起後才有的。「**一般性的生產**是個抽象概念，不過，是個正當的抽象概念……**㉟**」。

　　由政治經濟學家所發展出來的理論，雖然包含有很重要的眞實成分，而可適用於所有的社會；但是事實上，這些經濟學家的著作都帶有強烈的資產階級支配結構色彩，這意謂著他們無法辨識出他們理論中的有限性與片面性。像德國的史學家與哲學家，他們都持有"時代的幻象"(illusion of the epoch)**㊱**，但這並不是說他們的整體理念，就認識論而言，都是"虛幻的"。支配的思想模式不會全然的流露出它們的意識形態特質，除非「階級支配一般而言不再是社會秩序所據以組織的形式，也就是說，它不再必要以一特殊的利益來代表一般的利益，或是藉著"一般的利益"而施行統治**㊲**」。

　　每個支配階級都會宣稱，那正當化其支配地位的意識形態，具有普遍性。但是，根據馬克思的看法，這並不是說，由一新興的革命階級登上支配之地位所導致的社會變遷，在不同的社會類型裡都必然相同。雖然馬克思的確也勾勒出一個總體的架構，來顯示出每個革命性的變遷過程所共同具有的特質，但他同時也認為，歷史上所出現的革命性轉變之形式，在某些非常重要的層面上是有所不同的。馬克思用

㉟ *Gru*, p. 7。當然，基本上這是個變形的黑格爾學派的觀點。就像盧卡奇(Lukács)所說的，對馬克思而言，「必須對現在正確地加以了解，以便能確切地掌握過去的歷史……」。*Der junge Hegel*, p. 130。

㊱ *GI*, p. 52。

㊲ *GI*, p. 63; *We*, vol. 3, p. 48。

以分析革命變遷的總體架構如下：在任何相對而言還算穩定的社會裡，在生產方式與相切合於此一生產方式的社會關係之間，都存在著某種平衡，而"上層結構"則透過階級支配而緊繫於此一平衡。當生產活動的領域發生演進的變遷時──就像羅馬的製造業與商業在一個以農業為主導的經濟中興起一般──在這些新的生產力量與現存的生產關係之間，就會出現一種緊張性。以此，現存的生產關係慢慢的會成為新興生產力量的一個阻礙。此種"矛盾"將公然的由階級鬥爭的形式表現出來，最後再演變為政治領域裡的革命鬥爭，而在意識形態上表現為一種互競"原理"間的決裂。這些鬥爭的結果，不是「互相競爭的階級都趨於毀滅」，就像在羅馬所發生的一樣；就是「社會整體的一次革命性的重組」，正如封建制度為資本主義所取代了一般❸。從事於革命性權力鬥爭的階級，皆以絕對的人權作為其出師的口號，稱其所秉持的理念乃「唯一合於理性，且普遍有效者 ❸」。雖然只有一個從屬的階級，能自推翻現存支配階級的革命中挺立出來，但它在權力爭奪的過程中可能會援引其他階級的幫助：例如法國的資產階級在 1879 年的大革命中就獲得農民的支援。革命的階級一旦奪取政權後，它前此的革命性格就會倒轉過來，變成現存秩序，亦即其一己之霸權的護衛者：

> 社會裡的統治階層，乃是基於其自身的利益，而將現存的秩序制定為法律，並將其中基於慣例或源於傳統的固有限制，明定為法律的一環。別的不談，這等事會依循相應而起的關係所締造的社會秩序之基礎的不斷再造，而自動衍生，終而逐漸的擬設出

---

❸ *CM,* p. 132。

❸ *GI,* p. 62。

一個有規律、有秩序的形式來。假如我們想要社會穩定，並免於只成爲意外事件與任情恣意的產物，那麼此種規律與秩序本身，便是任何生產方式所不可或缺的要素❹。

準此，新階級由晉升掌權而另啓一相對穩定的局面，終而再覆蹈一次相同的變遷模式。

如果馬克思不將歷史的過程整個都比之爲革命性變遷的進行的話，那麼這個概括性的觀念將完全是具有實證性的。馬克思說道：「每個新的階級都會比前一個支配階級站在一個更廣泛的基礎上來獲取其支配，然而非支配階級對於新統治階級的敵對，後來只會發展得更加尖銳與劇烈❹」。資產階級的興起掌權所帶來的影響是在階級關係上，較封建時期所發展的，注入了更重大的變遷特質。資產階級社會將人類的生產技能發揮到歷史上空前的高峯。然而，這個事實是由於不斷增加的無數無產僱傭勞工的存在，才成爲可能的；資產階級社會圍繞著資產階級與無產階級這個簡單的階級劃分，而普遍化了階級關係。就是基於這個事實，才使得資產階級社會與前此的其他階級社會形式，有了根本上的不同。不過，以前的革命階級在得到政權後，就會「將整個社會都置於他們所能徵用的情況之下，以保障其所獲得的地位」，而無產階級卻無法達到支配的地位,「除非捨棄〔其〕以前所擁有的徵用模式，以及其他前此有過的徵用模式❹」。

根據馬克思的說法，勞工階級的興起掌權將使資產階級社會所造

---

❹ *Gap*, vol. 3, pp. 773-4; *We*, vol. 25, p. 801。

❹ *GI*, p. 63; *We*, vol. 3, p. 48。

❹ *CM*, p. 147。

成的歷史變遷達於頂點。資產階級社會的發展，導致人類生產力所成
就的功業，與群眾之無法控制其所創造之財富的異化之間，發生一種
極端本末倒置的現象。自另一方面而言，資本主義的廢除，會提供給
人一個環境，使人有機會在一個脫離了階級支配的合理秩序下，自其
異化的自我中恢復過來。關於此一過程的經濟性前題假設，皆詳載於
《資本論》。

第4章
資本主義發展理論

剩餘價值理論

　　雖然《資本論》所處理的大多是有關經濟的分析，不過馬克思在此書中的主要興趣始終是資產階級**社會**的動力學，《資本論》的主要目標在於，透過此一社會所由立之生產基礎的動力的檢視，來揭露其"經濟的變動法則"❶。

　　正如馬克思在其《資本論》首頁裡所強調的，資本主義是個**商品**(commodity)生產的體系。在資本主義體系裡，生產者的生產並不光只是爲了自己的需要，或者爲了與他們有私人關係之個人的需要；資本主義伴隨着一種全國性的、甚至經常是一種國際性的交換市場(exchange─market)。馬克思說道，每一種商品都有其"雙面"性：其

---

❶《資本論》三冊中雖然只有第一冊是在馬克思生前出版，但三冊都在馬克思手上同時進行。第二冊及第三冊是恩格斯分別於 1885 年及 1894 年編輯出版的。在第一冊的前言中，馬克思提及計劃中的第四冊，打算處理"理論史"的問題。此作的注釋已由考茨基(Kautsky)於 1905 至 1910 年出版，名爲《剩餘價值論》(*Theorien über den Mehrwert*)。此書部分已譯爲英文：*Theories of Surplus Value*, ed. Bonner & Burns (London, 1951)。另有兩本英文全譯本也已出版了(London, vol. 1, 1964; vol. 2, 1969)。

中一面是"利用價值"(use—value)，另外一面則是其"交換價值"
(exchange—value)。利用價值「只有在消費的過程裡才能夠顯現出
來」，它指的是，作為一種物質生產品的商品之性質可以被用來滿足需
求 ❷。一件物品可以有利用價值，無論是否為商品；然而，要作為商
品，則物品就必須具有利用價值，反之則不成立。"交換價值"指的是
一種產品在變換成其他種產品時的價值 ❸。相對於利用價值，交換價
值乃是以"一種明確的經濟關係"來作為其先決條件，並且與財貨交換
所在的市場密不可分，它只有在關連到商品時才有意義。

任何物件，無論其是否為商品，只有當人類運用其勞動力將它生
產出來時，它才會具有價值，這是馬克思得自於亞當斯密與李嘉圖
(Ricardo)的勞動價值理論的核心命題❹。根據勞動價值理論，無論是
交換價值，還是利用價值，都關係到具現於一件商品之生產的勞動總
數。馬克思說，很明白的，交換價值無法從利用價值推導出來。這可
由玉米與鐵這兩種商品的交換價值得到印証。某一定量的玉米可值某
一特定量的鐵。我們可以用兩種物品互相表示出彼此的價值，也可以
採用量的方式。這表示我們是在用某種都可以適用於二者的共同標準。
此種共同的價值衡量，與玉米或鐵的物質特性(physical property)一
點關係也沒有，因為它們是不可共量的(incommensurate)。因此，交
換價值必定是依賴着某種勞動的可計量特性。各種類的勞動之間，顯
然存在著許多的不同：種植玉米這件事的實際情形便大不相同於製造

❷ *Contribution to the Critique of Political Economy*, p. 20。
❸當馬克思提到"價值"而未特別加以註明時，他就是指"交換價值"。
❹有關勞動價值理論的著述，參見 Ronald L. Meek: *Studies in the Labour Theory of Value* (London, 1956)。

鐵這回事。正因爲交換價值乃是我們自商品的特殊性質中抽離出來的，並且以抽象的計量比率來處理它，所以當我們在獲取交換價值時，我們只需考慮"抽象的一般性勞動"，它可以用工人在生產一個商品時所投入的時間總數來衡量。

　　抽象勞動是交換價值的基礎，而"有用的勞動"則是利用價值的基礎。商品的這種雙面性只不過是勞動本身二元特性的一種表現罷了。其一是勞動**力**，是人類有機體之能量的耗費，也是所有的生產活動所共通的形式；其二是某一特定種類的勞動，體能被輸入於某一種特殊的運作系統中，是生產某種具有特殊用途的商品所需的特別方式。

　　就心理上而言，所有的勞動一方面是人類勞動力的消耗，其特徵是類似的、或抽象的人類勞動，而其結果是商品價值的創造；另一方面，所有的勞動是人類勞動力以一特殊的形式、有一特定目標的耗費，其特色是具體、有用的勞動，從而產生利用價值❺。

　　"抽象的勞動"是一歷史的範疇，因爲它只適用於商品的生產。對馬克思而言，它的存在乃是根植於資本主義的某些內在的特性。資本主義是前所未有的一種活潑的體系，它要求勞動力具有高度的流動性，而且可以適應於各種不同的工作；正如馬克思所說的，「"一般性的勞動"，**赤裸裸的**勞動，現代政治經濟的起步，在現實中展現了❻」。

　　如果我們以時間單位來衡量抽象的勞動，並以之作爲計算交換價值的模式，那麼就會有一個明顯的問題存在：按照此一模式推論，一個用了較長的時間來生產某種特定物品的懶散工人，會比一個用了較

---

❺ *Cap*, vol. 1, p. 47; *We*, vol. 23, p. 61。

❻ *Contribution to the Critique of Political Economy*, p. 299。

少時間就完成此項工作的勤奮者，生產出更具有價值的商品❼。然而，馬克思強調，這個概念並不適用任何特殊的個別工作者，而是適用於"社會上必須的"勞動時數。卽在正常的生產條件下，某一特殊的工業在某個時間裡，於「平均的技術與生產密度的水平上」，生產一件商品所必須的時間總數。根據馬克思的看法，社會上必須的勞動時數可以穩當地由經驗研究來決定。技術上的突然進步會減少生產某件特殊商品的社會上必須的勞動時數，因此也將導致商品價值的相應降低❽。

以上這整個分析，以及下文中馬克思所討論的剩餘價值，都出現在《資本論》的第一册裡❾。要加以強調的是，馬克思此處對價值與剩餘價值的處理，用的是高度抽象層次上的精思巧慮的措詞。馬克思表示要「將隱藏在資本主義之內在機制的活動的所有現象略去不究」。由於無法見識到這一點，已有許多的誤解產生，包括馬克思所最不可能同意的觀點。在第一册的大部份討論中，馬克思假設供給與需求是處於一種平衡的狀態下。馬克思並沒有忽略需求的重要性；然而根據勞動價值理論，需求雖然可以影響價格，但它並不能決定價值❿。對馬克思而言，需求的意義最能顯現勞動力在經濟各不同部門中的配置。

❼ 熟練勞動也是一個困難的來源。不過馬克思認爲，所有的熟練勞動都可以被化約爲非熟練的或"簡單的"勞動時間單位；要想將熟練勞動轉化爲簡單的勞動，就必須估算出投入於訓練過程中的勞動量(包括受訓者與訓練者的)。然而，在馬克思看來，資本主義經由逐步的機械化後，終必要淘汰掉熟練勞動。參見 Paul M. Sweezy: *The Theory of Capitalist Development* (New York, 1954), pp. 42-4。

❽ 關於技術變遷的衝擊在這方面的例子，馬克思援引了英國的紡織工業。在那兒，動力紡織機的使用，使得將綿紗織成布匹所需要的勞動時數降低了大約百分之五十。當然，一個手工紡織者所需要的時間仍然和以前一樣，「但是他個別勞動一小時的產品，在技術變遷後，只代表半小時的社會勞動，因此，也只落得先前價值的一半」。*Cap*, vol 1, p. 39; *We*, vol. 23, p. 53。

❾ *Cap*, vol 1, pp. 508 ff。

❿ *SW*, vol. 1, pp. 84 ff。

如果某個商品的需求變得特別的高，那麼其他財貨的生產者就會受到刺激，而轉移到那種商品的生產。由於需求的增加而上升的價格，便會隨著商品的價值而降低 ⓫。不過，需求並不像某些經濟學所說的，是個獨立的變數：「供給與需求乃是以不同的階級和階級部門的存在為前題，他們分割了社會的總收益，然後將之作為歲收而在彼此之間消費，因而填補了總收益所創造出來的需求 ⓬」。

根據以上對交換價值的分析，產品是依其價值來進行交換的：亦即，根據投入於它們的社會上必須的勞動總時數而定 ⓭。馬克思排斥一種說法，認為資本家是從不誠實或狡猾卑鄙的交易中獲得利潤。雖然在真實的買賣交易中，資本家有可能利用市場的波動起伏來賺取利益，例如在他的產品需求量突然增加的情況下；不過，經濟裡所存在的利潤，完全不能以這種方式來解釋。馬克思認為，一般而言資本家買勞力、賣商品，都是以它們的真正價值。正如他所說的，資本家「必須依商品的價值來買進它們和賣出它們，然而在整個過程的最後，其所獲取的價值必定會高過開始時所投入於它們的 ⓮」。

這個顯然的矛盾，馬克思以作為資本主義之必要基礎的歷史條件——工人"自由的"在開放市場出賣他們的勞力——來加以解決。這件事實意謂著，勞動力本身就是一件商品，它在市場上被買與被賣。因此，它的價值就如其他的商品一樣，由生產它之社會上必須的勞動時數來決定。人類的勞動力牽涉到體能的消耗，而必須加以補充。為了

⓫ *Cap,* vol. 3, pp. 181-95。另參見 Meek, p. 178。

⓬ *Cap,* vol. 3, p. 191。

⓭ 這個論斷只有在馬克思於《資本論》第一冊裡所運用的簡化模式中，才是真確的；在真實的世界裡，價值與價格之間往往存在著相當大的差距。

⓮ *Cap,* vol. 1, p. 166。

恢復在勞動時所耗費的體能，工人必須獲得他的存在——像一座運轉中的有機體——所必需的物資：食物、衣服，以及他與家人的居所。生產工人生活之必需品的社會上必須勞動時數，就是工人勞動力的價值。因此，後者可被簡化為某種數量的商品：工人即據此以維生，並且再予製造。「工人以金錢來交換他自己的勞力，……他**異化**了它（按：指工人把自己的勞力與工人自己分開了）。他所獲得的價錢，就是這種異化的價值❶」。

現代的製造業及工業生產條件使得工人在每個平均的工作天裡，生產出較其維生所必須的物質多得多的產量來。也就是說，只需一部分工作天的生產，就可與工人自己的價值相當了。凡工人生產所多出的或超過的，就是"剩餘價值"。譬如一個工作天的時數是十小時，而工人在五小時內就可以生產出和其價值相當的物品來，那麼剩下來的五個小時的工作，就是剩餘生產，而可能被資本家所侵占。馬克思將必須的勞動與剩餘勞動之間的比率，稱為"剩餘價值率"或者"剝削率"。剩餘價值率，就像馬克思所有的概念一般，毋寧較具有社會性，而較少生物學上的意義。去「生產勞動力」所必須的勞動時數，無法純粹從物質的角度來決定，而必須根據一個社會在文化上所期望的生活水平來決定。「氣候與物質上的條件」是有影響，但其影響力只有在與「自由勞工階級之所以形成的條件，及依此條件而具有的習慣與滿足程度」相結合時，才會發生作用❶。

剩餘價值是利潤的來源。可以這麼說，利潤是剩餘價值可以讓人看得見的"表面"顯像；它是「剩餘價值的變形，是個將其起源與存在的

---

❶ *Gru,* pp. 270-1。

❶ *Cap,* vol. 1, p. 171。

秘密銷聲且匿跡的形式 **⑰**」。馬克思在其《資本論》第一冊裡所做的分析，就是要扯去這層僞裝，而並沒有討論到剩餘價值與利潤之間的實際關係，此一關係在經驗世界裡是很複雜的。資本家必須用以雇用勞動的金錢數額，只是他投入於生產過程之資本的一部份。另一部份則是生產所必須的機器、原料、及工廠設備等等。投諸這一部份的資本就叫"固定資本"(constant capital)，而花費在薪資上的就叫"變動資本"(varible capital)。只有變動資本才會創造價值；固定資本「不會在生產過程中，生出任何可以換成數量計算的價值**⑱**」。與剩餘價值率相對的是剩餘價值與變動資本之間的比率($S／V$)，而利潤率則只有在同時計及變動資本與固定資本時，才可以被計算出來。固定資本與變動資本的比率，構成資本的"有機組合"；既然利潤率乃依據資本的有機組合而定，那麼它就會低於剩餘價值率。利潤率的的公式如下：$P＝S／C＋V$；固定資本的耗費與變動資本的耗費之間的比率愈低，利潤率就愈高**⑲**。

在《資本論》的第三冊裡，馬克思將第一冊中簡化了的剩餘價值理論與實際的價值連結起來。很清楚的，在眞實世界裡，資本的有機組合依各種不同的產業而大不相同，在某些生產部門裏，固定資本與變動資本的比率要高出其他的部門甚多：例如，鋼鐵工業每年投資在機械與工廠設備的資本，就比成衣工業要高出許多。根據《資本論》第一冊裡所提出的簡化模型，這會使得剩餘價值率有相當大的差異，而且如果利潤是與剩餘價值直接相關的，那麼這就會導致經濟的各不同部

⑰ *Cap,* vol. 3, p. 47。

⑱ *Cap,* vol. 1, p. 209。

⑲ 馬克思此處假設，沒有由資本家付給地主的租金。正如馬克思所說的：「土地資財被當作等於零」。馬克思在《資本論》第三冊中，對土地租金的問題有進一步的討論。

門間，在利潤上的顯著差異。但是如此一來，除非是就短時間而言，否則此種情形是無法與資本主義經濟組織相契合的，因爲資本總是會流向那提供最高利潤水平的管道去的。

因此，馬克思撇開第一册裡爲了分析的假設，而總結說，商品一般而言並不是依其價值來售賣的，而是依他所謂的"生產價格"(prices of production)來售賣的 ❷。經濟上的利潤總額是取決於在經濟中所創造出來的剩餘價值，然而每個個別資本家自此總額中所擷取到的數目，並不與其企業所產生出來的剩餘價值率成比例。資本家乃是依據他們所投資的資本，而不是依據那個資本的有機組合比率，來分配剩餘價值總額中他們所應得的部份。"生產價格"，亦即，商品的眞正價格，可以站在將社會總資本規劃到剩餘價值總額裡的基礎上而被計算出來。生產價格就等於是"成本價格"，或是眞正花費在生產中的數額（包括在生產商品中所用的固定資本額，以及花在薪資上的資本），加上所用資本的平均利潤率。

是什麼因素使得商品要以其生產價格,而不是以其價值來出售呢？馬克思的《資本論》第三册的主要篇幅就用來討論這個問題。在資本主義萌芽前，商品的確是依其價值而出售的，但是這却被資本主義的結構給破壞了。"平均利潤"(average profit)在歷史上是與資本主義同步發展的。如果某個生產部門裡，因爲變動資本與固定資本間的比率較高，因而創造出非常高的剩餘價值率和利潤率，那麼：

---

❷對馬克思經濟理論的大多數批評都集中在價值與價格間的關係上。參見Paul Swe-ezy：*Böhm-Bawerk's Criticism of Marx* (New York, 1949)。最近兩本討論馬克思經濟理論的書是Murray Wolfson：*A Reappraisal of Marxian Economics* (New York, 1964)；以及Fred M. Gottheil：*Marx's Economic Predictions* (Evanston, 1966)。

……資本就會從利潤較低的領域裡抽出而投入具有較高利潤的部門。總而言之，經由此種不斷的流出與流入，因著利潤的此起彼落而引發的各不同領域的投資分配，便產生了一種供需的比率，正如在各不同生產領域裡變成一樣的平均利潤，價值就轉變成生產價格。這種由資本所造成的平衡，能達到多完美的地步，端視資本主義在某個國家裡的發展有多高而定：也就是說，視各個國家有多麼調適於資本主義的生產方式而定**❹**。

兩個條件有助於這個過程：資本的流動性(fluidity of capital)與勞動的流動性(labour mobility)。前者要求「社會內部之貿易的完全自由」，以及封建壟斷特權的去除。接著，這又受到信用制度發展的刺激，資本不再被容許留在個別資本家的手中，而是滙集在一起。至於涉及勞動之流動性的這第二個條件，乃是基於一個我們所熟悉的情境組合：勞工從被據爲私有與被生產工具所固著住的情形中"解放"(freeing)，工匠技藝則簡化爲非技術性的工作，使得工人可以毫無困難地轉換工作。平均利潤率的發展因而便與資本主義的經濟結構眞正的結合在一起。

馬克思繼而強調，《資本論》第一冊裡所提出的剩餘價值理論構成第三冊之分析的基礎。無論價格與價值之間的關係有多麼複雜，前者仍然是以後者爲基礎的，並且剩餘價值總額的任何增減都會影響到生產價格。經濟學家對馬克思此一立場的批判大都集中在，價格的預測將會是非常困難的這個事實上，這是運用馬克思的理論所得到的，因

---

❹ *Cap*, vol. 3, p. 192; *We*, vol. 25, p. 206。

為價值與價格之間的關連顯得如此的糾纏不清。但必須要加以強調的是，站在馬克思的立場，這樣的預測不過是次要的：他的整個理論重心是要詳細說明構成資本主義經濟運作之基礎的原理。馬克思的分析層次在於試圖去除政治經濟學裡類似價格、租稅、或利率等物質範疇的影響，而將深嵌於其中的社會關係揭露出來。正如他所表示的：

> 行動的社會特質，產品與個人加入生產行列的社會形式，顯然都與個人疏離且物化(Sachlich)了。……行動與產品的普遍性交換，已變成個別的個人之生存與彼此間的關連之狀況，其形式則是疏離於人本身且獨立自主的一個物的形式❷。

馬克思的資本主義發展理論是奠基於從剩餘價值理論裡所提出的資本主義之剝削本質。馬克思之論辯的大要是，雖然資本主義原先是圍繞著一個自由市場的體系而建立的，並且商品可以基於個別企業的開發而在其中「找到它們自己的價值」，然而資本主義生產的內在傾向却從根本破壞了資本主義經濟所賴以奠定之基礎的經驗性條件。

資本主義生產的經濟"矛盾"

在馬克思的觀點裡，利潤的追求是資本主義的本質；「資本的目的並不是要去供應任何需求，而是去產生利潤……❷」。然而在資本主義經濟裡，同時有一種使利潤率下降的結構性趨勢深植於其中。大部分的古典經濟學家也都接受這個觀點，不過馬克思的貢獻，就像表現在

---

❷ *Gru*, p. 75。參見下文，pp. 370-1。
❷ *Cap*, vol. 3, p. 251。

他的"利潤率下降趨勢之法則"這個公式中的，是他將這個理論與他在資本的有機組合上，以及在後者與剩餘價值之關係上的分析，統合在一起。資本主義經濟的利潤總額乃是依其中所創造之剩餘價值而定，而固定資本與變動資本間的比率，在整個經濟裡決定了平均利潤率。因此，利潤率遂與資本的有機組合成反比。

既然資本主義奠基於利潤之競爭的追逐技術上的改進，包括尤其是生產機械化的增加，便成爲每個資本家在市場上爲生存而戰的主要武器；以此，個別企業家便可在生產成本較其競爭者爲低的情況下，增加他在有效利潤上的收益。但他在增加利潤上的成功，會導致其他的資本家也競相應用同樣的技術改進，因而產生一個新的(雖然也是短暫的)平衡，然而這又使得每個資本家在固定資本上所花費的資本比率較以前提高。所以，最終的結果是資本有機組合的升高，平均利潤率的下降。

當然，這並不必然導致經濟裡之利潤的最後總額的降低；而且即使**回收率**降低了，它都可能會升高。再者，有許多馬克思所分辨出的因素，能夠抵制利潤下降的趨勢。它們不是阻礙固定資本相對性的增高，就是相反的，會增高剩餘價值率。固定資本的花費增高，通常都會使得勞動的生產力也增高，因此便有效的降低了固定資本的單位價值，連帶的也可以使利潤率保持穩定，甚至提高：「對於總資本而言，固定資本的價值並沒有按照其物質總量的比率而增高……❷」。另一個抵消利潤率下降趨勢的模式，是透過海外貿易而輸入廉價的原料，如果這些原料是用來供給工人維生之所需，那麼結果便是剩餘價值率的

---

❷ *Cap*, vol. 3, p. 230。另參見 Sweezy：*Theory of Capitalist Development*, pp. 98ff。

增高與固定資本之價值的降低。不過，馬克思特別強調，這些抵消利潤率下降趨勢的因素，會導致勞動的密集剝削。這包括工作日的延長，以及薪資的被壓低到它們的所值以下。還有與延長工作日——十八世紀早期最確實的一個經驗現象——相當的其他事項，會提高剩餘價值率。透過現存機器較密集的使用率——例如，加速它的運轉，或一天二十四小時採輪班制的利用它——會使得與固定資本相關的勞動生產力增加，因而使剩餘價值率也跟著提高。將薪資強制壓低，通常只是個暫時的權宜之計，對利潤率而言並沒有長期的影響。雖然雇主都會視薪資為他們的成本的一部分，並且儘可能想要壓低它，但根據馬克思的一般性分析，薪資基本上是取決於其他顯著的力量，而不是由資本家的壓迫性手段所決定的。

對馬克思而言，有規律地發生在資本主義裡的周期性危機，是資本主義體制內在之"矛盾"(contradictions)的最明顯實例。不過馬克思並沒有為危機本質寫下有系統的探討，因為他認為，危機乃是各種不同因素的可能組合的最後結果，而且也無法由任何簡單的因果過程加以解釋。他並沒有意圖要去追溯真正導致危機的多重因果鎖鏈：因為這樣的工作只有在資本主義生產之一般性運作的背景下，才可能完成 ㉕。因此，馬克思的分析便局限於某些基本因素的描述——一些構成資本主義經濟之規律性危機的基礎的基本因素。

在資本主義之前的社會形式裡所具有的商品生產，尤其是在貨幣被廣泛使用以前，所涉及的只是個人或團體之間直接的物之交換，他們一般說來都知道彼此的需要，並且為了此種需要而生產。換言之，

㉕ *Theories of Surplus Value*, ed. Bonner & Burns, pp. 376-91。

在商品生產的原始形式裡，交換是受制於利用價值的需求，以及對所需求之物品的認識——能提供給一個合於供求律的情況之所需。但是當商品生產愈來愈廣泛時，亦即當資本主義發展時，這個規律的環節就被打破了，貨幣的使用在其中扮演了重要的角色，它讓進行相互交換的雙方能夠比在物物交換時有更大自主行動的能力。因此，在某個重要的意義上來說，資本主義是個"無政府的"體制 ❷⑥，因爲在生產與消費之間並沒有任何明確的代理者來使市場有規律。它在本質上也是一個擴張的體制，而永不止息的利潤追求便是其基本的原動力。既然是以利潤動機爲其主導，那麼在所生產的商品數量與其在平均利潤率上的可銷售性之間有任何不平衡的風聲，都會造成這個體制的危機。資本主義是人類史上首次使大量的生產過剩成爲可能的體制。當然，這只是在資本主義經濟要求之意義下的生產過剩，也只是就交換價值而非利用價值而言的生產過剩：那些"無法銷售"的商品都是可利用的。不過，一旦投資的報酬率沒有達到令人滿意的水平時，資本主義的方法（modus operandi）就逐漸損壞。生產變成只局限於具有〔銷售〕潛力的一小部分，而不管「生產總是無法，以一高貴而人道的方式，滿足大多數群衆的需求」的事實 ❷⑦。

　　一個危機是由於生產擴張到市場無法完全吸收，而導致無法回復

---

❷⑥ 這並不是說在市場的運作之中沒有"秩序"存在，而只是因爲支配市場運作的原理，是在人類自己的意識控制之外，套個亞當斯密有名的名詞，就好像被"一隻看不見的手"規制了一般。

❷⑦ *Cap*, vol. 3, p. 252：另參見馬克思所言，工人作爲一個生產者的地位，與作爲一個消費者的地位之間的"矛盾"。*Cap*, vol. 2, p. 316。馬克思排斥當時更爲天眞的"低度消費主義者"(underconsumptionist，譯按：有關"低度消費理論"，參見 *The Fontana Dictionary of Modern Thought*, p. 641, "trade cycles")理論。參見他對 Rodbertus 的評論，*Cap*, vol. 2, pp. 410-11。

到一個適當的利潤率的情況。生產過剩一旦發生，即使只發生在經濟的一小部門裡，都會帶來可怕的循環性連鎖反應。利潤率一下降，投資也跟著下降，部分勞動力便必須被停止，這進一步使得消費者的購買力降低，因此又導致利潤率又再一次的下降，如此這般，惡性循環不斷的持續下去，直到失業率實在高得不能再高，仍然在工作的勞工之薪資低得不能再低，那麼便達到一個促使剩餘價值率被提高的新狀況，因而刺激了投資行動的再興起。在危機期間，一些較缺乏效率的企業便會被淘汰掉，而留存下來的就可以分割這些被淘汰者所占有的市場，而再開始一個新的擴張期。如此一來，循環重新來過，另一個上揚的階段開始了。

　　因此，危機並不代表資本主義體制的"崩潰"(break—down)，相反的，它形成一種規律性的機制，能夠使資本主義這個體制從它所必遭受的周期性波動中復活起來。危機的作用在於重建平衡，並使更進一步的成長成為可能。正如馬克思所表示的，危機是「暫時性而又有力的解決現存矛盾的方法。它們乃是以猛烈的爆發來暫時重整那被擾亂了的平衡❷」。因為利潤率下降的趨勢總是會出現，因此無論在資本主義發展的任何階段，都會有一種利潤的壓力存在。危機的作用就是要更進一步的將資本集中起來，而暫時的強固此一體系 ❷。危機是資本主義所固有的，因為，雖然資本主義生產的整個動力是推向「社會之生產力的無條件發展」，然而建立在一種剝削式階級關係基礎上的生產關係，是只圍繞著資本的擴張而組織起來的。馬克思因而得到他那著名的結論：

---

❷ *Cap*, vol. 3, p. 244。
❷ *Cap*, vol. 2, p. 75-7。

　　資本主義生產的**眞正阻礙**是**資本本身**。資本與其自身的擴展，儼然是個起點又是個終點，是生產的動機也是目的；生產只是爲了**資本**而生產，而不是反過來，生產的手段乃是生產者的**社會**爲維持其生命歷程不斷擴張的手段**㉚**。

"貧窮化"的論點

　　有些人主張馬克思認爲資本主義最後的滅亡必定是因爲某次的危機實在太大，以致於整個體系無法復原過來。不過，雖然馬克思在《共產黨宣言》裡說到，危機「在其周期性的復發裡，會一次次地愈來愈使得整個資產階級社會產生問題」，但他的著作裡却從來沒有特別的預測過會有一次毀滅性的最後危機**㉛**。再者，這樣的一個預測也不合於其危機之再平衡功效的觀念。雖然，馬克思當然相信資本主義不可能永無止境地持續下去，但是其毀滅的本質要視支配其發展的法則與我們無法預先得知的特殊歷史情境而定。不過，危機在加強革命意識方面，確實扮演了很重要的角色；因爲它們將無產階級所處的一般階級狀態很戲劇性的表露出來，更因爲它們的發生，大多先是很猛烈的一個不景氣，緊接著一個對勞動階級而言相對繁榮的時期：失業率低而薪資高**㉜**。

　　完全就業的情況幾乎很少在資本主義經濟裡發生。一群長期處於

㉚ *Cap*, vol. 3, p. 245.；*We*, vol. 25, p. 260。
㉛ *CM*, p. 33。*We*, vol. 4, p. 467-8。馬克思最接近此一論點的一回，是在其 *Gru*, p. 636。
㉜ *Cap*, vol. 2, p. 411。

失業狀態的人——產業的"後備軍"(reserve army)——對資本主義而言是必要的。馬克思已經指出，勞動力本身作爲一種商品，乃是資本主義的一個基本特徵；然而，勞動力顯然不同於其他商品，因爲沒有任何顯著的因素能夠防止其價格與價值之間產生太大的差距。如果某種普通的商品價格上漲，那麼資本自然會流向此種商品的生產，而使得其價格下跌，以至於與其價值相當㉝。但是如果勞力的價格上揚，沒人能夠"生產"得更多。這正是馬克思之後備軍觀念(有時他或稱之爲"相對性的剩餘人口")介入之處。產業後備軍這個階層是由一些因爲機械化的實施而多餘出來的工人所構成的，他們不斷扮演著薪資之安定劑的角色。在經濟景氣的時候，勞動力的需求量會增加，後備軍的一部分就會被徵召加入勞動力的行列，因而將薪資壓低；在其他的時候，若有任何勞動階級試圖晉身到更高的階層去，他們就成爲廉價勞動力的一個潛在來源。後備軍是「資本主義積累的桿槓」，也是「資本主義生產方式的一種存在條件㉞」。

關於剩餘勞動力作爲後備軍地位的分析，與馬克思對於相當大部分的勞動階級在資本主義裡被迫生存於物質貧困的狀態之討論，有緊密的關連。許多的矛盾都集中在所謂"貧窮化"(pauperisation)的論點上，這也形成了許多對馬克思在資本主義之未來預測上的批判性攻擊的焦點㉟。在對這個問題加以分析時，必須對馬克思論點中的兩個主

㉝ 在《資本論》第一冊中的這個分析是從簡化了的價值模式的立場立論的。

㉞ *Cap*, vol. 1, p. 632。

㉟ 無可辯駁的事實是，過去一百年來，在西歐與美國這些資本主義社會裡，絕大多數的勞工人口的生活水準都已提高了。作爲一個理論上的要點，這具有某些重要性，並且受到各個批評者的注意，根據馬克思自己的理論，利潤有向下跌的趨勢：如果剩餘價值恰好保持不變，那麼向上升的生產效率必然會使得勞工的真實薪資提高。Robinson 辯道：

題有所分辨，一般在這個問題誤讀了馬克思的人都將這兩點混同爲一種對勞動階級之生活水平的簡單"預測"。其中一個主題是關於這樣一個理論：資本主義發展過程的特色是，勞動階級的收入與資產階級的所得之間的差距愈來愈相對的增大。其次是資本主義的發展產生了愈來愈大的一支後備軍，而其中的大多數人都被迫生活在一種極端貧窮的狀態裡。這兩者是緊扣在一起的，因爲就是有了"相對性剩餘人口"的存在，才使得薪資免於高過於其價值。但是兩者的混合却導致一種非常不當的結論：認爲馬克思相信勞動階級整體將會逐漸跌到愈來愈貧窮的物質狀態裡。馬克思的確說到當資本主義前進時，工人的「日益被剝削」，但很明白的是，剝削率(剩餘價值率)的增加，並不一定需要大部分的勞動階級之眞正薪資有任何改變 ❸❻。關於勞工與資本家的所得之間不斷增大的差距，馬克思的主要論點很簡單：根據《資本論》中所提出的一般剩餘價值理論，雖然資產階級的財富會愈聚集愈多，而勞動階級的薪資却永遠也不會超過他維生所需的水平太多 ❸❼。馬克思在《資本論》裡，關於資本主義對於勞動階級整體的影響，所眞正點明的是有關分工所帶來的異化作用：它將會「使工人成爲一個不完整的人，將他貶到成爲機器之附屬品的地位，讓他苦悶得去破壞工作的內容，並將他疏離(entfremden)於勞動過程中的精神潛在力……❸❽」。

「馬克思只有放棄眞實薪資傾向於不變的這個論證，才能夠證明利潤有往下跌的趨勢」。Joan Robinson: *An Essay on Marxian Economics* (London, 1966), p. 36。

❸❻如果生產率提高的話。不過，請參見**註**❸❺。

❸❼馬克思指出，即使在最有利於工人階級的情況下——資本主義的快速擴張，薪資的增加也決不會高過於**相應**的利潤之增加；因此，即使在經濟景氣的時期裡，工人階級的生活水平提高了，而資產階級的水平也同樣的提高，所以二者的差距仍然存在。*SW,* vol. 1, pp. 94-8。

❸❽ *Cap,* vol. 1, p. 645.；*We,* vol. 23, p. 674。

　　然而，「產業後備軍的相對多數群衆」的增加，使得長期性的貧窮擴大了，馬克思稱此爲「資本主義積累的終極一般法則」，指出它「像其他所有的法則一樣，會在其運作過程中受到許多情境的修正」。貧窮是「積極的勞動軍之養育院，產業的後備軍之死重担 ❸」。物質剝削的大部分最惡劣形式都集中在後面這個群體，在他們之中發展「積聚了悲苦，對勞動的怨懟、奴役、無知、殘暴、道德的淪喪⋯⋯❹」。因此，資本主義的矛盾特質顯現於財富的積累「集中於一端」，而貧窮與悲苦却集中於另一端。

集中與中央化

　　在資本主義發展的過程中，資本的有機組合之上揚是與資本的中央化(centralization)與集中(concentration)有密切關連的。"集中"是指當資本積累時，個別資本家能夠將其所握有的資本額成功地加以擴大的過程。"中央化"則反之，是指現存資本的合併，「已到手的資本在分配上的改變❹」。兩者的作用導致生產單位的愈來愈龐大。由於資本主義的競爭性特質，使得生產者必須不斷的設法使得其價格比對手的更加低廉。那些經營較大組織的資本家比小型的生產者享有各種不同的便利，使他們一般說來都能勝過後者。個別企業家所能掌握的資

---

❸ *Cap*, vol. 1, p. 644。資本主義「過度的使用部份的勞動人口，而讓其他的人成爲一支後備軍，使半數的人或者整體，都陷於貧窮」。*Theories of Surplus Value*, ed. Bonner & Burns, p. 352。

❹ *Cap*, vol. 1, p. 645; *We*, vol. 23, p. 675。

❹ *Cap*, vol. 1, p. 625。

源愈多，他就愈能有效率地生產，因爲他能伸展其企業規模，因而在市場暫時性的矛盾所引起的蕭條中，較能支撐得住。因此，按一般的規律而言，較大的單位會將較小的逐出市場，並將其資本吸收進來。

中央化受到信用制度進一步的激勵，其中最重要的一環就是銀行業。一個銀行不但可以集中借方的貨幣資本，並可以達成貸方的中央化目的，雖然銀行本身也想要連結成爲一個單一的金融系統。這整個過程「最後被轉化成一個龐大的社會機制，以達成資本的中央化 ❷」。信用制度的擴展，雖然一方面成爲資本主義體制裡「最有效的危機與詐騙的工具之一」，但同時它也將資本的分配從個別資本家的手中移去。信用制度「剝除了資本的私人特質，也因此在其中，但也只有在其中，廢除了資本本身」。金融系統以介紹各種形式之信用流通來取代貨幣的方式，顯示「貨幣實際只不過是勞動及其產品之社會特質的一種特殊的表達罷了……」。信用制度本身的存在便是個資本主義的企業，因爲它是在私人利潤——得之於貸款所生的利息——的基礎上組織起來的；但是因爲它爲中央化的經濟整合打下了基礎，信用制度「將會在由資本主義生產方式轉變爲聯合勞動生產方式的過程中，成爲一個強而有力的桿槓……❸」。

與信用制度之擴展攜手並進的是企業資本中央化的一個特殊形式，這可見於合資股票(joint—stock)公司的發展。根據馬克思的說法，這是與大規模的中央化最能相切合的產業組織形式，它代表「資本主義生產的終極發展」。合資股票公司有效的將個別資本家與生產組織分隔開來，代表「資本主義生產方式在資本主義生產方式本身中被廢除

❷ *Cap*, vol. 1, p. 626。
❸ 以上四段引文都取自 *Cap*, vol. 3, p. 593。

了**❹**」。資本擁有者與經營者的分離，顯示出前一個集團是多餘的，他們至此已不直接的參與生產過程了。在合資股票公司裡，生產的社會特性變得很明顯，因此也暴露出某些個人得以因其擁有資本而剝奪了大部分所生產出來的財富的這個事實是個"矛盾"。不過，合資股票公司仍然只是個過渡的形式，因爲它仍與孳生利息的資本有所關連，因而它還是「陷落在資本主義的邊緣」。再者，這種異常龐大的公司發展下去，會導致對某些特殊產業部門的壟斷性控制，成爲各種新的剝削關係的基礎**❺**。

《資本論》中詳細地顯示出，正如這本書之前的西歐歷史上的社會景況所顯示的，資本主義根本就是一個不穩定的體制，它建立在彼此敵對的基礎上，唯一的化解之道就是終必會逐漸損壞其基礎的那種變遷。這些矛盾原是來自於其階級特色：受薪勞工與資本家之間的不對稱關係。在資本主義生產方式的運作下，無可避免的終必會將此體制帶往毀滅的路途。此處，馬克思再次提及資本主義的**超越與揚棄**(Aufhebung)：資本主義生產方式之"廢除"的歷史趨向，必不能視之爲資本主義的全盤毀滅，而社會主義即必須"從頭來過"。相反的，資本主義體制朝不保夕的移動趨向，正爲其辯証性的超越提供了社會的條件。

在這些名詞裡，革命的"不可避免性"問題，並沒有"認識論上的"(相對於"實際上的")問題。資本主義發展的過程自然生出客觀的社會變遷，在與無產階級逐日增長的階級意識交互作用下，便產生了透過

---

❹ *Cap,* vol. 3, p. 429。

❺ 在形成「一個新的財政貴族體制時，各種新型的寄生蟲就化身爲公司發起人、投機分子、以及單純是掛名的董事長等：整體就是個以創立公司、發行股票、及證券投機等手段來欺詐人的體制」。這就是「沒有私有財產控制下的私有生產」。*Cap,* vol. 3, p. 429。

革命的**實踐**以改造社會所必須的積極意識 ❻。勞動階級群衆相對的貧窮，"後備軍"在物質上的困苦，以及在危機時，薪資的迅速下降及失業率的急速上升，所有這些都是培植革命之潛在力的溫床。產業系統本身也提供了社群利益之意識的泉源以及集體組織的基礎，因爲工廠將大批的工人集中於一處，工人的組織雖自地方而起，但終必形成全國性的單元。和無產階級的自我意識之日漸擴張並肩而行的，是由於資本的集中與中央化所引起的企業資本家之地位的動搖。這些情境的交相輻湊，致使社會主義社會之建立成爲可能。

　　馬克思的著作整體，對於那將要取代資本主義的社會之本質，都只不過作些零碎、片斷的指點罷了。爲了將自己的立場與"烏托邦的"社會主義區分開來，馬克思拒絕爲未來的社會提出一份明晰的藍圖。作爲資本主義之辯証性超越的新社會秩序，其組織的原則，不是我們這些生活在現存社會形式下的人們所能清楚洞識的。爲未來的社會設計出詳細的藍圖是個會掉入哲學唯心論之陷阱的一種經營，因爲這樣的設計，除了在思想家的腦海中外，別無眞實性可言。因此，當馬克思必須說到新的社會時，都只是指其起始成形的階段，此時，它「仍然帶有舊社會的出生印記，因爲它是由其子宮裡所孕育出來的 ❼」。

資本主義的超越

　　對於社會主義的社會，馬克思的觀點主要可見之於，環繞在他一生經歷中兩個分離得很遠的點。首先是他的 1844 年《手稿》，其次則爲

❻參見 Georg Lukács： *Geschichte und Klassenbewusstsein* (Berlin, 1932)， pp. 229ff。
❼ *SW*, vol. 2, p. 23。

寫於1875年的〈哥達綱領批判〉("Critique of the Gotha Programme")。在後者中所用的語詞較爲直接而落實，不過，對於觀點的描述，兩者所表現的倒頗爲相近 **❹**。馬克思強調，社會主義的第一階段是個資產階級社會的**潛藏**特性被**表露**出來的階段，換句話說，在這個階段裡，《資本論》中所詳加論列的資本主義潛在特質都將得到最充分的發展。因此，早已蘊涵於資本主義中，而在市場的中央化過程裡日益成形之生產的社會化，最終會因爲私有財產的消除而臻於完全。至此，財產成爲集體所擁有，而薪資也依據一個固定的原則來發放。從社會的總生產中會取出一定的數額，以應付集體的需求，像是生產的管理、學校的興辦、保健設施……等等；而每個工人：

> 再從社會裡得回——在金額已被扣除了之後——恰恰是他所付出的那筆數額。……在他完成了這樣那樣的勞動量後，社會會發給他一張証券(扣除了他應繳給公共基金的勞動量)，憑著這張証券，他可以從社會公庫裡去領取和其勞動量同等價值的消費工具**❹**。

不過，像這樣的一種社會重組，仍然保留有構成資產階級社會之基礎的原則，因爲它仍然是基於一種客觀的標準來建立人際關係。換句話說，它仍然將勞動當作一種交換價值，只是不再拘限於某個階級

---

❹ 參見 Avineri, pp. 220-39。但是如果像 Avineri 那樣，將馬克思早期所討論的"粗陋的共產主義"與後來他在資產階級社會之廢除的轉變階段上的探討，太相提並論的話，那就是錯誤的。馬克思關於轉變階段的討論是前瞻性的，然而"粗陋的共產主義"，就一回顧性的角度而言，則可視爲社會主義**理論**的早期階段之特色。粗陋的共產主義並非轉變階段的理論。

❹ *SW*, vol. 2, p. 23。

團體(無產階級)，而是變成普遍性的。在這個階段裡，人仍然「**只被當作是工人**，而別無其他，任何此外的事情都被忽略了 **❺⓪**」；「**工人**的角色並沒有被廢除，而是擴展到每個人身上去。私有財產的關係仍保留在社群與世務之間的關係中**❺①**」。在這個階段的社會裡，主體爲客體所支配，異化與對象化仍混淆不清。

　　生產上的景觀如此，政治的領域也不例外。此處，我們可以看到馬克思的重要言論都是與其整個經歷共短長的。在〈哥達綱領批判〉裡的分析，是在補充他早年對黑格爾的國家理論的批判性評估。馬克思在這兩個源頭上的觀點一致性，可以從他攻擊哥達綱領裡所呼籲的"解放國家的基礎"(freeing of the basis of the state)中看得出來。馬克思此處的批評所採取的形式，是重複他三十年前的批評黑格爾時所用的主要論點。在德國，國家已幾乎完全是"自由的"了，馬克思指出：勞工運動的目標應該不再是將國家從社會裡"解放"(free)出來，而相反的，應該是要將國家「從作爲高踞於社會之上的一個組織，轉變爲完全從屬於社會之下……**❺②**」。但是，這個轉變的步驟，再加上資本主義的初步廢除，將同樣只是那在資產階級社會裡只得到部分而未得到完全發展的原則，可以再次得到完全的實現罷了。"無產階級專政"便構成了這個過渡的階段，代表了一種已以較鬆散態度存在於資產階級社會裡的，政治權力的集中。這使得前面所說的生產與分配之中央化的計劃得以更加完全：「無產階級可以運用其政治的支配，逐漸地將所有的資本從資產階級的手上奪取過來，將所有的生產工具都集中在國家的手裡，換言之，亦即集中在以無產階級作爲支配階級的國家手裡，

---

❺⓪ *SW*, vol. 2, p. 24。　**❺①** *EW*, p. 153。

❺② *SW*, vol. 2, p. 32。

而盡其全速的增加全部的生產力❸」。

當這個階段發展完全後，"政治的"權力自然會消失。對馬克思而言，國家的廢除當然不是指在社會組織裡來一次不意的"翻覆"，而使上面所述的具有專制形式的國家被去除掉。其實，國家的辯證性轉化要完成，就必得要從屬於社會之下，在其中，公眾的事務乃是透過社會組織的整體來加以管理的。馬克思在他所期望的巴黎公社(Paris Commune)的結構裡，為此一過程規劃出一個架構，其相關的面相有許多個：公社是由全民普選所產生的議員組成,並且「是個實際運作的組織(a working),而不是個議會體制,同時具有行政與司法的權能」；警察、司法人員、與其他的公職人員都同樣「是被選出的、要負責的,且可罷免的❹」。這樣的社會組織形式乃是基於國家的階級性消失而締造的，反過來它也使得國家作為一個整體而與公民社會分離的情形消失。這也相當顯示出這個觀點與無政府主義之間的差距有多大——它經常成為其**代替品**而被混同為一。在無政府主義的理論裡，像這樣的國家，是惡的，必須要真正的去除，因為它代表了某些人的高壓權威行之於其他人之上 ❺。一般而言，馬克思對於國家的態度是與其對資本主義社會的觀點相互一致的；資產階級國家雖然帶有壓迫的性質，但它是個必要的因素，可以為實現超越資本主義的社會形式提供社會的基礎。馬克思的立場也與功利主義的國家理論不相同，根據後者的看法，國家除了經管經濟的契約以外，別無其他功能。根據馬克思的說法，這樣一種觀念只不過是將市民社會裡的「所有人對所有人的戰

❸ *CM,* p. 160；*We,* vol. 4, p. 481。

❹ *SW,* vol. 1, pp. 519-20。

❺ 參見涂爾幹對這個問題的處理，*Soc,* pp. 52 ff。

爭」延續到永遠罷了。對他而言，國家的廢除只是那廣泛而深遠的社會
轉化的面相之一。

轉變到新社會的步驟，既然牽涉到資產階級社會內在傾向的普遍
化問題，那麼便較能在某種程度上作些前瞻性的詳細描述。但對於已
完全超越了資本主義的社會，則無法如此；因此馬克思對於共產主義
第二階段特性的刻劃，便只有一筆帶過。在轉變的階段裡，取代了資
產階級形式的社會，已是個無產階級的社會，因為私有財產已被取消。
但是透過人類生活整體對於物質產品的處置，以至於異化的克服，只
有當存在於資產階級社會中的分工被廢除後，才有可能達成。馬克思
的《資本論》裡說到，在未來的社會裡，現今的工人將被代之以「完全發
展的個人，他們可以勝任各種不同的勞動❺❻」。根據馬克思的看法，這
將能克服分工所帶來的各種分殊化的結果──各式各樣的二元性：城
市與鄉村，知識分子與體力勞動者等等。此即《德意志意識形態》裡頭，
重要章節的背景：

> 分工一旦發生了，每個人就不免有個特殊而單獨的領域強加
> 在身上並且無可逃避。他是一個獵人、漁夫、牧者、或是評論者，
> 而且他必須保持這個身分，如果他不想丟掉維生的飯碗的話。然
> 而，在共產主義社會裡，沒有任何人只有唯一的行動領域，每個
> 人都可以在他願意的行業裡幹活，社會只管制一般的生產，因此
> 讓人可以隨意的日執一業，早出打獵，中午捕魚，晚間牧牛，飯
> 後評學論道，正因為我有一顆心靈，並不永遠為獵人、為漁夫、

❺❻ *Cap*, vol. 1, p. 488。

為牧者、或為評論人[57]。

　　馬克思用來說明的這些主要的農業工作項目，在與工業生產的因素相對比時，便顯出這個觀點完全缺乏切合實際的內涵。但是馬克思在所有提及未來社會的著作裡，都保留了這個**超越揚棄**分工的觀點，並且實際上認為，透過機械化生產的**擴展**，這有達成的可能。這再一次代表了早已存在資本主義中之傾向的轉化，以自動化生產的方式，人就可以從現今分工的束縛下解脫出來：

> 　　隨著大規模產業的發展，實質財富的創造就會較少仰賴於勞動時間與勞動量的花費，而較重於勞動時間中所運用的技術力量。……因此，人的勞動力就不再受制於生產過程；而更毋寧是人會變成為這個過程的管制者與操縱者[58]。

　　分工的廢除是超越異化的先決條件，也是一種表記。在社會主義社會裡，社會關係已不再受到人所創造出來的物質的支配[59]。

　　就此一最基本的方面以及其他方面看來，社會主義的社會乃是依循著資本主義的歷史發展而建立的。馬克思思想中這個生動的一面常常被弄得模糊不清。《共產黨宣言》裡獻給資產階級的頌歌，是眾所皆知的：「它所達成的驚人成果，遠超過埃及的金字塔，羅馬的水管道，

---

[57] *GI*, p. 45；*We*, vol. 3, p. 33。

[58] *Gru*, p. 592.：另見 *Poverty of Philosophy*, p.121：「在自動化的工廠裡，分工的特色就是勞工在其中已完全失卻其專門的性質。然而當每一種專門的發展都停止時，普遍化的需求，個人整個發展的傾向，就開始被感覺到了」。

[59] *EW*, p. 155。

以及哥德式的大教堂……❻」。然而這並不純粹是指資本主義的技術成就：更毋寧說，資本主義的技術拓展只是象徵了資產階級社會的"普遍性趨向"❻，使得它不同於以前所有的社會組織。資產階級社會以分工來取代前此之社會類型所特有的相對自主的地方社群，使得原先存在於同一個社會經濟體制裡的不同文化，甚至全國性團體，都聚集在一起。就在其拓展人際之相互依存的範圍時，資產階級社會的擴張也同時掃除了人類自盤古開天以來就已生活於其中的特殊文化迷思與傳統。最後，資產階級社會第一次將整個人類帶入一個歷史上從未曾有過的單一社會秩序範疇裡，眞正是"世界歷史的"。

但是，要達到這個情境，就必須透過市場的運作，以及將所有人之間的相賴連結(如存在於封建體制中的忠誠約束)都轉化爲交換價值。就此觀之，我們就會比較容易了解，爲什麼《資本論》的第一冊與第三冊間，在價值與價格問題上的許多衝突，根本上與整個著作的目標是不相干的，因爲它主要是要寫下這種人類關係蛻變爲市場現象的實情。在《資本論》第三冊的分析裡，詳細的檢驗了資本主義逐漸發展所帶來的異化的結果，以及顯示出資產階級社會所成就的社會關係之普遍化，如何只由變形爲階級關係來收場：「資本的限制是，這整個的發展都在一種衝突的狀態下發生，使生產力、普遍的財富、科學等等的成就顯得只是個別勞工與其自身的**異化**……❻」。

因爲資本主義的主要核心是建立在一種敵對的關係上，即資本與

---

❻ *GM*, p. 135。

❻ *Gru*, pp. 438-41。正如 Mandel 所説的：「在資本主義體制下的生產的社會化，乃是資本主義方式之一般化最重要而且最爲進步的結果」。Ernest Mandel：*Marxist Economic Theory* (London, 1968), Vol. 1, p. 170。

❻ *Gru*, p. 440

薪資勞動之間的對立；旣然在其獨特的運作下，勞動者只是被普遍化於**一種異化的狀態中**，資本主義是內含一種將自己推向死亡的力量，同時，此一力量又爲其超越鋪好了路途。

第 **2** 篇
涂爾幹

第 **5** 章
涂爾幹的早期著作

　　從馬克思到涂爾幹，不僅是從早期的社會思想家到下一代社會思想家的轉移，而且更造成一種在脈絡體系和思想傳統上的重大轉變。在本書所討論的三位人物裡，涂爾幹個人是最不與其時代的政治事務有所牽扯的一個：實際上，他的所有著作，全部是學院式的，也因此，比起馬克思和韋伯的著作來，較爲不散亂——也較少宣傳的色彩 ❶。此外，對涂爾幹的理論架構之形成，最具重要性的學術影響力，也比起融鑄其他二人之著作的因素，較具同質性，同時也較易於辨認。

　　對於涂爾幹的成熟學術立場較具意義的影響力，很明顯的來自於法國的學術傳統本身。聖西門與孔德對於封建制度之崩潰與現代社會形式之出現的重合一致的解釋，構成了涂爾幹的著作整體的主要基礎。事實上，涂爾幹畢生著作的主題所在，即是要將孔德關於社會的"實證的"(positive)階段此一概念，與聖西門稍有差異的對於"工業主義"(industrialism)的說明，兩相融合起來❷。來自於早一輩學者的影響，

---

❶不過此一判斷也不全盡其然。涂爾幹的重要論文："L'Individualisme et les intellectuels", *Revue bleue*, vol. 10, 1898, pp. 7-13, 是直接針對德瑞福(Dreyfus)事件而發的，雖然整體說來它不算是一篇"政治的"文字。第一次大戰期間，涂爾幹也加入了各種宣傳文件的準備工作，包括和 E. Denis 合作的 *Qui a Voulu la guerre?* (Paris, 1915), 以及 *"L'Allemagne au-dessus de tout"* (Paris, 1915)。

❷參考 Alvin W. Gouldner 爲 *Soc* 所寫的導論, pp. 13-18。

則有孟德斯鳩和盧騷, 此外, 涂爾幹也受到同時代人物如勒努維埃（Renouvier）的學說, 以及他在 1879 到 1882 年就讀於高等師範學院（Ecole Normale）時, 教授布突魯（Boutroux）及古朗士（Fustel de Coulanges）的影響❸。

　　不過, 涂爾幹早期著作裡所關懷的問題, 則是關於一群當代的德國作者們所抱持的理念。有某些社會理論, 它們雖然和當今社會學裡為人所熟知的社會理論一樣, 於晚近才形成, 但是很快就被人們所完全遺忘。有機論便是其中之一, 此一理論在十九世紀晚期的代表, 有法國的富耶（Fouillée）及沃爾姆斯（Worms）, 德國的謝弗勒（Schäffle）及利利恩費爾德（Lilienfeld）。認為社會乃是個組合的整體, 在某個程度上可以比之於一個活生生的有機體的這個概念, 當然, 可以追溯到古典的社會哲學理論。然而, 達爾文生物演化論的發表, 更為這個有機理論的趨於完備, 帶來全新的刺激 ❹。以我們現代的眼光看, 很難再想像到達爾文的著作給十九世紀最後幾十年裡的社會思想帶來多麼大的衝擊。整個的十九世紀, 見證了許多生物學上非凡的成就: 透過顯微鏡的分析, 人們可以得知細胞的成分, 因此, 所有有機體皆由類似細胞結構的組合所構成的這個理論, 乃成為一種不易的既定原則。在達爾文的著作裡, 這些觀念都被放置於奠基在經驗研究上的動

---

❸有關涂爾幹之思想淵源的更進一步資料, 將顯得太瑣碎而無關乎其著作。來自於英國及德國作者的影響當然也有。涂爾幹對於康德的興趣傳自於雷諾瓦; 下文裡我們會提到他也受到當時許多德國作者的周邊影響; 至於英國方面, 表現在他早年對於史賓塞（Herbert Spencer）的尊崇, 以及後來對於英國人類學家（如Frazer, Tylor, 以及Robertson-Smith 等人）之著作的興趣。

❹《物種原始》（*The Origin of Species*）的出版, 也被馬克思及恩格斯認為是個具有重大意義的事件, 而且提供了一個直接可以和其對社會發展的解釋相應和的理論。馬克思曾寫信給達爾文, 願將他的《資本論》的頭一卷獻給達爾文（達爾文拒絕了他）。

態理論的脈絡中，再沒有什麼比這個更能激發他同時代人的想像力的了，因爲它有力的組合了實證論與進步演化的觀點。謝弗勒和其他這些人的著作，與他們早期做有機體推論的前輩們的著作，有極大的差異；後來的這些作者，他們做爲出發點的前題是：主宰動物有機體的功能與演化的既定律則，爲我們提供了一個模式，在這個模式的基礎上，我們可以建構起社會的自然科學的架構。

社會學與“道德生活的科學”

從 1885 到 1887 年間，涂爾幹發表了一連串討論謝弗勒、利利恩費爾德及其他德國社會思想家的著作的批判性文字。他的第一篇作品是對謝弗勒所著之《社會體的結構與生命》(*Bau und Leben des Socialen Körpers*)的批評，然而我們已可自其中充分看出涂爾幹早期思想的線索 ❺。由涂爾幹對謝弗勒此書的討論看來，很明白的，他對後者所提出的某些主要論點，是有著相當同情的。依照涂爾幹的說法，謝弗勒的最重要貢獻之一，是他爲不同社會形式的主要結構成分，架構出一套有用的形態學分析。爲了完成此一分析，謝弗勒大量採用有機體的推論，將社會的各個不同的部分比之於身體的器官與組織。在涂爾幹眼裏，這樣的比照並不是不正當的，因爲謝弗勒並沒有意圖要直接從有機體生命中，演繹出社會組織的內涵來。相反的，謝弗勒的

---

❺涂爾幹：對阿爾伯特・謝弗勒之《社會體的結構與生命》(*Bau und Leben des Socialen Körpers*)（第二版）的評論。(此一評論只及於謝弗勒此書的第一卷)，*RP*, vol. 19, 1885, pp. 84-101。另參見筆者的論文："Durkheim as a review critic",*Sociological Review*, vol. 18, 1970, pp. 171-96，這篇文字乃是爲了本書這一章的部分內容而寫。

堅持是，應用生物學的概念，只不過是爲了要借其所提供的"隱喩"（metaphor），以便利於社會學上的分析罷了。

　　事實上，涂爾幹也頗爲贊同地指出，謝弗勒堅持在有機體的生命與社會生命之間，存在著內涵上極度強烈的差異。況且，生物有機體的生命是受著"機械性的"控制，而社會「却是由觀念上的連繫，而非物質上的關係，所凝結而成的❻」。涂爾幹強調"視社會爲理念"（society as the ideal）的這個概念，在謝弗勒的思想裡占有中心的地位，而這個概念與其所強調的：社會具有一己獨特的性質，而不同於其各個組成個體的特性，這個論點是完全一致的。對謝弗勒來說，「社會不單只是個個人的集合體，而是先於現今聚合成它的人們而存在的實體，並且將繼續護持住他們的存活；它的影響力大過於他們對它的影響，而自有其一己的生命、意識與良知（conscence）、旨趣與命運❼」。因此謝弗勒排斥盧騷最基本的個人與社會的概念，在盧騷的學說裡，處於自然狀態下的假設的"孤離的個人"（isolated individual），要比繫累於社會之中的個人，來得自由和快樂。相反的，謝弗勒主張凡是讓人類生命層次得以高於一般動物性之存在的，皆來自於社會中積久日成的文化與技術資財。如果這些資財被剝離於人，「那麼他也就同時被剝奪了之所以爲人的所有資源❽」。

　　對社會裡的成員來說，賴以構成其所承繼的文化遺產的理想與情感，皆是"非個人的"（impersonal），也就是說，它們深植於社會，既不是任何個人的產物，也不是任何個人的特性。我們可以由語言這個

---

❻對謝弗勒的評論，p. 85。引文出自涂爾幹。關於涂爾幹評論有機推論在社會學上的有用性，參見前註所引的筆者論文，pp. 179-80。

❼對謝弗勒的評論，p. 84。

❽同前書，p. 87。

例子得到很好的參證：「每個人都使用著那不是他所創造的語言 ❾」。
涂爾幹繼續道：謝弗勒表示，當我們說**集體意識**(conscience collec-
tive)**自有其特性而不同於個人的意識時，這其中並沒有任何形而上
的意味❿**。**集體意識**單純只是個「合成物，其中的元素，就是個人的心
靈⓫」。

　　依涂爾幹之見，謝弗勒及其他德國學者的著作，顯示了德國在社
會思想上的重大成就──較諸法國社會學發展的遲滯，是個鮮明的對
比。「發源於法國的社會學，愈來愈像是一門德國的科學⓬」。

　　在他出版於 1887 年一篇探討有關德國"實證的道德科學"的長文
裡，涂爾幹重覆了以上的某些論點 ⓭。但是這篇文章的主要關懷是在
檢視，德國的主要學者們在將道德生活建立爲一門科學的事上，所做
的貢獻 ⓮。涂爾幹認爲，在法國，人們只知道兩種廣義的道德理論
──一方面是康德的唯心論，另一方面則爲功利主義。然而，德國社
會思想家的近年作品，却開始尋求在科學的基礎上，建立──甚或說
重建，因爲他們的某些觀念，孔德早已述說過──倫理理論。此一取

---

❾同前書，p. 87。
❿同前書，pp. 99ff, 我依照一般的做法，不將涂爾幹的這個詞彙 conscience collective
　譯出來。它確實有其隱晦之處，可以包含英文裏"意識"(consciouness)與"良知"(con-
　science)這兩個字的雙重意義。
⓫涂爾幹對 Ludwig Gumplowicz 所著之 *Grundriss der Soziolozie* 的評論，*RP*，vol. 20,
　1885, p. 627。
⓬對謝弗勒的評論，p. 92。不過，涂爾幹也批評謝弗勒有時會復蹈唯心的路線。
⓭"La science positive de la morale en Allemagne', *RP*，vol. 24, 1887, pp. 33-58,
　113-42 & 275-84。亦參見"Les 'etudes de science sociale", *RP*，vol. 22, 1886, pp.
　61-80。
⓮涂爾幹經常使用的這個字眼"la morale"在英文裡可以模稜兩可的表示"道德"(moral-
　ity)，或是倫理學(ethics)──亦即道德的研究。我將依引自涂爾幹的不同行文脈絡，
　而作譯詞上的調整。

徑，涂爾幹說道，主要是由經濟學家及法學家——其中最重要的是華格納（Wagner）及施莫勒（Schmoller）——來完成的❺。這兩位學者的著作，正如涂爾幹所描述的，與正統的經濟學家的論著，有著極大的不同。正統的經濟理論是建立在個人主義式的功利主義之上的，並且也是非歷史的：「換言之，即使國家或邦國不曾存在於世上，經濟學的主要法則依然是如此的，他們只考慮那些為一己之產品進行交易的個人❻」。然而，華格納與施莫勒在本質上遠離了此一立場。對他們來說（正如對謝弗勒一般），社會是個統一體，有其一己的特性，而此種特性是無法自其個別的成員推得的。認為「整體即其個別部分的總和」，這乃是錯誤的，只要是這些個別部分，經由某一特定的方式加以**組織**（Organise），則此一組織關係即有了其獨自的性質❼。此一原則也應適用於人類存活於社會中的道德律則：道德是一種集體的特質，且應以此一方式加以研究。在正統的政治經濟學理論這一方面，「集體的利益不過是個人利益的一種形式」，而且「利他主義也只是一種隱秘的利己主義而已❽」。

---

❺從這裡建立了涂爾幹與韋伯之間少有的直接關係之一。阿爾道夫·華格納與古斯塔夫·施莫勒都是社會政策協會的創立者，而韋伯則是其永久的會員。但是韋伯從未接受華格納與施莫勒的觀點裡最為涂爾幹所欣賞的層面——他們試圖建立一"科學的"倫理學。韋伯同時也很懷疑由施莫勒所大力鼓吹的，由國家來干預經濟的政策。

❻"Science positive de la morale", part 1, p. 37。

❼透過勒努維埃，此一原則已為涂爾幹所熟知。涂爾幹常在著作裡應用到它，正如他在一篇相當晚才發表的評論裡所說的：「從勒努維埃那裏，我們得知了這個不證自明之理——整體並非其個別部分的總和」。（Review on Simon Deploige:*Le conflit de la morale et de la sociologie*, *AS*, vol. 12 1909-12, p. 326）。Deploige 的作品是以一多瑪斯學派（Thomist）的立場，對涂爾幹學派做嚴厲的攻擊。此書已經英譯為 *The Conflict between Ethics and Sociology*（St. Louis 1938）；特別是 pp. 15-185。涂爾幹發表在 *AS* 上的一些更重要的評論，已經集結為 *Journal sociologique*（Paris, 1969）。

❽"Science positive de la morale", part 1, p. 38。

　　涂爾幹說道：施莫勒已指出，經濟現象無法適當地以古典經濟理論的方式來研究，因爲如果可行的話，經濟現象就好像可以與個人在社會中存活所奉行的道德規範與信仰分離開來似的。沒有任何一個社會(或任何可被想像得到的社會)裡的經濟關係，不是從屬於習俗與法律規約的。換言之，就像涂爾幹在稍後的《分工論》(*The Division of Labour*)裡所表示的，「一項契約並不自足於其本身❸」。如果沒有社會規範——可以爲契約制定時提供其所必須的參考架構——的存在，那麼經濟世界勢必要變得「支離而混亂不堪❹」。控制經濟生活的律則無法單以經濟的條件來加以解釋：「我們根本無從了解規範財產、契約與工作等的道德律則，如果我們對其背後的經濟因素一無所知的話；反之，如果我們忽略了對其具有影響力的道德因素，那麼關於經濟的發展，我們很可能得到一個完全錯誤的概念❺」。必須將作爲社會組織之內涵的道德律則與行動，加以科學的研究，這乃是德國思想家的一項主要成就。以此，涂爾幹勾勒出貫串其往後著作的一條主要的線索。直至當時，哲學家還相信，倫理可以建立在一套由抽象原則所演繹出來的系統之上。但是德國學者的著作却指出，這根本是一條錯誤的路線，因爲人類的生活不能如此地化約到一些由理智所規劃出來的準則上。再者，我們必須由實相**出發**，亦即對包含在眞實社會裡的道德規則之具體形式，加以研究。於此，涂爾幹再次極表欣賞地引用謝弗勒的說法：這眞是謝弗勒的一項主要成就，因爲他指出，基於集體需求的壓力，道德規則乃是由社會所締造出來的。因此，毫無疑問的，我

---

❸ *DL*, p. 215

❹ "Science positive de la morale", part 1, p. 40。

❺ 同前書，p. 41。

們可以說，這種眞正在經驗世界裡運作的規則，可以被化約爲一些先驗的原則——所有個別的信仰與行動，都只是此一原則的一種表達。道德事實確確實是「相當龐雜的」：不同社會的經驗研究顯示，有一種「信仰、習俗與法律規約持續不斷地增益累積」的現象普遍存在著❷。此種多樣性也並非絕難加以分析；然而只有社會學家，透過觀察與描述，才有望於將它歸類與解釋淸楚。

在涂爾幹討論德國思想家的文章裡，有很大的一部分是有關馮特(Wundt)所著之《倫理學》(*Ethik*)一書的分析。他認爲此作乃是我們上述觀點最具代表性的成果之一。他指出，馮特最主要的貢獻之一是，指出宗敎體系在社會裡所具有的基本意義。馮特表示，在原始宗敎裡，包含著兩種交互相關的現象：一種是，一套「對自然與事物之律則的形上的思維」，另一種是，行爲的準則與道德紀律❷。並且，宗敎提供人們爲之奮鬥的理想，而成爲使社會凝聚的一種力量。涂爾幹引此爲一種設定，雖然這些理想會因各種社會而不同，「然而可以確定的是，從來沒有任何人可以完全沒有理想——無論是多卑微的一個理想；因爲此乃相應於深植在我們本性裡的一種需求❷」。在原始社會裡，宗敎是爲他主義的一個有力根源：宗敎信仰與施爲，有「約制爲我主義，將人導向犧牲與無所爲而爲」的功效。宗敎情懷「使人依附於一高於一己之物，而仰賴那象徵理想所在的高超力量❷」。馮特指出，個人主義是社會發展下的產物：「事實遠非如此：個體是原始因素，而社會乃自其而

❷同前書，part 3, p. 276。
❷同前書，part 2, pp. 116-17。韋伯對馮特的評論，見 *GAW*, pp. 52ff。
❷同前書，p. 117。
❷同前書，p. 120。

來；[相反的]，前者[個人]是從後者[社會]裡慢慢蘊生出來的❷」。

涂爾幹對馮特的批評之一是，後者未曾完全理會到宗教與其他道德規則的規範功效之双面性。所有的道德行動，涂爾幹說道，都有其正反兩面：一方面有正面的吸引力，指的是將人導向某一理想或一套理想的吸引力。然而道德規則也同時具有義務性與約制性的特質，因爲道德目的之追求並不總是建立在道德理想之正面價值上的。就其功能而言，道德規則的正負兩面都有其根本的重要性。

涂爾幹在《分工論》裡的關懷

從涂爾幹早期對德國社會思想家的評論裡，我們可以看出他許多特有的觀點在其學術生涯之始就已奠立了 ❷。關於涂爾幹受到多少這些人著作的直接影響，或究竟這些作品是否只是強化了他從其他方面得到的影響，這些我們都很難加以確切的評估。後者的可能性似乎大些。在他的晚年裡，他率直地否認了時人對他的評論──說他「所有的觀念皆來自於德國」。他說孔德對他的影響要深刻得多，他只是以他所

---

❷同前書，p. 129，關於涂爾幹早期宗教觀點的另一個資料來源，參見他對 Guyau 所著之 *L'irréligion de l'averir* 的評論，*RP*，vol. 23，1887，pp. 299-311。

❷這點必須特別加以強調，因爲大部分的涂爾幹詮釋者都太過於強調他在寫作過程中，思想上的轉變。持這種看法的學者裡，以帕森思(Talcot Parsons)在其所著之《社會行動的結構》(*The Structure of Social Action*，Glencoe, 1949; pp. 301-450)一書中的分析，最具影響力。近來，在同樣的立場上，做更簡單的陳述的有：Jean Duvignaud: *Durkheim, sa vie, son oeuvre*(Paris,1965)，pp. 39-50。類似的舊調也有 Nisbet 加以重彈：Robert A. Nisbet：*Emile Durkheim*(Englewood cliffs, 1965)，esp. p. 37。這種說法的影響是，減低了《分工論》與其後來著作間之關係的重要性，而且也因此使他看起來要比實際上更像是個"保守的"理論家。請參閱我的"Durkheim as a review critic"，pp. 188-91。

認爲德國學者的獨特成就，來建立自己的立場罷了 ❷。重要的是，在
凃爾幹早期著作的討論裡，作爲一個剛剛起步的學者，他就已意識到
那些人們認爲是他直到晚年才有的一些觀點 ❷。當然，這些都是以基
本原理的方式來表達出來的，要不然就是從凃爾幹介紹他人的觀點裡
推論出來。但是它們却包括了以下這些基本的關懷點：在社會生活的
延續上"理想"與道德之一致的重要性 ❸；個人做爲一個行動的發動
者，以及做爲一個社會影響力的被動承受者，所具有的意義 ❸；個人
依附社會所具有的双重性質：既認同積極的理想亦遵守義務；一個由
單元合成的組織(亦即以個人作爲一個組織化的社會的單元)自有其內
涵，而無法直接由各組成單元在彼此孤離的狀況下所具有的特性來推
得此一內涵；即將構成失規範狀態理論的根本基礎 ❸；以及他後來的
宗教理論的基本原則。

當我們在評估《分工論》(1893)這樣一本引人爭議的書籍時，以上

❷ Review of Deploige, p. 326。然而我們應該知道，凃爾幹的這些評論是寫於一次大戰
的陰影的籠罩之下的，早期凃爾幹與 Deploige 相互評論的來往信件，見 *Revue néos-
colastique*，vol. 14，1907，pp. 606-21。

❷ 尤其見於 Parsons，pp. 303-7；亦見於 Alessandro Pizzorno: "Lecture actuelle de
Durkheim"，*Archives européennes desociologie*，vol. 4，1963，pp. 3-4。

❸ 在評論 Tönnies 的 *Gemeinschaft und Gesellschaft* 時，凃爾幹認爲，當一個原始社會被
較爲現代的形式所取代時，一致的道德基礎並不會完全消失。據凃爾幹看來，Tönnies
認爲，在一個社會(Gesellschaft)裡，所有"發乎內在自然本性的集體生命"皆已喪失了。
但我們必須認識到，凃爾幹說，經過變異的社會秩序，仍然成爲一個社會：亦即，它保
有了集體的單一與認同。

❸ 這在凃爾幹討論 Gumplowicz 的 *Grundriss der Soziologie* 的文章裡(*RP*. vol. 20,1885,
pp. 627-34)可以清楚看出。批評到 Gumplowicz 的"客觀主義"時，凃爾幹說道：「我們
同時是行動者，也是被作用者，而且我們每個人也都參與了製造這道不斷沖擊著個人、
且無可迴避的洪流的工作。」(p. 632)。

❸ 參考凃爾幹早期關於自殺的討論，他當時指出，相對於功利主義者的理論，事實上在財
富的增加與人類幸福的增加上，並沒有直接而普遍的關係。假如滿足慾求的結果只是更
加刺激了慾求，那麼慾望與滿足之間的鴻溝實際上是更擴大了。"Suicide et natalité,
étude de statistique morale"，*RP*，vol. 26，1888，pp. 446-7。

的這些考慮都必須要謹記於心。涂爾幹的抨擊火力這麼大，以致於書中的主題也變成隱晦不明。此書的主要批判對象之一是指向政治經濟學派的學者以及英國的哲學家所執持的功利個人主義 ❸。除此以外，本書還有另外一個較不顯著的批判性目的。那就是關於源自孔德，而為謝弗勒等人所承繼的思想潮流，此一思想強調，強力規範下的道德一致性對於社會秩序之恆久持續是十分重要的 ❸。涂爾幹認為以此論點來分析傳統型的社會，是可以接受的。但是，《分工論》裡所開展的主要論證是：即使傳統道德信仰的意義已逐漸式微，然而複雜的現代社會並不會因此而趨向無可避免的分崩離析。反之，分化性的社會分工之"正常"狀態，反而是一種有機的穩定狀態(organic stability)。然而這並不是說〔就像涂爾幹認為特尼厄斯(Tönnies)在其《共同體與社會》(*Gemeinschaft und Gesellschaft*) 一書中所暗示的〕，專業化分工的統合功效可以在功利主義的模式裡得到圓滿的解釋，而且作為各種不同個人契約之製定的結果。相反的，契約的存在是基於某種規範，而此規範本身並不由契約的締結中產生，它正是構成一般道德認同之基礎，無此規範，則契約的締結無法在一有秩序的方式下進行。"個體的崇拜"(the cult of the individual)是涂爾幹承自於勒努維埃的觀念——是一種對於人類個體的尊嚴與價值的基本共同信仰，此一共同信念由十八世紀的法國哲學家(the philosophes)所擬成，也是法國大革命的精神導引——乃是分工的擴大所帶來的個體化(individualization)現象之相應面向，同時也是此一現象所倚賴的主要道德支援❸。

　　涂爾幹探討其《分工論》的主題時，所採取的立場，與他在討論德

---

❸ 關於這點，帕森思特加闡釋以突顯其意義；參見其書 pp. 308-17。
❸ 參閱 Gouldner, pp. 28-9。　❸ *DL*, pp. 399-402。

國的社會思想家時是一致的。涂爾幹開宗明義的說：「此書之用心尤在
於試圖以實證科學的方法來探討道德生活的事實❸」。此一方法必須與
倫理哲學所採的方法清楚分開：道德哲學家要不是從人性的根本特質
中擬製些先驗的假設，就是從心理學裡攫取些假定，再以之爲基礎做
邏輯上演繹，而得出一倫理的架構。涂爾幹則自另一個方向入手，他
並不是「從科學中抽繹出倫理，而是去建立一個完全不同的道德的科
學❸」。社會中發展的道德法則，與某一特定時空條件下的社會生活，
是緊密扣在一起的。研究道德現象的科學，其目的在於分析、社會形
態的改變如何影響到道德規範在性質上的轉型，並對此一轉型過程加
以「觀察、描述、與分類」。

　　涂爾幹《分工論》所關懷的主要實質問題是來自現今世界裡，個人
與社會之間的關係有明顯的道德曖昧性。從某一方面來說，現代社會
形式的發展，與"個人主義"的擴展是相伴而行的。很明顯的這也是隨
著社會分工的成長而來的現象；社會分工導致職業功能的專門化，因
此也促進了專門才藝、能力與態度的發展，這些並不是社會中人人都
分享的，而只是被特殊的一些團體所擁有而已。涂爾幹說，我們並不
難探察出，現今有一股強大的道德理想潮流，它包含有以下這樣一個
觀點：個人的人格應該依其個人所擁有的特質來加以發展，而並非要
每個人都接受一個樣式的教育❸。自另一方面看來，有某些與此潮流
相互牴觸的道德傾向也相當強而有力，它們讚揚"普遍發展的個人"

---

❸ *DL*, p. 32；*DTS*, p. xxxvii。參見 J. A. Barnes："Darkheim's *Divison of Labour in Society*", .*Man*(New Series)，vol. 1，1966，pp. 158ff。

❸ *DL*, p. 32；*DTS*, p.xxxii。

❸涂爾幹引 Secrétant 的話：「要想自我完成，就要學習扮演好自己的角色，要使自己有
　能力去實現一己的功能……」。*DL*, pp. 42-3。

(universally developed individual)。「一般說來，要求我們獨特化的訓示，好像無處不與那要求我們都遵從一共同理想的訓示相互牴觸❸」。

　　要想了解這兩種顯然是相互衝突的道德理想的緣起，據涂爾幹的看法，只有一條途徑：對分工的擴展之原因與影響，做歷史的與社會學的分析。涂爾幹指出，分工並不全然是個現代的現象；在較爲傳統型的社會裡，已有初步的分工，而通常是以性別來做區分。高度專門化的分工則是現代工業生產特有的現象。但認爲眞正的多樣的分工發展只在"經濟的"領域裡發生，或者認爲此種分殊化單只是工業化的結果──正如許多經濟學家所易於誤探的說法──都是謬誤的。同樣的過程可見於現代社會的任何層面：行政、法律、科學與藝術等皆是如此。在所有這些生活的領域裡，專門化是愈來愈加明顯的現象。這可由科學這個例子來加以說明：在以前，以整個自然與社會的實相爲探討對象的研究，是統括在"哲學"這個學科裡的，而我們看到它分裂成許多的個別科目，這也有不算短的一段時日了。

　　社會分殊現象的日增──此乃社會形態自傳統進展爲現代的特質──可與某些生物學上的原理相比擬。在演化的過程裡，首先出現的有機體，在結構上是簡單的；它們最終都讓位給那內在功能有較高程度之專門化的有機體生物：「有機體的功能愈是專門化，在演化的序列上就占有愈高的位置❹」。這與涂爾幹對於分工的發展、及其與倫理秩序的關係之分析是相互呼應。爲了分析多樣化分工現象的涵意，我們必須將較低度開發的社會據以組合成其自身的法則與統攝"先進"

---

❸ *DL*, p. 44；*DTS*, p. 6。
❹ *DL*, p. 41；*DTS*, p. 3。

(advanced)社會組織的法則，兩相參照對比。

這就意味著試圖去衡量社會凝聚(social solidarity)性質的變遷了❹。據涂爾幹之意，既然社會的凝聚——正如各種道德現象一般——並不是直接可測的，那麼為了描繪出道德凝聚的變遷形式，「我們必須以一可以象徵出它來的外在指標(fait extérieur)來代替那我們無法捕捉的內在事實❷」。這樣的指標可以在法律條文裡找到。 只要是社會生活的形式是穩定的，道德規則終必引用於法律的形成裡。當然有時候，慣常的行為模式與法律之間也可能發生衝突的現象。但依照涂爾幹的說法，這是例外的，而且只發生於當法律「不再與現存社會的狀況相呼應，而只是毫無道理的倚仗因襲的力量而保持不變」的狀況下❸。

一則法律規條可被視為是一個被認可的行為準則，而處罰則可分為兩個主要類型。"壓制性的"(repressive)制裁是刑法的特色，指的是將某種痛苦加於個人身上，以作為其行為越軌的懲罰。這類的處罰包括：剝奪自由、施加痛苦、以及奪其榮銜等等。"償復性的"(Restitutive)制裁則是指將兩造的關係恢復，重建到法律被破壞以前的狀態。假設某人控告他人傷害，那麼如果他的控告成立的話，法律的訴求就是在於使原告者個人所遭受的損失得到賠償。個人在此類案件中的敗訴，並不或很少會受到社會的鄙視。大部份的民法、商事法以及憲法皆屬此類。

壓制性的法律特別適用於構成"犯罪"(crime)的越軌行為。所謂

---

❹見 J. E. S. Hayward: "Solidarist syndicalism: Durkheim and Duguit", *Sociological Review*, vol. 8, 1960, parts 1 & 2, pp. 17-36, 185-202。

❷ *DL*, p. 64

❸ *DL*, p. 65

犯罪，指的是某項行為已破壞了社會成員所"普遍贊同"的情感。刑法道德基礎之擴散性，可以從其一般化的特性中看得出來。而在償復性的法律裡，法律所訴求的兩個方面——[履行的]義務，以及犯錯的刑責——都有特別精確的界定。

> 相反的，刑法旨在訴求制裁，而不言及與懲罰相對應的義務，它並不要求人要尊重他人的生命，但它處死殺人犯。它並不像民法那樣開宗明義地說：這是應盡的職責；它毋寧只是說：這是應受的懲罰 ❹。

為何道德義務的本質在壓制性的法律中特別不被指明？涂爾幹說：理由很簡單：因為每個人都知道，而且也都接受它。

刑法在一個社會的法律系統裡之有優越性，必然是基於有一種非常清楚明白的**集體意識**存在，有被社會成員普遍尊奉的信仰與分享的情感存在。懲罰尤其是一種相應於越軌行為的情緒性反應。這可證之於它所波及的範圍並不止於罪犯本身這個事實：即使那些本身清白的人，也會因與有罪的一方有親密的關係——譬如他的親朋好友——而同樣遭到痛苦，因為，他們由於與該受責罰的人有關連而同樣受到"玷污"了。尤其是在原始的社會裡，懲罰多半帶有一種盲目的、反射性的特質；然而即使是在較為開化的社會裡，其隱匿在刑法背後的原理，仍然是一樣的。於當今的社會，通常使得壓制性的制裁還得以持續有效的理論基礎，只將懲罰視為是一種嚇阻的手段。如果事實果真如此，那麼涂爾幹認為，法律將不依犯罪本身的嚴重性來論處，而是依據罪

---

❹ *DL*, p. 75；*DTS*, p. 41。

犯意圖犯罪**動機**之強度來加以懲治。「搶刼犯意欲搶刼與殺人犯意欲殺人的情況是相類的，……然而殺人犯顯然要比搶刼犯受到更嚴厲的處分❻」。懲罰因此(對有犯罪行爲的罪犯來說)具有贖罪性的特質，同時(在社會方面來說)也仍然保持爲一種報復的行爲。「我們欲報復的，亦卽罪犯所須贖過的，是他對於道德的暴行❻」。

準此，懲罰的基本功能是，當**集體意識**遭遇對其判準性加以挑釁的行爲時，能予以保護並再加肯定。在較爲簡單的的社會裡，有其單一的宗敎體系，是其**集體意識**的共同信仰與情感的主要具體呈現。宗敎「包容一切，及於一切」，是信仰與實際行爲的交合體，不僅統攝實際的宗敎現象，並且還及於「倫理、法律、政治組織的原則，甚至是科學……❼」。任何的刑法起先都被涵蓋在宗敎的架構裡；相對的，在大多數原始形態的社會裡，所有的法律都是壓制性的❽。

以"機械性的凝聚"爲基礎來構成其聚合之基本骨幹的社會，有其集聚的(aggregate)或斷節性(segmental)結構：亦卽，它們是由內部組織相當類似的並置性政治—家族團體(氏族團體)所組成的。一個部落整體可以成其爲一個"社會"，乃因爲它是個文化單元體：由於各個不同氏族團體的成員都凝聚在一共同的信仰與情感之下。因此，這種社會的任何一部分都可以分離他去，而不會對其他的部分有太大的損害——正如同簡單的有機體，可以分裂爲許多個體而仍保持其各別的

---

❻ *DL*, p. 89：關於論點的重點所在，涂爾幹作了重要的說明。在某些社會裡，有些道德情感如同刑法下的懲罰規條，是根深蒂固的——涂爾幹舉孝道爲例。集體情感的強烈，因此並不是"犯罪"之所以存在的全然充分條件。「……在關係到非常具體的事件時，它們〔何謂犯罪〕也必須是明確的；……刑法以其精簡、確實而著稱，而純粹的道德律則卻通常是有些曖昧不明的。」(p. 79)。

❻ *DL*, p. 89。　❼ *DL*, p. 135；*DTS*, p. 105

❽ *DL*, p. 138

單一性與自足性。在原始的、斷節性的社會裡，財產是共有的，此一現象一般說來只是個體化還停留在低層次的特殊面相之一。以機械性的凝聚為基礎而構成的社會，是受一套穩固的、且被共同體的所有成員一致抱持的情感與信仰所支配的，其結果就是個體也沒有多大個別發展餘地，個體不過是整體的一個縮影。「財產事實上只是個人在實物上的一種伸展。因此，舉凡唯有集體性存在的所在之處，財產本身也唯其只能是集體的❹」。

有機性的凝聚之成長

壓制性的法律進而被償復性的法律所取代，這乃是個歷史的大勢所趨，而與一個社會的發展歷程相互關連的：社會的發展程度愈高，償復性的法律在整個法律系統中的分量也愈重。含藏在壓制性法律中的根本要素——以懲罰來贖罪的觀念等等已不見於償復性的法律。以後一類型的法律之存在為指標的社會凝結形式，必須與以刑法來顯示的形式有所分別。償復性的法律之所以存在，事實上，已假定了普遍的多樣性分工的存在，因為它涵蓋了個人之於私人財產、或之於其他個體——與他處於不同的社會階層上的個人——的權利。

❹ *DL*, p. 179；*DTS*, pp. 154-5。涂爾幹在其隨後出版的書裡強調，國家的發展並不必然與某一社會的一般演進水平相應對。一個相對而言原始的社會，可以是個相當高度發展的國家。涂爾幹此處的分析，類似馬克思論及"東方的專制政體"時的說法。涂爾幹說：在這種社會裡，「由共同體對於物資以一種不分你我的方式共同通用所獲得的財富，其所有權被原封不動地交給那發現自己因高超的人格而被授以此權的人」(*DL*, p. 180)。涂爾幹曾詳析這個問題，並將之與刑事法規的強度與本質做多方面的連同討論。見其 "Deux lois de l'évolution pénale", *AS*, vol. 4, 1899-1900, pp. 65-95。

　　　　社會因不同的類型而呈現不同的面貌。頭一種[機械性的凝聚]意味著一個整體，或多或少是由團體的所有成員的共同信仰與情感所組合起來的：這是個集體的類型。相對的，我們之所繫於[dont nous sommes solidaires]的第二型社會，乃是一個將分殊而個別的功能連結於一固定的關係網絡中的系統❺。

　　此一社會凝聚的第二類型即"有機性的凝聚"。此處，凝結的基礎並不在於對一套共同的信仰與情感的承受，而是基於分工在功能上的相互依存。凡以機械性的凝結爲社會聚合主要基礎的所在，**集體意識**"完全籠罩"了個人的意識，也因此造成了個體與個體間的一致性。相反的，有機性的凝結是假定個人與個人之間在信仰上及行動上的**不同**，而非一致。以此，有機性的凝結和分工的擴展，與不斷增長的個人主義是倚肩並進的。

　　有機性的凝聚之進展，必然是基於**集體意識**的漸次低落。但是共同護持的信仰與情感並不會在複雜的社會中完全消逝無形；而契約關係的形態也不會變得與道德無關，或僅是由個人依其"最佳的利益"所締結而成的。此處，涂爾幹回溯到其早期著作中所申述的主題，尤其是他對於特尼厄斯的社會(Gesellschaft)觀的批判。《分工論》的主要批判對象雖然改爲史賓塞(Herbert Spencer)，但其所爭議的本質是一樣的。一個社會，若其個人皆唯其一己之利益是求，那麼必然會分崩離析於旦夕之間。「再沒有比利益更變化無端的了。今日，你我因它爲友，明日，它則使你我爲敵❺」。涂爾幹承認，契約關係一般而言是

---

❺　*DL*, p. 129；*DTS*, p. 99。括弧中爲筆者插語。
❺　*DL*, p. 204。

與分工的成長齊頭並進的；這雖是個事實，然而契約關係的擴展則預先設定了管束契約的規範之發展：所有的契約都有明確的條文加以約束。無論分工現象多麼複雜，社會並不會因短期的契約聯盟而一團混亂。此處，涂爾幹則重申其先言及特尼厄斯時的看法：「若將一源之於信仰之共同體的社會與一基於合作所構築成的社會，視爲恰好相反的兩方，而其所依據的理由僅是由於前者獨具其道德的特質，而後者則純爲一經濟性的組合，這是不正確的。實質上，合作也有其內在的道德本質❺❷」。

功利的理論無法計及當今社會的道德凝聚之基礎；而且論及分工現象之所以擴展的緣由時，這個理論也顯現了其謬誤之處。就後者而言，它認爲專門化的進展乃是因爲多樣化與交換致使物質財富不斷增加的結果。據此一觀念，生產量愈是增加，人類的需求就愈得到滿足，因此也就更加幸福。涂爾幹則從各方面來反駁這個觀點。最重要的一點是，就經驗的層次而言，這個論點完全是謬誤的。現代人雖然確實擁有各種各樣前人所未知的快樂，然而却也遭受到更多在以前的社會形態裡所未曾遭受的痛苦 ❺❸。現今社會裡的高度自殺率就是個表徵。抑鬱性的自殺幾乎完全不見於較低開發的社會；而它在今日社會所占的分量則指出，社會分殊化並不必然地就會提昇一般的快樂層次❺❹。

因此，對於分工之增長的解釋就必須自它處尋覓。我們知道分工

❺❷ *DL*, p. 228; *DTS*, p. 208
❺❸ 此處涂爾幹重述其早期討論自殺問題的文章裡的論點。見註❸❷。
❺❹ *DL*, p. 249。在原始社會裡，「一個人殺死自己，並不是因爲他認爲人生的惡劣，而是因爲他所認同的理想要求有此一犧牲」(p. 246)。此一類型，當然，就是涂爾幹後來稱之爲"爲他式的自殺"者。

的發展是與斷節性的社會結構之解體攜手並進的。依此，必然是在已往無所關連之處有了關係的建立，使得以前各自分開的團體連在一起。存在此種社會裡的原本各不相同的生活與信仰模式，一旦彼此有了連繫，原來各個團體一己獨存的同質性因而被打破，促成了經濟與文化上的交流。「由於個體與個體間有更多充分接觸，以及相互影響的可能」，分工現象也就增加了❺。涂爾幹稱此種交流的頻度為道德的，或"動力的"密度("dynamic" density)。個體間的多樣性接觸的增加，還必須有某種持續不斷的、體質間的關係為基礎。換言之，動力的密度之增長，主要是視人口的軀體密度(physical density)之增長而定。準此，我們可以擬出一般的假設來：「分工會依社會的大小與密度而做正比例的變化，而且，如果它在社會發展的過程中，有持續不斷的進展，那是因為社會的密度有規律性的增加，並且人口數量有一般性的增長❺」。

涂爾幹此處所做的解釋，通常被認為是他在《社會學方法之規則》一書中所提的原理之依樣葫蘆──社會現象必不可以化約的方式加以解釋。涂爾幹本人對這一點似乎感到不安，而在稍後修正了些他對軀體密度與動力的密度二者之間的關係的最初看法❺。但事實上，在《分工論》的行文裡，可以清楚地看出，涂爾幹對此一關係所提出的是一種社會學式的解釋：軀體的密度只有在其能轉化為道德的、或動力的密

---

❺ *DL*, p. 257。

❺ *DL*, p. 262; *DTS*, p. 244。涂爾幹承認在這點上，有部分的例外：例如傳統的中國或俄羅斯。在那兒「分工並未與其社會的大小成比例的發展。事實上，如果密度不是同時作相同程度的增長，那麼數量的增加並不必然就是優越性的一種徵示……」(*DL*, p. 261; *DTS*, p. 243)。

❺ 見 *RSR*, p. 115。

度時，才具有重要性，並且，社會交流的頻繁度才是個解釋性的因素。
關於此一假定的另一更具說服力的範例是：涂爾幹在其模式中引用
"生物學的"解釋——尋求將**衝突**(conflict)置於一個擬似達爾文
(quasi-Darwinian)的架構裡來做分析，認爲衝突有如一機轉般地加
速了分工的進展。依涂爾幹之說，達爾文與其他生物學家已證實：生
存競爭在同類的有機體間是最劇烈的。由於此種衝突的存在，而有現
代專門化趨向的孕生，如此有機體才能在不相妨礙彼此之生存的情況
下比肩共存。功能的分殊化使得各種不同類型的有機體得以生存。類
似的原則亦可應用於人類社會，涂爾幹下結論道：

> 人類也臣服於同樣的法則。在同一城市裡，不同的職業得以
> 共存，而不必相互地打擊對方，是因爲各自有不同的追求目標。
> 士兵所追求的是軍事上的榮耀，教士則追求道德上的權威，從政
> 者追求權力，商人追求財富，而學者追求科學的名望❸。

個人主義與失規範狀態

　　在對分工做過功能的及因果的分析後，涂爾幹現在勢必要回答那
最初刺激其動筆寫作的問題。我們可以確定分工的分殊化，無疑地必
導致社會裡的**集體意識**之普及性的跌落。個人主義不可避免地必隨分
工的擴大而增長：只有在削弱共同信仰與情感的力量的代價下，個人
主義才有進展。因此，**集體意識**「愈來愈像是由高度概括性及不確定性

---

❸ *DL*, p. 267.

的思想與情感模式所組合而成的，為積漸增多的個人差異留下充分的餘地❺⁹」。雖然如此，社會並不會因此而分裂失序——只有那些主張社會的凝聚必有賴於強力穩固的道德規範的人，才認為會如此。事實上，在現今的社會裡，這種凝結的形式(機械性的凝聚)已逐漸為新的社會凝結形態(有機性的凝聚)所取代。然而，有機性凝聚的功能運作仍不可以功利理論的方式來加以解釋；現代的社會仍然是個倫理的體制(a moral order)。確實，**集體意識**在它與"個體的崇拜"這層關係上，「不但被強化了，而且變得更加精確 ❻⁰」。只有當社會生活的大部分層面都被世俗化時，"個體的崇拜"才有滋長的可能。與**集體意識**的傳統形式相對比的是，它雖然也由共同的信仰與情感所構成，但這些[信仰與情感]卻更著重於個人的價值與尊嚴，而不是集體性。"個體的崇拜"是與分工的增長相對並起的道德精神，在內容上相當不同於道德共同體的傳統形式，而且也無法以其自身作為現代社會**唯一的**凝聚基礎。

> 這當然可以稱之為一種共同的信仰；但是，首先，它只有在其他[信仰]都毀滅時，才成為可能，而它又無法產生像那些被消毀的信仰所累積起來的功效。說什麼也沒法子補救。再者，若是因其為共同體[的成員]所共享而謂之為共同的，它的對象也只限於個人❻¹。

在這點上，涂爾幹的分析顯得相當艱澀。如果分工的成長並不必然導致社會凝聚的瓦解，那麼要如何來解釋衝突——這個現代經濟世

---

❺⁹ *DL*, p. 172; *DTS*, pp. 146-7。

❻⁰ *DL*, p. 172。

❻¹ *DL*, p. 172; *DTS*, p. 147。

界裡如此明顯的景象呢？涂爾幹承認，中產階級與資本家和僱傭勞工之間的衝突，是與因工業化而來的分工之擴展，相伴發生的。然而，認爲衝突乃直接源於分工，這是謬誤的。實際上，這是由於經濟功能的分化一時凌駕於適切的道德規律的發展之上，所產生的結果。分工之所以未能在每一處都產生凝聚力，那是因爲它正處於一種失規範的狀態下 **❻❷**。也就是說，資本家與僱傭勞工之間的關係**的確**眞的接近於功利理論裡所認爲的倫理上的理想狀態——對於契約的締結，很少或毫無約束；而其結果就是導致慢性的階級衝突。〔在此情形下〕，契約關係的締結不以道德的規則爲依據，而是取決於高壓武力的施行。涂爾幹稱此爲"強制性的分工"(le division du travail contrainte)。雖然有機性凝聚的功能運作可以引致規範性律則的產生，而用以規範出不同職業間的關係，但若是這些律則是由某一階級片面地施加於另一階級，那麼就達不到以上的效果了。想要摒除這些鬥爭，只有在分工與才智、能力的分配相協調，以及較高級的職位不爲任何特權階級所壟斷時，方有可能。「如果某個社會階級，爲了生活，必須爲其工作付出任何的代價，而另一階級却可隨意地依賴某些手段、安排——雖然並不必然是基於任何社會的優越性——而免除類似的活動，後者即比前者在法律上，據有一不公正的有利地位**❻❸**。」

在這種情形仍然存在著的現今，正是個過渡的時期。隨著機會不均("外在的不平等")的逐漸消逝而來的，是一確切的歷史趨向——分

---

❻❷ 涂爾幹的"失規範狀態"(anomie)這個字眼，似乎是得自於 Guyau(見註 **❻❷**，p. 70)。然而 Guyau 的用詞是"宗敎的失規範狀態"，在某種程度上較近於涂爾幹所說的"個體的崇拜"。

❻❸ DL, p. 384. 涂爾幹對於這個問題的看法，見以下更進一步的討論，pp. 370-3.

工的進展。據涂爾幹看來，這是個很簡單的道理。在凝聚力主要是基於共同的信仰與情感的原始社會裡，並不必借助或者需求才智與機會的均等。但在分工的個人化影響下，以前隱而不顯的人類特殊智能，逐漸得以具體展現出來，而形成一股朝向個人自我實現的壓力：

> 我們可以這麼說，分工只有在它是自然而然且真的很自然的情況下，才會產生凝聚力。但所謂自然，我們必須了解到，不只是沒有明顯而且公然的暴力，並且，還必須是沒有任何東西足以阻礙(即使是間接的)每個個人所具有的社會力量被自由地雇用。這不只是假定個人並不被迫而從事某一特定的功能運作，而且也假定沒有任何的障礙足以阻止個人依其一己的才能，在社會架構裡，據有一席之地❻。

---

❻ *DL*, p. 377; *DTS*, p. 370

第 **6** 章

涂爾幹的社會學方法論

　　《分工論》裡所展現的觀念乃是涂爾幹社會學的基礎，而其後著作的主旨也都是沿著此書的主題來加以發揮。這尤其可見於他在世紀之交時所出版的兩本書：《社會學方法之規則》(*The Rules of Socio-logical Method,* 1895) 及《自殺論》(*Suicide,* 1897)。在《社會學方法之規則》這本書裡，涂爾幹闡明了他已應用於《分工論》裏的方法學論點。而《自殺論》的探討主題雖然乍看之下與《分工論》裡的迥然不同，但是其要旨則眞正緊緊嚙合於後者，兩者都含藏在涂爾幹自己的思想脈絡中，而且，更廣泛的來說，也包含在十九世紀著作所探討的社會倫理這個主要問題的架構裡。自從十八世紀以來，許多學者就運用對自殺現象這個特別問題的研究，來分析一般性的道德問題。涂爾幹在《自殺論》裡的分析，就是建立在這些學者的研究成果之上的，並且就此爲出發點，爲《分工論》裡所論列的各個不同社會形式的道德秩序，架設出一般性的結論來。

自殺的問題

　　涂爾幹對於自殺這個問題的興趣，以及對這方面的其他文獻之熟悉，是奠立於 1897 年之前不久的。1888 年時，他已寫道：「很顯然的，自殺事件的不斷增加，已證明社會的有機狀況有嚴重的混亂不安❶」。透過對於此一特殊現象的詳密分析，以檢驗出現代社會裡的這種道德**脫節**(lacuna)的本質，也許正是涂爾幹在其《自殺論》裡的基本主要關懷。於此，我們還得再加上一層方法學上的目的：如何將社會學的方法運用於解釋這個乍看之下全然是"個體的"現象。

自殺**率**之分佈的解釋，與自殺作爲一種個體現象的原因論之間必須有分析上的嚴格區分。前此的許多論及自殺的學者都認爲如此，而這也是爲涂爾幹所採取的一個基本立場。十九世紀的統計學家早已指出，一個社會裡的自殺率會很典型的表現出年復一年的穩定分布，以一種特別可辨認的週期性波動羅列出來。他們據此而下結論道：自殺率的模型必然是依地理的、生物的、或社會種類的穩定分佈現象而定的 ❷。在《自殺論》裡，涂爾幹首先詳細的討論前兩種分佈現象，並拒斥其可用於作爲自殺率之分布的可能解釋 ❸。因此，也只有第三類──社會的──因素，足以提供我們對於自殺率模型的解釋。

西歐各國的自殺現象分布顯示出，自殺率與宗教派別之間有密切的關係：以天主教爲主的國家，其自殺率顯然要比新教國家來得低。這種自殺現象上的持續性差異，無法從兩個教派在**信條**上對於自殺所做的不同程度指責來加以說明；因爲二者皆同樣極力的禁止自殺。想要解釋這種差異，必須要落到兩個教會在社會組織上更類別性的根本

---

❶ "Suicide et natalité, étude de statistique morale", p. 447。

❷ 事實上，涂爾幹在《自殺論》裏，有關自殺與社會現象間在統計數字上的關係，所援用的皆爲前人研究的成果。參見筆者論文"The suicide problem in French sociology", *British Journal of Sociology*, vol. 16, 1965, pp. 3-18。

❸ *Su*, pp. 57-142。

差異裡去尋找。據涂爾幹看來，兩者最明顯的不同在於，新教是建立
在一股自由探求精神之提昇上，而天主教會則圍繞著傳統的教士階級
而形成其組織，其權威緊緊維繫於宗教教條上；而新教徒則僅一人單
獨的面對上帝：「教士也像其他的祈求者一般，除了他本身與一己的良
心之外，沒有其他任何的資源❹」。新教，以涂爾幹所用的語彙來說，
比起天主教，是個「凝結性較弱」的教會。

　　就此，可以說，除了訴諸天主教的"保存性的效果"之外，再沒有
什麼與宗教特別有關的東西需要提的了；換言之，社會其他層面上的
凝結程度與自殺率之間的關係，也大約是一程度之差而已。涂爾幹發
現事實的確是這樣的。未婚者的自殺率比同年齡的已婚者要來得高，
而婚姻單元的大小與自殺率則成反比例關係——家庭裡的子女人數越
多，自殺率就越低。這是相應於宗教派別與自殺之間的關係之又一例，
說明了家庭結構的凝結程度與自殺之間的關係。自殺率與社會凝結程
度之間類似的關係，尚於另一個相當不同的組織脈絡裡顯現出來。自
殺率在國家政治發生危機時，或者發生戰爭時，就會下降：在戰時，
不僅軍隊裡的自殺率下降，連一般平民，不論男女的自殺率也都會下
降❺。原因是當政治危機或戰爭發生時，人們受到刺激而對一套有定
則的事務投注較大的心力，「使得至少在某一段時期裡，社會的凝結性
增強了❻」。

　　因此，不管我們所分析的是社會裡的那一體制層面，社會凝結性

---

❹ *Su*, pp. 160-1。涂爾幹承認，英國國教在這一點有些例外：但是英國的自殺率比起其
　他的新教國家都要來得低。

❺ 根據涂爾幹的看法，這些自殺率下降的例子裏，沒有一項是因為戰時官方缺乏精確的自
　殺資料的緣故。（*Su*, pp. 206-8）。

❻ *Su*, p. 208; *LS*, p. 222。

與自殺之間是有著某種關係存在的，於是成立了下面這項命題：「自殺與社會團體(個人是其中的組成部份)之凝結度成反比例❼」。於是下面這種類型的自殺可稱之爲"自我式的"(egoistic)自殺。這種自殺是「個體的自我在面對社會自我時，過度堅持一己而不顧及社會自我……❽」所產生的後果。自我式的自殺特別是當今社會的特性；但並不就是其中唯一的類型。第二種自殺的類型，出之於涂爾幹在《分工論》裡曾以相當篇幅討論的這個現象：尤其在經濟關係裡出現之道德失序的失規範狀態。這可由自殺率與職業結構之間所驗證出的相互關係標示出來。涂爾幹指出，從事於工業與商業的自殺率，高於從事於農業的自殺率。並且，在非農耕的職業裡，自殺率與社會經濟階層成正比例增加，長期處於貧困的階層自殺率最低，愈是有錢的人、或者從事於自由業的人，自殺率最高。這是因爲貧窮本身就是一種道德抑制力的來源：只有在高於最低層次的職業裡，才最能超脫出穩固的道德規則之束縛。這種失規範狀態與自殺之間的關係，還可爲涂爾幹在《分工論》裡所討論的另一個現象——企業的失規範狀態，亦即經濟危機發生時所造成的結果——所證實。在經濟不景氣的時候，自殺率會顯著的增加。這無法單就經濟上所遭受到的不幸來加以說明，因爲即使在經濟非常繁榮的時期裡，自殺率還是同樣的高。經濟循環裡的上波動與下波動同樣都會對人們所熟習的生活方式產生瓦解性的效果。那些在他們的物質環境裡經驗到猛然滑落或突然暴起的人，是被置於一種特別的狀態裡：他們習慣性的期望有張裂之虞。道德失序的失規範狀態於是產生。

　　以此，失規範狀態與自我主義相似，乃是「我們現代社會裡自殺現

---

❼ *Su*, p. 209; *LS*, p. 223。

❽ *Su*, p. 209; *LS*, p. 223.

象之恒久且獨特的因素；也是滋生我們年年不斷的意外事件的來源之一❾」。涂爾幹在論及自我式的自殺與失規範狀態的自殺之不同時，並非全無模稜曖昧之處，這使得一些評論者認爲，就涂爾幹的分析實質而論，這兩種類型實際上無法有意義地加以分辨❿。然而，只要就《分工論》裡較廣泛的背景來仔細檢閱涂爾幹的敍述，那麼此一論點就難以立足。涂爾幹將自我式的自殺與當代社會裡的"個體的崇拜"之增長，緊扣在一起。基督新教是現代的個人主義倫理在宗教上的先驅者及主要的根源，並且已經在社會生活的各個領域裡完全世俗化了⓫。因此，自我式的自殺可說是隨"個性的崇拜"之增長所萌生的枝芽。只要"人就是人類自己的神"此一觀念所到之處，無可避免的就有某種自我主義的滋長：「個人主義並不必然無疑的就是自我主義，但兩者是很相近的；一者必靠著另一者的進一步擴散而得以刺激增長。於是，自我式的自殺於焉產生⓬」。就另一方面而言，失規範狀態的自殺，特別是在現代工業的主要部門裡，實源自於道德規範的缺乏。據涂爾幹之說，只要失規範狀態是一種"病態的"現象，那麼失規範狀態式的自殺，也同樣是病態的，因此，便不是現代社會無可避免的特質⓭。不過，自我式

---

❾ *Su*, p. 258; *LS*, p. 288。這些理念可參照著心理學理論加以思量而發展。參閱筆者所著"A typology of suicide", *Archives evropéennes de sociologie*, vol. 7, 1966, pp. 276-95。

❿ Barclay Johnson:"Durkheim's one cause of suicide", *American Sociological Review*, vol. 30, 1965, pp. 875-86。

⓫ 涂爾幹在他那本重要卻被忽略的著作 *L'évolution Pédagogique en France*(Paris, 1969)中，對這一點説明得很清楚。

⓬ *Su*, p. 364; *LS*, p. 416。

⓭ 涂爾幹認爲，在走向進步的變遷之途的社會裏，某種微弱程度的失規範狀態，乃是個必須的要素。「每一種向上與進步的道德，因此都以某種程度的失規範狀態爲其前題」。*Su*, p. 364; *LS*, p. 417。

的及失規範式的自殺仍然是彼此相近的，尤其是在二者都屬於個體性的自殺這一點上。「自我主義者確實幾乎無可避免的有失序的傾向；因為，既然他與社會疏離，社會也就沒有充分的力量來規範他❶」。

在傳統的社會裡，自殺的形式則不同於自我的與失規範的類型：這直接源於社會組織的特質──在《分工論》一書的分析裡，此種社會與現代的類型大不相同。傳統社會裡的自殺類型之一，是當某人被置於某種環境之下時，他的職責所在是將自己殺死。某人之所以殺死自己，是因為他有義務這麼做。這是"義務性的為他式自殺"(obligatory altruistic suicide)。也有某些類型的自殺並不牽涉到什麼明確的義務，但是却與推進某些榮譽與特權的律例相結合──"選擇性的"(faculatif)為他式自殺。這兩種為他式自殺皆有賴於強烈的**集體意識**之存在，因為此種集體意識如此強烈地支配著個人的行動，因此個人會犧牲自己以促成一集體的價值。

"外在性"與"約制性"

《自殺論》裡所呈現的諸多觀念，特別強而有力的證實了涂爾幹在社會學方法觀上的豐碩成果。他在《自殺論》裡明白表達了如下的根本立場：

> 無論何時，社會的道德構作都在製造自願性死亡的偶發事件。換言之，對每個人而言，都有一股確實能量的集體力量在壓迫著

---

❶ *Su*, p. 288; *LS*, p. 325。

人走向自我毀滅之途。乍看之下，犧牲者的行動似乎只是個人情
操的表達，事實上卻是一種社會狀況的補足與延伸，而藉著行動
將之表達出來❶。

涂爾幹接著補充說，這並不是意謂著心理學與自殺的解釋無關：心理
學家所宜於進行的，是對趨使某一特定個人去自殺——當此人被置於
自殺的相關社會環境(例如在失規範的狀態下)時——的特殊動機與背
景加以研究。雖然涂爾幹的方法觀點在《社會學方法之規則》一書裡，
有最有系統的呈現，但是他認為此書的取徑，事實上是直接得自於其
《分工論》與《自殺論》等實質研究的。「我們所描述的方法，不過是我們
實際研究的概要而已❶」。

　　《規則》一書的主要論點是，社會學的研究主題之本質，必須加以
釐清，其研究的領域也必須加以界定。涂爾幹在其著作裡一再強調，
社會學大致上仍然只是一門"哲學的"學科，是由許多無所不包的通則
所構築成的一個異質性的大雜燴，而這些通則多半奠基於先驗觀念的
邏輯衍繹，並非有系統的經驗研究。涂爾幹在其《自殺論》裡開宗明義
就說：社會學「仍然處於建構系統與作哲學性綜合的階段。它不但沒去
仔細研究社會領域中的有限部分，反而更樂於搞那精彩的通天徹地之
論……❶」。這個學科的關懷所在，在某方面來說，顯然是對於人處在
社會中的研究：但是關於"社會的"這個範疇的運用，通常都太過於鬆

---

❶ *Su*, p. 299。

❶ "La sociologie en France au XIXe Siècle", *Revue bleue*, vol. 13, 1900, p. 649。涂爾
　幹在《規則》一書裏也曾說到他在書中所採用的方法「當然也蘊涵在我們最近出版的那
　本《分工論》的內容裏」。*RSM*, p. ix。

❶ *Su*, p. 35。

散。究竟被界定爲"社會的"現象與其他範疇的現象——如"生物的"、
"心理的"現象的劃分——到底是依憑著那些獨特的因素呢❸？

　　涂爾幹試圖基於"外在性"(exteriority)與"約制性"(contrainte)
這兩個著名的判準，來界定社會這個範疇的特殊性。雖然關於涂爾幹
在這一點上的論證，已有許多不同的解釋，但此處我們可以毫無困難
地就闡明他的實質立場。基於以下兩個觀點，我們說社會事實是"外在
於"個人的。第一，每個人一生下來就身處於一個進行中的社會裡，這
個社會已有了確定的組織或結構，而能制約個人一己的人格：「敎會成
員所找到的信仰，及所力行的宗敎生活，都是在他出生時就已預備好
的；它們之先於他的存在，意謂著它們是外於他個人而存在的❹」。第
二，任何一個個體，不過是用以構成社會的關係總體中的一個單一元
素罷了，因此社會事實是"外在於"個人的。這許多〔構成一個社會〕的
關係，並不是任何單一個人的創作，而是個人與個人之間的多重互動
構成的。「我用以表達思想的符號系統，用來償付債款的貨幣體制，以
及在商業關係上用以通貨的媒介，隨職業而來的種種爲事方法等，都
獨立於我對它們的使用而發生作用❹」。涂爾幹在這裡所用的"個人"這
個語詞，常被指爲不僅只有一個意思。按著文意，他往往讓人覺得是
在指(假設裡的)"孤離的個人"——作爲功利性理論之起點的非社會
人；但有時候涂爾幹又用它來意指某個"特定的"個人———個實際社
會裡有血有肉的個體 ❹。不過，就涂爾幹個人真正(而有些引人爭議)

---

❸帕森思已指出，涂爾幹在將社會"事實"這個詞彙與社會"現象"等同使用時，有了知識論
　上的混淆。(Parsons, pp. 41-2)

❹ *RSM*, p. 2。

❹ *RSM*, p. 2。

❹參考 Harry Alpert 的 *Emile Durkheim and his Sociology*(New York, 1939),pp. 135-9;

的目的而言,這種也許在"個人"這個語彙上可以釐出各種意思的分辨,
並不重要。涂爾幹著作的論旨所在,是要說明**沒有**任何以"個人"——無
論是上述兩種定義中的哪一種——為出發點的理論或者分析, 可以成
功的掌握住**社會**現象的獨特性質。

　　換言之, 涂爾幹此處的觀點乃是概念性的, 雖然涂爾幹的一再提
及社會"事實", 會造成某種程度的混淆; 但是"外在性"本身就不是個
經驗性的判準, 這應該是很明顯的。如果它是經驗性的判準, 那麼便
可能會直接導出「社會自外於**所有的**個人而存在」這樣一個可笑的結
論: 也就是涂爾幹所說的, 「我們應該可以省省了的明顯謬誤 **㉒**」。涂
爾幹再三強調, 「社會只能由個人所構成 **㉓**」。但這相應於化學元素與
由元素之化合而成的物性, 兩者之間的關係, 其敘述如下:

　　　就社會事實而論, 被認為如此難以接受之事, 在其他如自然
　界的領域裡, 卻自由地被加以承認。任何元素的結合, 都會依其
　結合的事實而產生新的現象, 很明顯的, 這些新的現象並不內在
　於原來的元素中, 而是存在於由它們的結合所形成的整體裡。一
　個活細胞裡, 除了礦質分子之外, 別無他物, 正如一個社會, 除
　了個人之外, 亦無其他; 然而, 很明顯的, 生命的特殊現象不會
　存在於氫、氧、碳、氮等原子裡……。讓我們將此一原理應用於

　　Parsons, pp. 367-8; Guy Aimard: *Durkheim et la science économique*(Paris, 1962),
　　pp. 26-31。
㉒ *Su*, p. 320。
㉓也就是說, 個人加上由個人所建構出來的人造物; 但是, 只有當生活在社會中的人將某
　種意義賦予這些物質的人造物時, 它們才具有社會性的相干。*RSM*, pp. 1 ff.

社會學上。我們可以這麼說，假如每個社會都會構成的這種獨特的(sui generis)綜合，產生了新的現象，而不同於個人心靈上所發生的現象，那麼，我們的確必須承認，這些事實就存在於產生出它們的社會本身，而不是在於它的部分，亦即它的組成分子身上❷。

涂爾幹用以突出社會事實之獨特本質的第二個準則，是個**經驗性的判準**：道德“約制性”的呈現。此處，我們最好以涂爾幹自己所舉的例子——“父性”——來加以說明。父子關係在某個觀點上來說，是一種生物性的關係：一個人透過生殖的行為而成為一個小孩的父親。但父子關係同時也是個社會現象：依據習俗與法律，一個父親有義務要以各種確定的方式來對待他的子女(當然，對家庭裡的其他成員，亦復如此)。這些行為模式並非由我們所論及的這些個人所決定，而是個人與社會中的其他人所共同被約束的道德責任體系的一部分。雖然，個人可以輕忽這些義務，但當他這麼做時，他會感覺到它們的力量，並因此確認到它們約制的特性：「即使當我解脫了這些規則的束縛，且成功地違背了，我還是常常被迫與它們奮鬥。當它們完全被克服時，其約制的力量還是可以透過它們所顯現的反抗，而充分地被感覺到❷」。這當然最顯而易見於法律的義務上，此種義務是受到一整個強制性的代理機構，如警察、法院等，所維護的，然而還有其他許多不同的維護手段存在；用以加強對未為法律所制定的義務之認同。

---

❷ *RSM*, pp. xlvii-xlviii; *RMS*, pp. xvi-xvii。

❷ *RSM*, p. 3。在應用這個判準時，涂爾幹將韋伯所稱的“慣習”——慣性的行為，但不為規範所限定或制止——推到社會學的邊緣去，因此事實上也得到一個和韋伯相當類似的結論。參照下文 pp. 258-60。

不過涂爾幹却一再地說明，對於義務的認同，很少是基於害怕受
到來自於習俗的制裁。在大多數的情況下，個人會接受義務的正當性，
因而不會意識到它的約制性：「當我全心地服屬於它時，這種約制力的
感受，如果有的話，也只是很輕微的，因爲根本不必要。然而，它仍
然是這些事實的內在特性，因爲一旦我有意要反抗它時，它就馬上顯
示出它的維護姿態來❷」。涂爾幹之強調約制性的重要，很顯然的，主
要是針對功利主義而發的。然而，道德義務總是有其兩面的，另一面
則是一種對隱涵於義務背後的理想的接受(無論這種接受有多微薄)。
涂爾幹後來說到他經常被誤解的這一點：

　　既然我們已將約制性當作一種**外在的徵示**，由它來顯示社會
事實與個人心理事實間的差異，並使社會事實更易辨認，因此，
根據我們的看法，肉體上的約制對社會生活而言是根本必要的。
在現實裡，我們從未低估它之作爲一種內在、根深的(全然是理想
性的)事實之實質、明顯的表現。此一事實即爲**道德的權威**❷。

解釋性通則的邏輯

　　在《規則》一書第二版的序言裡，涂爾幹對於外界所加諸此書最著
名的命題——**"將社會事實當作東西"**——的反對聲浪，有所討論❷。這
顯然是一個方法學上的設定，而不是存有論上的設定，而且只有從涂

❷ *RSM*, p.·2; *RMS*, p. 4。
❷ *EF*, p. 239; *FE*, p. 298(注釋)。參見 Raymond Aron: *Main Currents in Sociological Thought*(London, 1967), vol. 2, pp. 63-4。
❷ *RSM*, p. 14。

爾幹承自於孔德的科學發展模式這個觀念上，才有辦法加以理解。任
何的科學，在它們成其爲一門概念上精確、實際研究上嚴謹的學科之
前，都是些起源於宗教、不但形式粗糙並且非常概括性的觀念組合：
「……思想與反省都先於科學而存在，後者不過是講求方法地運用前者
罷了」。不過，這些觀念都未曾經過系統化方式的證驗；「事實在此只
是次要地作爲例子或有利的證明之用❷」。這種前科學階段的突破，是
要透過經驗方法的應用，而不只是概念上的討論的。這一點，對於社
會科學來說，可能比對於自然科學更加重要，因爲前者所處理的主要
題材是關於人類的活動本身，而它通常有這樣一種強烈的傾向：不是
將社會現象當作一種缺乏實質本體的存在(如個人意志的創發)來處
理，就是相反的，將它當作全然已知之物：如"民主"、"共產主義"等
來處理。而這些看來似乎有著明確事實爲依據而被隨意應用的詞彙，
事實上「只是一些混淆我們的含混觀念，一種模糊概念、偏見與情緒的
混合體❸」。必須將社會事實當作"東西"來處理的這個主張，就是針對
著這種傾向而提出的。以此，涂爾幹將社會事實比擬於自然實體的世
界，社會事實與自然界的實物之相同處無他，只在於我們無法單憑直
覺就立刻認知它們的本性，而它們也不會受到人類個體意志的隨意影
響。「事實上，一個"東西"的最重要特質，是它根本不可能因意志的一
運用就有所變化。並不是說東西會抗拒一切的變化，而是說光是意志
的運作並不足以使它產生改變……。我們已看出社會事實就具有這樣
的特性❹」。

---

❷ *RSM*, pp. 14-5。
❸ *RSM*, p. 22。
❹ *RSM*, p. 28-9。

　　爲了固守將社會事實看作東西的原則，以及爲了客觀起見，社會實體的考察者被要求具有一種嚴謹的疏離態度。這並非意指他必須以一完全"開放的心靈"來進行某一領域裡的研究，而是說他必須對他所從事研究的事物，在感情上採取中立的態度 ❸。這反過來就有賴於建立一套架構精確的概念，以免除一般通俗思想的術語中的含混與附會牽強。不過，很顯然的，在我們開始進行研究時，對於所欲研究的現象，似乎很少有有系統的知識；因此，我們必須將研究題材以那些「如此的顯露於外，而馬上可以辨認出來」的性質，加以概念化❸。例如，在《分工論》裡，涂爾幹就試圖以壓制性制裁這種"外在的特性"來界定犯罪所包含的意義：所謂犯罪就是會招來壓制的行動。然而這只是爲了獲得一個關於犯罪的更完滿概念的一種手段：犯罪乃是一種違犯集體所抱持的信仰與情感的行動 ❸。這種研究取徑可能會招致如此的批評：對一個現象的表面屬性給予不當的評價，而忽略了更爲基本的隱含層面。面對此一批評，涂爾幹辯稱：基於"外在的"特性而下定義，不過是一種初步的操作，爲的是要「與事物建立起連繫 ❸」。這樣一個概念，無異是爲進入某一領域提供了一張**許可證**──准許研究的進行可自外在可觀察的現象入手。

　　涂爾幹對於社會學裡的解釋與證明之邏輯的觀察，與其對社會事實之主要特性的分析，是緊密相連的。可以用來解釋社會現象的取徑

---

❸涂爾幹警告說：「若與所測試的事物之間的疏離間距太大，那麼便會在用心與思維上產生無法接續的嚴重缺裂」。"Sur le totémisme", *AS*, vol. 5, 1900-1, p. 89。

❸ *RSM*, p. 35。另參閱 Roger Lacombe 在 *La méthode sociologique de Durkheim*(Paris, 1926)一書裏透澈的分析(pp. 67ff)。

❸ *RSM*, pp. 35-6。

❸ *RSM*, p. 42。

有二：功能的取徑與歷史的取徑。社會現象的功能分析，牽涉到建立「我們所考慮的事實與社會有機體的一般需求之間的呼應，以及此種呼應之所在…」。"功能"必須與心理學上的"目的"(end)或"用意"(purpose)有所分別，「因為社會現象一般並非為了其所產生的有用結果而存在的❸」。促使個人加入社會行動的動機與情感，與那些行動的功能之間，並不相連屬。社會並不單是個人動機的聚合而已，「它是個擁有一己之特性的特殊實體」；因此，社會事實無法由這樣的動機來加以解釋。

依據涂爾幹的說法，社會功能的認定，並不為我們所探察的社會現象"為什麼"存在，提供一個解釋。產生社會事實的原因是可以與其在社會中的功能分開的。任何企圖在功能與原因之間建立解釋性關連的主張，涂爾幹指出，都將導致以終極原因來說明社會發展的目的論解釋。以終極原因來作"解釋"所會導致的謬誤推理，涂爾幹在其《分工論》與《自殺論》裡都有過批評：

> 孔德於是將人類整個進步的動力之因，推溯到這個基本傾向：「無論在何種環境下，這個傾向都會直接迫使人們不斷改善其狀況」；而史賓塞則將此一動力推測為人類之於更大幸福的需求……。但是此一方法，是將兩個不同的問題混淆了……。事物並不會因為我們對它的需求而存在，而此種需求也無法賦予事物它們特殊的本質❸。

因此，促成某一特定社會事實的原因，必須與其所能實現的社會

---

❸ *RSM*, p. 95。
❸ *RSM*, pp. 89-90。

功能，有所分辨。再者，先建立原因，再試圖去分別功能，是比較適當的方法學程序。這是因為，對致使現象發生的原因有所認識，在某些情況下，會讓我們對它可能產生的功能，更具洞察力。在涂爾幹看來，原因與功能在性質上的分別，並不會影響到二者之間的相互關係。「若無原因，無疑的，不會有結果的存在；然而，反過來，一旦有原因，便會需求其結果。結果的動力來自於其原因；但有時候也將動力推還給原因，因此，除非原因消失了，否則結果也不會消逝❸」。以此，在涂爾幹的《分工論》所舉的例證裡，"懲罰"的存在，在原因上，全視被強力地護持住的集體情感之廣佈情況而定。懲罰的功能則在於，將這些情感維護在同樣的強度上；如果踰矩的行為沒有受到懲罰，那麼，維持社會為一體的情感的力量，就不會繼續存在。

常態與病態

《規則》一書裡，有一大部分是在試圖為社會的病態建立起一個科學的判準。涂爾幹在此處的討論是從他早期的文章中所關懷的問題直接發展而來，並且確實是貫穿他整個思想的主軸的。涂爾幹指出，大部分的社會理論家，都認為在科學的命題(事實的陳述)與價值的陳述之間，存在著一道絕對的邏輯鴻溝。以此，科學資料可作為一種技術性的"手段"，而用以利於目標的達成，然而這種目標本身却無法經由科學程序的運用來加以證立。涂爾幹排斥這種康德式的二元論，其理由乃基於，他否認此種二元論所認定的"手段"與"目的"的兩分，在事

❸ *RSM*, pp. 95-6。

實上可以成立。對涂爾幹而言，在手段與目的之間強作抽象的兩分，其所犯的錯誤，就一般哲學的領域而言，等同於在功利理論的社會模式裡，所犯的錯誤(只不過在後者裡，以更具體的方式呈現出來)；換言之，人們所依循的"手段"**以及**"目的"，二者實際上皆為人們為其成員之社會的社會形式所產生的結果。

> 每一個手段，自另一觀點而言，本身即為一個目的；因為，為了使它能夠被加以運用，它必須如同其所將去實現的目的那樣而為人所願。通往某一特定的標的，通常有數條不同的途徑，因此必須在其中作個選擇。準此，假使科學不能幫助我們在目標上做個最佳的選擇，那麼它又如何能告訴我們，那可達到目標的最佳手段呢？為什麼它就該推薦給我們那最迅速、却不是最經濟的手段，或者是最確實而不是最簡單的方法？抑或是剛好倒過來的方式？如果科學不能夠在終極目的(fins supérieures)的抉擇上，給予我們指導，那麼，在我們所稱的手段，亦即那些所謂次要的、從屬的目的上，它也同樣是軟弱無力的❸。

在涂爾幹眼裡，手段與目的的分歧是可以架通的；其所運用的方法，與生物學上掌管"常態"與"病態"的原理相類似。涂爾幹承認，要將社會學上的病態界定出來，存在著一些特別的困難問題。因此，他要將早年所採的方法學觀點拿來運用：在社會的領域裡，凡屬正常的，必可由具有普遍性之"外在而可辨認的特質"指認出來。換言之，常態，

---

❸ *RSM*, p. 48; *RMS*, p. 48。作為對韋伯在這方面的觀點的一種含蓄的評論，這點倒是與史特勞斯的評論不謀而合。見 Leo Strauss: *Natural Right and History* (Chicago, 1953), p. 41。

以一初步的方式說，可以透過某一類型的社會裡所普及的某種社會事實來決定。一個社會現象，若是能見諸於所有的、或是大部分的同一社會類型的社會裡，那麼，此一現象對此種類型的社會而言，就是"正常的"；除非更精細的研究能夠證明，這種普遍性的判準爲我們所誤用。因此，一個對某種社會類型而言是"一般的"的社會事實，當其一般性被證實是奠基於此一類型的社會裡的，那麼它就是"正常的"。這可由《分工論》裡的主題要旨來加以說明。涂爾幹在此書中顯示，一個嚴格意義下的**集體意識**，與擁有進一步分工狀態的社會之功能運作，是不能相容並存的。有機凝結不斷增強的優勢，導致傳統信仰形式的沒落：不過也就因爲社會的凝聚越來越仰賴於分工之功能互賴，集體信仰的沒落才是現代社會型態的一種正常的角色。而在這個特別的案例上，一般性，這個初步的判準，却不能爲是否爲常態的判定，提供一個可資應用的模式。現代的社會仍然處於一個過渡的時期；傳統信仰依然相當重要，以致於有某些學者認爲，它們的沒落乃是一種病態的現象。據此，這種信仰持續存在的一般性，就這個案例來說，就不是判定什麼是正常的、什麼是病態的，確切指標了。因此，在社會快速變遷的時期裡，「當整個類型都在演化的過程中，而尚未在其新的形式上穩定下來」，對那正被淘汰的類型來說是爲正常的[現象]之要素，仍然存在。我們必須去分析「過去決定此種一般性的條件何在，……然後再檢視這些條件現在是否仍然存在❹」。如果這些條件已不存在，則我們所探討的現象，雖然是"一般的"，但已不可稱之爲"正常的"了。

　　這種參照個別的社會類型以計議出常態的判準的作法，在涂爾幹

---

❹ *RSM*, p. 61。

看來，可以讓我們在以下二者之間架設起一條倫理理論上的過道：一者是那些認爲歷史乃是一連串獨特且無法重演的事件的人，一者則爲那些企圖去建構出超越的倫理原則的人。從前者看來，任何通則式的倫理，都是不可能的；後者則認爲，倫理法則「對整個人類而言，是一旦建立就不再改變的」。我們舉一個涂爾幹自己常常使用的例子來說明。古代希臘城邦中所獨具的道德理念，乃根植於其宗教觀，並以一特別的階級結構——奴隸制——爲其基礎的：因此許多這個時期的倫理觀念到如今都已廢而不行了；想將它們回復到現今的世界，將是徒勞無益的。例如在古希臘時作爲一個圓滿平衡的“文化人”的理想——通曉各種科學與人文的知識——乃是與此一社會的形態相應和的。然而在一個分工高度專門化的體制裡，這就不是一個符合需求的理想。

　　在這一點上，涂爾幹的立場可能會招致某種明顯的批判：說它將道德上所可欲的，與現實存在的事物景況認同爲一，因此有維護現狀的傾向 ❹。涂爾幹否認事情是這樣的，相反的，〔他認爲〕只有透過對社會現實裡潛在而難以預料的潮流有確切的認識，那麼那些積極鼓舞社會變遷的介入行動，才有成功的可能。「未來已爲那懂得讀它的人寫好了⋯⋯❷」。對於道德加以科學的研究，使我們能夠分辨出哪些是正在形成而仍然潛藏於大眾意識背後的理想。透過顯示出這些理想不只是些不符正軌的事物，而且分析出孕生此種理想、而有助於此種理想之增長的社會變遷條件，我們就能夠指出哪種傾向該被加強，而何者

❹對於此一見解的評論繼踵即至。涂爾幹答覆了三個最早的評論於 *AS*, vol. 10, 1905-6, pp. 352-69。
❷同前書，p. 368。

應被視爲過時之物而加以拒斥 ❸！當然，科學永遠不會完美到讓我們可以完全逃避在沒有它指導時仍然必須行動的必要性。「我們必須活，但也必須經常冀望於科學。在這樣的情況下，我們必須盡己所能，也盡量利用我們所能夠利用的科學觀察〔成果〕……❹」。

　　涂爾幹認爲，他所採取的這個立場，並不會使得所有企圖以抽象的"哲學"努力去創造一種邏輯推理上一致的倫理學的努力完全落空。雖然眞實的情況是「道德並不有待於哲學家的理論，才能形成與運作」，這並不是說，有了關於道德規則所在的社會架構之經驗知識，哲學反省就無法再爲現存道德規則提供變遷的動力。事實上，哲學家經常在歷史裡扮演引發道德規則變遷的角色——只是往往並不自知如此罷了。這些人總是想要找出普遍的道德原理，然而實際上，他們却成爲他們所存活的社會中，所內在必然發生的、變遷的先覺者與先驅者❺。

❸ "The determination of moral facts", *Sociology and Philosophy* (London, 1965), pp. 60ff。

❹ 同前書, p. 67。

❺ *RSM*, p. 71。馬克思也提出過與此類似觀點，討論到犯罪行爲的革新性特質。見其 *Thories of Surplus Value* (ed. Donner & Burns), p. 376。

第7章
個人主義、社會主義與"職業團體"

面對社會主義

　　《分工論》一書中所發展出來的理論，以及涂爾幹沿此書之後所作的研究主題，皆無可避免的要與社會主義學說直接的面對。根據牟斯(Mauss)的証言，當涂爾幹還是個學生時，就已決心要獻身於「個人主義與社會主義之關係」的研究❶。此時，涂爾幹已相當熟悉聖西門與普魯東(Proudhon)的學說，並且對馬克思的著作也有深刻的認識。但是當他在撰寫《分工論》時，他在社會主義理論方面的知識還相當的薄弱。在學術生涯的早期時，他所最關注的社會主義，是像謝弗勒以及講壇社會主義者(Katheder-sozialisten)所提出的改革式的社會民主的理論❷。

　　在《分工論》與《自殺論》，以及其他許多著作裡，涂爾幹徵引了當代為眾人所共同經驗的危機。正如同他在《分工論》中所明白表示的，

---

❶見 Marcel Mauss 為 *Soc* 第一版所寫的〈導言〉，p. 32。

❷見涂爾幹對謝弗勒 *Der Sozialismus* 一書的評論"Le programme économique de M. Schäffle", *Revue d'économie politique*, vol. 2, 1888, pp. 3-7。

這些危機主要並不是根源於經濟上的問題，因此也無法經由經濟的手段解決。並且，大部份的社會主義者所提出的解決方案——主要是藉由中央對經濟的控制來達成財富重新分配的目的——在涂爾幹眼中，都是未能掌握住人類在面對現代世界時所遭遇到的眞正問題所在。社會主義是現代社會一種**毛病**(malaine)的表現，但是並無從以其自身作爲社會重建的妥當基礎，以達到克服此種**毛病**的目的。

涂爾幹對於社會主義的態度是奠基在這樣一個看法上：社會主義學說的分析必須另循途徑——亦即，社會主義的理論必須置於其所從出的社會情境來加以研究。在嘗試做這種分析時，涂爾幹首先就"社會主義"與"共產主義"間做一個根本的區分❸。在涂爾幹看來，共產主義的觀念於歷史的各個時期裡多有存在，然而社會主義卻眞正是近代才有的產物。共產主義的著作，典型的都以虛構的烏托邦形式出現：我們可以在柏拉圖、摩爾(Thomas More)，以及坎培尼拉(Campanella)等人的著作裡找到各式的例子。支持這種烏托邦式社會建構的主要理念，在於他們認爲私有財產乃是種社會罪惡的淵藪。因此，這些主張共產主義的作家將物質財富視爲妨害道德之物，認爲必須通過嚴格的管制法規來防止財富的累積。在共產主義的理論裡，經濟生活與政治領域是區分開來的：例如在柏拉圖的理想國度裡，統治者無權干預工人與工匠的生產活動，而後者也無權過問政府的行徑。

根據柏拉圖的說法，做這種區分的理由是：財富以及有關財

---

❸涂爾幹指出照字面就可獲得文字上在這方面的支持。"社會主義"這個字眼不像是"共產主義"，它的起源較近，可從十九世紀初算起。見 *Soc*, p. 65. 當然，馬克思是曉得這個的，不過他從未對此二者在術語上作個首尾一貫的區分。

富的一切，都是引起公眾腐敗的根本來源。就是因爲它，才使得
個人的自我主義高張，民眾相互貪賊而勇於內鬥，致而毀滅了國
家……。據此，必須將之摒除於公眾生活之外，並且與那只會因
之而誤踏歧途的狀況，離得越遠越好❹。

　　十八世紀末期起到十九世紀的歐洲，在社會方面有了極大的變遷，
而社會主義是這種社會變遷下的產物。我們知道共產主義是奠基於政
策與經濟必須被分開這樣的一個觀念，而社會主義，在涂爾幹的用法
裡，則認爲二者必須結合在一起。在社會主義的主要論點裡，不僅生
產必須集中控制在國家的手裏，國家的角色並且必須完全是以經濟爲
主的——在一個社會主義的社會裡，經濟的安排與管理就是國家的基
本任務，共產主義所尋求的是儘量遠離財富，因此經常具有一種禁慾
的特質，而社會主義的主張則主要建立在財富的豐盛此一前題上，認
爲現代的工業生產提供了使眾人生活富足的可能性，普遍的富足便是
他們所希望達成的主要目標。社會主義倡言：「將現在仍四散分離的所
有經濟功能，或者其中一部份的功能，都連串到社會指導及意識中心
去❺」。

　　準此，社會主義的目標即在於以社會所有成員的利益爲前題，來
規劃與控制生產。但是，在涂爾幹的觀點裡，沒有任何一個社會主義
學說主張消費也必須由中央來管制：相反的，社會主義者認爲每一個
人都必須能夠自由的享受因個人的努力所賺取的生產成果。共產主義
則反之，認爲「消費是公共一體的，生產才是個人的事」。「無疑的」，

---

❹ *Soc*, p. 68; *Le socialisme* (Paris, 1928), p. 44
❺ *Soc*, pp. 54-5; *Le socialisme*, p. 25。

涂爾幹進一步說，「──而且其中有些弔詭的──，二者都主張管制(réglementation)，但是值得注意的是它們往相反的兩個方向走。一個是要將企業緊繫於國家而使之合於道德，一個則是想使國家道德化而將之摒擋於企業之外❻」。

由此，我們可以明顯的看出此一分析與《分工論》裡的關連來。共產主義這個理論比較適於分工尚未有高度發展的社會，並且是從其中孕育出來的。共產主義的理論裡，尚存著這麼一個觀念：每一個人，或者每一個家庭，都是個普遍的生產者(universal producer)；既然每個人的生產過程都差不多，從事的勞作也都類似，因此在生產上也就沒有一般性相互合作的依存關係。在這種社會裡，職業性的專門化尚在初發的階段：

> 在烏托邦裡，每個人都可以依其所認為妥當的方式來工作，只要不遊手好閒就好⋯⋯。既然每個人都在做同樣的(或幾乎是同樣的)事，也就沒有互相合作以求一致的必要。只是，每個人所生產的並不歸一己所有。他不能隨意的處置它。他將它帶到社群裡，並且在社會中將它分給群體一齊使用時，他才能享用到它❼。

社會主義則不同，它是從有高度分工發展的社會所蘊生出來的一種理論。它是現代社會裡，對於分工後的病態現象的一種回應，並且籲求對經濟加以管制，而促成群體的經濟活動的重新組合。我們必須了解，涂爾幹強調說：社會主義學說並不是在鼓吹經濟必須**從屬於**國家的觀念；經濟與國家必須彼此融合，此種整合尤能減輕國家的"政治

---

❻ *Soc*, pp. 71; *Le socialisme*, pp. 48 & 47。
❼ *Sco*, p. 71。

性"特質。

　　例如在馬克思的學理中，像這種國家——亦即，扮演某種獨
特角色的，並且代表著那些獨立自存而超越於工商業、歷史傳統、
共同的信仰或宗教、或者其他特質等等的利益的——都將不再存
在。今日猶屬其特性的純粹政治功能，已不再有**存在的理由**，以
後即使有也只有經濟的功能❽。

　　在涂爾幹看來，階級衝突實質上並不內在於社會主義的根本學理
中。涂爾幹承認，當然，大部分的社會主義者——尤其是馬克思——認
爲，他們的目標要想達成，必定是緊繫於勞工階級的命運。但是，涂
爾幹說道：將勞工階級的利益說成與資產階級的利益是對立的，事實
上，對於社會主義的主要關懷——實現生產的中央管制化——來說，
根本不是重點所在。根據社會主義者的說法，影響勞工階級生存狀態
的首要因素是，他們的生產活動並非取決於社會全體之所需，而是受
制於資本主義階級的利益。據此，社會主義者認爲，要想超越資本主
義社會的剝削本質的唯一途徑，是將階級完全泯滅。而階級衝突不過
是爲了要達成此一根本目的的歷史性過渡。「勞工命運的改進並非一個
特殊的目的；而只是在由社會來負責處理所有經濟活動時，所必然產
生的結果之一❾」。

　　因此，共產主義與社會主義在大多數層面上都有著明顯的對立。
然而，其間有很重要的一點，二者是一致的：它們都想要去改正那種
個人利益高居集體利益之上的狀態。「二者都在這双重感受的驅策之

---

❽ *Soc*, p. 57。

❾ *Soc*, p. 60; *Le socialisme*, p. 33。

下：一者是自我主義的自由運作不足以自動產生社會秩序，另一者是集體的需求必定重於個人的便給❿」。然而即使在這一點上，二者的認定仍然不盡相同。共產主義想要完全去除自我主義，而社會主義則「認為只有當歷史的某一特殊時期，出現了個人獨占性的龐大經濟企業時，這才是危險的⓫」。就歷史而言，共產主義理念於十八世紀興起時，就已預示了往後的社會主義理論的發展，並且部分與它們交織在一起。「因此，社會主義便處於共產主義的籠罩之下；當它在尋求一己的開展路數時，同時也承受著後者的影響。如此說來，社會主義確實是共產主義的後繼者，然而，並非一脈相傳，而是有所承襲，且門戶自立⓬」。也就是由於這層混淆，涂爾幹說，這正是使得社會主義者經常犯下"本末倒置"錯誤的原因所在。也就是說，他們「只響應那共產主義所妄想的慷慨意圖」，而傾其全力於「減輕勞動者的負担，並以自由與法律上的施惠來彌補他們所受的壓迫」。這當然是個不無小補的用心；但他們可說是「走歪了路……⓭」。他們用以對付問題的模式完全沒有抓到問題的根本所在⓮。不過，社會主義在現代世界裡仍是個具有重大意義的運動；在涂爾幹眼裡，這不僅是因為那些社會主義者──或至少其中一些較為精思熟慮者，如聖西門及馬克思等人──意識到了當代社會已與傳統類型的社會秩序大不相同，而且也因為他們設計出種種包羅萬象的宏圖，想要借此以解決新舊時代轉換時所發生的危機，而達到對那必要的社會重新組織助以一臂之力的目的。然而，這些社會主

---

❿ *Soc,* p. 75。

⓫ *Soc,* p. 75。

⓬ *Soc,* p. 91。

⓭ *Soc,* p. 92。

⓮ *Soc,* pp. 104-5。

義者所奮力以赴的政策，對於改善現有的狀況——雖然有些部分他們診斷得確實不錯——而言，卻不得當。

國家的角色

當涂爾幹明白的反對以階級革命爲基礎來進行當代社會之重組的必要性時，他的確預見了階級劃分終將泯滅的必然趨勢 ⓫。繼承權的保留是致使"社會上的兩個主要階級"——勞工與資本家——的劃分持續存在的一個基本因素：財產的承繼性移轉使得資本得以在少數人手中不斷集中而綿延不絕 ⓰。涂爾幹也同意必須透過福利計劃以及其他的措施來減輕貧者的不良狀況。而所有的這一些，涂爾幹認爲，只有在經濟受到管制的基礎上，才有可能實現(但是此種管制，在涂爾幹看來，不應當完全交到國家手中) ⓱。

不過，如果光是透過經濟上的重整，則只有加重現代世界中我們所面對的危機，而不是解決它，因爲這個危機的本質與其說是經濟的，倒不如說是道德的。經濟關係與日俱增的優勢，導致往日社會形式之道德背景所依存的傳統宗教體制趨於瓦解，這正是當代社會之所以陷入失規範狀態的主要來源。由於沒有了解到這一點，社會主義對於現代的危機，也無法提出比正統的政治經濟學更爲適切的解決辦法來。雖然在大多數的問題上彼此都相互對立，但是社會主義者與經濟理論家在某些特質上卻是相互一致的：二者都以經濟的手段爲通往解決現代社會當今難題的大道。二者都相信將政府的角色減輕到最低的程度，

⓫見本書 pp. 331-3。　⓰ *PECM*, p. 213。
⓱"La famlle conjugale", *RP*, vol. 91, 1921, pp. 10ff。

乃是通情而可行的。經濟學者認為，市場的自由運作應該給予充分的發揮餘地，而政府的機能則只限於強制契約的履行；社會主義者則希望透過生產的集中控制，將政府限制在市場秩序的維持上。「但是二者都不認為政府應將其他的社會機制都置於一己之下，而將它們集中於一個超越它們的目標上⓲。」

在涂爾幹的觀念理，國家必須同時扮演經濟與道德的角色；並且尋求減輕現代世界之**毛病**的辦法，一般而言是道德性的，而非經濟性的。在舊有的社會類型裡，宗教的優勢權威地位為每一個階層提供了各自的精神水平線，安撫那些貧者接受他們既有的命運，而訓誨富者要負責照料那些沒有他們幸運的人。雖然這種體制是壓制性的，將人類的活動與潛能限制在狹窄的範圍裡，但是對社會來說，它卻提供了道德上穩固的一致性。現時代所面臨的典型問題即是，如何將個人的自由從其所破土而出的傳統社會之廢墟裡，再重新組合起來，以保守住社會之生存所必須仰賴的道德管束。

在涂爾幹這個關於當今社會可能發展趨勢的觀念裡，他對於國家、及民主體制裡政治參與之本質的分析，乃是核心所在。涂爾幹指出，"政治性的"這個觀念，已先預設了政府與被治者的區分，因此主要是屬於有較高程度發展之社會的特質：在簡單的社會裡，專門化的行政功能尚未存在。但是，權威之為權威的有無存在，並不足以成為斷定政治組織之存在與否的唯一判準。例如，一個血緣團體雖然可能有其確定的個人或團體執掌權威，譬如族長、或是長老會議，但並不必然是個政治性的社會。涂爾幹同時也斥拒(韋伯認為相當重要的)這個觀

⓲ *Su*, p. 255; *LS*, p. 284。

念：永久的占有一塊固定的領土是國家之所以存在必具的特質。領土的占有與清楚劃分領界的發展，在歷史上是較晚近的事情：因爲它是屬於較先進的社會所具有的特質，因此在界定一個社會是否爲政治性的社會時，它並不具有根本的重要性。[如果將它作爲斷定的判準]，那麼將會「否決了大遊牧社會——有時他們已有了很精緻的政治結構——的任何政治性的特質」❶。反之，家族往往有他們嚴格劃界的領地。

有些政治思想家試圖以人口的多寡來作爲政治性的社會是否存在的指標。涂爾幹認爲這是無法讓人接受的，不過，這也暗示了一個政治性的社會所必具的特性：我們所探討的社會並不單只是一個血緣的單位，而是由家族或者次級團體所集合組成的。「據此，我們可以界定，所謂政治性的社會，乃是由許多大大小小的次級社會團體所組合而成的，它們服屬於同一個權威，而此一權威本身不再從屬於其他任何更高的權威❷」。"國家"這個詞彙，涂爾幹覺得，不應該與政治性的社會在意義上完全合一，而其所指的應該是公職人員的組織，而此組織乃是政府權威所在的工具。

準此，涂爾幹的分析裡所列出的三個構成因素是有權威（當局）的存在；此一權威至少在有某種程度的結構分化的社會裡運作；並且爲一明確的公職人員團體所執行。參照以上這些特性，涂爾幹將自己的立場與主流思想劃分開來，他認爲他們將國家與社會在理論上對立起來：一方是黑格爾式的觀念論，另一方是功利主義與社會主義。其實，國家既不"高於"社會，也不僅是寄生於社會的無謂之物——如果它所治理的不單只是經濟關係的話。依據涂爾幹的看法，國家要、而且必

---

❶ *PECM*, p. 43。
❷ *PECM*, p. 45; *Lecons de sociologie* (Paris, 1950), p. 55。

須要執行道德的功能(這是他認爲有別於社會主義與功利主義的一個觀念);但反過來這並不是說,個人必定服屬於國家──就如(涂爾幹認爲)黑格爾所認定的。

民主與職業團體

就像涂爾幹在《分工論》中所表示的,當社會日益趨於複雜時,個人自**集體意識**的臣服中一步一步解放出來的現象,乃是發展的主流。隨著此一進展而來的,是強調人類個體之權利與尊嚴的道德理想的興起。乍看之下,這似乎與國家活動的擴展完全背道而馳。涂爾幹說道:不錯,在分工愈演愈烈的分殊化狀況下,國家也日益重要起來:國家的成長是社會發展下的一個正常的特色 **㉑**。不過,這個看似矛盾的現象卻可由下面這個事實來了解:在現代的社會裡,國家主要是負責爲個人提供其權利並且加以保護的機構。因此,國家[活動]的擴展是直接與道德的個人主義之進展,以及分工的發展連結在一起。然而,沒有任何一個現代國家只是扮演公民權之保証人與管理者的角色。由於國際間永恆不絕的競爭對立,因而刺激產生了將國家視爲集體性之表徵的觀念(愛國主義、國家榮耀),並以之爲共同信仰。國家主義在涂爾幹眼裡雖然並不是現代社會中最重要的特質 **㉒**,不過必然會引起國

㉑正如前所指出的(見 p. 137, 註㊾)。不過涂爾幹強調,社會與國家之間並沒有普遍性的關係:「社會的類型必不可與同類型的國家相混淆。……一國之行政體制發生變化,並不必然引起一般的社會類型產生變化」。這是涂爾幹對孟德斯鳩有所批評的一點,見 *Montesquieu and Rousseau* (Ann Arbor, 1965), p. 33 及全書各處。

㉒它也可以出之以病態的形式,例如德國的軍國主義。參見涂爾幹在 *L'Allemagne au-dessus de tout* (Paris, 1915)中對 Treitschke: *Politik* 一書的分析。

家理想與泛人道主義——內在於個人的平等與自由的觀念中，而此一觀念如今已深入人心——之間的衝突。不過自另一方面來看，國家榮耀在未來將會成爲促進一般人性理想的得力工具❷。

分析至此，難道情況不會演變成如此的地步——國家經由活動的不斷擴展，最後變成一個官僚式的暴君？涂爾幹承認這是有可能的。國家會變成一個壓迫性的機關，與文明社會裡的民眾利益相乖違。如果介於個人與國家之間的中介團體發展得不夠壯大的話，這種情形就會發生：只有在中介團體強而有力的發展下，才能對國家產生制衡的效力，而個人也才會因而得到保護。將涂爾幹的國家理論與其民主的觀念連結起來的，正是此種認爲多元論是必須的主張，並且從此一主張中帶出他重振職業團體(corporations)的籲求。

涂爾幹拒斥由全體民眾直接參與政府的傳統民主觀念：

除了最原始的小部落外，沒有任何政府是由全體民眾直接參與運作的：它總是掌握在一小群憑著出身或者經由選舉出來的人的手中；它囊括的範圍可大可小，視情況之需要而定，不過從來沒有超出由一小撮的個人圈子來組成❷。

根據涂爾幹對民主的看法，國家與社會的其他層面若能達到双向溝通的程度時，那麼這個社會多少都算是民主的。依他看來，民主體制的存在會導引出一項極端重要的結果，那就是社會生活行止將具有一種有意識的而且受到指導的特性。已往由不加思慮的風俗習慣所管

❷ *PECM*, pp. 73-5;另參見 *Moral Education* (New York 1961), pp. 80-1。書中，涂爾幹說國家可以「被認爲是人性此一理念的部分體現」。

❷ *PECM*, p. 85; *Leçons de sociologie*, p. 103。

制的許多社會生活面相，會變成國家所干預的對象。國家涉及了經濟生活、司法生活、以及教育，甚至於藝術與科學的組織也不例外。

因此，國家在民主體制裡所扮演的角色，並不只是去歸結與表現全體人民以一種鬆散與未經思慮的方式所抱持的觀點和意念。涂爾幹稱國家為社會自我(social ego，"自我"亦即"意識")，而稱整個**集體意識**為社會"心靈"(mind)──亦即包括許多習慣性的、反射式的思想模式。以此，國家往往是新觀念的源頭，其引領社會正如同其受到社會的引領一般。在那些國家尚未能獲取扮演此種引導角色的社會裡，其所可能導致的呆滯，就像落入傳統深淵裡的社會所呈現的停滯現象一樣的嚴重。在現代社會裡，傳統約制的影響力已被解除，許多可供批評精神馳騁的大道敞開著，社會大眾的意見與情緒流轉不息：假如政府單純只是反映這些，其結果必是政治領域裡持續不斷的起伏動盪，而不能有什麼實質的轉變。有的是許多表相的變遷，然而它們彼此取消：「那些在表面上如此千變萬化的社會，往往免不了走上例行守經的路途**㉕**」。凡在沒有中介團體介乎個人與國家之間的情況下，這種情形勢必會發生。同樣的[若無中介團體存在]，強大的國家就會走向暴君式的獨裁體制，而弱小的國家則會長期處於不穩定的狀態下。

甚至在《分工論》出版之前，涂爾幹就已得到職業團體應當在現代社會裡扮演比目前更吃重的角色這個結論 **㉖**。雖然這個主題在此書中

㉕ *PECM*, p. 94。涂爾幹並不像一般所認為的那樣對社會衝突的存在一無所知；譬如，參見他對孟德斯鳩的批評：說他沒有看出「每個社會都包藏有衝突的因子，只因為社會已從一個過去的形式中逐漸冒出頭來，而正趨向一個未來的形式」。*Montesquieu and Rousseau*, p. 59。

㉖ 涂爾幹討論職業社團所扮演的角色一文"L'a famille conjugale", 原先是發表於1892年的一篇演講。這篇演講稿一直到1921年才印行出版。(*RP*, vol. 91, pp. 1-14)。

並沒有得到大力的推展，但我們不難看出這與其書中所闡述的失規範分工狀態分析之間的關係 ㉗。在職業系統裡，只要分工的"環節點"（nodal points）——不同職業階層的接合與轉換點——上缺乏了道德的一致性，失規範的狀態便會發生。職業團體的最主要功能便在於加強這些點上的道德規律，並以此來提高組織的凝結性。在現代社會裡，此等工作已無法交由家族來完成，因為家族在其功能上已大大的減退了。唯有職業團體「才貼切得足以令個人能夠直接的仰賴於它，並且也持久不墜得讓人可以在其中展望其前景㉘」。涂爾幹承認，很顯然的，像中世紀那樣的老式職業行會已經完全消失了。現今存在的工會一般說來都較為組織鬆散，而不符社會之所需，因為它們始終與雇主處於爭鬥的狀態下：

> 雇主與工人二者彼此之間的關係，就像兩個獨立自主的國家一樣，然其權力並不均等。他們像眾多的國家一般，可以透過各自的政府，訂定彼此之間的合約。然而這些合約本身卻只表現出他們彼此所各自擁有的經濟力量狀態，正如兩個交戰國所訂下的條約，只表現出各別的軍事力量。它們認可了一個事實的狀況，然而卻無法使之成為一個合法的狀況㉙。

準此，有將職業團體重整為合法的組織團體的必要，「要它能扮演一個社會的角色，而不只是代表各種不同的個別利益之組合而已」。

涂爾幹並沒有詳細說明職業團體應該如何去建構。然而它們絕非

㉗涂爾幹計劃在寫完《分工論》後再寫一本特別有關職業社團之意義的書，不過這個計劃始終沒有實現。參見《分工論》第二版的序言，p. 1。

㉘"La famille conjugale", p. 18。

㉙ *DL*, p. 6; *DTS*, pp. vii-viii。

只是中古行會形式的再現而已；它們雖然各有其內部高度的自主性，然而卻必須在國家法律系統的監督之下；它們會擁有解決其內部成員之糾紛，以及解決與其他職業團體間之紛爭的權威；它們將會是各種教育與休閒活動的焦點所在 ❸。他們也將直接地在政治體系裡扮演一個重要的角色。某些現代社會之所以在表面上有動盪不安的現象，其原因之一可追溯到由於選舉制度下直接代表制的流行，這會使得被選出的民意代表緊緊地繫身於選民的反覆無常裡。這現象可由兩個階段的、或多層次的選舉體制來加以克服，在此體制中，職業團體將會是個主要的中介選舉單元。

這些構想，據涂爾幹的說法，並不只是一些精妙的想法而已，它們並且也契合於他在《規則》中所提出的關於"正常的"社會形式之裁定的陳述。換言之，職業團體的發展對於複雜的分工狀況而言，是個緊要的原則。

> 於是，在全然缺乏職業團體體制的社會中——如我們者——產生了一個空洞之處，而此處之重要性真是罄竹難書。那是在共同生活(我們所或缺的)正常功能運作裡所必具的整個組織系統……。當人們只能以國家作爲其過公共生活的唯一場所時，他們無可避免地必會失於連繫、彼此疏遠，而使得社會支離。只有當國家與個人之間穿插著一整個系列的中介團體時——它們與個人接近得足以將他們緊緊地吸引在它們活動的領域裡，而且也以此方式，將他們帶領到社會生活的普及境域裡去。我們剛剛已指出

---

❸ *PECM*, pp. 28ff & 103-4; *Su*, pp. 378-82; *DL*, pp. 24-7.

職業團體是多麼地適於這個角色的扮演，而這正是它們所注定要
扮演的❸。

---

❸ *DL*, pp. 29 & 28。參見 Erik Allardt: "Emile Durkheim: sein Beitrag zur politis-chen Soziologie", *Kölner Zeitschrift für Soziologie and Sozialpsychologie*, vol. 20, 1968, pp. 1-16。

第**8**章
宗教與道德紀律

　　涂爾幹在其最早期的著作裡曾論及宗教在社會中的重要性，認為
所有道德、哲學、科學、以及法律等各範疇的理念，無不以宗教為其
起始源頭。在《分工論》一書裡，他曾揭示這個論題：凡構成**集體意識**
之一部分的任何信仰，必然具有宗教的特質：雖說當時他認為他所提
出的只是個「具有高度可能性的推測」而需要進一步的研究 ❶。不過涂
爾幹對於宗教的可能意義與**集體意識**在社會中的影響力二者之間的關
係之認識，由於也照應到以下這個事實而得以持平：隨著現代社會類
型的興起，這世界已有了極深刻的轉變。涂爾幹始終支持他學術生涯
早期所得到的一個結論，他認為「為老式的經濟理論辯護的人，認為規
律已不再是今日所必須的」，以及「為宗教體制申辯的人，相信昨日的
規律仍可用於今日」，這兩者都是錯誤的❷。宗教的重要性在當今社會
中的日趨式微，乃是機械性凝聚日形消退所帶來的必要結果：

　　　我們認定宗教社會學的重要性，並不表示宗教必須在現今的
　　社會裡扮演和其已往同等的角色。從某方面來說，相反的結論反

---

❶ *DL*, p. 169。
❷ *DL*, p. 383。

而還較爲恰當些。這實在是因爲宗教乃是個基原性的現象，它必
然會一步步地屈服於它所蘊生出來的新的社會形式❸。

　　涂爾幹承認，直到 1895 年時，他才完全體認到宗教作爲一種社會
現象的重要性。根據他自己的證言，此種對宗教意義的領會，多半是
由於他閱讀英國人類學家的著作所引發的，這使得他重新估量早期所
寫的著作，爲的是想導引出這些新洞見所隱涵的意義 ❹。素來對涂爾
幹此番轉變的解釋是，他由寫《分工論》時所抱持的(有人認爲)頗爲"唯
物的"立場，轉向一個較相近於"唯心論"的立場。然而這是個誤解，如
果不是全盤錯誤的話：這種對涂爾幹觀點的錯誤解釋，部分是根源於
後來的研究者常將涂爾幹的功能分析與歷史分析，以一種與涂爾幹本
人思想乖違的方式熔接起來所造成的 ❺。涂爾幹幾乎和馬克思一樣的
一再強調人的歷史性，以及強調歷史發展的因果分析乃社會學不可或
缺的要素：「歷史不止是人類生命之自然架構而已；人乃是個歷史的
產物。要是將人與歷史分隔開，要是試圖將人了解爲在時間之外，寂
然不動的東西，將會錯失人的天性❻」。表現在《宗教生活的基本形式》

---

❸ *AS,* vol. 2 的前言，1897-8，收於 Kurt H. Wolff: *Emile Durkheim et al., Essays on Sociology and Philosophy* (New York, 1964), pp. 352-3。

❹ 給 *Revue néo-scolastique* 編者的信，p. 613。

❺ 帕森思將涂爾幹所有的著作都看成是對"秩序的問題"所作的整體攻擊：然而涂爾幹的著作之要旨，在一個社會發展過程的背景上分析社會凝聚的**變遷形式**。Parsons, esp. pp. 306,309&315-6。況且，涂爾幹強調他在作品中並不企圖「對社會學作**一般**的探討」，而主要是限定在「一個清楚界定的事實之秩序上」，它們是「道德，或是公正的規則」。"La sociologie en France au XIX siècle", *Revue bleue,* vol. 13, 1900, part 2, p. 648。

❻ "Introduction à la morale" *RP,* vol. 89, 1920, p. 89。關於涂爾幹對於歷史與社會學之關係的看法，見他對於三篇討論歷史之本質的文章(其中兩篇分別是 Croce 與 Sorel 所寫的)之評論，*AS,* vol. 6, 1901-2, p. 123-5。另參見 Robert Bellah: "Durkheim and history", Nisbet: *Emile Durkheim,* pp. 153-76。亦參見下文，pp. 363-9。

(*The Elementary Forms of the Religious Life*)一書裡的主要理論性格是功能性的；也就是說，它所關懷的是宗教在社會裡所扮演的功能角色。不過，我們還必須以發生的觀點來讀這本書，注意那導致現代社會在形式上與往昔大不相同的重大變遷。在其早期對特尼厄斯的批評裡，涂爾幹強調，機械式的凝聚與有機的凝聚之間，並沒有一個絕對的斷裂：後一類型對道德規則的認定並不少於前者，雖然其所認定的不再是傳統的那種。涂爾幹對宗教的新見解之重要性，正如他在《基本形式》中所展現的，是澄清了這種介於傳統社會形式與現代社會形式之間的連續性質。「為了要了解這些新的形式，我們必須將它們與其宗教的起源連結起來，並且不因此而把它們與一般認定是宗教的現象弄混了❼」。

　　這同時，毋庸置疑的，使得涂爾幹更能以一種直接的手法，將其對現代社會的分析中的某些要旨闡述出來。而其中的一項要點是：在涂爾幹的後期著作裡，他由社會現象的約制性格之強調轉而更加強調象徵將人"正面地"介連到理想上之獨特涵義。不過這並不是對觀念論的一種突然投誠。在涂爾幹早期的著作裡，約制性與義務性受到極大的強調，這在一個相當程度上是由於借用這些觀念作批判性抨擊所造成的，而通觀其整個著作，涂爾幹始終肯定社會同時是人類理想的來源處與其貯藏庫❽。

---

❼ *AS* 的前言，1897-8, p. v.,參見 Behlke 的早期研究，Charles Elmer Gehlke: *Emile Durkheim's Contributions to Sociological Theory*(New York, 1915),pp. 48ff。

❽ 參見前文 pp. 123-9。

神聖之物的特質

　　《基本形式》一書主要是基於涂爾幹對於他所謂「現今爲人所知最簡單也最原始的宗教」——澳洲的圖騰信仰(totemism)——的仔細研究所寫成的❾。在建立宗教的概念體系時，涂爾幹延襲古朗士"神聖與凡俗"的類型化分析。涂爾幹說，認爲必須有超自然的聖靈存在才有宗教的存在，這是謬誤的。有許多我們很可以說它們是"宗教"的信仰與儀式體制，其中根本沒有神也沒有靈的存在，即使有，也是無關緊要。我們無從以觀念上的實質內容來界定什麼才算是個"宗教"信仰。宗教信仰所具有的特殊性格是「它們預設了一個劃分體系，將人們所知道的所有事物，無論是現實的還是理想的，區分爲兩類，兩個相當不同的種類⋯⋯❿」。宗教思想的特質就是，如果你不用這種二分法的概念本身，就根本無從掌握住它。二分法概念**本身**即是：這世界被劃分爲兩種完全不同的事物與象徵——"神聖的"與"凡俗的"。「**此種劃分是絕對的**。在人類的思想史中，從來沒有那兩項事物的範疇分得如此深刻、如此劇烈的兩相對立⓫」。

　　神聖所具有的特色是，它會被一些儀式性的規條與禁制所圍繞，而強化其與凡俗之間的區分。宗教絕不只是一組信仰而已：它總是會有些規定的儀式行爲，以及某種組織形式。沒有一個宗教會沒有自己的"教會"(church)，雖然教會的形式可以有極不相同的差異。在涂爾幹的用法裡，所謂"教會"，是指一個由一群特定的信奉者所組成、並

❾ *EF*, p. 13; *FE*, p. 1。
❿ *EF*, p. 52; *FE*, p. 50。
⓫ *EF*, p. 53; *FE*, p. 53。

有規律地執行儀式典禮的組織；這其中並不意謂著一定要有個專門的教士階級存在。於是涂爾幹為宗教立下了一個有名的定義：它是「一個與神聖事物相關之信仰與儀式的聚合(solidaire)體系，……這些信仰與儀式將所有奉行的人，融聚在一個被稱為教會的道德社群中❷」。

根據這個定義，圖騰信仰即是一種宗教形式，雖然其中並沒有人格化的神或靈存在。這當然是現今所知最原始的一種宗教類型，而且也可能是所有存在過的宗教形式中最原始的一種❸。因此，將構成圖騰信仰之起源的因素孤立出來，就等於我們「同時也能找出那促使人類生出宗教情操的原因來❹」。

圖騰信仰是與澳洲社會獨具的氏族組織系統連結在一起的。信仰圖騰的氏族，其獨特之處在於那作為氏族群體認同的名字，乃是一個實物，一個被認為具有很特殊性質的東西——圖騰。同一個部落裡，沒有哪兩個氏族的圖騰是一樣的。在檢查過氏族的成員相信他們的圖騰所具有的屬性後，我們可以看出圖騰正是劃分神聖的與凡俗之軸心所在。圖騰「就是神聖事物之原型❺」。圖騰的神聖性展現在儀式性的典禮中，此種典禮將它與平常可能具有功利性質的事物分隔開來。各種不同的儀式性規條與禁制也都圍繞在圖騰的標誌(emblems)上——被置於物體上或裝飾在人身上的圖騰表徵，往往比有關圖騰本身的事物更加受到嚴格的重視與保護。

不過，除此之外，氏族的成員本身也具有神聖的性質。雖然在較

---

❷ *EF*, p. 62; *FE*, p. 65。

❸ *EF*, p. 195。

❹ *EF*, p. 195. 涂爾幹反對各種認為圖騰信仰本身得之於先前一種宗教形式的理論(pp. 195-214)。

❺ *EF*, p. 140; *FE*, p. 167。

為高級的宗教裡，信仰者是個凡俗之物，但在圖騰信仰裡可不是如此。
每個奉有他的圖騰之名的人，都分潤了圖騰本身的宗教性，他們也相
信在個人與其圖騰之間有著系譜上的關連。準此，圖騰信仰裡認定三
種東西是神聖的：圖騰，圖騰的標誌，以及氏族的成員本身。這三類
神聖之物又反過來形成普遍宇宙觀的一部分：「對澳洲土人而言，所有
在宇宙之內的事物本身，都是部落的一部分；它們都是組成部落的要
件，而且，可以這麼說，都是它永久的成分；就像人一樣，這些事物
在社會組織裡有個永久的位置❶」。因此，譬如說雲是屬於某一個圖騰
的，而太陽則屬於另一個圖騰：整個自然世界都被安置在一個基於圖
騰的氏族組織而有的、井然有序的分類體系裡。所有被歸類為某一氏
族或聯族(由一群氏族所組成的團體)裡的事物，都被認為擁有共同的
屬性，而且氏族裡的成員也都相信這些事物與他們血脈相通——人們
「稱它們為朋友，而且認為它們也是由和族人同樣的血肉做成的 ❶」。
這顯示出宗教所及的範圍是比其原來的要伸展得廣遠許多。「它不僅涵
蓋了圖騰性的動物以及所有氏族裡的人，而且既然沒有任何事物不依
氏族和圖騰來分類，所以也沒有任何東西，不依次而具有某種宗教性
的性質❶」。

因此，上面被分辨為三的神聖之物，誰也不是從誰而衍生的，因
為他們都共享着一種共同的宗教性。所以他們的神聖性質必然是從一
個將它們都包容在內的源頭衍生而來，那是一種它們都分享到其中一

❶ *EF*, p. 166; *FE*, p. 201

❶ *EF*, p. 174. 關於此種分類系統的詳細描述，參見 Durkheim and Mauss: *Primitive Classification* (London, 1963)。

❶ *EF*, p. 179; *FE*, p. 219。

部分，然而却又與它們分隔開的力量。在澳洲的圖騰信仰裡，這種神聖的力量與展現這種力量的事物之間，並沒有清楚的分化。然而在別的地方却是有分化的；其中例如北美的印地安人，以及在美拉尼西亞羣島(Melanesia)，這種力量叫做**瑪那**(mana)❶。在澳洲的圖騰信仰裡的這種以普及遍布的形式出現的宗敎力量，是所有後來在較爲複雜的宗敎裡表現爲神靈及鬼怪等的這種普遍力量的最初來源。

因此，爲了解釋宗敎之存在，我們必須要將那作爲所有神聖事物之泉源的一般性動力的根基尋找出來。很明顯的，物質體的圖騰物所直接觸發的感受，無法解釋爲什麼那些圖騰會被賦予神聖的力量。作爲圖騰的物體通常是些沒什麼特別意義的動物或小植物，這些物體本身根本無從引發那種因它們而存在的強烈宗敎情感。況且，圖騰的**表徵**(representation)往往被認爲比圖騰性的物體本身更具有神聖性。這證明了「圖騰不過是個象徵，是另外某種東西的物體性表達」。圖騰因此旣象徵神聖的力量，也象徵氏族團體的認同。「因此」，涂爾幹有些誇張地問道，「如果它同時就是神與社會的象徵，那豈不是因爲神與社會原本就是一體的嗎?」圖騰系統的原則就是氏族團體本身，只不過「靠著動植物等圖騰物之可被觸知的形式，想像地表現出來並落實爲實在之物而已❷」。社會附加了義務與崇敬，作爲神聖物的双生性格。無論是以一種非人格式的散發力量存在，抑或是以一種人格化的形式呈現，神聖之物總被視爲是一個高高在上的實體，這事實上象徵了社會

---

❶ 以**瑪那**爲一種普遍的抽象觀念之發展，根據涂爾幹的説法，是在圖騰的民族系統瓦解後才開始的。在 Henri Hubert and Marcel Mauss: "Théorie générale de la magie"中有對**瑪那**的長文討論，*AS*, vol. 7, 1902-3, pp. 1-146。

❷ *EF*, p. 236; *FE*, p. 295。

之高於個人之上。

　　一般而言，一個社會只消憑它由上而下地影響着人們的生活，即無疑擁有能喚醒人們心靈中對神聖物之感受的所有必具條件；因為社會之於它的成員，就像是上帝之於他的信仰者一般。事實上所謂神，其第一義就是人們認為以某種方式高高地存在他們之上、而人們相信他們乃是賴之而存活的一個東西。無論他是個有意識的人格體，就像宙斯(Zeus)或耶和華，或只是股抽象的力量，就像圖騰信仰裡所表現的那樣，在這兩種情況下，信仰者都相信他必須奉行那神聖原則必然要求他遵從的某些行為方式，因為他感覺到他自己與那神聖的原則是一體的。……以此，社會有足夠強的力量以要求其成員一致遵行的那些行為模式，便是如此這般被冠上特殊的表記而令人尊崇了**㉑**。

　　我們必不可誤解涂爾幹此處對於"社會"與"神聖之物"二者的相提並論，涂爾幹並**不**主張「宗教創造了社會」**㉒**；就是由於這種錯誤的詮釋，才使得有人以為他在《基本形式》中採取了"唯心論"的立場。恰恰相反的，他所認為的是：宗教乃是人類社會**自我創造**與自主發展的表現。這並不是一種唯心論的理論，而是肯定了社會事實必須要由其它的社會事實來加以解釋的方法學原理**㉓**。

　　涂爾幹企圖以一種具體的方式來顯示，宗教的象徵體系是如何的

㉑ *EF,* pp. 236-8; *FE,* pp. 295-7。

㉒ 這個詞句取自 H. Stuart Hughes: *Consciousness and Society* (New York, 1958), p. 285。

㉓ *RSM,* p. 110。

在儀典中被創造以及再創造。澳洲社會有其交替的生活週期。在某個
週期裡，各個親屬團體分開來生活，活動都清一色是經濟目的；在另
一個週期裡，所有的氏族或聯族團體的成員都聚集在一起度過一段時
間(有時短約數日，有時則長達數月之久)。然而這種時期是舉行公開
祭典的時節，通常都帶有極高度的熱切與情緒性的色彩。根據涂爾幹
的觀察，在這些祭典裡，人們覺得被一種比他們大得多的力量鎮壓住，
而這是由祭典時的集體狂歡興奮狀態所造成的。個人被帶到另一個完
全不同於其日常的生活世界裡——日常生活世界是以功利性的活動為
其生命之主幹的。於是在這裡，我們看到了所謂"神聖之物"這個觀念
的**起始狀態**(in statu nascendi)。對神聖之物有所覺識，就是從這種
集體的狂歡氣氛中產生的，同樣的，這也造成了神聖之物乃是分隔於
並超出於日常凡俗世界的觀念。

祭典與儀式

　　然而為什麼這股宗教力量必須出之以圖騰的方式呢？這是因為圖
騰乃是一個氏族的標誌：由集體狂歡所激起的情感會聚積在那最易為
人所辨認的群體之象徵——圖騰——上。這就解釋了為什麼圖騰的表
徵要比圖騰物本身來得神聖，不過這當然還是未能解決為什麼氏族一
開始就要選取一個圖騰的問題。涂爾幹提示說，圖騰物不過是那些人
們不斷有所接觸的東西罷了，而每個氏族所選取的圖騰大多是其舉行
祭典盛會之處最慣常見到的動物或植物。以一個圖騰物做為起點後，
宗教情感就可以依次附著到那些與它相似或相異，而且使它變得豐盛
起來的性質上去，因此產生出一個將自然中的一切依其與圖騰的相關

性而得出的一般性分類。進一步而言，宗教力量既是自群體的集會而生，並且同時「顯得好像是外在於個人，而又具有凌駕於個人之上的超越性」，那麼它便「只有在他們(指個人)身上而且透過他們，才得以展現出來；以此觀之，它乃是內在於他們的，而他們也就必須如此地將它呈現出來❷」。準此，我們得到圖騰信仰的第三種面相：集體的個別成員共沐於圖騰的宗教性質中，而成為圖騰信仰的一部份。

　這個解釋說明了為什麼以信仰實質內容來定義宗教是徒勞無功的。一個特定的物體或象徵是否會成為神聖之物，並不取決於它的內在性質。一個最平凡無奇的東西，一旦被注入宗教的力量，它就變成神聖之物。「就是這樣，一塊破布片才得到神聖性，一小張碎紙也可能會變得無上的珍奇❷」。這同時也顯示出為什麼一件神聖的東西在被分割了之後，仍不失其神聖的特質。耶穌那件罩袍上的一小塊布和衣服整件是同樣神聖的。

　現在該來談談宗教的第二個基本面相：在所有宗教裡都可以發現到的儀式之施行。其中存在著兩種相互緊密糾結在一起的儀式。我們知道屬於神聖的現象，在定義上與屬於俗世的是分隔開來的。有一種儀式就是在執行這種劃分的功能：這都是些負面的戒律或禁忌，用來限制神聖的與凡俗的二者之間的接觸。這些禁令樹起了與神聖事物之間、舉止動靜上各種關係的藩籬。就正常情況而言，沒有任何凡俗的事物能夠以一不變的形態進入到神聖的領域裡。因此，在舉行祭典的

❷ *EF*, p. 253。關於涂爾幹在這一點上的分析之批判性的重估，見 P. M. Worsley: "Emile Darkheim's theory of knowledge", *Sociological Review*, vol. 4, 1956, pp. 47-62。
❷ *Sociology and Philosophy* p. 94。

時節裡，要穿上特殊的聖服，並將俗世的一切日常勞作都暫時停止❷。
負面的儀式亦有其正面的作用：個人可以因為對此種儀式的奉行使自
身得到淨化，而為進入神聖的境域做好準備。正宗的正面儀式旨在讓
人與宗教裡的種種有更完全的溝通接觸，這是宗教祭典本身的核心所
在。兩種儀式的功能都很容易加以辨識，此種分辨對於我們先前所提
出的、對宗教信仰之起源的解釋而言，是必要的。負面的儀式在於保
持神聖與凡俗之間的根本分野──神聖事物所賴以存在的基礎；借此
儀式，使得這兩個領域不會交相錯疊。正面的儀式之功能則在於更新
重振對於宗教理想的信守之情，使之不致於被純粹功利的世界所湮沒。

就這一點，我們也許可以簡略地重述一下此一分析與《分工論》裡
的分析之關連。小型的、傳統的社會所賴以維持統一的關鍵在於一股
強烈的**集體意識**之存在。使得此種社會之所以成其為一個"社會"的原
因所在，是組成分子皆固守於共同的信仰與情感。在宗教信仰裡所表
達的理想，也就是社會之統一所立基的道德理想。當個人群集於宗教
的祭典時，他們所持的對道德秩序的信仰就再次地被肯定，而此道德
秩序即是機械式凝聚所賴以維持的基礎。宗教祭典中的正面儀式之施
行，為群體的道德提供了有規律的再加強的機會，此種活動之必要，
在於：個人在凡俗世界中的日常活動皆傾注於個我本身利益的追求，
這往往使得他們日益疏離於社會凝聚之根本所在的道德價值。

更新重振那相關於神聖事物的集體表徵的唯一之道，是將他

---

❷在宗教儀式與遊戲之間，無疑的是存在著很緊密的關係。涂爾幹提到，遊戲起源於祭典。
關於這點，參見 Roger Caillois: *Man, Play and Games* (London, 1962)。當然，對涂
爾幹而言，宗教祭典就字義上說就是"娛樂"(re-creation)。

們再次沈浸於宗教生活的泉源之中，亦卽將他們置於聚集的群體裡。……人們會變得較爲有信心，因爲他們感覺自己強壯些了；而他們也眞是強壯了，因爲正在萎縮的力量如今已在意識裡重新被振奮起來[27]。

此外，還有另一種儀式是"贖罪的"(piacular, expiatory)儀式，其中最重要的例子可見於喪葬典禮中。正如在祭典裡，愉悅的宗教情感在集體的狂歡裡被激揚到最高點一般，"傷慟之情"亦流盪在喪葬儀式中[28]。其結果是將團體──其凝聚性已由於其中一員的失去而受到威脅──的成員群聚在一起。「他們一同哭泣，互相擁抱，雖然受到了打擊，但團體並不因此而被削弱，……它感覺自身的力量又一點一滴地回來了；它又能開始希望、過活了[29]」。這有助於解釋爲何會有邪惡的宗教性精靈之存在。各處都存在著這兩種宗教力量：一種是會造成好的影響的力量，一種則是會帶來疾病、死亡與毀滅的邪惡力量。在贖罪的儀式裡，集體的行動所造成的情境，與產生造福力量之觀念的情境，不相二致，只不過前者是受到悲傷情感的支配罷了。「對於此一經驗的解釋，通常是人們假想有邪惡的事物存在於他們的四週，其惡毒性不管是久是暫，只能用人類所受到的苦痛來加以化解[30]」。

---

[27] *EF*, p. 387。對集體生命之"韻律"的詳細分析可見於 Mauss, "Essai sur les variations saisonniéres des sociétes eskimos", *AS,* vol. 9, 1904-5, pp. 39-130。

[28] *EF*, p. 446。

[29] *EF*, pp. 447-8。

[30] *EF*, p. 459; p. 590。

知識的範疇

在圖騰信仰裡，神聖之原則比起在較爲複雜的社會形態裡，要來得廣被周延得多：我們發現在澳洲社會裡，宗教理念是如此的在各處成爲所有據此而分流出來的理念體系的最初來源。圖騰式的自然分類，可作爲一個可將知識定位的邏輯範疇或類別的根本起源。將自然中的物體與性質分門別類，其基礎在於社會之析離爲圖騰信仰的氏族分劃。「這些最初的邏輯體系之一體性，只是社會之一體性的再現罷了 ❸」。這並不是說社會全然地架構了對自然的理解。涂爾幹並沒有宣稱說可知覺的生物性旣定差別不存在，相反的，他指出，在最基級的分類裡就已預先設定了承認官能上之同與異。涂爾幹所論的要旨是，這種天然的差異並不構成分類系統的樞紐，而僅只是個次要的安排秩序的原則❸。「相似的感覺是一回事，類別（ genre）的理念又是另一回事。類別是那些被認爲具有類似的形式，以及部分而言，也具有類似的內容之事物的外在架構」。

邏輯的分類之存在，涉及到斷然不二的界線之劃清。然而自然本身卻顯示出時間與空間上的連續性，而且我們得之於世界的感官訊息，也不是以這種毫無連屬的方式被組合起來的，而是由「不甚分明且轉流不息的意象」所構成的❸。因此邏輯分類的觀念本身，以及範疇間層級式排列關係，是得之於表現在氏族與氏族集團裡的社會分劃的。但是將事物劃歸到某一範疇裡而不劃歸另一範疇，這模式却是受到感官分

---

❸ *EF*, p. 170。

❸ 然而，這的確令涂爾幹的理論有循環論証之困難，參見 Parsons, p. 447。

❸ *EF*, pp. 171-2; *FE*, pp. 208-9。

辨功能的直接影響。例如，太陽在某一個範疇裡，月亮及星星就往往被放到另外一個範疇；白鸚鵡屬於某一個範疇，黑鸚鵡就屬於另外一個。

　　正如用以排列抽象思想的軸心範疇是得之於社會的，那麼力、空間與時間這些基本面相亦是如此。力的概念是出於基本的宗教力量這個原始模型，爾後才併入哲學與自然科學裡 ❸。亞里斯多德範疇中的另外兩個也是這樣的：時間的觀念在社會生活的週期性特徵中尋得其最初的原型，而空間的觀念則得之於社會所占據的領地格局。時間與空間並非如康德所言，是內在於人類心靈中的範疇。無疑的，每一個個人都意識清醒地存活於有別於過去的現在。但是，"時間"的**概念**並不是個人化的；它牽涉到一個由團體中的所有成員所共享的抽象範疇。「受到這樣安排的並不是**我的時間**；而是大家的時間…… ❸」。這必定是來自集體性的經驗：年、週、日這些時間的劃分是源於公眾祭典、儀式與聖日等時節性的配置。"空間"的觀念也同樣的預設了某些原始的定點；如果沒有某些可以用來判定方位的共同標準，就不會有所謂"南"、"北"，或"左"、"右"。社會所占有的領地提供了這個標準。這可由以下這個事實來說明：在某些澳洲社會裡，空間被認為是圓形的，反映出營帳的圓的形狀，而此種圓狀空間乃是根據每個氏族紮營的所在方位被劃分出來的。

　　在這裡，涂爾幹並不是在提申一個簡單的"機械式唯物論"的形式，

---

❸涂爾幹也注意到這點已由孔德指出過。但是孔德錯誤地認為力的觀念終將會被摒除於科學的門外，「由於它神秘的起源，他就斥了它所有的客觀價值」(*EF*, p. 234)。
❸ *EF*, p. 23。

也並非如一般所批評的，在《基本形式》的其他部分中重蹈於唯心論的偏執裡。事實上，他頗費心神地強調說：他這個立場乃是以社會的"根基"(substratum)與集體性地開展的理念(collectively evolved ideas)之間的動態交互作用爲前題的：

> 當然，我們認爲社會生活奠基於社會的根基上，並且承受了它的特點，這無疑是很明顯的，就像個人的精神生活乃是以神經系統與實際上整個有機體爲其基礎一樣。然而**集體意識**並不只是其形態基礎的一個附帶現象而已，正如個人的意識也不僅是神經系統的一種簡單的伸展表現一樣❸❻。

作爲一種知識理論而言，《基本形式》中所提申的主題，在根本上實具有發生學的特性：它並不是個像某些人所認爲的，在社會組織與集體理念之間，假定有一套不變的關連存在的理論。說實在，涂爾幹的社會發展歷程觀念有一個基本關照點，就是當代社會理念系統內容之變遷性格，以及在這些當代社會背後越來越多向化的社會歷程性質。此中尤其重要的是現代理性主義與世俗化道德之間的關係。在涂爾幹的思想裡，《基本形式》一書的重要性在於，它確切地證實了沒有任何集體的道德信仰不具有一種"神聖的"性格。所以，當現今社會裡的道德秩序，無論在內容上或是在形式上，比起傳統的社會，已有了劇烈的變化時，傳統的凝聚形式與現代的凝聚形式之間，事實上還沒有中斷其連續性。

現代世界正日漸爲理性主義，亦即涂爾幹所謂的道德的個人主義

---

❸❻ *EF*, p. 471; 見下文 pp. 354-7。

之"思想層面"，所通體貫透。其結果之一便是對於"理性的道德"之需
求。因爲道德權威的存在有賴於道德理念，「有如被神秘的障物圍繞住
一般地能使違犯者敬而遠之，就像是宗教領域被護持於凡俗事物所能
侵越的範圍之外一樣❸」。此一特性在宗教與道德合而爲一時，很容易
保留住，因爲宗教的象徵與飾物可以引發人們崇敬的態度。想要將宗
教的痕跡完全掃除於道德之外，這只會導致所有的道德律則皆爲人所
拒的結果，因爲這樣的律則只有在受到尊敬與護持，並且在其實行的
狀況下被認爲是不可侵犯之時，才能夠存在。這就是爲什麼在道德律
則甚至在已遠離其神聖律法中的原始基礎時，仍然保有一種神聖的性
格❸。

理性主義、倫理與"個體崇拜"

此一分析可再次回溯到宗教與道德之原始糾結的理論。在各處的
宗教思想裡，人們認爲其自身乃是兩種分別不同的存在：身體與靈魂。
身體被相信是屬於物質世界的，而靈魂則屬神聖的斷離的世界。一個
具有普遍性的信仰不可能是偶發而成的，也不會全然是虛幻的，而必
定奠立在某種二元性的基礎上，而此一二元性則是內在於社會中的人
類生活裡。它可以被追溯到一方面是感官知覺，另一方面是思想觀
念與道德信仰，兩者的分歧上。在某個重要的意義上，它們是彼此分
離的。感覺與例如餓、渴之類的感官需求，「必然是以自我爲中心的」，

---

❸ *Moral Education*, p. 10。

❸ 同前書, pp. 9-11。「道德生活尚未、而且也永遠不能夠脫離所有它與宗教所共持有的
　特質」, *Sociology and Philosophy*, p. 48。

它們只與個人官能的嗜惡有關，而不涉及其他任何人 ❸。思想觀念與道德律則則反之，是"非個人的"，因其已被普遍化，所以不屬於任何特殊的個人。每個人都是以一種個我式的存在(當然，不會是失序的那種)來開始其一生的，當時只對感官有所知覺，而行動則受到感官需求的控制。但是當兒童被社會化了以後，他的個我天性就會部分的被他從社會上所學得的覆蓋過去。因此，每個個人的人格裡都有個我的一面，同時他也是個社會性的存在物。在社會裡生活所要求的道德並不可能完全符合個我的趨向：「社會不可能在我們不被要求做感官上的犧牲、或付出昂貴的代價的情況下，被建造起來或保持下去❹」。但是，同樣的，這也必須在一個歷史的層次上來論究；雖然感官需求是「表面上最個我傾向的類型」，但是仍然還有種種不是直接出之於感官需求的個我慾望。「我們的個我主義有很大一部分是社會的產物❹。」

涂爾幹曾在他處透過歷史的分析來澄清這點 ❷。基督教，或更狹義地說新教，乃是現代道德的個人主義之直接起源。

　　　既然對基督教而言美德與虔敬並不存在於物質的程序中，而是內在於靈魂的狀態裡，那麼他便被迫要永不止息地審視自己。……因此在一切思想所由起的兩極裡，一者為自然，另一者為人，基督教社會的思想當然是要傾注圍繞於後者了……❸。

基督教倫理為"個體崇拜"提供了道德原理的基礎，但是基督教却日益

---

❸"The dualism of human nature and its social conditions", Wolff, p. 327。

❹同前書, p. 338。

❹ *Su*, p. 360。

❷參見 *L'évolution pédogogique*, pp. 332-4 & 326-7。

❸同前書, p. 323。

為新的神聖象徵與新的事物所取代。涂爾幹指出，這可最明顯的見於
法國大革命的例子，在那時候，自由與理性被高舉歌頌，並且也有受
到公眾"典禮"所刺激起來的一種高度的集體狂歡產生。但是當支配著
我們現在的生活的種種理想被打造出來之後，這些時期的集體熱切之
情卻是曇花一現的。因此，現代世界便處於一種道德的斷層狀態中：

> 簡而言之，舊的神已逐漸老去且近於衰亡，然而新的神卻還
> 未誕生。這正是為什麼孔德企圖人為地去恢復舊有的歷史記憶乃
> 是徒勞無功的原因。孔德指出，過去不是死的，而是可以引發活
> 生生的崇敬之情的生命本身。不過，不安與昏晦的混亂終必會過
> 去。有那麼一天，當我們的社會再次認識到創造性狂歡的時節，
> 在那種狂歡裡，新的理念將會湧出，新的生活方式也會被發現出
> 來，以權充那時候我們人性生活的嚮導……❹。

法國大革命是促使現代的道德個人主義之成長最具決定性的一劑
催化劑。但是個人主義的進展，雖然不規則地發生在西方不同時期的
歷史裡，並不是任一特定時代的特殊產物；它的發展「未曾停息地貫穿
於歷史當中❺」。因此，人類個體具有無上價值的這種感覺乃是個社會
的產物，並且因此而與個我主義有決定性的區別，"個體的崇拜"並非
基於個我主義，而是基於一種完全相反的感覺——對於人類苦難的同
情與對社會正義的渴望——之伸展。雖然在個我主義裡，比在由機械
性的凝聚所支配的社會裡，個人主義得以發榮滋長，但這絕不是說它
是得之於個我主義的，因此其本身也不來自「那使得任何的凝聚都變為

❹ *EF*, p. 475; *FE*, pp. 610-11。
❺ *DL*, p. 171; *DTS*, p. 146。

不可能的、道德上的個我主義**⑯**」。這可由科學的活動這個例子來加以
說明。道德個人主義的一個思想上的分枝是表現在科學上的自由研究
的精神：但是這不但沒有造成觀念領域裡的無政府狀態，反而使得科
學研究的探求只有在這樣一個道德律則的架構裡——強調尊重他人的
意見、研究結果的發表、與訊息的交換——才得以進行。

　　個人主義日漸高張的趨勢是無可避免的，因為這乃是鉅大的社會
變遷(如《分工論》中所詳述的)下所產生的結果。這是涂爾幹對於自由，
以及自由與道德秩序的關係，此二者的觀點之根源。自由並不等同於
解脫所有的束縛：這是失規範狀態，個人在此狀態中並不自由，因為
他們被自己綑鎖在不盡的慾望之中：

> 　　權利與自由並非如此的內在於人。……社會將個人聖潔化，
> 並使他優秀得值得人尊敬。他的逐漸獲得解放，並非暗示著社會
> 約束的削弱，而是社會約束的一種轉化。……個人臣服於社會，
> 而這種臣服乃是其自由的條件。對人而言，所謂自由就是從盲目
> 無知的物質力量中解脫出來；在此種對抗中，他所得到的就是那
> 偉大而開明的力量，也就是社會，在它的庇蔭下他得到了保護。
> 他將自己置於社會的羽翼下，同時也使得自己，在某個程度上來
> 說，依附於它。但這是一種獲得自由的依附**⑰**。

　　因此，若認為道德權威與自由是彼此完全對立的，便是個基本的
錯誤，因為人如果只有在成為社會的一員時，才能享有任何的一種自

---

⑯ "L'individualisme et les intellectuels", pp. 7-13. 「因此個人主義者，他們保護了個
人的權利，同時也保護了社會廣大的利益。……」(p. 12)

⑰ *Sociology and Philosophy*, p. 72。

由，他就必須服從於社會所賴以存在的道德權威。對涂爾幹而言，這其中並沒有矛盾，因為，「所謂自由，並不是自己高興做什麼就做什麼；而是要成為自己的主宰……⓭」。

紀律，就其為一種衝動的內在控制而言，是所有道德律則的一個基本要素。不過，根據我們以上所說的立場而言，認為紀律**本來**就等於是對人類自由與自我實現的限制，則這個觀念是錯誤的。涂爾幹指出，沒有任何一種生命組織不是根據明確而有規律的原則來運作的；社會生命亦復如此。社會是一種社會關係的組織，準此，它要求一種依據已建立的原則來行事的行為之規律，這在社會中就只能是道德律則。只有透過對道德規律的接受——這才使得社會生活成為可能，人才會獲得社會所能提供給他的好處。由於涂爾幹在這個問題的分析上未曾注入歷史的考慮，使得許多批評者認為他的觀點是在為政治當局的教條提供一個藉口以遮掩 ⓮。但是涂爾幹的中心主旨是，所有道德規律的形式並**不是**完全等同的。換句話說，"規律"（社會或社會約束），不能只是在一個抽象而普遍的觀點上，與"缺乏規律"（失規範狀態）並置而論 ⓯。關於個我主義與失規範狀態這兩個觀念，必須置於社會發展的一般觀念的視角上（如《分工論》一書所呈現的）來加以了解。從這個脈絡上來看，個我主義與失規範狀態並不只是在面對所有的社會類型時，皆以同等程度相應的功能性問題：它們所受到的正是道德個人主義的刺激，而這又是社會演進的結果。現代的社會形式所面臨的困

⓭ *Education and Sociology* (Glecoe, 1956), p. 90。

⓮ 例如參見 John Horton:"The de-humanisation of anomie and alienation",*British Journal of Sociology,* vol. 15, 1964, pp. 283-300。

⓯ 注意涂爾幹在這點上的敘述：「這並不是基於相信，對於紀律的需求是因為紀律必定是涉及一種盲目與奴役式的服從」。*Moral Education,* p. 52。

境，涂爾幹認爲無法以回復到傳統社會的專制紀律之法來加以解決，而只有透過對分殊化的分工狀態加以道德的重整方有可能。所以需求一種與前此的社會類型中所具的性格大不相同的權威形式。

第**3**篇
韋伯

第 **9** 章
韋伯: 基督新教與資本主義

　　韋伯和涂爾幹雖然幾乎是同時代的人，但二人生活所處的知性氛圍在某些重要的方面，却很不相同。涂爾幹年輕的時候曾留學德國，在這段短時間裡，他接觸到一些德國社會思想的主要趨勢，並且後來沒有放棄對德國社會科學家之著作的興趣。涂爾幹當然熟知韋伯及其弟弟阿爾弗烈德(Alfred)的作品。至少有兩組德國學者的著作，將韋伯與涂爾幹直接連繫在一起: 一、爲施莫勒及社會政策協會(Verein für Sozialpalitik)之成員的著作; 另一爲齊默(Georg Simmel)的著作 ❶。即使如此，這些在知性上相當直接之關連的意義很小。無疑的，齊默的思想對韋伯學術見解的形成具有某些重要性，然而涂爾幹對齊默，却持着高度的批判態度，而且在任何重要的層面上都沒有受到後者的影響; 而施莫勒及講壇社會主義者(Kathedersozialialisten)〔譯按: 十九世紀末德國一批學院派的社會主義者〕的著作構成涂爾幹早期著作的一個出發點，然而涂爾幹與他們的觀點最能心意相投

---

❶涂爾幹對齊默《錢的哲學》(*Philosophie des Geldes*)一書之書評，見 As, vol.5, 1900-1, pp. 140-5,以及對齊默兩篇論文的評論，見 *AS*, vol. 7, 1902-3, pp. 646-9。涂爾幹也在〈社會學及其科學領域〉一文中討論到齊默的形式社會學，見 Wolff, pp. 354-75(最初發表於 1900 年)。

之處，正好是韋伯拒斥、且與之苦鬥之處❷。

涂爾幹與韋伯之間並沒有任何重要的交互影響，這常使後來的學者感到驚訝 ❸。但就以上所說的理由來看，關於這點也許就沒有乍看之下的那麼顯著。韋伯之著述的主要知性影響，顯然是德國的學術背景，正如對涂爾幹而言，影響是來自於法國。再者，涂爾幹的早期研究論著，具有相當抽象與哲學意味的特質——涂爾幹曾寫道：「我出身哲學之門，我有走回去的傾向，或者說，由於我在研究上所碰到之種種問題的性質，非常自然地把我帶回到原來的領域去❹」。相反的，韋伯的第一本著作是詳細的歷史研究，主要是從德國歷史學派所引發的一些特殊問題的脈絡裏出發，韋伯從這脈絡擴大他寫作的領域，去瞭解那些一般理論性質的問題。從史學、法學、經濟學、社會學以及哲學等各種波濤相競的傳統裡，韋伯藉著眾多的資源，最後建立起他自己的觀點。

早期著作

韋伯的博士論文 (1889) 是一部法律學的作品，討論管理中世紀貿

---

❷參見前文 pp. 122-7。

❸例如：Edward A. Tiryakian:〈知識社會學的一個問題〉(A problem for the sociology of knowledge) *Archives européennes de sociologie,* vol. 7, 1966, pp. 330-6。 Tiryakian 錯誤地認為涂爾幹與韋伯的著作之間沒有相互參考之處。事實上，涂爾幹在報導德國社會學學會之會刊(1911)時，曾經提到韋伯，見 *AS,* vol. 12, 1909-12, p. 26(韋伯在大會上提出的論文，見 *GASS,* pp. 431-83)。

❹原文引自涂爾幹給 Georges Davy 的一封信，收於後者所著之"Emile Durkheim", *Revue française de sociologie,* vol. I, 1960, p. 10。

易公司的法律條款 ❺。在此一論文中，韋伯特別注意到像熱內亞
(Genoa)及比薩(Pisa)那樣的意大利商業城市，顯示商業資本主義的
發展伴隨著法律原則的建構，這些法律原則規範商業之合夥者在風險
之分攤與利潤之分配上的模式。此時，韋伯已經關切到(雖然只是在這
個有限的層面上)往後在其著作中扮演相當重要角色的一個問題：羅
馬法對於中古時期及中古後期歐洲法律系統之發展的衝擊。但是他發
現在他爲此一題材所選擇的參考架構裡，並無法圓滿的來處理這個問
題❻。在蒙森(Mommsen)的協助下，韋伯於大約二年後，完成他的第
二本著作，很明白的與羅馬本身有關 ❼。同樣的，這也是一部沈悶的
專業性的著作，而與當時的學術潮流取向大相逕庭，它對於羅馬的土
地所有權(land-tenure)的演進，提供了詳盡的分析，並且將之與法律
上及政治上的變遷連結在一起 ❽。有人主張羅馬的農業經濟史所採取
的特殊形式是獨特的，而相對的，韋伯却試圖指出，可以以得自其他
經濟脈絡的概念來討論這個問題。

　　這些著作的重要性與其說在於其實質內容，倒不如說在於它們指
出了韋伯知性發展之初期的輪廓。它們已經顯示出韋伯後來的著作所

---

❺"Zur Geschichte der Handelsgesellschaften in Mittclalter", *Gesammelte Aufsätzezur Sozial- und Wirtschaftsgeschichte* (Tübingen, 1924), pp. 312-443。此一論文原來的名稱見Johannes Winckelmann: "Max Webers Dissertation", 收於René König與 Johannes Winckelmann *所編之Max Weber zum Gedächtnis* (Cologne and Oplanden), 1963。

❻ *Jugendbriefe.* Tubingen, p. 274。

❼ *Die römische Agrargeschichte in ihrer Bedeutung für des Staats- und Privatrecht* (Stuttgart, 1891)。

❽ 關於此一作品之背景的簡短討論, 參見Günther Roth: "Introduction", *ES.* vol. I, pp. xxxvi-xl。

關注的主要焦點：資本主義企業的本質以及西歐資本主義的特殊性格。早期對羅馬農業史的分析只不過是其日後許多檢視古代世界之社會與經濟結構之著作的首篇而已 ❾。正如馬克思先前所做的觀察，韋伯察覺到古羅馬時代的某些主要的要素在現代資本主義的形成中佔著很重要的份量。韋伯像馬克思一樣，認為「古代文明在某些可以詳加敍述的範圍內是有別於中古時期的❿」，但在強勁的擴張主義上、大規模商業利益的形成上、以及貨幣經濟的發展上，羅馬的經濟發展已經達到可以跟歐洲中古晚期之初相比的程度。事實上他對於羅馬衰亡的解釋，與馬克思對於這些相同的事件所勾勒出來的輪廓，有許多雷同之處⓫。

　　韋伯早期關於羅馬史的著作，也顯示出他早就注意到，經濟結構與社會組織的其他方面之間的關係，具有相當複雜的性質，而且，特別是粗糙經濟決定論的所有形式都應該加以拒斥 ⓬。這些最初的歷史著作與其後隨之出版的論著之間的連續性是清清楚楚的，這些稍後的研究主要在處理現代德國經濟的兩個不同的方面：一為易北河東岸農民狀況的調查，另一則是關於德國的金融資本運作的問題。在此二方面的研究中，韋伯分析了現代商業各個層面的特性與成效，並在寫作的過程當中，獲得許多的結論；我們可以看到這些結論對他後來的著

❾參見"Agrarverhältnisse im Altertum", *Gesammelte Aufsätze zur Sozial- und Wirt-shaftsgeschichte*, pp. 1-288; 以及"Die Sozialen Gründe des Untergangs der antiken kultur", 同前書, pp. 289-311。

❿"Agrarverhältnisse in Altertum", p. 4。

⓫馬克思關於羅馬帝國解體之說明的主要部份，見於 *Grandrisse*, 當然這對韋伯來說是無用的。參照前文 pp.60-3, 以及我的一篇論文"Marx, Weber and the development of capitalism", Sociology, vol. 4, 1970, pp. 300-1。

⓬參見"Zur Geschishte der Handelsgesellschften", p. 322。

作所產生的影響，它們並且直接導致《基督新敎倫理與資本主義精神》一書所展示的主題。

　　1894 到 1897 年間，韋伯寫了許多有關股票交易之操作及其與資本金融之關係的論文 **⓭**。在這些論文中韋伯反對一個觀念，在他看來，這個觀念來自於對現代經濟運作特質的一種天眞的瞭解，這種觀念草率地斷定股票交易只不過是一種"反社會的陰謀"罷了 **⓮**。這種認爲股票交易只是資本主義的少數人賺取利潤之手段的觀念，全然忽略了這種制度在經濟裡所完成的中介功能。股票市場提供了某種機制，透過它，商人可以用理性的計劃來促進其企業的進步。若是認爲股票交易的運作只不過是一種不負責任的投機，那就錯了。當然，投機的現象誠然存在，但是股票交易的主要效用在於促進市場的理性行爲，而不在爲賭博集團提供機會。爲了顯示這一點，韋伯舉出信用交換的例子。當一樁買賣契約定立，使得定約的商人得以在未來的某一特定時間內完成交易中他這一邊應做的而達成此一交易，結果是商業運作之範圍的擴充變成可能。然而，由於現代經濟所帶來之交易的規模與數量上的成長，韋伯指出股票市場之規範性調節的困難。因此，隨着商業運作的擴大，交易活動的進行所必須的倫理規約也就有中立化的傾向。

　　在韋伯對德國東部農業勞工的研究裡（發表於 1892 年）**⓯**，關於市場關係之擴展的影響是置於另一個不同的脈絡裡來分析的。在十九世紀德國的農業經營結構裡，易北河是一主要的分界線。在易北河以西，

⓭ 其中最一般性者爲"Die Börse",收於 *GASS*, pp. 256-322。參見 Reinhard Bendix: *Max Weber, an Intellectual Portrait* (London, 1966), pp. 23-30.

⓮ "Die Börse", pp. 256-7。

⓯ *Die Verhältnisse der Landarbeiter im ostelbischen Deutschland* (Leipzig, 1892)，另參照"Capitalism and rural society in Germany",收於 *FMW*, pp. 363-85。

大部份的農場勞工都是獨立的農民；但是在易北河的東岸，普魯士的
地主貴族(the Junkers)卻擁有廣大的領地。在這些領地上，從很多方
面看來，都還保留着半封建的組織。因此，易北河東岸的農業勞工包
括兩種不同的類型。有一類是以每年所訂的契約而依附於雇主的勞工，
他們過著類似中古時期的生活；另一類則是支領工資的勞工，他們以
日日計酬的方式受雇，其雇用的條件較近似於工業無產階級。在這種
情況下，正如韋伯著作中所提示的，傳統形式與現代形式的勞動關係
正以一種相當不穩定的方式結合在一起。他下結論說，日酬勞工終將
逐漸地取代奴隸勞工(Instleute)。韋伯指出，這個過程，正在整個兒
地轉化領地的結構，然則，奴隸勞工不只是以經濟關係而與雇主連結
在一起，而且還受到一整套權利與義務的束縛，日酬勞工則僅基於一
紙工資契約的基礎而受雇。其結果是，後一群體與傳統勞工所生活在
其中的社會體系失去有機的關連；因此，日酬勞工的興趣幾乎完全是
在於盡其可能地爭取較高的工資。農業的不斷商業化也刺激了對日酬
勞工的需求，於是便產生了勞工與雇主之間嚴重的經濟衝突。

　　雖然如此，農業的商業化並沒有改善勞工的生活水準，反而使他
們過得更壞 ❶。韋伯曾對日酬勞工的生活狀況加以詳細的描述，並指
出由於日酬勞工並沒有奴隸勞工所能享有的附加福利，所以使得他們
的整個經濟地位通常要比後者還來得差。就短期看來，日酬勞工工資
可能比較高，但長遠觀之，情形剛好相反。韋伯指出，在勞工中，有
一個明顯的趨勢是，他們都試圖掙脫因訂立年契而附屬於雇主的地位。
在奴隸勞工願意以他們的安全來換取日酬勞工之不安穩的生活方式

---

❶ *Verhältnisse der Landarbeiter*, pp. 774ff。

中，可以見到這種尋求獨立的現象。根據韋伯的看法，此種現象不能僅從經濟的角度來解釋，部分原因是勞工想自家父長制式的"個人依賴關係"中掙脫出來，以尋求個人之"自由"的結果❼。因此，擁有自己一小塊農地的勞工，寧願忍受極度的艱苦以及加在土地使用者身上最沉重的負債，為的是要保有一己的"獨立"。

經由此種方式所爭得的"自由"，也許多半是一種幻影；但是，韋伯認為，這樣的幻影是了解人類活動的基礎。對農場勞工的行為並不是"只用生計"就可以理解。農業勞工的行為並非僅是經濟利益的"表現"(expression)，而引導其行為的"理念"(ideas)也不是憑空而降的。相反的，這與修正了中古時期共同體與勞動之形式的社會經濟變動有關。觀念與物質利益之間的連鎖關係，很難以從一個"層次"到另一個"層次"之單線因果推衍的角度來加以詳細說明，然而，此處韋伯主要是以文化史為背景，以觀念的內涵來分析歷史的發展：我們必須依據一個社會或某一特定階層的成員所執持的價值之本質，來檢視那根深蒂固的社會與經濟變遷裡所可能蘊涵的意義❽。

如果我們認為韋伯所發展出來的這些觀點，只是在與馬克思主義相對立的脈絡裡，那我們便太過於簡化了韋伯寫作時所身處的知識環境。當韋伯寫作其第一部論著時，他是以支配當時德國經濟史與法學之主要潮流裡的當代問題，作為其出發點。韋伯早期對羅馬的興趣，反映出當時對於羅馬在經濟上之衰敗的爭論。他對德國東部的農場勞工的調查，是"社會政策協會"的成員們所進行之大規模調查的一部分，

❼同前書，pp. 797ff，韋伯的解釋應與考茨基(Kautsky)的觀點相比較，後者見於 *Die Agrarfrage*(Sauttgart, 1899)。

❽參見"Sozialen Gründe des Untergangs der antiken kultur", pp. 291-6。

是從對於具有實際政治意義之問題的關懷所產生的, 這些實際政治問題主要是關於地主貴族階級的"貴族統治"在德國社會所扮演的角色的問題❶。但是, 我們真的可以說, 韋伯這些早期研究所達到的結論逐漸將他的關注帶進一個方向, 即直接踏入馬克思思想所集中貫注的領域: 特別是關於現代資本主義的特殊性格, 以及左右其興起與發展的條件。

資本主義"精神"的起源

《基督新教倫理與資本主義精神》是韋伯於 1904 年與 1905 年以兩個長篇論文的形式所發表的, 是他企圖在一般水平上來面對這些問題的初步嘗試❷。韋伯在這本書中所關注之主題的某些主要的特徵, 已經在他對農業勞工的研究中提示過。契約勞工與日酬勞工在生活條件與外觀上的對比, 大致上是: 一方面是接受遵從與蔭庇的傳統模式, 另一方面則是一種經濟個人主義的態度。但是, 後者這種態度却很明顯的不只是日酬勞工之經濟狀況的一種結果, 而是一種倫理觀念的展現——這一觀念本身有助於打破地產上之舊的傳統結構。

---

❶參閱 Dieter Lindenlaub: *Richtungskämpfe im Verein für Sozialpolitik* (Wiesbaden, 1967)。參見下文 pp. 312-4 ff, 敍述韋伯於 1895 在其福萊堡大學正教授就職演說辭中所提出來的, 對當時德國的政治主張。

❷《基督新教倫理》首先發表於 *Archiv für Socialwissenschaft und Sozialpolitik*, vols. 20 & 21, 1905, 後來以作爲 *Gesammelte Aufsätze zur Religionssoziologie* (Tübingen, 1920-1)一書之導論部分的方式重印。在後一版中, 韋伯作了某些修正, 並且加入一些他對此書第一次出版後所引起之批評的說明。參閱他的"Antikritisches Schlusswort zum 'Geist des Kapitalismus'",收於 *Archiv*, vol. 31, 1910, pp. 554-99。有關他與 Rachfahl 的辯論, 參見 J. A. Prades: *La sociologie de la religion chez Max Weber* (Louvain, 1969), pp. 87-95。

　　韋伯在《基督新教倫理》一書中，一開始就提出一個統計事實來做
爲解釋的基礎：在現代歐洲社會裡，「商業領袖、資本家、以及高級的
熟練勞工、甚至現代企業裡受過高度技術與商業訓練的人員，幾乎都
是新教教徒❷」。這不只是一個當代的現象，也是一個歷史的事實：如
果我們往上推溯，即可發現，在十六世紀初期，幾個資本主義早期發
展中心，社團組織大多是新教徒所組成的。對此一現象的一個可能的
解釋是：在這些發展中心裡，隨着經濟傳統主義的瓦解，一般的傳統
習性，特別是因襲舊有形式的宗教制度，也跟著脫落了。但此種解釋
是經不起仔細考察的。一個相當錯誤的見解是認爲宗教改革是爲了要
擺脫教會的控制。事實上，天主教教會對於人們日常生活的監管是很
鬆弛的：新教的改革運動意味著接受某種比天主教所要求的還要高得
多的行爲規範。基督新教對於輕鬆與享樂，採取絕對嚴厲的態度──此
一現象尤其見於喀爾文教(Calvinism)。因此，結論是：如果我們要說
明基督新教與經濟理性(economic rationality)的關連，那麼我們就
必須注意基督新教信徒之信仰的特殊性格。

　　當然，韋伯之解釋的新奇並不在於暗示著宗教改革與現代資本主
義間有一關連。在韋伯的著作問世之前，就有許多作者假設有這樣的
關連存在著。典型的馬克思主義者的解釋──主要是來自於恩格斯的
著作──即認爲基督新教是一種資本主義早期的發展所造成之經濟變
遷的意識形態反映 ❷。韋伯並不認爲這是一個妥當的觀點，其著作從
一個明顯相反的觀點出發，對這觀點的證驗與理論分析成爲《基督新教

❷ *PE*, p. 35。
❷參見下文 pp. 310-2, 以及 pp. 343-5。

倫理》一書真正的原創性所在。一般說來，世人多是專注於經濟活動和利益追求，對於宗教要不是漠不關心，就是正面的與之對立，因為他們的活動是直接面對著"物質"的世界，而宗教所關懷的卻是"精神"的世界。然而，基督新教非但不放鬆教會對教徒日常活動的控制，而且還要求教徒接受一種比天主教**更加**嚴謹的生活紀律，以此，宗教因素便因而注入信仰者之生活的所有層面裡。很清楚的，基督新教與現代資本主義之間有某種關係存在，這種關係並不能全然說前者就是後者的一個"結果"；但新教信仰的特質與行為的信條非常不同於我們**乍看之下**就認為是會刺激經濟活動的那種類型。

韋伯這種異於他人的解釋，不僅要求對新教信仰之內容的分析，以及這些信仰對信仰者之行動的影響的評估，而且還要求對作為一種經濟活動之形式的現代西方資本主義所獨具的特殊性格作一詳細說明。不僅是基督新教在某些重要的層面上相異於其他以前的宗教形式，而且現代的資本主義也以其基本的特殊性而有別於已往的各種資本主義的活動。在韋伯的鑑別下，其他各種不同形式的資本主義，都可以在具有"經濟傳統主義"之特性的社會裡找到。面對傳統主義之勞動特性的態度可由現代資本主義雇主的經驗，活生生的表現出來，這些雇主試圖將員工以前不知道的當代生產方法引進到共同體裡來。如果雇主的興趣在於取得可能的最高效能，而引進一種按件計酬的方法，由是勞工可以發揮其潛能而賺取比他們平日所得更高的工資，然而結果通常是導致生產數額的下降而非提高。傳統主義式的勞動者所想的並不是去賺取每日所可能獲得的最高酬勞，他想的是只要做多少的工便足以維持其平日生活之所需。「人們並不是"天生"就希望拚命賺錢，而只是希望活下去，而且照着習慣活下去，並且能賺到為此所需要的那些錢就行了❷」。

傳統主義與財富的慾求並非完全不相融的。「營利之有意而絕對的莽撞，往往與傳統之嚴格約束貼肩並存❷」。

在所有社會都可以發現自私貪婪，而且事實上在前資本主義社會還要比在資本主義社會裡來得顯著。因此，"冒險家"的資本主義——例如，經由軍事征服或海盜行為的方式以獲取財物——在歷史的各個時期都存在着。然而，這跟現代資本主義是非常不相同的，現代資本主義並不是建立在與道德無關之個人利求上，而是建立在把有紀律的工作義務，視為一種職責這樣的想法上。韋伯認為現代資本主義的"精神"具有如下所述的主要特色：

> 慾求日益增多的財富，並嚴格避免所有天性的享樂……完全被認為是目的本身；個人的幸福與利益，被認為完全是超越而非理性的。賺錢成為人生的目的，而不再是滿足人之物質生活這一目的的手段。人與賺錢的這種關係，可說是"自然的"狀況之顛倒，從一個公平的觀點來看，這種顛倒是全然沒有意義的，但很明顯的，這卻是資本主義的一項主要原則，這是沒有受到資本主義影響的人所無法理解的❷。

因此，透過正當的經濟活動而完全投入財富的追求，並且避免以這樣的經濟活動的所得來做個人的享樂，這兩者結合起來就成為現代資本主義精神所獨具的特色。此一精神乃根植於一個信仰，認為在一個選定的職業上有效率地工作的價值，是一種義務和一種美德。

---

❷ *PE*, p. 60; *GAR*, vol. 1, p. 44。　❷ *PE*, p. 58; *GAR*, vol. 1, p. 43。
❷ *PE*, p. 53; *GAR*, vol. 1, p. 36。

　　韋伯強調，傳統主義的見解並非全然無法與經濟企業之現代形式相容。例如，許多小企業就根據著傳統之固定的程序模式、傳統之交換率與利潤率等等來加以經營。「有一天」，韋伯說，「這種悠閒的生活突然被摧毀了……❷」；而且這通常發生在沒有進行任何技術改變的企業裡。在這裡，這種企業已經被重建，所產生的是一種**生產的理性再組織**(rational reorganization of production)，直接指向最大的生產效率。這樣的一種變遷，多半不能以資本的突然流入某一企業來解釋。我們毋寧說這是由於有了一股新的企業經營精神——資本主義精神——注入於其中。因此，現代資本主義經濟所最突出的主要特性是：

> 基於嚴密的計算進行合理化，為了追求經濟成果而事先小心計劃，這點實與那只顧目前不管將來的農夫、專門依賴特權的中古行會工匠、傾向於政治機會與不合理投機的"冒險資本家"等完全相反❷。

　　資本主義的精神不能單純的從西方社會之整個理性主義的成長推論出來。這樣的一種分析問題的方式，是假設理性主義是一種進步的、單線的發展：事實上，西方社會裡各種不同制度的理性化顯示出一種參差的分佈。例如，某些國家在經濟上的理性化較為超前，然而就法律的理性化程度觀之，它又反而不如那些在經濟上較為落後的國家(此處，英國是最顯著的例子)。理性化是一個複雜的現象，它有許多具體的形式，而且在社會生活的不同領域裡有各自相異的發展。《基督新教

---

❷ *PE*, p. 67。
❷ *PE*, p. 76。

倫理》一書只是著意於探討「天職觀念及在天職觀念中為職業勞動獻身的態度，所由以產生的那種特殊具體的理性思想和生活方式，倒底是從何而來的……❷」。

韋伯指出，"天職"(calling)的概念，只有到了宗教改革的時期才有。在天主教或是古代都沒有發現有它或者它的任何同義詞存在。天職觀念的意義，以及它在新教信仰裡所使用的形式，是指應將俗世日常生活的所有事務都置於宗教精神的氛圍之下。個人的天職是透過日常生活之道德行為來完成他對上帝的敬意與義務。這便強迫基督新教遠離天主教之僧侶靜修的理想及其對塵世的拒斥態度，而走上今世之追求的道路。

禁慾的基督新教之影響

但是路德教會的教義不能視為資本主義精神的主要資源。在引進天職這個觀念，並因而將俗世活動的義務性追求置於人世的重心一事上，宗教改革扮演了根本的角色。不過路德的天職觀，在某些方面仍然是相當的傳統主義的❷。　天職觀念的完成是後來新教教派的努力，這些不同的教派分支湊合成韋伯所稱的"禁慾的基督新教"(ascetic protestantism)。

韋伯將禁慾的基督新教區分為四個主要的教派：喀爾文教派、美以美教派(Mthodisim)、虔信派(Pietism)以及洗禮派(Baptism)。當

---

❷ *PE*, p. 78。

❷ *PE*, p. 85。韋伯所較著重的部分是在說明路德教與喀爾文教之間的不同，而不只是單單指出天主教與喀爾文教之間的不同。

然，這幾個教派彼此間都有很密切的關係，並且也經常無法將之分辨清楚 **⑩**。韋伯討論禁慾的基督新教並不是要將它們的教義做個全面的歷史性描述，而只是關心其教義中那些對個人經濟活動之實際行爲最有必然影響的要素。他分析的最重要部分集中在喀爾文教之上，但不只是單單集中在喀爾文的教義學說上，而且還集中在大約十六世紀末以及十七世紀這些教義學說具體表現於其中的喀爾文教徒之教義上。

做了以上的限定後，韋伯着手檢認三個喀爾文教最重要的教義。首先，第一個教義是認爲宇宙的創生是爲了進一步增進上帝的榮耀，只有和上帝的目的有關連時，宇宙才有意義。「上帝不是爲人而存在，是人爲上帝而存在 **⑪**」。第二，全能之神的動機（motives）是超乎人類所能理解的。人類只能得知神聖眞理的一小部分，而且那些是上帝所願意透露給他的。第三，上帝預選說的信仰：只有少數人被選擇以獲得永恒的榮耀。這是一個自出生的瞬間就已被決定而無法改變的；它不會受到人類任何作爲影響，因爲如果假設它會受到人類作爲的影響，那就表示人的作爲能左右上帝神聖的判斷。

韋伯認爲，信仰者在接受這些教義後，必然會產生一種「前所未有的內在孤寂」。「在宗教改革時期的人看來，永恒的救贖是人生的最重要的事件；［因爲上述教義］他必須獨行其道，以面對那自永恒以來即已註定了的命運 **⑫**」。在這關係重大的事上，每個人都是孤獨的；沒有任何人，無論是教士或是俗人，能夠向上帝說項以求得救贖。據韋伯看來，這種無法透過教會或聖禮來獲得救贖的教理，即是喀爾文教有

---

⑩ 韋伯指出美以美教派與虔信派都是從喀爾文教義中衍生出來的，而洗禮派則是一個「在喀爾文教之外新教禁慾主義的獨立資源」，*PE*, p. 144。

⑪ *PE*, pp. 102-3。

⑫ *PE*, p. 104; *GAR*, vol. 1, p. 94。

別於路德教及天主教的最關鍵所在。因而，喀爾文教便完成了一個偉大歷史過程的最後終結（韋伯曾在他處對這過程做詳細的討論）：對於世界逐步地"除魅"(Entzauberung)的歷程❸。

> 凡上帝決定拒絕賜予恩典的人，不但不能用巫術性質的方法來獲得上帝的恩典，而且也沒有任何其他方法來得到它。這種個人精神上的孤獨，與那相信上帝的絕對超越性、並視人的一切為無價值的嚴酷教義相結合，……說明了清教(Puritanism)何以對文化上及宗教上的感官性、情感性的事物採取絕對否定的態度——因為這些因素不但無濟於得救，反而會增加情感上的幻覺以及偶像崇拜的迷信。這也就是清教對所有感官性文化持根本嫌惡態度的理由❹。

很顯然的，這教義給喀爾文教徒很大的壓力。每一位教徒最後都要被迫去自問那個關鍵性的問題——我是被揀選的嗎？——而得不到答案。對喀爾文本人而言，這並不構成焦慮之源，因為他相信自己乃是被上帝揀選來實現某種神聖使命的人，他自信必然得救。然而，對他的追隨者來說，可能就不那麼確定了。因此，喀爾文教義裡被選者與被棄者在外表上無從分別的問題，很快地成為教士們所必須迫切解決的壓力。於是就產生了兩個相關的反應：首先，每個人都有義務認為自己是被揀選的：任何對被揀選與否的懷疑都是信仰不足的證明，因而便沒有神的恩典。其次，"熱切的入世行動"(intense worldly activity)是產生與保持這種必要之自信的最妥當手段。因此"工作上

❸ 見下文 pp. 348-352。
❹ *PE*, p. 105。

的優異"表現便被認爲是神寵的"徵兆"(sign)──並非**獲得**救贖的方法，而毋寧是一種消解得救與否之疑慮的方式。

韋伯以英國淸敎徒貝克斯特(Richard Baxter)的著作來說明這一點。貝克斯特對於財富的誘惑提出警告，但是，根據韋伯的說法，他所告誡的是利用財富來享受懶惰閒散的生活。懶惰和浪費時間是最大的罪過。此一敎義「雖然還不及於富蘭克林(Franklin)那種"時間就是金錢"的格言，但就精神上的意義來說，這個命題的確已經成立；時間是無限地寶貴，喪失每刻鐘，就是喪失爲上帝的榮耀而服務的每刻鐘」❸。喀爾文的敎義要求其信徒要有一貫而持續的生活紀律，因而根除悔過與贖罪的可能性──這在天主敎裡是可以用懺悔的方式來達成的。後者容許一種較隨便的生活，因爲敎徒們信賴神父的仲裁可以免除道德過錯。

因此，對喀爾文敎徒而言，在物質世界中的勞動是倫理上最高度的正面評價。擁有財富並不能使一個人免於遵守上帝的意旨：謹守其天職而獻身於工作。與路德派信徒不同的是，淸敎徒的天職觀強調個人的義務是以有秩序的方法來從事他的職業，來作爲實現上帝意志的手段。財富的累積只有在它已形成一種懶散享樂的誘惑時，才在道德上受到指責；秉其天職以禁慾的精神來追求物質的利得，非但是被容許的，事實上在道德上還受到推許。「希望貧窮，等於是希望不健康，是一種誇耀行爲的思想，並且有損上帝的榮耀」❸。

韋伯之分析的關鍵重點在於，他認爲以上這些特質是喀爾文當初所宣揚預選說之"心理的"結果，而非"邏輯的"結果。這些淸敎敎義的

---

❸ *PE*, p. 158; *GAR*, vol. 1, pp. 167-8。
❸ *PE*, p. 163。

後續發展得自教徒所遭逢的強烈孤獨感受，以及因此而產生的焦慮。命運預定的信仰並非喀爾文教派所獨有的，然而它對人類行為所造成的結果，卻依以下兩方面的條件而有所不同：一是它與其他哪些信念結合在一起，一是它所來自的是何種社會情境。例如，伊斯蘭信仰中的命運預定說所產生的就不是喀爾文教的俗世禁慾主義，而是一種「完全的忘我，以打贏征服世界聖戰，來完成宗教上的指令為志業」❸。

以此，資本主義精神的起源便應該要到特別是從喀爾文教派裡發展出來的宗教倫理中去尋找。這種倫理使我們可以追溯到一種獨特的特質來──是此一特質使得涵藏在現代資本主義活動背後的態度，有別於大部分先前的營利形式所具有的無關乎道德的(amoral)特性。「現代資本主義精神，以及現代文化的一個基本構成因素，是以職務觀念為基礎的理性生活態度，而這生活態度是生自基督教徒的禁慾精神──這便是本文所要証明的論點」❸。其他的新教禁慾教派，一般說來，並沒有像喀爾文教那樣嚴厲的宗教紀律──韋伯稱其具有"鋼鐵般的堅定"(iron consistency)。然而，韋伯認為，在資本主義精神的起源上，不同的新教禁慾教派與資本主義經濟裡各個不同的社會階層間，可能有著某種歷史性的關係。例如，傾向於抱持謙卑與克己態度(而非喀爾文派式的恒定的衝勁)的虔信派，可能在處於工業體制之下層的勞工階層裡分佈得最廣；而喀爾文教派則可能對企業經營者較具直接的影響力❸。

遵從神聖引導的清教徒，在現今的資本主義世界裡，逐漸與工業

❸ *ES*, vol. 2, p. 573。

❸ *PE*, p.180; *GAR*, vol. 1, p. 202。

❸ *PE*, p. 139。

生產在經濟以及組織上的急切需求——職務分工的等級制——在各個層面上，有一種機制性的一致。韋伯謹慎地排除清教徒的情操乃是現代資本主義之運作的必要因素這個論點，因爲後者是建立在一個更廣泛之基礎上的。反之，《基督新教倫理》一書有個特別的結論：雖然清教徒是基於宗教信仰而兢兢業業於工作職守，但實際上是資本主義式的分工專業特質，迫使人們不得不如此行事❹。

> 因爲禁慾精神企圖改造俗世，並且在俗世中實現理想，結果，外界財富在人類身上發生了史無前例的強大力量，而終於使人無法逃避其影響。如今禁慾的精神已從這牢籠(Gehäuse)中溜走——它是否永久不回，則唯有天知。無論如何，勝利的資本主義，因其奠基於機械的基礎上，已不再需要禁慾精神的支撐。職業義務的觀念(Berufspflicht)亦成爲已逝去的宗教信仰之幽靈，在我們的生活中徘徊❹。

韋伯的《基督新教倫理》只是他計劃寫作的一部分：在一組複雜的論題裡，它是一初步的考察，而韋伯對它所指涉的範圍也有相當的界定。根據韋伯的說法，他這一作品的主要貢獻在於指出：資本主義的道德助力乃是喀爾文的宗教倫理所不經意推衍而成的，或更概括性地說，此種道德助力是來自於基督新教——突破了天主教的修道院式理

---

❹ "Der Puritaner Wollte Berufsmensch sein-wir müssen es sein" (*GAR* vol. 1, p. 203)。韋伯強調，清教徒推重固定職業的精神爲專業分工的需求提供了初發的道德認定 (*PE*, p. 163)。同時請參照韋伯對於美國商界於"教會關懷"(Church-mindedness)之心減弱的討論，見"The protestant sects and the spirit of capitalism"一文，收於 *FMW*, pp. 302-22。

❹ *PE*, pp.181-2; *GAR*, vol. 1, pp. 203-4。

想——的現世職業義務觀念 **❷**。然而，當我們將基督教作為一個整體加以歷史的考察時，便會發現，禁慾的基督新教依然不過是伸展於歷史間的一股精神的最極致個體罷了。天主教的禁慾思想已經有了理性的特質，從修道院式的生活到清教的精神理想的發展有一直接血脈。宗教改革的最主要成效，以及繼起的新教各派歷史，即在於將此一精神由修道院轉化到日常生活的世界。

《基督新教倫理》一書說明了，在喀爾文教義(或更精確地說，是喀爾文信仰中的某些方面)與現代資本主義活動的經濟倫理間，有某種"選擇性的親和力"(Wahlverwandtschaft)。這本書的特點即在於說明，現代資本主義之理性化的經濟生活特徵是關連於**非理性**之價值認定(value-commitment)的。這是因果關係之估量的前奏工作，而本身並不足以判定某因必然造成某果 **❸**。韋伯明白地指出，若想達到此一目的，就要先完成兩項工作：第一，理性主義在經濟之外的其他領域(如政治、法律、科學與藝術)裡之起源與發展的分析；第二，基督新教之禁慾精神以何種方式受到社會及經濟力量之影響的探討。雖然如此，韋伯仍強調，《基督新教倫理》中的題材分析已妥善地擺脫了"天眞的唯物論的學說"——認為喀爾文信仰的有關一切，單純是經濟狀況的"反映"而已 **❹**。韋伯主張，「我們必須避免那種認為宗教改革之為"歷史必然"結果的看法」**❺**。但是，韋伯也不想建立其他的"理論"來取代這種為他所拒絕的歷史唯物論觀點，實際上，在與《基督新教倫理》幾乎

---

❷ 參見"Antikritisches Schlusswort", pp. 556-7。

❸ *PE*, p. 54, pp. 90-1 & p. 183。

❹ *PE*, p. 55; *GAR*, vol. 1, p. 37. 譯按：原著無註❹現將原註❺、❻各推前。

❺ *PE*, pp. 90-1; *GAR*, vol. 1, p. 83。

同時寫作的方法論著作裡，韋伯即試圖說明，此種理論是不可能獲得的。

第 **10** 章

韋伯的方法學論著

　　《基督新教倫理》一書以一個主張作結，這主張拒絕以唯物的或是唯心的歷史解釋作爲一全面的理論架構，韋伯說：「(這兩者的)任一者，若不用作研究的準備工作，反而充作研究的結論，則對於歷史眞理的了解，是同樣地一無所成」❶。韋伯的方法論論著對這個立場有相當深入的詳細說明❷。

　　韋伯之方法論作品的系譜是很複雜的，然而，它們還是應該置於當時學術的一項爭論——爭論在自然科學與"人文"科學或社會科學間到底有何關係——的架構中來作探討。我們知道涂爾幹是深受實證主義傳統浸染的，這個傳統可以向上推溯到孔德以前，在德國的社會思想中，沒有一個直接可與之相比擬的傳統。在德國，對於人之科學(sciences of man)的地位有長期而又繁複的辯論，以及因此而引發的許多論題，而這些論題在法國的史學及社會哲學中仍然大致保持緘

---

❶ *PE*, p. 183.。

❷ 相關的背景資料，尤其是關於唯心論，請參看 Alexander von Schelting: *Max Webers Wissenschaftslehre*(Tübingen, 1934), pp. 178-247。韋伯的方法學著作只呈現了他所眞正想寫出的長篇論著的一部份。參看 Marianne Weber: *Max Weber: ein Lebensbild* (Heidelberg, 1950)pp. 347-8。有關韋伯方法論著作之"局部性"的特性，在F. Tenbruck: "Die Genesis der Methodologie Max Webers", *Kölner Zeitschrift für Soziologie und Sogialosychologie*, vol. 11, 1959, pp. 573-630 中有很清楚的說明。

默。韋伯和大部分當時的德國學者一樣，斷然拒絕孔德式的觀點，此種觀點認爲科學乃是依著一個經驗與邏輯的上下層級(empirical and logical hierarchy)而排列的，在此上下層級中，每一種科學都有賴於低於它這一層級的科學在歷史上的先行出現。在這種正統的實證主義的形式下，社會科學被認爲只不過是將自然科學的前題假設與其所運用的方法擴展到人文研究的領域裡來罷了。然而，在駁斥這種觀念的同時，韋伯也不完全跟隨像里克特(Rickert)及溫德爾班(Win-delband)這類人的觀點，他們將科學劃分爲"自然的"與"文化的"，或截然二分之"法則的"(nomothetic)與"表意的"(ideographic)兩個根本不同的領域。韋伯採擇了這些學者關於普遍化之陳述的邏輯與特殊個例的解釋之間的不同觀點，以不同的方式運用這些觀點。

客觀性與主觀性

　　韋伯的第一本方法論論著，是對羅雪(Roscher)與克尼斯(Knies)的批判；書中指出將自然科學與社會科學二分的假設，可以用來支持一種擬似的直觀論(intuitionism)。例如，在韋伯看來，羅雪的作品，正因爲抱持了這種二分的態度，而使得他的分析充滿了半神秘的唯心論色彩❸。人類行爲的宇宙無法以自然科學的方法來加以分析，因此，只有運用不精確與直觀的方式才能處理其中的問題。因此，人文世界便是個"非理性"的世界，可以"人的精神"(Volksgeist or Volks-seele)一言以蔽之。韋伯指出，像這樣的一種觀點根本不可能與羅雪自

❸ *GAW*, pp. 9ff; 3a, 同此註。

己所提出來的進一步主張——我們應該以嚴謹的歷史研究作爲全力以赴的目標——互相契合。

韋伯承認,社會科學必然要以人類在"精神上"或"觀念上"的現象,作爲關注的對象, 這些都是人類特有的性質而不爲自然科學當做研究課題的。但這種"主體"(subject)與"客體"(object)間的必然區分並不需要, 而且也不應該犧牲掉社會科學裡的"客觀性"(objectivity), 甚至以直覺來取代因果分析。韋伯將其著作冠以〈社會科學與社會政策裡的"客觀性"〉之名, 即試圖顯示這如何是可能的❹。

韋伯指出, 社會科學是與實際問題有關而產生的, 同時又受到人類如何實現其所慾求之社會變革的事實所刺激而擴展。正因爲如此, 才會有一股內在的動力, 想要樹立起一些法則, 以便於對人類之社會實體與文化實體作"客觀的"陳述。然而, 這一發展並未伴着下列事實的清楚了解, 即社會科學的命題一方面是事實的或分析的陳述, 另一方面是有關"應然"(ought to be)而非"實然"(is)的規範命題, 這二者之間有着本質的邏輯上之不連續的意義。社會思想的大部份形式都想尋求, 在以下兩種相關的假設上建立事實的命題與規範的命題之間的結合點。第一是可欲的(desirable)能被等同於"不變地存在的"(immutably existent), 不變的法則支配了社會與經濟體制的運作。第二是被指望發生的與眞實的可以在那演化發展的普遍原則下滙歸爲一, 因爲這是"必然會呈現的"(inevitably emergent), 而非"不變地存在的"。

---

❹ *MSS*, pp. 50-112。要了解韋伯的作品, 必須參照孟格爾(Menger)的觀點及其"科學的"經濟學派。參見 Marianne Weber, pp. 352-3; 較長的敍述見 Lindenlaub, pp.96-141。

這兩個觀念都必須被拒斥。想要在一門經驗的學科裡，科學地建立起界定"應然"的觀念是邏輯的不可能。這構成韋伯採擇之新康德學派認識論的基本前題，而且是貫串於韋伯所有著作的一個基本立場。雖然說價值判斷無法透過科學的分析來加以確認其爲妥當，這並非意謂著價值判斷就必然被完全剔除於科學討論的領域之外。所有關於某一行動過程是否"應該被採行"的判斷，都可以分爲，爲了要達到某一特殊的、或者一般的"目的"，所採取的"手段"。「我們若是對某一事物有所欲求，很清楚的，要不是"爲了其自身的目的"，就是想要以之爲手段，以獲得另一人心中更想要得到的事物」❺。科學的分析能夠讓我們在某個範圍內，決定何種手段較適於達成某一特定的目的。但沒有一種科學知識能夠在邏輯上指示人們**應該**接受一給予的目的作爲一種價值。當某一目標確定後，社會科學家也能夠告訴我們，採取此一手段而不採取另一手段，我們會得到什麼好處，以及這樣做後所必須付出的代價。針對著代價的付出，在採取手段以達目的的考慮上，可有兩種選擇：(1)只實現欲求目的的某一部分，而非全部實現，或者(2)[爲了完全實現其目的而]造成有害於個人所慾求的其他目的的附加後果。從某種間接的觀點上來說，社會科學家也可以透過經驗的分析，來對目的本身加以評估：他們可以對此一被追求的目標所處的特殊歷史情境加以分析，因而指出此一目的到底有沒有實現的可能。

韋伯經常拿革命社會主義的激進來說明以上各點，因爲奮力建立一個社會主義的社會所面臨的兩難，正是以上的選擇題最棘手的方面。想要以革命爲手段來實現建立一個社會主義的社會，牽涉到武力的使

---

❺ *MSS*, p. 52。

用，以促使社會達到其所追求的變遷。然而，一旦訴諸武力，就必然牽涉到革命後的政治壓迫，也就是說必然會折損任何社會主義本身追求自由解放的原始理想。再者，建立起一個社會主義的經濟體系，尤其當環其四鄰的國家皆仍保持資本主義的經濟體制時，似乎也不免要產生一些社會主義者所未預料並且也不期望發生的經濟難題❻。第三，**無論**此一社會主義的社會是以何種手段達成的，結果這社會都幾乎不免要轉變爲一官僚體制的形式，而大大有違於當初所欲追求的目標。

此外，關於透過科學的分析來促成實際目的之達成這一點，另外還有一方面是與上面所述各項有些許不同的。這一方面所牽涉到的並不是經驗的研究，而是關於如何對個人所抱持的諸觀念之間的內在一致性加以評估的問題。人們通常並不十分清楚地意識到隱含在他們所致力追求之個別目標裡的價值，而且在各個被追求的目的之間，彼此可能有部分、甚或全然的相互矛盾。如果個人尚未對其各別目標所繫的種種觀念"想通思透"的話，那麼我們「可以幫助他注意到那些他所不自覺地背離了的、或者他必須要以之爲前提的終極原理」❼。

然而，我們所能做的，也僅止於此。透過經驗科學與邏輯分析的應用，我們能夠告訴某人，什麼是他有可能完成的，採取行動後的後果是什麼，以及幫助他了解他的觀念的性質是什麼；但是，科學並不能依此而指示他，應該做怎樣的抉擇。

世界上的任何倫理，都不能迴避一個事實："善"的目的，往往必須藉助於在道德上成問題的，或至少是有道德上可虞之險的手

---

❻後面這一點見 *ES*, vol. 1, pp. 65-8 & 100-7。
❼ *MSS*, p. 54; *GAW*, p. 151。

段，冒着產生罪惡的副作用的可能性（甚至於機率），才能達成。
至於在什麼情況下，就什麼程度上，在道德角度言之爲善的目的，
能夠聖潔化在道德上說來堪慮的手段及副作用，這就不是世界上
任何倫理所能斷定的了❽。

　　韋伯所採取的這個立場之邏輯上的結論與必然的支撐物是，人文
宇宙裡存在著無數**無法互相化約的相競理念**。因爲在歷史的任何一點
上，沒有任何一個單一的理念，或者一套理念的組合，能夠由科學的
分析來證明其爲"對的"或是"錯的"，那麼就不可能有所謂普遍的倫理
道德。韋伯的這個方法論上的立場，可以在其宗教社會學著作裡的經
驗研究中發現，在這些研究中，他追溯各種理念在歷史上的原始分歧
點。雖說理念與意義可以出自宗教上與政治上的鬥爭，但卻絕對無法
從科學本身得出：

　　　　自從吞食了知識之樹的果實後，我們無可避免的要面對這樣
　　的一種命運：無論我們以怎樣完備的分析手法來剖析這個世界，
　　我們都無法了解其中所蘊涵的意義；而必須去創造這個意義本
　　身。我們必須認清：經驗知識的增進，並不能讓我們對生命與宇
　　宙有通盤性的觀照，而且最能驅動我們的那些最高理念，通常都
　　是在我們的理念和別人同樣持之以爲聖的不同理念的鬥爭中所產
　　生出來的❾。

　　韋伯對政治的分析，以及對政治動機之邏輯的分析，即奠立於以

---

❽ *FMW*, p. 121。
❾ *MSS*, p. 57; 另參見 *FMW*, pp. 143-6。

上的種種思慮之下。政治行為的取向，可能是基於一種"心志倫理"（Gesinnungsethik），或是一種"責任倫理"（Verantwortungsethik）⓾。抱持著心志倫理的人，他的整個政治行為，都指向於某一個理念的堅持，而不顧及任何手段的合理計算：

> 　　對一位衷心接受心志倫理的工團主義者(syndicalist)，你可以提出一套十分服人的說法，指出他的行動在後果上，將使得反動的可能大為增加，他的階級會受到更強的壓迫，這個階級的上昇會遭到更多的阻礙，但這些對他不會有任何作用。若一個純潔的心意所引發的行動，竟會有罪惡的後果，那麼，對他來說，責任不在行動者，而在整個世界，在於其他人的愚昧，甚至在於創造出這班愚人的上帝的意志。

　　這樣的行為在本質上是"宗教的"，或者至少也具有宗教性行為的典型特色：抱持著心志倫理以行事的個人，他們相信自己的純潔：「他的行動本身，從其可能後果來說，是全然非理性的；但這種行為的目的，乃是去讓火燄雄旺」⓫。

　　另一方面，責任倫理意味著韋伯有時稱之為"結果之弔詭"的自覺。個人採取某一行動所造成的實際結果，很可能相當不同於，有時甚至完全背離於他貫徹此一行動的意願。從事政治活動的人，若是對此有所認識，則他的行動也就不會完全被動機的完整性所制肘，而更會遵從一種理性計算——計算出他為了要達到心中所欲求的目標而採取的行動，所會引起的後果——的指導。因此，上面所述及的各種社會科

⓾ *FMW*, p. 120。
⓫ *FMW*, p. 121。

學的應用，對責任政治來說，便有其重要性，而全然無關乎心志倫理
的追求⓬。重要的是，必須分辨清楚責任倫理的追求與實用主義(prag-
matism)之間的差別，韋伯思想的第二手詮釋者經常對此有所混淆。作
爲一種哲學的實用主義，指的是認定凡是無論何時皆爲實際可行者，
即是眞理。但是，韋伯並沒有將可行性作爲"眞理"的判準；韋伯之分
析的整個論點是在指出，事實眞理與倫理眞理之間存在著一道在邏輯
上絕對無法跨越的鴻溝，並且任何的經驗知識也無法判定何種倫理的
追求較他種更爲妥當。

　　就一個實際從政者的立場來說，當然，他有義務在相互矛盾
衝突的觀點中，主觀地判斷他所應該選擇的路數。不過，這與科
學的"客觀性"一點也扯不上關係。就科學上來說，採取"中間路線"，
一點兒也不比或左或右之極端黨派理念來得更近乎眞理⓭。

　　韋伯討論"客觀性"之性質的眞意在於，他想要破除某種在他看來
是觀念上的混淆；亦即科學判斷與價值判斷間的邏輯關係，經常顯得
曖昧不明。正如我們前面提過的，就韋伯看來，這毋庸置疑地並不意
味着要將觀念摒除於科學討論之外，事實上，社會科學家有責任儘量
去澄清他自己的觀念。若是此項義務能夠嚴謹地遵行的話，那麼社會
科學家自己所抱持的價值當然也就不必被剔除於他所從事的研究之

⓬縱使邏輯分析是有助於觀念之澄清的。不過，正如前文所言，這並不是經驗科學本身的
　結果。
⓭ MSS, p. 57。值得一提的是，一些對實用主義加以批判的言論，與本書所介紹的三位
　人物所提出的觀點，經常被相提並論。涂爾幹深感此事之嚴重，已足以令他必須提出一
　連串的演說來加以澄清。參見 Pragmatisme et sociologie (Paris, 1955)。以一可能言之
　過簡的說法，我們可以說，所有這三人都會基於同樣的理由來反對實用主義：它否定行
　動主體有能力理性地影響世界的變遷。

外，「**對於道德採取漠然無視的態度，與科學的**"客觀性"**無關**」❹。

事實的判斷與價值的判斷

事實命題與價值命題之間之絕對的邏輯分離──亦即，科學本身無法成爲判定文化理念中何者爲眞的資源──這一觀點，必須與以下這個觀點有所區分：科學的存在，必須預設着價值的存在，後者界定爲什麼科學分析**本身**乃是一種"可欲的"，或是一種"有價值的"活動。科學本身所依據的理念，一如其他任何的價值一般，無法科學地判定其妥當性。如此一來，根據韋伯的說法，社會科學的主要目標便是「去了解我們在其中活動的眞實所具有的獨特性質」。這也就是說，社會科學的主要旨趣在於去理解，爲什麼獨特的歷史現象會如此發生。但這就預設了這獨特的歷史現象可以從經驗實體的無窮複雜性中抽離出來。韋伯接受里克特與溫德爾班二人所持的新康德主義觀點，認爲我們必定無法對眞實有完備的科學描述。眞實包含着無限可以分割的事項。即使我們掌握住眞實的某個特別要素，我們會發現這不過是滄海之一粟。無論在自然科學裡，或是在社會科學裡，任何形式的科學分析，任何科學的知識體系，都牽涉到在廣渺無垠的眞實裡作**選擇**的問題。

正如我們剛剛所說的，社會科學的主要旨趣在於了解「其一，關於各個個別事件在當前的明顯狀況中，所具有的文化意義及其彼此間的相互關係；其二，它們在歷史發展過程中之所以"如此"而不是"那樣"

❹ *MSS*, p. 60; *GAW*, p. 157。

的原因」❺。既然眞實無論在內涵上或在外延的意義上，都是無窮盡的，而且既然社會科學家也因此而必須在其中揀選"較合旨趣的問題"(無論個別研究者是否特別意識到這一點)，我們就必須要問，決定"我們所想要知道的"，到底是怎樣的價值判準？據韋伯看來，這個問題無法單純地由以下這種論斷來回答：說我們在社會科學裡所應致力尋求的，乃是[事物間]規律地發生的關係或"法則"(laws)，一如那些存在於自然科學中的[規律關係及法則]一般。法則的建立涉及對眞實的複雜體進行一項安排特殊層次的抽象工作，據此，凡是無法涵蓋於此一法則中的事件，都被認爲是"偶發的"，因此在科學上便不具重要性。但這種論斷並不適用於去理解我們在社會科學領域裡之所以對某些問題最感興趣的原因。韋伯畢生工作的主要重點可以被用來說明這點。西歐資本主義的形成，以及與之相伴的理性主義的形成，並不是因爲這些歷史事件(在某些方面來說)似乎很合理的可以被安置於某些個一般性的、像法則般的原則之下，所以才引起我們的興趣；對我們來說，這些事件之所以是有意義的，乃是因爲它們的獨特性。

此外，法則的發現也絕非自然科學的唯一旨趣所在。例如天文學所處理的，通常是關於一些特殊的發展順序，這些發展順序旣不從屬於什麼法則，也不從它們與普遍關係之明確陳述的關聯中導出其關心。關於這一點，雖然韋伯並沒有爲我們舉例說明，但里克特所舉，關於天文學對我們太陽系之起源的詳細研究是一個好的實例。從宇宙之性質這一概括的角度來看，我們的太陽系全然是沒有什麼重要性的。我們人類之所以對它的個別發展特別感到興趣，乃是因爲宇宙的這一角

---

❺ *MSS*, p. 72; *GAW*, pp. 170-1。

中，有我們地球的存在。

這顯示了，從法則性知識與表意知識間之分別的觀點來看，自然科學與社會科學之間的區分並不是絕對的。雖然自然科學的重心是一般原則的建立，但是它們有時候也會尋求特殊的知識。認為因果的"說明"只有透過將事件置於一般法則下來加以分類的作法方有可能，這種說法也不是妥當的。在一個既定法則的立場看來是"偶發"的事件，實際上很可以在因果關係上追溯其先行因素。但是，我們絕不能認為有一個單一原因，或一套確定的且具排它性的原因，可以對某一歷史的個體提供"完全"的說明。如果說那些"值得去知道"的事物，只是真實的某些面相，則因果說明本身亦是如此。對於某事物的觀察該止於何處，對於某現象的了解何時才能宣示為恰當的，這些決定，正如同決定從何處開始一般，是個抉擇的問題：

> 如果某項具體的結果想要被清楚了解的話，我們必須以一確定的(而非其他任何的)方式，將結果置回所有案件的整體裡，見其"參互作用"，如此，方能推溯得其緣由。換句話說，結果的發生，對所有從事因果推斷的經驗科學來說，並不只是決定於某一時刻，而毋寧是"決定於恆常"的❶。

韋伯強調，這並不意謂著法則性的前提假設在社會科學裡是不可能的。但是，一般性的說明原則的明確陳述並不是[社會科學的]目的本身，而是一項可以用來分析那有待說明之特殊現象的手段：「缺乏**法則性的知識**──亦即，循環發生之因果關係的知識──而想要對任何

---

❶ *MSS*, p. 187; *GAW*, p. 289。

個別事體有一**妥當的**推究，一般來說是絕無可能的」❶。換言之，當一個研究者試圖去推究原因時，某一成素在何種程度上可被推爲事件的構成因素，則須視在各類事件中所具有的各種妥當關係之假設而定(若此假設尚有疑問，則必須設法引證支持)。一個研究者可以透過個人的經驗以及受過訓練的分析手法所得到的敏銳想像力，來達成一個妥當的因果推斷，同時，他也必然要求助於已經具體建構起來的一般性法則；然而，想像力的運用與法則的求助，應該止於何種程度，則視個別的研究對象而定。不過，可以肯定的是，我們對於相關的一般性原則的知識愈是精確與可靠，則我們所能做的因果推斷也就會更加地確實❶。

　　但更具體的來說，我們要如何建立起因果關係呢？在他有名的方法程序解說裡，韋伯舉梅耶爾(Eduard Meyer)解說馬拉松戰役的結果對西方文明往後發展的意義爲例，來說明他的論點。馬拉松戰役本身實際上是個小場面，然而歷史學家之所以對它感到興趣，實在是因爲此一戰役之結果，對往後傳遍整個歐洲的希臘文化的生存與發展，有決定性之因果關聯的意義。爲了要在這方面顯示出馬拉松戰役在因果關係上的意義，我們必須考慮兩種分開的可能狀況(分別是希臘文化的精神對往後歐洲文化發展的影響以及，相對的，波斯神權政治對歐洲文化發展的影響)。就本體論而言，這不是"眞的"可能，因爲只有一邊是"可能的"——也就是眞正發生的。這個過程，必然是經由社會科學家將事件加以抽象的結果，所牽涉到的是一種"思想實驗"的建構，在此實驗中，他設想，若是某些事件不曾發生，或者以他種方式發生，

---

❶ *MSS*, p. 79。
❶ *MSS*. pp. 82ff。

則事情會有什麼樣的發展？

　　對一個歷史事實所具的因果意義的評估，將以設定下列的問題開始：如果將此一事實從許多被認為是共同肇因之事實複合體中排除掉，或者是此一事實在某一方面有了改變，那麼，根據一般的經驗律則，事件的進展是否會在任何方向上轉變或有任何面貌上的不同？（這對我們是否對此事件感到興趣，有**決定性**的影響力）**⑲**。

　　以馬拉松戰役之重要性這個例子來說，如果想像波斯人戰勝，而且事件依照可能的估斷發展，那麼，如此一來，當然對希臘文化及歐洲文化必然有重大的影響。韋伯認定這是個"妥當的"因果推論的範例。在此種情況下，我們很可以自信地說，假如馬拉松戰役的結果改觀，則很充分的，或是"妥當的"，必使歐洲文化的繼起發展，產生改變。

　　關於社會科學所關懷之對象的選擇與認定必然是"主觀的"這個事實——亦即，牽涉到問題的選擇；因而這問題有一定的文化上的意義，因而引起研究興趣之問題的選擇——並不意謂着客觀而妥當的因果分析無法施行。相反的，因果說明能夠由其他事物來證實為真確，而不只是對任何特殊的個體才是"妥當的"。但是，無論是觀察對象的選擇，還是研究者在無盡的因果之網中應該深入探察到什麼程度，這都決定於價值假設前題之下。拿韋伯自己的前題來說，他認為研究興趣的主要焦點是在[我們認為是]獨特的事物上，因此，社會科學的研究課題經常是在不斷改變的：

---

⑲ *MSS.*, p. 180.

無可計量的事件之流毫無止盡地流向永恒。人類也不斷在製造及面對層出不窮、形形色色的文化問題，在那爲我們帶來意義與內涵——亦即已成爲"歷史的個體"者——的具體事件的無盡之流裡，文化領域的邊界也不斷地改變[20]。

理念型建構的形式化

韋伯對於"理念型"(ideal-type)概念之性質的詳細陳述，以及其在社會科學上的應用，邏輯上是根植於這個一般性的知識論立場：在社會科學裡所應用的概念，無法直接從眞實中導引出來，除非有價值的先設介入，因爲界定旨趣對象的所有問題，皆有賴於這樣的先設。因此，對於一個歷史情狀的解釋與說明，必須要有特別爲此目的而設之概念的建構來配合；此一建構，就分析對象本身來說，並不普遍地反映出眞實的一般"本質"特性。在提出理念型概念的形式特徵時，韋伯並不認爲他是在建立一種新的概念建構方法，而只是將在實際上已被應用的方法明示出來而已。不過由於大多數的研究者並不能全然意識到自己所應用的概念，因此他們的陳述便經常顯得含混而不精確。「歷史學家所用的語言，包含著許多語意含混的字句，這正好用來配合他們下意識裡想要恰當地表達己見的需求，結果是，他們的意思的確

---

[20] *MSS*, p. 84。韋伯經常強調，必須分清促使社會學家對某一"歷史上的個人"產生興趣的兩個動因：其一，「爲了對歷史上既"偉大"又"獨一無二"的人物」有「最深切廣泛的了解」；其二，爲了分析「在一個具體的歷史關係裏，由於某些個人的行動所產生的因果動力之意義——並不涉及我們實際上是否將之評量爲"有意義的"或"不具意義的"個人……」，*GAW*, p. 47。

被感覺到了，然而卻無法讓人想個通透」**❹**。

理念型是將一些不定數的因素加以抽象、組合後，所建構起來的；這些因素雖然存在於真實中，然而很少、或者不曾以其特殊的形式呈現。例如，韋伯在《基督新教倫理》一書中所分析的"喀爾文教派的倫理"，是從許多不同的歷史人物的著作中抽取出來的，同時也指涉那些韋伯認為對於資本主義精神之形成特別重要的喀爾文教義。照韋伯的說法，像這樣的理念型，既不是對真實的任何確實層面的一種"描述"，也不是一種假說；不過卻同時都有助於描述與解說。當然，一個理念型不是規範意義上的理念：它並不意味着其實現是可欲的。建構關於謀殺或者姦淫的理念型，與建構其他任何現象的理念型，同樣都是正當的。一個理念型是邏輯意義上的純粹類型，而非規範意義上的純粹類型：「就其概念上的純粹性來說，此一心智的建構，無法在任何經驗的真實裡被發現」**❷**。

理念型的創造絕非目的本身；任何理念型的效用，只有在其與一具體的問題，或一個範圍的問題產生關聯時，方能估定；而且，它所以被創造出來的唯一目的，在於有助於經驗問題的分析。在建構一個像理性的資本主義這樣一個現象的理念型時，社會科學家透過對特殊形式的資本主義的經驗性檢視，企圖勾勒出(與其所置身關懷的問題相關的)最重要層面，在這些層面中，理性的資本主義最為突顯。理念型並不是純粹概念思想的連結裡所產生出來的，而是透過對具體問題之經驗分析後，才被創造、修正、磨利，然後再回到經驗的分析，以增加其精確性。

---

❹ *MSS*, pp. 92-3; *GAW*, p. 193。

❷ *MSS*, p. 90。

理念型因而與描述性的概念(Gattungsbegriffe)在範圍上和應用上，都有所不同。描述性的類型在許多社會科學的領域裡，扮演一個重要且必要的角色。這些類型只是各種類的經驗現象在共同面貌上的歸結。理念型所指涉的是「某一觀點，或更多觀點，側重於某一面的強調」，而描述性的類型所指涉的則是「許多具體現象，在**共同的**面向上的抽象綜合」❷。韋伯舉"教會"(church)與"教派"(sect)的概念為例來說明。此二者可以作為一種分類的基準；宗教團體必屬於此二範疇的其中之一。不過，如果我們為了要分析宗教運動對於現代西方文化之理性化的重要性，而援引此種區分方式的話，那麼我們必須建構起"教派"的概念，以強調特別在這一方面具有影響力的宗派意識(sectari-anism)的特殊成分。這一概念因而成為理念型的概念。任何描述概念都可以因為某些要素的抽象與重新組合，而轉化為理念型的概念；韋伯說，對於某些特別的概念來說，通常都是如此的。

韋伯將其探討集中於與特殊歷史面貌之闡明有關的理念型之建構上，因為這樣子最能顯現出描述型與理念型的不同。不過，理念型概念並不單只限於這樣的對象上，有許多不同種類的理念型，不是簡單的描述性概念，而且還具有一般的特性。當我們從現象的描述性分類轉成對那些現象作解說的、或理論的分析時，就是從描述型轉化為理念型的概念建構了。這可以引用"交換"(exchange)這個觀念來說明。我們可以將一不定數的人類活動歸類為交換的相互作用，如果我們只滿足於這種觀察的話，那麼這就是一個描述性的概念。但是如果我們將這個觀念當作經濟學裡的邊際效用理論中的一個要素的話，那麼我

---

❷ *MSS*, pp. 90 & 92。

們便建構了一個奠基於純粹理性建構之"交換"的理念型概念❷。

　　社會科學與價值判斷之間的關係，是韋伯於 1904—5 年出版之方法學論著的中心主題；這個關係在韋伯於十年後撰寫有關"價值中立"(Wertfreiheit)的論著時，又從不同的層面上來加以探討❷。韋伯在後者中所處理的問題，雖然對社會科學與社會政策之間的關係，有基本的重要性，然而他所關懷的，並不是價值判斷的邏輯地位，而是科學家是否該利用其學術上的特權或地位來宣傳他所抱持之理想這一實際問題。這個問題本身終極而言是依賴價值的，無法由科學的論證來解決。這是一個「總之必須參照個人依據其一己之價值體系而委託給大學才能決定」的問題❷。如果我們拿最極端廣泛的觀點來了解教育工作，那麼教育工作者所扮演的角色就是將學生帶領到文化中最寬廣的美學與倫理學的視野裡去，不過，困難的是，教師必須在他的指導範圍內除去其一己的理念。韋伯所表達的觀點是：在教育上，尤其是那些在某種程度上具有科學性質的科目，職業的專門化是適合於現代大學的一種結構。在此種情形下，教師就沒有理由去表達他一己的世界觀，社會科學的問題——在另一方面他們從文化價值導出它們作爲"問題"的興趣——除了技術性的分析之外，無由解決，而將此種分析在大學講堂上傳播開去是教師的唯一責任。

　　然而，學生們在課堂上特別應該從他們老師之處學習的是：

---

❷關於"個人"之地位在邏輯上乃相對於"一般的"理念型之分析，參見 von Schelting, pp. 329ff; 以及 Parsons, pp. 601ff。

❷ *MSS*, pp. 1-47。關於韋伯發展這些觀點時所處的政治情境的分析，參見 Wolfgang J. Mommsen: *Max Weber und die deutsche Politik, 1890-1920*(Tübingen, 1959)。

❷ *MSS*, pp. 2-3。

(1)能夠像工匠一樣完成某項指定之工作的能力；(2)能夠確切的認清事實(即使是那些令個人感到不快的事實)，並將之與個人的評估區分清楚；(3)能將自我從屬於工作之下，壓抑想要添加一己之愛好或其他感情性的因素等不必要的色彩於工作之中的衝動❷。

　　大學教師與其他任何的公民一樣，擁有透過政治活動以進一步推廣其政治理念的所有機會，但卻不應該爲一己要求更多的特權。教授的講座不是一個"宣講個人預言的特殊資格"。此外，一個企圖以這種方式來利用其地位的教授，就其與特別敏感而不成熟的聽衆的關係而言，他是能利用其身分的。在採取此一立場時，韋伯表達了他個人的信念。如果大學是一個討論價值的論壇，這只有在「最不受拘限的言論自由下，從各種價值立場上來討論根本問題」的基礎上才可能。但這在德國的大學裡根本不可行，因爲基本的政治與道德問題不允許被公開討論；而且，只要情況是如此，則「對我來說，一個科學工作者的尊嚴，就如他在處理這種價值問題時所被准許的程度一樣，**都被扼殺了**」❷。當然，韋伯這麼說並不是意謂著，大學教授在大學本身的領域之外，應該拒絕發表政治與道德的判斷。相反的，韋伯嚴厲地摒棄在學術領域之外保持"價值中立"的錯誤心態。就韋伯而言，在政治領域裡，爲一己的價值評斷披上一層假造的科學"中立"的外衣，其不正當就如同在大學裡公開宣揚其一己的黨派立場一樣。

　　根據韋伯的說法，無論如何我們應該知道，個人是否該在講堂上散布其一己的價值立場的問題，就如同社會科學裡的事實前題假設與

---

❷ *MSS*, p. 5; *GAW*, p. 493。

❷ *MSS*, p. 8。

價值前題假設間的邏輯關係一樣，應該要有清楚的辨認。「經驗學科裡的問題，應該"不帶價值判斷地"來加以解決。它們並非價值評估的問題。不過，社會科學的問題是在其所處理的現象的價值關聯裡，被挑選出來的。……在經驗的觀察裡，沒有任何"現實的評估"可以由這一嚴格的邏輯事實來正當化」❷。

---

❷ *MSS*, pp. 21-2.

第11章
社會學的基本概念

詮釋社會學

　　韋伯的方法論論文大多是就其早年所做經驗研究時遭遇到的一些特殊問題的脈絡而寫的；它們是韋伯如何自其最初所受之思想訓練——包括法律、經濟、以及歷史等方面——的傳統中，奮力尋求一種學術突破的記錄。在他的方法學論著裡，社會學被看作是從屬於歷史學的。社會科學所最感興趣的主要問題，是那些文化上具有確實意義的問題。韋伯拒絕社會科學不能進行一般化的看法，但是他認為一般原則的公式化只是達到目的的手段。

　　他所強調的這一立場,在其經驗的寫作中,尤其是在《經濟與社會》這部鉅構裡，有了某種方向上的轉變。雖然他並沒有放棄某些根本的立場，如事實判斷與價值判斷之間在邏輯上有絕對無法超越之分別的主張，以及獨特的歷史事件無法只運用一般原則來加以分析，並且一般原則對於歷史分析來說只具有前導性的意義等相關的論點。然而，在《經濟與社會》一書裏，韋伯的主要關懷已轉移到社會與經濟組織之一致性的建立上，亦即，更傾向於社會學這個方向上。韋伯說，社會學所關心的是一般性原則的建立，以及有關人的社會行動之一般類型概念的建立；相對的，歷史學所著重的「是對特殊的文化意義、行動、結構和人格，作因果分析與解釋」❶。這點當然與他在方法論論文中所建立的基本立場相吻合；大體而言，韋伯將其關注的重點轉到社會學上，只是其個人研究興趣上的轉移，而不是其基本方法論觀點的修正。一般介紹韋伯思想的學者，都太過於強調《經濟與社會》在韋伯思想之新取向上所代表的意義。《經濟與社會》其實是一部關於政治經濟的各個不同層面的大規模集體著作中的一部分罷了：韋伯是想以他自己這本著作，做為與他共同合作的作者們所寫的、較為專門的作品的一篇序文而已 ❷。說到撰寫《經濟與社會》一書的目的時，韋伯表示，此書中所包含的社會分析，只是一項「非常質樸的準備工作」而已，此種準備工作對特殊的歷史現象研究而言是必要的。「而歷史學所關注的是給這些特殊的性質加以因果的解釋」❸。

在討論"客觀性"的論文裏，韋伯強調，「在社會科學裏，我們關心的是如何對心智現象有心領神會的"了解"，此種了解，在本質上與真正的自然科學所能設計來解決、或尋求解決問題的手法，是兩種非常不同類型的工作」❹。因而社會現象之分析的主要步驟之一，是將此一

---

❶ *ES,* vol. 1, p. 19; *WuG,* vol. 1, p. 9。

❷ 這套書全集的名稱是《社會經濟大全》(*Grundriss der Sozialökonornik*)。作者包括 Sombart、Michels、Alfred Weber 及 Schumpeter。從 1914 年開始出版，其後直到 1930 年，全部書稿才出齊。請參閱 Johannes Winckelmann: "Max Webers Opus Posthuman", *Zaitschrift für die gesamten Staatswissenschaften,* vol. 105, 1949, pp.368-87。

❸ 見韋伯於 1914 年 6 月給 Georg von Below 的信，引自 von Below: *Der deutsche staat des Mittelalters* (Leipzig, 1925), p.xxiv.。

❹ *MSS,* p. 74; *GAW,* p. 173。

分析的主觀基礎"描寫清楚"；當然，此篇論文的一個主要論點便是，社會及歷史現象的"客觀性"分析，並不因爲人類活動有其"主觀性"的特質，而變成不可能的事。從另一方面來說，此種主觀性並不單是將自然科學與社會科學銜接後，就能避開不談的。在描述其《經濟與社會》一書中的"詮釋社會學"的概念時，韋伯維持了這個主觀性在社會學分析上所具之意義的強調❺。

「由於此處我們所運用的這個字眼顯得非常含混」，韋伯指出，社會學「應該要被架設爲一門對社會行動作詮釋性的了解，並爲此種行動的過程與結果提供因果解釋的科學」❻。所謂社會行動或行爲(soziales Handeln)，是指在此一行動中的主觀意義，與他人或其他團體相關連。行動的意義可以從兩個觀點上做分析：一者是對於某一個別行動者而言，行動所具有的具體意義；另一者則關係到，就一個假定的行動者而言，行動所具之主觀意義的理念型。實際上，在上述所定義的行動與純粹不經思考、或單純是自發性的行爲之間，並沒有截然清楚的劃分。對於社會學研究之目的所在極具重要性的大部分人類活動，多半並不是什麼有意義的活動：尤其是傳統型的活動更是如此。再者，同樣是處理經驗性的活動，也牽涉到可了解的與不可了解的因素之混合。例如，可能在宗教活動的某些形式裏，有某種神秘的經驗，對一個未曾有如此經驗的社會科學家來說，便只有部分是可以了解的。要使某種經驗能夠經由分析而被了解，並不需要將此一經驗完全地重現：「爲

---

❺ 此一出現於 ES 第一冊的論述，是他早先的一篇論文： "Über einige Kategorien der verstehenden Soziologie", *GAW*, pp. 427-74(最初發表於 1913 年)的修訂。

❻ *ES*, vol. 1, p. 4; *WuG*, vol. 1, p. 1。參見 Julien Freund: *The Sociology of Max Weber* (London, 1968), pp. 90-1。

了要了解凱撒，並不一定要變成凱撒」❼。

　　韋伯此處的論辯的大意，必須要好好地加以把握。他雖然接受主觀意義是人類行爲之肇始的基本成因的說法，但韋伯的論點是，直觀論(intuitionism)並不是唯一使此種研究成爲可能的學理；相反的，詮釋社會學可以，而且也必須，奠基於意義──根據科學方法的慣用法則，能夠再現並證明爲眞正的──詮釋的技巧。要達到此一目的，韋伯認爲可以對構成行動者的主觀意義之一部分的邏輯關係，加以理性的了解，或者以一種更具感情的或同情的態度去了解。當一個行動者在做形式邏輯或數學的推理時，理性的了解便可臻於最完全與最精確的地步。「當某人以 $2 \times 2 = 4$ 或畢氏定理爲其論證或推理的前提假設時，或者當他以我們已接受的思考模式正確地推演出一套邏輯論證時，我們完全清楚明白其意義」❽。不過，此種嚴謹的邏輯前題之理解，與我們去了解某人所採取的行動──他理性地選擇並採取某種爲達某一觀點的目的所必須的手段──的態度上，是沒有一截然清楚的界限的。雖然設身處地的去了解的方法有助於了解一項基於感情而發的行動，但不可錯誤地將之與了解(understanding)看成同一件事：所謂了解，其所要求的，並不單只是要在社會學家這方面有一種感情性的同情之心，並且還要能掌握住行動所能被理解的主觀意義。然而，大體而言，眞實的情況是：某些指引人們行動的觀念，如果與我們的行爲所奉行的觀念，相差越遠的話，那麼我們也就越難於了解這些觀念對於它們的抱持者來說，所具有的意義。在此種情況下，我們必須接受只有部分能被理解的這個事實，並且，當甚至連這一點都無法得到

---

❼ *ES*, vol. 1, p. 5。　Carlo Antoni: *From History to Sociology* (London, 1962), p. 170。
❽ *ES*, vol. p. 5。

時，我們也必須滿足於將之當作"既有的材料"來處理。

社會學當然也必須照顧到那些對人類行爲具有影響力(然而卻不具主觀意義)的事物與事件。這些現象(包括如氣候的、地理的、以及生物的因素)都是人類的行爲的"條件"，但並不必然與任何人類的目的有任何關連。不過，既然這些現象的確涉及到人類的主觀目標，它們就具有意義，而且成爲社會行動中的要素。像機器這樣一種人造物，「只有從其生產或使用中已具有的、或將會具有之意義的角度，才能爲人所理解……」❾。

對社會行動進行科學的分析，所指的並不只是一種事件的描述，而是要透過理念型的建立來進行：雖然以價值爲導向的行動、或受感情所影響的行動，因其多樣形式的呈現，會讓我們有了解上的困難，然而平心而論，合理類型的建立，還是有用的。我們可以用理念型來分辨出所有構成理性行動的要素後，再以非理性因素的影響來檢視行動中的其他枝節。韋伯認爲，合理的理念型，其主要的好處已在經濟的領域裏被證實：它們在分析架構上很精確，而且在應用上也毫無隱晦之處。韋伯強調，這是分析過程中的一個關鍵點；它是一種方法論上的設計，其應用並無任何"理性之偏見"的暗示。

關於對意義作詮釋性的掌握，韋伯區分兩種基本的類型，每一種都可根據其是否牽涉到對理性的、或感情性的行動之了解，而再細分類別。頭一種類型是"直接的了解"。此中，我們是透過直接的觀察而了解某一行動的意義：在我們前文中所舉的例子——關於數學的前題假設之理解——裏，就說明了直接的了解這一類型中，屬於理性的次

---

❾ *ES,* vol. 1, p. 7; *WuG,* vol. 1, p. 3。

類型。每當我們聽到或看到 $2 \times 2 = 4$ 這樣的運算時，我們立即了解到其中的意思。另一方面，關於非理性的行為的直接了解，我們可以見之於以下情況：即我們可以「以臉部的表情、咆哮、或非理性的衝動反應，來了解某人的暴怒」。第二種類型的了解是 "說明的了解"（erklärendes Verstehen），與上一種不同的是，它必須對所觀察的行動和此一行動對行動者的意義，此二者間在動機上的連結，有所明瞭。同樣的，此一類型也可分為兩個次類型。其中的理性型是指，若某人的行動是以某一特定的手段來實現其特殊的目的，則對此種行動的了解即屬於理性型這一類。以此，則如韋伯所舉的例子：一個旁觀者，看到某人正在劈木柴，他知道此人是為了要給他自己的爐子添些柴火，如此，他可以毫無困難地了解到他人行動中的理性成分。同樣的，這種動機關聯的間接過程，也可以應用在非理性的行為上。例如，我們可依此來了解，一個人為何會有哭泣的反應——如果我們知道了他才剛受過極大創傷的話。

在說明的了解這一類型裏，是將我們所關注的個別行動「置於一個可理解的動機序列中，來加以了解，也就是說，對此行為的實際過程的說明。因此，對一門關心行動之主觀意義的科學來說，要說明行動即必須要掌握住意義的網絡（Sinnzusammenhang），因為，可被了解的行動之真正過程，必是有跡可尋地繫於此一網絡中」[10]。韋伯將其詮釋社會學應用到實際經驗分析的概念上，這一點是極重要的。對於動機的了解，總是會涉及到將此一受關注的個別行為置於個人在行動時所關連的一個較為廣泛的行為規範上。為了達到因果解釋的層次，我

---

[10] *ES,* vol. 1, p. 9。關於此點在理論上之涵意的分析，參見 Parsons, pp. 635ff.

們必須分清"主觀的"恰當，以及"因果的"恰當。如果行動所依據的動機，與既定的或習慣上的規範模式相侔合，則對此一行動的過程之詮釋，便只有主觀的恰當("在意義的層次上"是恰當的)。換句話說，此一行動之所以是有意義的，乃是因為就已被接受的規範而言，它"是有道理的"。不過，這並不足以充分地為個別的行動提供一鮮活有力的說明。事實上，觀念論哲學(idealist philosophy)所犯的基本謬誤，便在於將主觀的恰當與因果的恰當視為同一。此一觀點的根本缺失是，在"意義的網絡"、動機、以及行為之間，並沒有任何直接而且簡單的關係存在。許多不同的個人所採取的類似行動，可以是基於許多不同的動機所造成的結果，反之，相類似的動機卻也可以引發各種不同的具體行為方式。韋伯並不是想要否認人類動機的複雜特性。人往往面對著各種動機的衝突；那些被人有意識地察覺到的動機，很可能大部分是那些未曾被意識到的更深一層動機、受到理性化之後的結果。社會學家必須認識到這些可能性，並準備好在經驗的層面上來處理它們——雖然一項行動如果愈是基於無法意識到的衝動所引發的，那麼，當然在意義的詮釋上來講，就愈是屬於一種邊際的現象。

　　基於以上的理由，"因果的"恰當所要求的便是，我們應該可以「決定，一個明確的事件(無論是在形式上，或是在主觀上很顯著)，將會有另一項事件緊跟或伴隨而來的可能性，這種可能性只在少數理想的狀況下可以有確實的表示，但多少是可以預計的」❶。因此，為了要論證說明的意涵，我們必須要建構一個經驗性的一般化法則，以便於將

---

❶ *ES,* vol. 1, pp. 11-12。在此條件下，如同韋伯在他批評羅雪與克尼斯(Roscher and Knies)的文章裡所澄清的，「史學家所做的"詮釋的"動機研究，實際上是一種因果歸屬活動，與自然界裡任何個別事物過程的因果解釋並無兩樣……」；*WuG,* p. 134。

行動的主觀意義與某一特定範圍下的可預定結果，結合起來。當然，根據韋伯在方法論上的內在設定，這樣一種一般化的建構，即使再怎樣精緻明確，如果在意義的層面上是不恰當的，那麼它就只不過是在詮釋社會學的範圍之外的一種統計的相互關係：

> 　只有那些與社會行動過程中所具有的一般可理解的意義相符合的統計上的規律，可稱之為社會學的一般化法則；以我們此處所應用的標準來說，它們構成了可理解的行動類型。而只有那些在主觀上可理解之行動的理性建構，至少在某種近似的程度上來說，可以見之於真實裏，它們構成了與真實事件相關的社會學類型。我們絕不能說，對於行動的主觀詮釋愈是清楚，那麼就愈接近於行動過程裏所發生的真實情況[12]。

　在韋伯所使用的意義下，有許多種與清楚影響到人類行為的現象有關的統計資料，並不具有意義。不過，有意義的行動並不排斥計量的處理：比如說，在此一觀點下的社會統計學就可包括犯罪比率、或職業分配的統計等。

　韋伯並不將那些對於人類社會行為之研究有價值的資料，限制在可以根據詮釋社會學的方法來加以分析的範圍之內。有許多與社會生活有因果關連的過程和影響，並不是"可了解的"，但韋伯絕不排除其重要性。根據韋伯的說法，要加以強調的是：對於人類社會行為的一般化法則而言，詮釋社會學是唯一的基礎。韋伯意識到他自己在"社會學"這個字眼上的限制，因為關於在主觀上具有意義之行動的分析，會

---

[12] *ES*, vol. 1, p. 12; *WuG*, vol. 1, p. 6。

阻絕了在這領域的範圍裏經常被應用的其他觀念:「在我們眼裏,社會學……就僅止於"詮釋社會學"(verstehende Soziologie)──這是沒有任何人應當或能夠被迫去遵從的一種用法」❸。

此處,尚有一點與此一觀念有關,那就是韋伯特別引有機社會學來作參照。此一學派可以用謝弗勒(Schäffle)的《社會體的結構與生命》(*Bau und Leben des Socialen Körpers*)──一本韋伯稱之爲"才華揚溢"的著作──爲代表。韋伯認爲,功能主義在關於社會生活的研究上,有確實的效用:「作爲一種實際說明以及暫時之取向的手段,……已不僅是有用的,而且也是不可或缺的」❹。在社會科學裏,功能的分析正如對有機組織的研究一般,會讓我們明白在"整體"[社會]裏,什麼才是值得研究的單元。不過,社會與有機體之間的類似,在某一特定點上是不存在的,對於前者的分析,有可能、而且也必須要超乎功能之一致性的建構。詮釋之領悟的達成,與其說是科學知識的一層障礙,倒不如說它是提供了在自然科學裏並不適用的說明的可能性。雖然,這並不是完全不必付代價的:依此法則,勢必會降低社會科學研究之風格獨具的精密性與準確性。

韋伯與謝弗勒眞正明顯差異之處,在於全體(holistic)概念的邏輯地位這個問題上。那些以"全體"做爲其出發點,而進行個體行爲之分析的社會學家,很容易犯下將抽象觀念直接轉化爲實質存在的謬誤。如此一來"社會"只不過是在某種特別的狀況下種種個體之間的交互作用,它自有其具體的認定,就如同是個活動的組合般,有其一己的獨特意識。當然,韋伯承認社會科學有必要應用到集體的概念,例如國

❸ *ES*, vol. 1, pp. 12-13; *WuG*, vol. 1, p. 6。
❹ *ES*, vol. 1, p. 15。

家、企業公司等。但是, 不可忘記的是, 這些集合體「只是**個人**(individual)的獨特行徑所合成的結果和組織成的模式, 因爲對我們來說, 就是這些個別的人, 才是實行在主觀上可以被了解之行動的代理者」⑮。然而, 從另一方面來說, 集體的代理者在詮釋社會學裏卻扮演極重要的角色: 亦即, 它們是以個別行動者的主觀立場來建構眞實, 並且經常以作爲一個別行動者的自主單元來代表它們。像這樣的代表, 可能在影響社會行爲上, 會扮演一個重要的因果角色。

在韋伯看來, 詮釋社會學並不意味着社會現象可以從心理學的角度來做化約的說明 ⑯。心理學的發現當然與所有社會科學都有關連, 但是它和與其相近的學科之間的關係也不過是如此。社會學家對於個人本身的心理結構並沒有興趣, 他們的旨趣所在是對社會行動做詮釋性的分析。韋伯拒斥一個觀念, 即認爲社會制度可以從心理學的一般化律則中"導出來"。旣然人類的生命是在社會文化的影響下所塑造成的, 那麼事實上, 比起心理學對社會學的貢獻來說, 社會學似乎應該更有助益於心理學:

> 進行的程序並不是先從心理特質的分析開始, 再到社會體制的分析。……相反的, 想要洞察心理的先決條件與體制的成果, 就必須要對後者有精確的認識, 以及對它們的結構作科學的分析。……但我們將不會從心理學的法則來推論體制、或是用基本的心理現象來解釋它們⑰。

---

⑮ *ES,* vol. 1, p. 13; *WuG,* vol. 1, p. 6。關於這方面的一個更大的批判性思考, 以及關於韋伯的詮釋社會學的其他觀點, 請參閱 Alfred Schutz: *The Phenomenology of the Social World* (Evanston, 1967)。

⑯ *ES,* vol. 1, p. 19。

⑰ *MSS,* pp. 88-9。

社會關係與社會行爲的取向

社會行動涵蓋任何一種有意義地「關連着他人過去、現在、或是在可能期盼之未來的行爲」的人類行爲❸。一旦兩個或更多的個人之間發生了交互作用，那麼社會"關係"就存在了，每個人都將其行動關連到其他人的行動(或在預期中會有的行動)。然而這也並不必然就意謂著，包含在關係中的意義爲所有其中的個人所共享：在很多情況下，例如在一個"愛"的關係裏——正如俗諺所云：一方所抱持的態度並不全然與另一方所抱持的相同。但是，如果這樣的關係不斷地持續下去，這其中就有了相互補充的意義——爲每個人確定他人對他的"期望"。接著齊默，韋伯談及"結合體關係"(Vergesellschaftung)，它含有關係之形成的意思，依字面上說，應爲"社會化"(societalisation)，而不是"社會"(Gesellshaft)。許多社會生活所賴以結合的關係都具有變遷的特性，並且不斷地處於形成與消失的過程中。當然，這並不是說所謂社會關係就是指其中個人的互相合作。正如韋伯小心指出的，衝突是(社會)關係之最持久的特徵。

並非個人之間所有類型的接觸，都構成韋伯所說的社會關係。在街上行走的兩個人，如果因爲事先彼此都沒有注意到對方而相撞在一起，那麼他們之間的碰撞並不構成社會關係：只有當他們爭論起誰該爲此一錯失負責時，才是一種社會關係。韋伯也提及羣眾裏的交互作用：如果拉波(Le Bon)的說法是正確的，那麼羣眾團體的成員之所以能激起集體的情緒，是因爲個人不太能夠控制得住的下意識影響力刺

---

❸ *ES,* vol. 1, p. 22。

激了此種情緒的緣故。此處的個人行為全是因應於他人的行為而產生，但並非在意義的層次上關連著他人的行動，因此用韋伯的術語來說，便不是"社會行動"。

韋伯分辨出四種不同的社會行為取向的類型。在"目的理性"(pur-posively rational)的行為裏，個人依據一手段─目的的計算所得而理性地估量某一行動所可能導致的後果。為達成某一目標，通常有許多可供選擇的手段。在面對這些選擇項目時，個人衡量每一個可達目的的可能手段之相對效果，以及為達此一目的，可能為個人所抱持的其他目標帶來何種影響。此處，韋伯將先驗圖式──依社會科學知識之理性應用的觀點來看，是已然成形的──應用到一般的社會行動典範上。相對的，"價值理性"(value rational)的行為是指向一個高於一切的理想，而完全不顧計其他任何相關的考慮。「基督徒的行為是正當的，後果則委諸上帝」[19]。這仍然算是理性的行動，因為它牽涉到個人將其行動導向一致性目標的設定。舉凡全然指向職責、榮耀的高超理想，或者為某一"原因"而獻身的行動，大都屬於此類。第三類型是"情感性的"(affectional)行動。其與價值理性最基本的不同點是，後者假定個人抱持著支配其行動的明確理想，而前者則無。所謂情感性的行動是指行動在某種感情狀態的波動下採行，而位於有意義行為與無意義行為的邊界中。它與價值理性的行動所共有的特質是，行動的意義並不像目的理性的行為一般，在於為達目的的手段之工具性上，而是在於行動的採行本身即為目的這一點上。

行為取向的第四類型是"傳統型的"(traditional)行動，同樣是橫

---

[19] *FMW*, p. 120。

跨於有意義與無意義行爲的邊界之間。傳統型的行動是在風俗與習慣的影響下所採行的。「人們已習以爲常的大部分日常生活行爲」[20] 都屬於此類。在這個類型中，行動的意義來自於理想或象徵，但不像價值理性所追求的理想那樣具有一貫而確切的形式。傳統價值一旦理性化，傳統型的行動即變爲價值理性的行動。

　　韋伯所勾勒的這四個類型顯示出《經濟與社會》的經驗性本質，但其用意並不在於歸類所有的社會行動；它是個理念型的說明圖式，能夠提供一個模式，而相應於韋伯所作的論斷：透過理性類型的應用，來測計出非理性的偏離程度，以達成對社會行動的最佳分析。依此，某個作爲經驗性個別案例的人類行爲，可以據其與此四類型中的何者最爲接近而加以解釋。但是在實際經驗的案例中，事實上很少有不是包含一種類型以上的要素、而以各種不同的方式加以組合的混合體。

　　在討論到詮釋社會學裏由於驗證的問題所造成的困難時，韋伯強調，因果的恰當往往是個可能性程度的問題。那些認爲人類行爲是"無法估量"的人，顯然是錯了：「"不可估量性"（incalculability）……是心智不正常者所獨具的特質」[21]。然而，人類行爲裏的一致性，只有藉著可能性——某一特定行動或環境，所導致一行動者產生某種反應的可能性——才有辦法表達。因此，任何社會關係都可說是奠基於"可能性"上（千萬不要以"偶然性"的觀點來混淆了它和"機會"的不同），在其中，一個行動者，或多位行動者，會依其獨特的方式來採取行動。肯定人類行爲裏的一致性成分，在韋伯看來，就是不去否定它的規律性

---

[20] *ES*, vol. 1, p. 25。

[21] *MSS*, p. 124；又見 *GAW*, pp.65ff, 此處韋伯詳論"非理性"、"不可預見性"、以及"意志的自由"的關係。

與可估量性；但必須再次強調的是，有意義的行動與必然的反應(例如
受到疼痛的刺激時，下意識的馬上退縮反應)，這兩者間的對比。

　　在爲社會關係與社會組織之更具涵蓋性的形式主要類型作概念性
的分類時，韋伯即以可能性來貫串他的描述。凡具有持久性的社會關
係都假定行爲之一致性的存在，此種一致性，在最基本的層面上，涵
藏在韋伯所稱的"習慣"(Brauch)與"習俗"(Sitte)裏。社會行動中的
一致性無非是一種習慣，「它之所以有在羣體中存在的可能性，原因無
他，完全是基於確實的實際行爲上」㉒。所謂習俗，只是長久以來所建
立的習慣。習慣或習俗是任何"日常的"行爲之形式，雖然不被他人明
白地贊成或反對，但習慣性地被個人或許多個人所遵循。遵循它，並
不是因應任何規範的要求，而是行動者個人的意願。「現在，我們每天
早上習慣性的要吃早餐，而且在某種限度內，只有一種樣式。但我們
並不一定要如此(除非是住在旅館裏)；這並不總是成其爲習俗」㉓。但
我們不可低估了習慣與習俗的社會重要性，譬如消費習慣——通常
是一種習俗——就具有很大的經濟意義。以習慣與習俗爲基礎的行爲
一致性，和依理性行動之理念型爲連結的一致性——其中個人主觀地
唯一己的利益是求——兩相對比。處於自由競爭市場裏的資本主義企
業家所持的態度，即屬後者的典型 ㉔。凡行爲的一致性乃基於個人利
益的動機——換言之，與後一類型相符合——者，其社會關係通常要
比基於習俗而來的社會關係不穩定得多。

㉒ *ES,* vol. 1, p. 29。

㉓ *ES,* vol. 1, p. 29; *WuG,* vol. 1, p. 15。

㉔ 我們可以指出，韋伯此處所指的是目的理性行動在經驗上的例子。因此，這與涂爾幹的
　 "自我主義"並不相同，因爲在韋伯的説法裏，個人利益的主觀追求是「以認定的目標爲
　 取向」的。(*ES,* vol. 1, p. 29-30)。

正當性、支配、與權威

社會關係的最穩定形態是，參與其中的個人所持的主觀態度，都指向於對一**正當的秩序**之信賴。爲了說明這個問題的特殊性，韋伯給我們如下的例子：

> 假如傢俱搬運工定期地在大多數房租到期的時節裏登廣告，那麼此種[行爲的]一致性是出於一己的利益。如果一個推銷員，在一個月或一個星期裏的特定幾天去拜訪某些客戶，那麼這可能是個習慣性的行爲，也可能是以一己利益爲取向而產生的行爲。但是，當一個公務人員每天定時地出現在他的辦公室時，他並不只是基於習俗或一己之利益而如此行動，因爲如果是這樣，他可以依一己之意願而不如此做；通常，他的行動還取決於一種秩序（例如公務人員法規）的有效性。他之所以遵行，部分是由於不服從的話，會有不利的影響，部分也由於一旦破壞了法規，會傷及他自己的職責感——當然這其中有各種程度的不同❷。

基於對某種正當的秩序之相信而受指引的行動，並不一定要符合秩序的內容，而可出之以其他的方式。例如一個罪犯，雖然破壞了法紀，但是他用以計劃去做案的手法，却正顯示出他了解到法律的存在，並以此而調整自己的行爲。在此例中，他的行動受制於以下這個事實：破壞法律規章會被懲罰，而他希望能逃避此一懲罰。但他這種將秩序的有效性純粹當作一種"事實"來接受的情形，只是許多種違紀——其

---

❷ *ES*, vol. 1, p.30。

中的個人都企圖辯護其一己的行爲是正當的——當中的一端而已。再者，更值得注意的是，同樣的正當性秩序可以用許多不同的方式來加以解釋。這在韋伯對宗教社會學所作的分析裏，已經有所闡明：爲宗教改革中的新教教派所激進推展的基督教秩序(Christian Order)，正是天主教教會所引以爲其正當性之基礎所在的基督教秩序。

在習慣、習俗與韋伯所稱的"習律"(convention)之間，並沒有一個淸楚明白的經驗上的界線。在第三種情況裏，一致性就不再是個人意願的問題了。例如，一個高階層身分團體裏的成員，如果踰越了規範適當禮節的慣例，他就可能受到嘲弄，甚或被團體裏的其他成員所驅逐。這些儀節的運作通常是護持固有之秩序的強而有力的模式。"法律"存在之處，是習律不僅受到遍佈的非正式儀節所支持，而且個人，或更通常是團體，具有正當的能力與職責去秉持儀節以制裁違例者❷❻。法律的代理執行，並不必然牽涉到現代社會裏才有的司法、警察等專門職業體系；例如在一個血緣的領地裏，宗族就可以以儀節代理者的身分來執行同等的工作。習俗、習律與法律之間的關係是很密切的。卽使人們所抱持的只是習慣，它都可以是非常強而有力的。那些建構法律以涵蓋從前只屬"日常的"行爲的人，很快就會發現，在那些作爲探討對象的律則之外，很少再能發現什麼一致性。然而，習慣和習俗多半就能提供足以轉變爲法律的雛型法則。相反的情形也可能發生，雖然較不常見：一項新法律的制定也可導致新的習慣性行爲模式。此

---

❷❻ 韋伯在某一點上分辨"担保法"(guaranteed law)與"間接的担保法"(indirectly guaranteed law)。第一類由強制性的工具所支持。第二類牽涉到一項規約被違犯而未受到法律之制裁，但其結果是觸犯了其他屬於担保之法規的情形。不過，韋伯一般都使用"法律"一詞而不只限於表示担保法。

一結果的達成可以是直接的，也可能是間接的。以間接的例子來說，一項准許自由訂定契約的法律成立了，推銷員就需要花更多的時間來說服與保住他的客戶；這並不是契約法所要求的行動，然而這的確是受到這些法律之存在的影響。

韋伯並不認爲我們只須討論以政治代理者爲強制執行工具的"法律"即可，舉凡一個團體——像是血緣團體，或宗教組織——執其儀節以懲治行爲越軌者之處，就有合法秩序的存在。事實上，宗教團體對於法律之理性化的影響，是韋伯之經驗著作的一個主要論題。更概括性的來說，"法律"、"宗教"與"政治"之間的交互關係，對於經濟結構與經濟發展，具有決定性的意義。韋伯爲一個"政治的"社會定義如下：「在一特定的領土範圍內，不斷的經由行政管理人員以物質力量的運用與威脅爲手段，來保護社會的存在及其秩序」。當然，這並不是說，政治組織的存在只靠著武力的持續使用，而是說只有當其他一切手段都無效時，武力的威脅或實際運用才被當作是一種最後的制強力量來施行。當一個政治組織能夠在一特定的領土內，成功地使武力的組織運作受到正當的壟斷，那麼此一政治組織方成其爲"國家"❷。

韋伯爲"權力"(Macht)所下的定義是：一個行動者，即使在與他形成社會關係的衆人都反對的情況下，能夠實現其一己之目標的可能性。這實在是個相當廣泛的定義：在這樣的觀點裏，每一種社會關係，在某種程度上和某種情況下，都可以是一種權力關係。"支配"(Herrschaft)的概念就較爲狹義些：指的只是一個行動者服從於一項他人所

---

❷比較涂爾幹於此不同的概念，見前文，pp. 172-4。固定領土的擁有與使用武力的可能性，並沒有出現在涂爾幹的定義裡。

制定特殊命令的權力行使狀況 ❷。接受支配，可能是基於相當不同的動機，從純粹的習慣，到消極的維護自我的利益。然而，獲得利益報償和保全社會地位的可能性，卻是維繫領導者與追隨者的最普遍連結形式 ❷。不過，沒有任何穩固的支配體系單純奠基在自發的習慣性、或者自利的考慮之基礎上：主要的關鍵在於服從者對其所以服從之正當性的信仰。

　　韋伯區分出支配所奠基之正當性的三種理念型：傳統的、卡理斯瑪的、以及法制的。傳統的權威是奠基於對「古老的統治及權力的神聖性」之信仰 ❸。在最原始的傳統型支配裏，統治者並沒有專業化的行政人員可以執行其權威。在許多小型的政治共同體裏，權威是由聚落的長者所掌握的：那些年紀最大的人被認為是受傳統智慧浸潤最深者，因此有資格掌握權威。傳統型支配的第二種形式(事實上往往與長老政治並存)是家父長制(patriarchalism)。此一類型通常是以一家族的整體為基礎，一家之長所擁有的權威是在明確的繼承法則下，代代相傳下來的。凡有行政官員存在，且其臣服皆由於個人對於主子的忠誠，那麼便有家父長制的發展。

　　家產制(patrimonialism)是東方、近東以及中世紀歐洲的傳統專制政府裏，特色獨具的支配形式，相對於形式較不繁複的家父長制，家產制最突出之處是其統治者與"臣民"的清楚分界：在單純的家父長型「支配，即使王權是來自於傳統的繼承，但它必須是明確的、以全體

---

❷ 關於 Herrschaft 應該被譯為"支配"，這個術語上的爭論有個綜合的說明，見 Roth 於 *ES*, vol. 1, pp. 61-2.的註釋(註31)。我所使用的"支配"一詞較"權威"(正當的支配)有更廣的涵意。

❷ *FMW*, pp. 80-1。

❸ *ES*, vol. 1, p. 226。

成員的利益爲要的政權參與運作形式，因此不能隨便爲在職者據爲己有」❸。家產制權威則奠基於統治者的家族政體；宮廷生活與政府功能交雜不分爲其特色，官員最初多來自於統治者的私人隨從或僕役。當家產制施行於一個廣大的領域時，官員的遞補就必須基於一個較爲寬廣的基礎，而通常發展成中央政權地方化的傾向，因此爲統治者與地方家產式官員或"名門望族"(notables)之間，提供了各種彼此衝突、緊張的基礎。

雖然在歷史的眞實裏，可能存在而且眞正存在的，是各種類型的混合，但傳統體制的純粹類型則爲我們提供了與另一個理念型的明顯對比，亦卽奠基於法制型支配的理性官僚體制。在傳統體制裏，職務並沒有明確的規劃，權限與職責依據統治者的意向來調配，公職的遞補則基於私人的關係；沒有合理的"制法"(law-making)過程：任何行政法則上的革新，都必須以"固有"眞理的再發現之面貌出現。

關於法制權威的純粹類型，韋伯作了以下的說明 ❷。在這個類型裏，握有權威的個人並不是基於傳統餘蔭下的私人因素，這種非個人的基準是有意的在目的或價值理性的脈絡裏建立起來的。服從於此種權威的人之所以服從其首領，並不是因爲任何個人的依附關係，而是因爲他們接受確定此一權威的非個人基準；「因此，典型的擁有法制權威者——"元首"(superior)，本身卽服從於一套無私的法則，而且他自己在處分與命令等行動上，也以此法則爲取向」❸。臣服於法制權威的人，與其首領之間並沒有任何私人的關連，只在其首領之管轄權有明

---

❸ *ES*, vol. 1, p. 231. 此處，我同時也引用韋伯早期對家產制的描述，*ES*, vol. 3, pp. 1006-10。

❷ 韋伯另外一個說明可見於 *ES*, vol. 3, pp. 956-1005；新的版本是在 vol. 1, pp. 217-26。

❸ *ES*, vol. 1, p. 217; *WuG*, vol. 1, p. 125。

確規定的限定範圍裡，服從命令。

官僚制的純粹類型則有以下的特色：行政人員的活動依一有規律的基礎而進行，因此形成具有明確定義的公務"職責"(duty)。公務人員的職權範圍都有清楚的界定，權威的層級則以職位階級制的形式來劃分。掌管僚屬的行為，其權威、及其責任的法則，都有明文記載。職位的遞補則根據專業的能力，可以經由公開競爭的考試來驗證，也可以逕提學歷或證件來證明其任用的資格。公務上的產權並不為公職人員所擁有，公務人員(the official)與辦公室(the office)是分開的，亦即辦公處絕對無法由其在職者所"擁有"。此一組織類型下的公務人員因此就有以下幾個特色：1.公務人員的視事受到一種抽象的職責觀念所規範；公務的施行是在一種誠信的態度下，其本身被視為一種目的而完成，而不是像租賃一樣，只是個人為了獲得物質利益的一種手段。2.公務人員的職位是依據個人的技術資格，由上級權威所指派的；他不是被選舉出來的。3.他在正常情況下，擁有職務上的地位。4.他的報酬是固定而有規則的薪俸。5.公務人員在職務上的位子，被當作一種關係到在權威層級裡晉昇的"資歷"；晉昇的程度則由能力的表現或年資、或者兩者的混合所決定。

只有在現代資本主義裡，我們才發現有接近這種理念型的組織形式。現代化資本主義出現以前所發展出來的官僚體系，主要見於古代埃及、中國、羅馬王政時代後期，以及中古天主教會。這些官僚組織，尤其是前三者，基本上都是家產制的，而且大都奠基於各種不同的官員給俸方式。由此可見，貨幣經濟的事先形成，並不是官僚組織興起的根本必要條件，雖然對於現代理性官僚體制的成長，貨幣經濟的確有很重大的促進作用。現代世界裡的官僚化之進展，與社會生活之各

種不同領域裡的分工化發展，有直接密切的關連。關於現代資本主義，
韋伯社會學的一個基本要點是，職業功能專門化的現象絕對不只限於
經濟的層面；勞工與其生產工具之間的異化，這個被馬克思認為是現
代資本主義最突出的面相，並不侷限於工業這方面，而是擴展到以大
規模組織為主的政治、軍事，以及社會各部門 ❸。中古後期的西歐，
其**國家**的官僚化進展即先於經濟層面。現代資本主義國家所以綿延續
存，完全是依靠著組織官僚體系。「國家越大，或者越是個強權國家，
就越發無條件地是如此……」❸。雖然行政體系的真實尺寸大小是決定
理性官僚組織之擴展的一個主要因素──就像現代的群眾政黨一樣，
但是，體型大小與官僚化之間並沒有單向的關係 ❸。達成專門的行政
工作所必須的專門化、與提昇官僚體制的專門化所必須的政黨規模，
二者具有同等的重要性。因此，在埃及這個最古老的官僚體制國家裡，
官僚制的發展是基於必須要有一中央化之行政體系來規劃灌溉事宜的
需要。在現代資本主義經濟裡，刺激官僚體制發展的一個主要條件是，
一個超地域性的市場之形成，因為此種市場在財貨與勞務上勢必要求
既有規則可循、又能協調統合的分配❸。

　　官僚組織在執行這些例行化工作時所展現的效率，是它所以能擴
展的主要原因。

---

❸參見 *GASS,* pp. 498ff。關於這點的重要性，以及其與馬克思立場的關係，在下文 p.
234-8 中有所闡述。

❸ *ES,* vol. 3, p.971；*WuG,* vol. 2, p. 568。

❸因此，韋伯批評米歇爾太誇大寡頭政治在官僚體系裡形成的傾向之"鐵定的"性質。

❸必須強調的是現代國家與現代經濟並沒有完全官僚化。因為那些居於"最高位者"，並不
需要具備專門的技術資格。首相與總統的位置都是經由選舉過程而遞補，而工業企業家
也不是由他所領導的官僚體系指定的。「因此在官僚組織的頂端，必然會有一個因子至
少不純然是官僚性質的」。*ES,* vol. 1, p. 222。

　　發展完全的官僚機構與其他組織之間的對比，正如同機器生產模式與非機器生產模式之間的對比一樣。精確、迅速、確實、檔案知識、持久性、決斷、整合、嚴格的從屬關係、磨擦與原料及人事費用的減少——這些都在嚴格的官僚組織裡達到最高點……❸。

這些都是資本主義經濟——追求速度與精確性的經濟運作——所需要的特質。韋伯在這一點上的立場，經常被誤解。韋伯顯然相當警覺到十九、二十世紀之交以來常見的一個看法：官僚體制與"官僚形式主義"、"無效率"之間的關連❹。韋伯也沒有忽略了非正式連繫與關係的模式——與正式指派分配的權威及責任有重疊之處——之存在，在官僚組織的實質運作裡的重要性❹。官僚組織可能「以最合於個別案例處理的方式」產生「足以妨礙事務之執行的確實障礙」❹。後者正是"官僚形式主義"所由來的因素，這也並不全錯：因為以其作為一個合理化之建構的本質來說，官僚體制是根據系統化的行為法則來運作的。根據韋伯的說法，先前的行政組織形式可以因某個案例之處理而被超越，這是完全可以理解的。舉司法上的決議即可說明：在傳統的法制執行裡，一個家產制的統治者可以隨意地干預司法的處分，而且可能因為他對於被告的認識較深，因而做出比現代法庭裡對於類似案件所做的判決更"公正"的裁決來，因為在後一種情形裡，「只有關於案例之毫不

❸ *ES,* vol. 3, p. 973。

❹ 參見 Martin Albrow: *Bureaucracy* (London, 1970), pp. 26-54。

❹ *Verein für Sozialpolitik,* 韋伯於 1909 年的討論會所寫的文章，*GASS,* pp. 412-16。

❹ *ES,* vol. 3, pp. 974-5。

含糊的事實的一般特性，被考慮進去❷」。

　　但是這當然不會發生在大多數的案例裡，正因爲在理性的法制型支配裡，具有"可估量性"這個特質，才使得官僚的行政與先前的類型大異其趣：確實，這是能夠應付現代資本主義所必須協調處置的大量工作的唯一組織形式。關於這一點，韋伯做了以下的描述：

> 　　不論人們對"官僚制"有多少抱怨，在任何領域中，要想像一個沒有專業人員的持續性行政工作，幾乎是一種幻覺。我們調整日常生活的整個形態以適應組織架構。在其他條件不變的情況下，如果說官僚式的行政系統由技術觀點來看是最理性的，那麼處理群眾行政的需要，使它在今天變得不可或缺❸。

　　韋伯所區分的第三類型——卡理斯瑪型支配——與其他兩個類型全然不同。傳統型支配與法制型支配皆爲常設的行政體系，所關心的是日常生活的例行事務。卡理斯瑪支配的純粹類型，以其定義來說，是個不尋常的類型。韋伯爲卡理斯瑪所下的定義是：「一種個人人格上的特質，個人因此一特質而被認爲不凡且具有超自然、超人、或至少特別異常的力量或稟賦」❹。因此，一個卡理斯瑪型的人，是一個被別人相信他擁有驚人之奇異能力的人，而此種能力通常被認爲是超乎自然的，這使得他獨立群倫。一個人是否"眞正"擁有爲其追隨者所相信的特質(不管是一丁點或全部)，這並不是問題所在，重要的是別人要相信他是具有那些不凡的特質。卡理斯瑪支配可以發生在各種相當不

❷ *ES*, vol. 2, pp. 656-7。

❸ *ES*, vol. 1, p. 223; *WuG*, vol. 1, p. 128。

❹ *ES*, vol. 1, p. 241。

同的社會情境與歷史脈絡裡，也因此卡理斯瑪人物的範圍很廣，可以包括政治領袖、宗教先知這些影響到整個文明發展過程的人，也包括各個階層裡爲一己贏得短暫追隨的各種小煽動家。不管在什麼樣的情境裡，卡理斯瑪權威的正當性總是建立在領導者與追隨者都相信領導者之使命的眞確。卡理斯瑪型人物通常都以奇蹟或神啓的訓令來"證明"他自己的純正。雖然這些都是其權威的妥當性之徵兆，然而並不是它所賴以成立的基礎，它「毋寧是奠基於這麼一個觀念：去認識卡理斯瑪權威的純正性，並因此而行動，這是其追隨者的職責」❹。

　　卡理斯瑪運動裡，位於次層權威上的人，其基礎並不在於透過個人的關係而得到特權的庇蔭，也不在於他們擁有技術上的資格。其中並沒有固定層級相屬的關係，也沒有像存在於官僚組織裡的"資歷"。卡理斯瑪領袖只有一群不定額的親信，他們或者分享他的卡理斯瑪，或者擁有自己的卡理斯瑪特質。卡理斯瑪運動不像那些常設的組織形式，它沒有系統化的組織作爲手段以取得經濟來源：它的收入要不是得自於某種捐贈，就是來自於掠奪，卡理斯瑪運動並不是圍繞著固定的一般律法原則──就像我們在傳統型與法制型支配裡所發現的(內容不同的)原則──所組織起來的；司法審判被視同神啓的顯現一般，依各個案例之不同而定。「眞正的先知，就像眞正的軍事領袖，以及每一個在此觀點下的眞正領導者，宣揚、創造、或者要求**新的**[遵從]義務……」❹。

　　這就預示了卡理斯瑪支配興起所代表的涵意：打破既有的秩序。

❹ *ES,* vol. 1, p. 242。

❹ *ES,* vol. 1, p.243; "卡地裁判"(Kadi-justice, 譯按：卡地是土耳其, 阿拉伯、伊朗等地的下級法官)在原則上就是以此方式施行的：在實際上, 韋伯說, 它確實是緊緊繫於傳統先例上的。

「在它所涵攝的領域裡，卡理斯瑪權威拒斥過往，因此它尤其具有革命性」❹。卡理斯瑪乃是一種驅力，一種創造的力量，它可以穿透控制著某種秩序的既定法則——無論是傳統的還是法制的。根據韋伯的說法，這是一個非常不合理性的現象，而且正是韋伯為卡理斯瑪所下之定義的本質所在，因為卡理斯瑪權威的唯一基礎是他人對領導者所宣稱之事的真確性的承認：卡理斯瑪運動的理想因此絕對沒有必要與既存的支配體系有所關連。因此，卡理斯瑪作為一種在傳統的支配體系——權威繫之於自古(相對而言未變的)流傳下來的律則——中的革命性力量，尤其具有重要性。「在先理性時期裡，人們的行為取向幾乎全由傳統和卡理斯瑪決定」❽。然而，隨著理性化的進展，社會變遷的合理推移(例如從科學知識的應用到科技的革新)愈來愈加顯著。

以其對日常例行事務的排斥，卡理斯瑪若想長久存在，就必須要有大幅度的修正。以此，卡理斯瑪的"例行化"(Veralltäglichung)意味著卡理斯瑪權威不是向傳統型就是向法制型體制轉移。由於卡理斯瑪權威的重點在於某一特定個人的非凡特質，所以當此人過世，或者由於某種緣故不再活躍時，繼承的難題就產生了。因例行化而產生的權威關係，是屬於何種類型，多半取決於它的"繼承問題"是如何解決的。韋伯區分了許多種可能被採行的方法。

在歷史上很重要的一個解決繼承問題的辦法是，由卡理斯瑪領袖，或分享其卡理斯瑪特質的門徒，指定其繼承者。此一繼承人並不是被選舉出來的；他被認為具有足以繼承權威的合宜的卡理斯瑪資格。根

❹ *ES*, vol. 1, p. 244; *WuG*, vol. 1, p. 141。
❽ *ES*, vol. 1, p. 245。

據韋伯的說法，這是西歐地區，爲國王及主教加冕的原始意義 ❹。卡理斯瑪也可以被視爲一種可遺傳的特質，因此可能爲此種特質之原始稟賦者的最近血親所擁有。這主要行之於封建歐洲與日本，而與長子繼承制的原則有所連結。當卡理斯瑪支配轉化爲一種例行的、傳統的形式時，它就成爲那些握有權力者護衛其地位之正當性的神聖資源；以此方式，卡理斯瑪成爲社會生活裡一個殘存的要素。這雖然「與其本質不合」，但仍然是可以合理化的；說到"卡理斯瑪"的延續，韋伯認爲它既然是作爲一種神聖的力量，它就保留了非凡的特質。不過，卡理斯瑪一旦因此而變爲一種非個人性的力量(impersonal force)，它就不再必然被視爲一種無法由教導而得到的特質，卡理斯瑪的獲得也可以部分仰賴於教育的過程。

卡理斯瑪的例行化，要求行政人員必須在一個規律的基礎上來行動，此一基礎可以經由傳統規範的形成、或者法制律則的建立而獲得。假如卡理斯瑪是經由遺傳來轉化，公務系統就有轉變成一個傳統的身分團體的傾向，而職位的遞補主要是基於繼承。另外一種情形則是，准許担任公職的標準，變成由資格考試所決定，因此較近於理性的法制類型。無論是朝那一個路線發展，例行化所要求的往往是一套有規律的經濟安置：如果是朝向傳統主義，那麼就是俸祿或采邑，如果朝向法制型，則採職位授薪的方式。

一個卡理斯瑪運動所要宣揚的理想，其內涵是不可能直接來自於先前存在的支配體系。這不是說它不受秩序——那個它之所以出現以對抗的秩序——的象徵所影響，也不是說經濟的或"物質的"利益對卡

---

❹ *ES*, vol. 1, p. 247-8。

理斯瑪運動的成長，並沒有重大的影響。但是，這意味着，卡理斯瑪
"使命"的內容無法解釋爲，一種正在影響社會變遷的物質過程在觀念
上的"反映"。對韋伯來說，革命的動力，不會受整個歷史發展的任何
理性歷程所束縛。這是在一個更經驗性的層面上，保持了韋伯透過純
粹理論之考慮所達到的、對發展理論的駁斥。

市場關係的影響：階級與身分團體

　　韋伯對全面歷史發展理論的駁斥，同樣也適用於駁斥黑格爾理論
體系（Hegelianism）與馬克思主義。但在韋伯的著作裡，一個在觀念上
與經驗層面上更基本的思想路線，是特別有關於馬克思主義所宣揚的
主張。如果全面的"歷史理論"是不可能的，那麼在更專門的層面上來
說，任何試圖將歷史發展束縛在經濟關係或階級關係的普遍因果控制
上，更是註定要失敗的。因此，韋伯在討論"階級"（class）、"階層"
（status）與"政黨"（party）時，將之建構爲階層化的三個"次元"，每一
個次元在觀念上都與其他的次元有所分別，並且在經驗的層面上，分
辨出每一個次元對其他二者都有因果上的影響。

　　在《經濟與社會》裡，有兩個段落處理階級與身分團體 ❺。然而這
兩段都很短，無法與韋伯在歷史著作裡所提出的概念之重要性相稱。
和馬克思一樣，關於階級的概念，以及它與社會裡階層化之其他基礎
的關係，韋伯沒有完成一個詳盡的分析性說明。韋伯關於階級的觀念，
是從他對市場的經濟行動所做的較概括性的分析上出發的。在韋伯的

---

❺ 較早的解釋見於 ES, vol. 2, pp. 926-40；後來的分析則見 ES, vol. 1, pp. 302-7。

定義下，經濟行動是指透過和平的手段，尋求對所欲求之效用(util-ities)加以控制的行爲❺。在韋伯的用法裏，效用所指包括財貨與勞務。市場不同於直接互惠式的交換(以物易物)，因爲它牽涉到想要透過交易競爭以獲取利益之投機的經濟行動。"階級"只有在這樣一種市場──可以是多種具體的形式──存在時，方有可能存在，以此，也就假定了，貨幣經濟的形成❺。貨幣在此中扮演了極端重要的角色，因爲它使得運用數量與定制(而不是主觀)來估量交易上的價值成爲可能。經濟關係因此而能從地方共同體結構的特殊連結與義務中掙脫出來，並任隨物質的契機──個人將其所擁有之財產、財貨、勞務在競爭的市場裡進行交換的機會──來決定。韋伯說，「於是，"階級鬥爭"開始了」❺。

任何交換物件的"市場狀況"被定義爲「將之兌換爲貨幣的所有機會，這點爲所有在交換關係裡的參與者所共知，而有助於他們在進行價格競爭之爭鬥時的取決」❺。那些擁有足以相埒之交換物件(包括財貨與勞務)的人，「共同分享彼此之生活機會的一個獨特因果組合」❺。也就是說，那些共享同樣的市場或者"階級狀況"者，都服屬於相類似的經濟關卡，而因此影響到他們生存的物質水平與所能夠享有的個人的生命經驗。一個"階級"意指享有相同階級狀況的個人之集合。準此，那些無產者，以及那些只能提供其勞務於市場的人，是依據其所能提供之勞務的種類來區分的，正如同那些擁有財產者，可以根據他們所擁有的物資，以及他們如何使用這些物資以達其經濟目的來區分。

❺ *ES*, vol. 1, p. 63。關於"經濟"這個概念較早的建構，見 *MSS*, p. 65。

❺ *ES*, vol. 1, pp. 80-2。　❺ *ES*, vol. 2, p. 928。

❺ *ES*, vol. 1, p. 82。　❺ *ES*, vol. 2, p. 927。

韋伯承認，誠如馬克思所說的，在一個競爭的市場裡，財產的擁有與否，是階級劃分的最重要基礎。他遵循馬克思的劃分法，將有產的坐食階級與企業家階級，分別稱之為"有產階級"(Besitzklassen)與"營利階級"(Erwerbsklassen)。有產階級指的是那些將其所擁有的土地與礦場等出租以收取租稅的人。這些坐食者是"優勢的"有產階級。"劣勢的"有產階級則包括所有那些沒有財產或技術可資提供〔市場〕的人(例如那些落魄的羅馬平民)。在優勢與劣勢團體之間有個中間階級，他們要不是擁有小量財產，就是擁有可提供於市場作為勞務的技術。這些人包括公務人員、工匠以及農民。營利階級裡的優勢團體，是指那些提供財貨於市場出售的企業家，或是那些參與此種運作中有關於財務方面的人，例如銀行家 ❺。受薪勞工則構成劣勢的營利階級。中產階級則包括那些小資產者、政府或企業裡的行政人員。

　　大部分談論韋伯之階級觀念的人，都將注意力集中在其早期言論上(見以下，註 ❺)，而忽略了他的第二種說法。這是不幸的，因為這給人一個印象，認為韋伯的觀念(較其真正的情況更)不夠統一。雖然在原則上，根據市場狀況來認定階級狀況，階級的區分就會和所有細微的經濟職位等級的數目一樣多；事實上，韋伯只認定幾個在歷史上具有意義，且圍繞著財產之有無而建立的確實組合。在他後來的論文裡，除了區分有產階級與營利階級之外，韋伯還區分出他所逕稱的"社會"階級。既然個人可以在一系列的階級狀況裡自由的移動(例如，個人可以毫無困難的從一個市政府的雇員轉任到一家貿易公司)，那麼他們便形成一個確定的社會階級。歸結幾個營利階級裡的分類，韋伯描

---

❺優勢的營利階級有時也包括那些可以控制某種壟斷性的專門技術者，像技術專家以及工藝勞工等。

述資本主義裡的社會階級有下列幾類：1.勞工階級：雖然技術上的區分——尤其當各種技術被壟斷控制時——是威脅到勞工階級之爲一體的主要因素，但由於工業機械化的日益進展，使得大多數的勞工都被推進到一個技術類似的範疇裡。2.小資產階級。3.無產的白領工人、技術人員，以及知識分子。4.優越的企業家及資產階級，他們也傾向於分享較具優勢的教育機會❺❼。

相類似的階級利益之存在、其間的關係與明顯的階級鬥爭之發生，在歷史上都是偶然的。組成團體的個人，可能共同享有類似的階級狀況而不自知，而且也未組成任何組織以促進他們共同的經濟利益。財產分配的不均，並不總是導致階級鬥爭的最重要因素。只有在人們意識到生活機會分配之不公平並不是"不可避免的事實"時，階級鬥爭方才展開。在許多歷史時期裡，劣勢階級認爲其接受一個較低的位置是正當的。階級意識只有在下列這幾種狀況下才有可能發展：1.階級敵人是一個可見的而且直接的經濟競爭的團體：例如現代資本主義裡的勞工階級較易被組織起來對抗工業的企業家或經營者，而不是對抗那些離得較遠的財務掌理者及股份擁有者。「並不是那些坐食者、股東與銀行家遭到勞動者的敵對，而幾乎全都是工廠經營者與商業執行者在薪資鬥爭上成爲勞工的直接敵人」❺❽。2.許多人共處於相同的階級狀況下。3.溝通與集會都相當容易：例如在現代的工廠生產線上，勞工被集中在一個大規模的生產單位裡。4.不平的階級有了領導——例如來

❺❼ *ES,* vol. 1, p.305, 參見 Paul Mombert: "Zum Wesen der sozialen Klasse", 收於 Melchior Palyi: *Erinnerungsgabe für Max Weber* (Munich & Leipzig, 1923), pp. 239-75。

❺❽ *ES,* vol. 2, p. 931, 韋伯指出，由於這個事實，方使家父長制的社會主義成爲可能。同樣的，在軍隊裡，士兵們所怨恨的毋寧是士官長，而不是那些下達命令的更高階層。*GASS,* p. 509。

自於知識分子的領導──可以爲他們的行動提供明確而易解的目標。

　　所謂"階級"，指的是多數個人所處的市場狀況之客觀組合，正如階級對於社會行動的影響是獨立於這些個人爲他們自己或他人所做的價值估量一般。旣然韋伯排斥人類理想是直接取決於經濟現象的這個觀念，因此價值估量的這個概念必須獨立於階級利益之外來建構。於是，韋伯將階級狀況與"身分狀態"(ständische Lage)劃分開來。個人的身分狀態指的是他人對他或他的社會地位所做的價值估量，而賦予他某種形式的(正面的或負面的)社會聲名與評價。一個身分團體即是處於相同身分狀態下的許多個人。身分團體不像是階級，它們多半總是會意識到彼此共同的地位。「拿它跟階級的關係來說，身分團體最接近於"社會"階級，而與"營利"階級最不相類」❺，然而，身分團體與韋伯前所劃分的三個階級類型的任一種，都沒有必然或普遍的關連。有產階級通常，但並不必然，會組成確定的身分團體；而營利階級就很少如此。

　　一般來說，身分團體，是以某種特殊的生活方式，或者是在行爲上加上某些約束，以使他人在這些約束上與他們交往，來突顯他們的不同。在婚姻方面的約束執行，嚴厲的族內婚制，經常是達成此一目的所常用的方法。種姓制度則是其中最清楚的例子：身分團體的特質是基於種族因素，而由宗教的訓誡、法律與習律的規約來予以加強。雖然只有在傳統的印度，整個社會才是根據嚴格的種姓制度組織起來的，然而，類似種姓制度的成分，仍然在"賤民"民族(pariah peoples)的身上顯現出來。他們都是些少數民族，在歷史上最著稱的例子是猶

---

❺ *ES*, vol. 1, pp. 306-7; *WuG*, vol. 1, p. 180。關於馬克思所用的 Stand 一詞，見前文 p. 28, 註❷。

太人；他們的經濟活動被限制在某一特別的職業或某種範圍的職業裡，而且與"作爲主人的"人民之間的連繫，也受到限制。

對韋伯來說，依照身分來劃分，並不只是階級等級制的"複雜化"：相反的，身分團體，以其與階級之間的不同，在歷史發展的無數過程中具有重大的意義。猶有進者，身分團體也可以直接的影響到市場的運作，並因此而影響到階級的關係。歷史上，此事出現的一個重要的方式是透過對經濟生活領域——允許由市場來控制——的限制來達成：

> 例如，在"身分制時代"的許多希臘城邦裡，以及最初在羅馬，繼承的身分(如同舊制裡將一浪蕩子置於一監護人的監管之下的情形)是受到壟斷的，就像騎士、農民、敎士等身分，尤其是工匠與商人行會裡的成員。市場是受到管制的，對於階級的形成有重大影響的赤裸裸的財富力量本身，被推到幕後去[60]。

我們還可舉出很多經濟資產與身分特權被清楚劃分的例子。擁有物質財富通常並不表示就具備了進入某一優勢身分團體的充分基礎。那些想要擠身某一固有的身分團體中的**暴發戶**，其要求通常不易爲此一團體中的成員所接受，雖然個人往往能運用其財富來保證他的後代可以達到成爲其中成員所必具的水準。然而，韋伯眞正強調的是，縱使身分團體的成員「一貫地強烈反對光是財產上的優越」，財產「最終」仍然「極端規則性」的被認爲是一種身分的資格[61]。一個社會裡的身分階層化的普遍程度，受到這個社會經濟變遷速度的影響。舉凡經濟有

---

[60] *ES,* vol. 2, p. 937。

[61] *ES,* vol. 2, p. 932。

顯著變遷之處，階級的分劃，比在少有變化的環境下，更成為決定行動的一項普遍因素。在後一種情形裡，身分的區分較為顯著。

　　階級與身分團體成員二者都可以是社會權力的一種基礎；但是政黨的形成對於權力的分配具有更深遠、更具解析性的獨立影響。一個"黨"指的是任何自願性的社團，它以直接控制某一組織為目的，為的是要貫徹此一組織的某些明確的政策。在這層定義下，黨可以存在於任何形式的組織裏：從一個運動俱樂部到國家的形成等，種種的自由召募組合都是被允許的 ❻。共同的階級狀況或身分狀態可以是組成政黨的唯一資源，不過這種情形少見。「在任何個別的情況下，黨可以代表階級狀況或身分狀態所決定的利益，……但是它們並不必然是純粹的階級或純粹的身分黨派；事實上，它們更像是一種混合類型，有時候則兩者都不像」❻。

　　隨着現代國家的成長，帶來了群眾政黨的發展，以及職業政治家的出現。一個其職業即為從事政治權力鬥爭的人，可以是"為"政治而活的人，也可以是"賴"政治而活的人。一個依賴政治活動以賺取其主要收入者是"賴"政治生活；一個全天候從事政治活動，但並不從此一活動中賺取收入的人，是"為"政治而活。在一個政治秩序裡，權力位置若是要由那些"為"政治而活的人來遞補，那麼，必然是來自於有產的精英分子，他們通常是坐食者而不是企業家。這並不意味者，這一類的政治家，他們所制定的政策，會全然以其所從出的階級或身分團體的利益為追求的目標❻。

---

❻ *ES*, vol. 1, pp. 284-6

❻ *ES*, vol. 2, p. 938。

❻ *FMW*, pp. 85-6。

第12章
理性化、"世界諸宗教"與西方資本主義

　　韋伯將其對猶太教與中國及印度宗教的研究總稱爲"世界諸宗教之經濟倫理"(The economic ethics of the world religions)❶。從這個名稱裡，我們可以看出韋伯的主要旨趣所在，並且立刻聯想到他早先有關喀爾文教與西方資本主義精神的研究論著。實際上，韋伯後來的這一系列研究，比起他冠之於其上的普通名稱所指涉的範圍要寬廣得多，其中包括許多社會及歷史現象的探討。存在於宗教信仰的內容與經濟活動的形式之間的關係——社會秩序由此種關係顯現其特性——通常是間接的，並受到那秩序中的其他制度所影響。

　　韋伯強調他對世界諸宗教的研究：

　　　絕不是一種有系統的宗教"類型學"研究。不過，卻也不單是一種純粹的歷史研究。這些研究「所探討的是各種宗教倫理在歷史上具體呈現時，具有什麼典型的重要現象」；就這一點而言，這些研究可以說是"類型學的"。不同的經濟心態(economic mentalities)之間有極大的差異，而這些差異又與宗教有關連；爲了瞭解

❶ *GAR*, vol. 1, p. 237。

這種關連，上述的研究途徑是不可或缺的。其他方面我們就略而不談，因為此作的目的，並不在於對世界諸宗教有一全面性的觀照❷。

更特別的是，韋伯說道，宗教倫理對於經濟組織的影響，尤其應該從某一特殊的角度來探討：亦即宗教倫理是有助於、亦或有礙於理性主義的發展，是否會像西方那樣，整個經濟生活都受到它的主宰。

在使用"經濟倫理"一詞時，韋伯並非意指他所分析的每組宗教信仰都清楚明白地規定出何種經濟活動是被允許的或被鼓勵的。宗教對經濟生活有多大的直接影響，或此種影響的本質如何，其間並無定數。在《基督新教倫理》一書中，韋伯並不將討論的重點放在某一特定的宗教倫理的內在"邏輯"上，而是著重於探討此一宗教倫理在心理上及社會上給個人的行動所帶來的影響。有關宗教現象的緣起及其影響，韋伯一向不認為唯物論或唯心論能提供什麼有力的概括性解釋。他說：「相應於外在形式相類似的經濟組織的，可以是相當不同的經濟倫理，並且根據其各自相異的特性，也可能產生相當歧異的歷史風貌。任一經濟倫理都不單只是某種經濟組織形式的"函數"而已；反過來說，後者也不只是前者的"函數"」❸。當然，宗教信仰只不過是影響經濟理倫之形成的許多制約因素之一罷了，而且宗教本身還深深受到其他許多社會、政治以及經濟現象的影響。

---

❷ *FMW*, p. 292.
❸ *FMW*, pp 267-8, *GAR*, vol,1, p. 238.

宗教與巫術

　　韋伯有關世界宗教的論著，實應與他在《經濟與社會》一書中所定下的宗教社會學基本理論主張合而觀之 ❹。在參與宗教與巫術活動之時，人們通常都會清楚分辨何種事物或人物具有非凡的特質，而何者只屬於"平凡"俗世的 ❺。只有某些事物才具有宗教性質，也只有某類人物才蒙邀天啓或神寵，因而具有宗教性的異能。此種超凡異能即爲卡理斯瑪；像"靈力"(mana)這種在功能上比較籠統的異能，早先便是卡理斯瑪特質的來源，隨後卡理斯瑪特質則以較爲明確的型態，呈現在那些使世界主要宗教得以發展開來的偉大宗教領袖身上。這是特別值得強調的一點，因爲韋伯在有關卡理斯瑪支配的概括性討論裡，有些話經常被引用來證實他的著作中有將卡理斯瑪概念用於架構"超人"(great man)的歷史理論之嫌❻。然而，在韋伯的類型分析裡，卡理斯瑪的正當支配是可以代代相傳的，因此卡理斯瑪不應當只是被當作一種完全是屬於"個人的"特性來看待。韋伯和涂爾幹都同意，在大多數的原始宗教裡(這裡並不是說所謂原始宗教就是指那最根本的形式——作爲進化到更複雜的宗教的原始類型❼)，存在著被一般化了的

---

❹ *ES*, vol. 2, pp. 399-634。

❺然而韋伯並不像涂爾幹那樣強調"神聖"與"世俗"之間的強烈歧異性。韋伯認爲「宗教的或巫術的行爲或思想不應該與日常生活裡有目的行爲分開來談，特別是因爲宗教與巫術活動的目的，主要還在於經濟」。*ES*, vol.2, p. 400。

❻例如，可參看 *FMW* 一書的概論，pp. 53-5。

❼韋伯說：「認爲圖騰崇拜(totemism)具有普遍性，或者認爲所有的人類社會與宗教都衍生自圖騰崇拜，這種看法未免太過於言過其實，現在已幾乎完全沒有人接受這種說法了」。*ES*, vol.2, p. 434。

精神力量(spiritual agencies)，它們雖不是人格神，但卻帶有意志的性質。神在其最初形成之時，不過是飄渺的存在著：人們認爲某神只專管某事。像這種"瞬息出沒的神"(Augenblicksgotter)便不具有個別的"靈力"，人們只以其專管的那類事物之名來稱呼它們。在什麼情況之下，神變得具有永恒且強而有力的神性，這實在很複雜，而且不易在歷史上溯其根源。

　　據韋伯的看法，嚴格說來，只有猶太教與伊斯蘭教才算是一神教。在基督教裡，如果不就理論而光就實際上來說，無上的神被認爲乃是三位一體的(the holy Trinity)；在天主教教義裡更是如此。然而在世界史中具有重要性的所有宗教裡，我們都可看出有趨向於一神論發展的跡象。此種趨勢爲何在某些宗教裡得到進一步的發展，而在其他的宗教裡卻未如此，原因頗多；但其中有一個普遍性的因素：僧侶階層的自衛性抵拒，因爲這些僧侶在其所代表的某一特定神的崇拜中，可以獲得極大的利益。其次，在傳統社會裡的群體大衆需要那些容易接觸、且受巫術影響的神靈。某個神愈是變得無所不能，它就愈是遠離社會大衆日常之所需，即使在全能之神已占優勢之處，巫術的慰解通常依然留存於一般信仰者的實際宗教行爲裡。

　　當人透過禱告、祈求與供奉來和神靈交通時，我們即可說有"宗教"存在了，以此而有別於"巫術"的應用。巫蠱之魔力並非崇奉膜拜的對象，而是一種符咒法術的施行，以慰解人類之所需。相應於宗教與巫術之區別的，是一種權力與地位上的差異，我們可將之分別爲教士階層以及魔法師或巫覡，這種分別在歷史上有其重要的意義。所謂教士階層，乃是指一神職人員的永久團體，他們在宗教崇拜的事務上有其須臾不失的執守。凡有教士階層出現之處即有宗教崇拜儀式的施行，然而有宗教崇拜施行之處卻並不一定有教士階層的產生 ❽。教士階層的存在之所以特具重要性，是因為它影響了宗教信仰的理性化程度。在施行巫術或是無教士階層存在的宗教崇拜施行之處，都比較沒有系統連貫的宗教信仰之發展。

　　在韋伯的宗教社會學裡，宗教先知是與教士有著同等重要性的。先知乃是指「一個秉有卡理斯瑪特質的個人，他以其身負的神聖使命，頒布宗教信條或神的命令」❾。雖然新的宗教團體並不一定都是由先知式的宗教使命所造成的──因為教士中的宗教改革者也能造成此種結果，然而在韋伯看來，在宗教歷史上，先知是教義的重要來源，而有了新的教義，宗教制度才會發生激烈的變革。這點尤其可見於巫術逐漸消失於人類日常生活的歷史現象。此種歷史的驅動力乃經由對世界"除魅"的過程，而在理性的資本主義裡達到它的高峯。

　　　　要擊倒巫術的勢力而建立起一理性的生活樣式，就只有一個
　　辦法──出現偉大的理性先知。並非凡有先知即能擊潰巫術之魔
　　力，然而有先知就有可能以奇蹟或其他的妙法來打破傳統的神聖
　　法規。先知已將世界由巫術中解放出來，而為我們現代的科學與
　　工技，以及資本主義奠立了基礎❿。

先知很少來自教士階層，而且他們通常都與教士階層處於相對的立場。一個"倫理型先知"(ethical prophet)，他的訓示是基於某種神聖使命

---

❽ *ES*, vol.2, p. 426。

❾ *ES*, vol.2, p. 439。

❿ *General Economic History* (New York, 1961), p. 265。

的傳達，其內容可能是一套清楚明白的宗教規約或是更具一般性的倫理規範，準此，他要求人們將之奉爲道德的責任來加以實行。一個"典範型先知"(exemplary prophet)乃是以其自身的生命來證驗一條通往救贖的道路，而自己並不宣稱身負衆人都必須遵從的神聖使命。典範型的先知最見著於印度，在中國也偶有所見，而倫理的先知則尤其是近東地區的宗教特色，我們可溯及猶太教裡那全能且超越的上帝**耶和華**(Yahwe)。

這兩種先知都具有同樣的特色：他們皆有助於一種首尾一貫而無矛盾的世界觀之提昇與展現，此種世界觀並能促使人們「對生命抱持一種尋求意義及內在統一的態度」。若在邏輯上嚴格推敲的話，先知啟示所包含的種種信仰可能互有矛盾；不過，一切預言都對生命抱持着一種實用的態度，因此預言便具有了統一性。預言「在宗教意念上總是把世界看成一個和諧的宇宙、一個必須"具有意義"且具有規律的整體……」⓫。先知與敎士相衝突的結果，當然，可能是先知及其追隨者獲勝，而建立起新的宗教秩序；或者二者相互調解；也可能是敎士壓制了先知或者將之剗除。

印度與中國的神義論

先知的發展在傳統的中國很早便停滯了。相反的，在印度，雖然其先知(無論是印度敎的，還是佛敎的)皆爲典範型先知，並不自認爲

⓫ *ES,* vol.2, p. 451。

身負神聖使命而必須積極地四處宣教，但某種重要的救贖宗教確實出現了。印度敎在某些重要方面與世界其他宗敎大不相同，它乃是一種折衷而包容的宗敎；一個虔誠的印度敎徒可能接受那「任一基督敎派的信徒都自認爲絕對是自己特有的最重要且最具特徵的敎條」❷。不過，大多數的印度敎徒仍有他們某些共同的信仰——可說是些"信條"(dogmas)，因爲凡否認此中所包含之眞理者，皆被認爲是異端。其中最重要者則爲靈魂輪迴及業報(Karma)。此二者皆與種姓制度下的社會構成息息相關。業報的信條「乃是歷史上所出現過最能自圓其說的神義論」❸。韋伯認爲，就是基於此一觀念，位於最低階層的印度人能(韋伯在此借用了《共產黨宣言》上的話)「贏得這個世界」：也就是說，根據這些信仰，經由不斷輪迴的結果，他可望臻於最高的階層，並修成正果以達於彼岸。信條上明載著個人此生此世之所爲必將報應於來世的輪迴中，由於此點緊繫於現世的種姓體制上，因此任何對固有之社會秩序的挑戰皆難逾越此一宗敎正統敎義所護衛的藩籬。

　　雖說每個人都自有其"應得的"的命運，但在社會上處於劣勢地位的人並不因此就可安然接受別人的好運。所以，不同的種姓階層既是互相疏離，也可能互相憎恨。然而，只要固有的業報信念維持不墜，那麼革命的理念與"進步"的企求根本就是不可思議的❹。

---

❷ *RI*, p. 21。

❸ *RI*, p. 21。

❹ *RI*, pp. 122-3; *GAR*, vol.2, p. 122。

西元前四、五百年左右，在印度教早已鞏固的古老歷史時期裡，印度在製造業與商業方面的發展都已達到高峯。城市裡的商人與工匠的行會在都市經濟組織上的重要性，可以比諸中古歐洲的行會。再則，印度也有理性科學的高度發展，不同時期裡也有派別紛紜的哲學花果迸現。這種兼容並蓄的景況實是世所少見的。法律系統的建立且可比美於中古歐洲，但是由於種姓制度的出現，再加上婆羅門教士的優勢威權，使得經濟的發展受到嚴重的阻扼，而無法進一步地走上歐洲所成功走出的路途。

　　事實上，印度的發展之獨特性就在於：城市裡剛萌芽的行會與公司組織既沒有發展成西方式的自主城市，並且，在國家發展成家產制政體時，也沒有在領土內的社會及經濟組織方面，發展出類似西方的"領域經濟"(territorial economy)。相反的，在此時已頗有一段歷史的印度種姓制度，却居於優勢的地位。此一種姓制度在某方面完全取代了其他的組織，另一方面則削弱了它們；它使它們得不到任何的重要性❶。

　　種姓制度對經濟活動的主要影響是它儀式性地凍結了職業結構，因而阻礙了經濟上更進一步的理性化發展。在勞動方面，種姓制度的儀式主義強調的是製作精美物品所需之傳統技藝的榮譽和價值。任何想要打破此種職業信條的人都會妨礙到他在來世更好的輪迴機會。因此，最能嚴格遵從此種種姓義務的，就是那些種姓階級最低下的人。

---

❶ *RI,* pp. 33-4; *GAR,* vol.1, pp. 35-6。

不過，種姓制度對於經濟發展的負面影響雖然深廣，卻並非一成不變。譬如說，如果我們認為種姓制度完全妨碍了以複雜的分工為基礎的大規模生產事業的生存(就像西方現代工業所具有的)，那可就錯了。這可證之於殖民式的公司在印度部分得到成功的事實。即使如此，章伯下結論說：

> 要想在種姓制度的基礎上開展出工業資本主義的現代化組織來，那幾乎是完全不可能的事。職業一有更動，生產技術一有變更，就會導致在儀式上被貶黜的結果。在這樣的宗教法規下，經濟上與技術上的革命自然無法自其本身中衍生出來…⓰。

　　印度的婆羅門與傳統中國的儒士，在地位上有很重要的類似點。二者都是身分團體，其支配地位主要來自於對古典經文的掌握，因為經文上的語彙並非一般平民所易於理解的。不過，據章伯說來，印度的智識主義並不像中國那樣地有賴於書寫的文化。二者都聲稱不具任何巫術色彩(雖然實際上並非全然如此)；也都拒斥任何酒神式的宗教狂歡祭禮(Dionysian orgiasticism)⓱。

　　然而二者間也自然有其相當的差異。中國的儒士是一家產制官僚體系下的公職身分團體(officialdom)，而婆羅門則原是教士階級——雖然他們也從事各種不同的職業，例如擔任王公們的私人教士、法官、解釋教義的教師，以及顧問等等 ⓲。不過擔任公職的婆羅門倒

⓰ *RI*, p. 112。
⓱印度與中國的一般民間生活中，並未剔除巫術；巫術崇拜在二地仍皆盛行。
⓲ *RI*, pp. 139-40。

是少見的。在一君獨尊統一下的中國，學問上的造詣是與官職的任命相互關連的。那些受過學術薰陶的人是遞補公務系統官僚的主要來源。然而印度的婆羅門敎士階層在普遍王權的早期發展之前，就已穩固地奠立了。因此，婆羅門得以不被納入層級體系之內，而且同時還在原則上居處於一高於君王的身分地位。

韋伯指出，傳統中國的某些時期裡，有一些發展是有助於經濟的理性化的。這些發展包括：類似印度的城市與行會的出現，貨幣制度的形成，法律的發展，以及以家產制國家形式所達成的政治統合。然而這些有利因素在中國的發展，卻與其在歐洲資本主義興起的過程裏所扮演的角色有某些重大的差異。雖然中國在古代就已相當都市化，並有大量國內貿易的進行，然而其貨幣經濟卻停滯於相當初步的階段。此外，中國的城市也大不相同於歐洲的城市。這多少也是由於貨幣經濟未能發展的緣故：「在中國，沒有任何城市能像佛羅倫斯那樣，能獨力創出標準的貨幣，並引導國家的貨幣政策」[19]。同樣的，中國的城市也未曾獲得像中古歐洲城市共同體所擁有的司法獨立與政治自主性。

中國的城市居民大多緊緊維繫他們與故鄉之間的血緣紐帶，城市依然嵌入於當地的農村經濟之中，而無法像西方那樣，發展出城鄉對立的局面。像英國城市所擁有的各式"特許狀"(charter)，在中國從未出現過。在這種都市行政體系缺乏政治、司法獨立性的情況下，具有相當程度內在自主性的行會的潛在發展能力也被限制住了。而城市的政治自主性之所以如此低微，部分是由於國家官僚制的早熟發展：官

---

[19] *RC*, p. 13。

僚是促成都市化的主要角色,但是也因此而能夠控制都市發展的脚步,並且他們從未想要放棄這種角色的扮演。這與西方的情況也完全不同;在西方,行政的官僚多半只是自主的城市國家成立之後的產物而已❷。

傳統的中國社會結構裡,最重要的角色之一就是皇帝兼具宗教祭司與政治領導者的雙重身分。中國並沒有一個強而有力的教士階層,也沒有能對帝國政權產生挑戰的先知預言。雖然皇權中的卡理斯瑪特質已摻雜了傳統型支配的成分,但即使到近代,人民仍冀望皇帝能運用其卡理斯瑪的能力來影響風雨的調和、河水的漲落。如果河水不幸決堤泛濫,那麼皇帝必須下詔罪己;他和所有官員一樣,有過時亦會受到懲戒。

與現代歐洲民族國家比較起來,傳統中國與大多數缺乏良好通訊系統的家產制國家一樣,行政中央化實際效率是很低的。然而這種很可能造成封建體制的地方分權傾向,卻很有效的爲另一種制度所抵制:利用教育程度的審查來決定官員遞補的資格——如此便將官僚體系與皇帝和國家連爲一體。官員的政績每三年一考核,如此一來,國家的教育當局便能不斷地監管官員。理論上,官員向國家支薪,事實上國家並不直接支付或者僅支付俸祿的一部分。由於官員們乃依其派任所在,於每歲的稅收中獲取自己的俸祿,因此,他們在經濟利得的態度上顯得非常的保守:

> 位於最高支配地位的官吏階層並不個別地占有利得機會;利得機會毋寧是可隨時調任之官吏整體的身分性占有。他們集體反

---

❷ RC, p. 16。

對干預, 並極端憎恨地迫害任何號召"改革"的理性主義理論家。只有自上或自下而來的激烈革命, 才有可能改變此一情勢[21]。

中國的城市共同體缺乏政治自主性並非意味著沒有地方勢力的存在。事實上, 韋伯的許多分析是在探討中央當局與地方州郡之間時有起伏的衝突。在此對峙的關係裡, 尤其重要的是那些作爲經濟活動與合作之焦點的強宗大族。此種血緣團體(氏族)事實上乃是一種較家族爲大之經濟企業的基礎或模型。通常, 氏族控制了食品加工、紡織、及其他的家庭手工業, 並且爲氏族成員提供週轉資金。無論是農村或是都市的生產, 都在氏族合作經營的高度控制之下, 其結果是減低了個人的企業經營活動與勞工的自由流動, 而這正是促成西歐資本主義的根本因素。地方長老的權勢與士人官吏的治理權威常相抗衡。在處理氏族內部的家務事時, 無論此一官員是多麼稱職, 他都必得服從於不識字的氏族長老的權威。

雖然中國早在西元前六世紀就有某些數學形式的發展, 然而傳統的教育制度裡卻沒有計數訓練這一項。在正式的教育裡被刪除的商業算學技巧, 只有到實際的行當裡去學。教育僅強調文學的造詣, 旨在對古典經文有深刻的了解。也由於此種對經文的精通嫻熟, 士人被認爲具備了卡理斯瑪的特質。但是, 他們與印度的婆羅門世襲教士並不相同, 儒教也與印度的神秘宗教大有出入。韋伯認爲中文裡沒有西文"religion"的同義字。而意思最接近的詞語, 如"教條"、"儀式"等, 並不意含神聖與世俗的區分。

---

[21] *RC,* p. 60。

　　儒家思想裡，社會秩序被認爲是宇宙秩序的一部分，而後者乃是
恒常不易的：

　　　　宇宙秩序的偉大神靈，顯然只企盼世界的和樂，尤其是人類
　　的幸福。社會的秩序亦當如此。只有當人能將一己融入宇宙的內
　　在和諧之中，那麼心靈的平衡與帝國的祥和方可且當可獲致❷。

　　儒教所最崇敬者乃"君子仁人"，他恆常秉持尊嚴與儀節以行事，
並與外在萬物融爲一體。克己與情感的節制乃是此一倫理之要求，因
爲心靈要能達到諧和就必須摒除情慾的干擾。這其中並沒有原罪或因
之而起的救贖等觀念。儒教所強調之克己決不是像印度教那樣的禁慾
主義——欲從人間苦難中解脫出來。
　　韋伯的中國研究以一儒教與基督新教的清楚對比做歸結。其中有
兩個基本的也是交互相關的判準，可決定每一宗教理性化的程度：巫
術已被驅除到什麼程度？是否發展出一內在統一且具普遍意義的神義
論？關於前者，禁慾的基督新教之理性化程度，世界上的其他宗教無
出其右者。至於後者，儒教與基督新教皆已臻於高度形式的理性。但
是，儒教理性主義的內容以及其對於眞實世界之不合理、不完美所持
的態度，與理性的清教教義大不相同。宗教理性與塵世凡俗在清教倫
理中存在著高度的對立性，而儒教所重實不在此，而在於個人如何和
諧地融入不可避免的現實世界之中。

　　對儒教的理想人——君子——而言，"典雅與威嚴"是表現於

─────────
❷ RC, p. 153。

充分履行傳統的義務。因此，首要的德行與自我完成的標的便意指生活的所有情境中，典禮與儀式上的得體。……儒教徒單單渴望一種從野蠻的無教養狀態下超脫出來的"救贖"。他期望著此世的福祿壽與死後的聲名不朽來作為美德的報償。就像真正的古希臘人一樣，他們沒有超越塵世寄託的倫理、沒有介於超俗世上帝所托使命與塵世肉體間的緊張性，沒有追求死後天堂的取向，也沒有惡根性的觀念。……總之，理性的禁慾精神，"入"(in)世而不"屬"(of)世所特具之系統化的——是冷酷無情的，也是宗教式的——功利主義，有助於產生優越的理性資質，以及隨之而來的"志業人"(Berufsmensch)精神；這些都為儒教所拒斥。……這樣的對比可以教給我們的是：光是與營利慾及對財產的重視相結合的冷靜與儉約，是遠不能代表和產生從現代經濟裡志業人身上所發現到的"資本主義精神"[23]。

因此，即使有許多有利的因素已漸發展，然而理性的資本主義終究沒有在中國自然開出花果來。也許正如日本一般，中國可為自外而來的資本主義生產方式提供生長的沃土；不過，這與資本主義發展的原動力問題又是兩回事了。

將此一結論與韋伯對西歐資本主義之興起的分析兩相印證是相當重要的。韋伯清楚指出，「根植於中國人的"精神"(ethos)之中」的規範使得這民族「缺乏一種特別的心態(mentality)」，而阻礙了理性資本主義的開展[24]。在西歐，這種"心態"則隨着禁慾基督新教的形成而出現。

---

[23] *RC*, pp. 228 & 247; *GAR*, vol.1, pp. 514 & 534。

[24] *RC*, p. 104。

不過，如果我們認爲韋伯對印度與中國的研究只不過是在擬製一事後的(ex post facto)"實驗"——相關的物質因素(即有利於資本主義的經濟與政治條件)不變的情況下，來分析理念內涵的"獨立的"影響力——那是不對的。比如說，中國曾在某些時期裡，存在著許多資本主義興起所必具的或有利於資本主義之興起的"物質的"因素，然而這些因素的**相互聯繫**卻另具一格，而異於它們在歐洲的情況。準此，無論是"物質的"或"精神的"條件，西方與東方都有重大的差別❷。

俗世理性主義的擴展

在歐洲方面的發展，最突出的特色要算是國家的特殊形式，以及理性法律的產生。對於歐洲往後在社會及經濟上的發展，特別是現代國家的興起這件事上，韋伯特別強調羅馬法之繼承所扮演的重要角色：「若無此種法律上的理性主義,則君主集權國家的興起就會像法國大革命般的不可思議」❷。然而法律的理性主義與理性資本主義二者間的關聯，並非如此單純明確。現代資本主義首先在英國生根，然而這個國家比起其他歐陸國家來，顯然較少受到羅馬法的影響。在現代國家形成過程中的各種複雜的交互影響因素裡，理性的法律系統之早先發展只是其中的一端。朝向現代國家發展的趨勢乃奠基於市民的概念，而

---

❷ 韋伯略微強調歐洲特殊的地理位置。在印度與中國，廣大的陸塊形成擴展貿易的阻礙。歐洲方面則有地中海，以及許多河流，提供了便捷的運輸孔道，也為大規模的貿易企業創造了更有利的環境。參見 *General Economic History*, p. 260. 此外，韋伯也詳細分析了西方城市的特性，以及大血緣團體的凝結性早期被解散所代表的意義。*ES*. vol.3, pp. 1212—372.

❷ *FMW*, p. 94。

由支薪公職人員所組成的理性行政體系來顯現其特色，它當然並不全然是經濟的理性化所導致的結果，而且從某方面說來，它的發展還先於後者。即使如此，資本主義經濟體制的發展與國家的成長二者間仍是緊密相連的。國家與國際市場的發展，以及地方團體(例如血緣單位——曾在合約的履行上扮演著重要的角色)影響力的衰退，皆促進「一個普遍性的專權機構對一切"正當的"壓制之壟斷和監督……」❷。

現代資本主義企業最根本的要素，據韋伯的看法，在於可以利用貨幣來作利得與損失的理性計算，若無資本會計上的發展，則不可能出現現代的資本主義。在韋伯看來，理性的簿記技術是使現代類型的資本主義生產方式和以往那種放高利貸的資本主義活動或投機的資本主義有所分別的最主要關鍵 ❷。使得資本會計在穩定的生產企業裡得以持續運作的必要條件，韋伯曾加以詳細的描述，這包括一些韋伯所認為的現代資本主義的基本前題條件，以及馬克思所最強調的一些因素：1.有大批受薪勞工的存在，他們不但在法律上可以"自由地"在開放市場上出賣其勞力，並且他們為了生計，也不得不這麼做。2.在市場的經濟交換上沒有任何的限制：特別是在生產與消費的活動上沒有身分階層的壟斷(最極端的例子像是印度的種姓制度)。3.基於理性法則所組織建構起來的工技之應用：機械化就是最明白的實例。4.生產企業與家戶的分離。雖然家庭與作坊分開的現象到處可見，例如市墟型的經濟體系，然而只有西歐才在這方面有超越性的發展 ❷。

不過這些經濟上的特質，若沒有現代國家的理性司法制度，則不

❷ *ES*, vol.1, p. 337。

❷ *ES*, vol.1, pp. 164-6。

❷ *General Economic History*, pp. 172-3; *PE*, p. 22。

可能存在。這個當代資本主義制度的特色，正如經濟領域裡，資本家與勞工間的階級劃分那樣明顯。一般說來，政治組織也可採用經濟企業上的劃分方式，分辨出"行政管理的工具"是否掌握在行政管理人員的手上。我們(在前一章裏)曾提及，韋伯在此處將馬克思的觀念——工人被剝奪了生產工具的控制權——擴大了應用的範圍。傳統國家的政治組織具有"采邑"(estate)的特質，行政管理的手段為公務系統所控制。但此種地方分權式的政權體系，通常與帝王或君主的中央行政體系處於一種不穩定的平衡狀態。君主通常會試圖以培養一批在物質上依賴他的僚屬，或建立一支他自己的職業軍隊等方式，來鞏固他的地位。統治者愈是能成功地培養出一批既無財產又僅向他負責的僚屬，那麼他受到來自於名義上歸屬於他的外部勢力的挑戰也就愈小。這個過程在現代官僚體制國家裡發展得最為完全。

　　無論在何處，只有透過君主的活動，才可能有現代國家的發展。對於那些常在他左右的人，以及那些在行政、戰爭和財政組織上擁有一己之支配權力的人，他通常會設法漸次剝奪他們自主的、"私屬"的權力，以及任何可以在政治上自由應用的資源。這整個過程的進展可以相應於資本主義企業漸次剝削獨立生產者的發展。我們可以想見，現代國家終必完全控制所有政治組織的運作手段，而且必定會落入某一首領個人的掌握之中❸。

　　官僚體制國家的成長歷程與政治民主化的進展息息相關，因為民主人士對政治代表權及法律平等的要求，必須要有複雜的行政及法律

---

❸ *FMW*, p.82; *GPS*, pp. 498-9。

運作來配合，才能防止特權的活動。民主與官僚化之間的關係是如此
的密切，由此而為現代資本主義制度帶來了最強大的緊張性。民主權
利要想在當代國家中推展開來，便不得不有一新的官僚運作體系的形
成，但民主體制却與官僚體制有著基本上的對立性。這對韋伯來說，
乃是在社會行動之形式理性與實質理性間所可能會發生的矛盾中，最
為尖刻的一種：抽象的法律程序之進展，雖然有助於特權的消除，然
而其本身却會重新構成一種維護性的壟斷，且在某些方面來說，此種
壟斷要比昔日的那種更具自主性，也更加"獨斷"。在民主體制裡，職
位的遞補是根據個人所擁有的學歷資格，而不拘出身於何種社會階層，
此種非基於個人好惡之拔舉的民主要求，促進了官僚組織的發展。然
而此一發展也造成其內部產生一新的公職人員階層，他們由於可以完
全獨立於外界之個人特權或特權團體的影響，所以他們在行政管理上，
也就比往日擁有更大的職權範圍。

　　然而，這並不意謂——這也是韋伯與米歇爾(Michels)及其他人
不同之處 ❸——現代的民主制度根本是一種欺騙人的東西，因為它號
稱是一種全民參與的政治體制。民主制度的成長確實會產生一種"平
齊"(levelling)的效果，而此種效果可經由比較現代社會與以往歷史上
所出現過的高度官僚化國家之不同，而清楚地彰顯出來。透過此種比
較，我們會更加明白，無論現代的民主制度與官僚體制之間有多麼緊
密的關連，即使民主權利的擴展必然會帶動官僚體制的擴張，然而，
相反的情況却完全可能並不發生。古埃及與古羅馬的歷史可以提供我
們有力的證明：在一個高度官僚化的國家裡，全體人民皆完全服屬於

❸關於韋伯與米歇爾的關係，參見 Güther Roth: *The Social Democrats in Imperial Ger-
many* (Endewood Cliffs, 1963), pp. 249-57。

王權之下。

　　從這方面看來，我們應該要謹記，官僚體制只是一種精確的
工具，它可以落入任何一個利益團體的手中，無論是純屬政治性
的，還是純屬經濟性的，或是其他任何性質的既得利益者。所以，
不管它與民主化有多麼直接的關連，二者之間的"相應性"都不該
太被誇大❸。

　從民主政治乃是由全民不斷參與權力運作的角度看來，現代的民
主國家顯然的並無法實行這種由全民來治理的理想。"直接的"民主只
有在小社區內才有施行的可能，因爲團體裡的所有成員都可以同聚一
堂來議事。當前的西方世界裡，所謂的"民主"，指的是：1.被治者得
以透過選票來對治理者產生某些影響；2.民意代表所組成的議會或國
會可以影響施政者的決策。大型的政黨無可避免的要存在於現代國家
中；然而，若是這些政黨乃是由對一己之職分有相當的肯定，並堅持
其乃一己之志業的政治領袖所領導，則官僚化的政治結構還有受到部
分節制的可能。政治領袖必須具有卡理斯瑪的特質，才能在全民普選
的活動中，吸引選民而獲取政權；在此一情況下，民主政治必然會促
成"凱撒型"(Caesarist)政治人物的產生。"獨裁領袖制"(Caesarism)
本身就是對民主政府的一種威脅，然而卻可透過國會來加以牽制，因
爲在國會裡，政治技巧可以不斷地累積增進，並且在必要的時候可以
撤消領導者的政權──如果他們踰越了法定的權威行使範圍的話。現
今的國家「只有兩種選擇，不是選擇具有"政治機器"的領袖民主制，就

❸ *ES*, vol. 3, p. 990。

是選擇無領袖民主制──職業政客的支配，這些政客並沒有崇高的抱負，也不具備作為一個領袖的內在卡理斯瑪特質」❸。

韋伯對社會主義奠立後所可能產生的結果所持的態度，便是由上面幾個觀點引發的。現代的經濟若是以社會主義的方式來建構，而要求物資的生產與分配都要達到足可與資本主義相媲美的技術效率，那麼，這必然要「大大提高職業官僚人員的重要性」❸。專業化的分工乃是現代經濟的必然特色，而這種分工則進而要求精確的功能搭配。此一現象乃是資本主義擴張過程中官僚化高張的原因。然而，一個社會主義國家的形成勢必要求更高程度的官僚化發展，因為國家必須接手掌理範圍更廣的行政工作。

韋伯也預見了施行社會主義的社會所必將面對的各種經濟問題，特別是在此種社會裡，預料必將以分工而不是以金錢來作為報酬的手段。此外，由於人們不再害怕因為工作不稱職而有失去工作的可能，所以如何激發人民保持工作的勤奮，可能成為社會主義經濟所必須面對的另一個問題。然而，社會主義經濟體也可利用群眾對於社會主義理想的強烈潛在認同 ❸。一個經歷過社會主義革命的國家，當其四鄰仍皆為資本主義社會時，必然要面臨更多其他的經濟問題，尤其是關於如何繼續與外國維持貿易及金融往來的問題 ❸。不過，韋伯反對社

---

❸ *FMW*, p. 113; *GPS*, p. 532。對於馬克思將凱撒制視為現代政治上的一種概念，參見 *SW*, vol.I, pp. 244-5。

❸ *ES*, vol. 1, p. 224。

❸ *ES*, vol.1, pp. 110-11。

❸ 韋伯認為這點，在他對於 1918 年好像真的要成功地發生在德國的社會主義革命作評估時，是頗具重要性的。

會主義的主要原因，乃在於必然發生的官僚體系之四處擴展的問題。這是當代所特具的兩難困境又一例。凡是尋求建立一社會主義社會的人，無論他是屬於何種派別，都必然抱持著一定的信念以行事，認為在他們所尋求的制度裡，政治的參與和自我的實現都必將超越資本主義制度裡的政黨民主所限定的形式。然而，欲使此一信念得以實現，其結果必然是將工業與國家導向更高程度的官僚化發展，如此一來，則必將進一步減低全體民眾的政治自主性。

官僚體制的一個特點在於它一旦被建立之後，套句韋伯的話說，它就「永不消逝」。在過去曾有官僚體制高度發展的社會裡，例如埃及，官僚公務系統之控制力便不受任何的約制，只有當整個社會體制全盤瓦解時，才會遇到困難。現代的官僚體制比起家產制組織顯然具有更高程度的理性分工特色，因此，它對社會的控制也就更不易受到挑戰。「此一體制使得"革命"——以武力建立一全新的權威——變得愈來愈不可能……」❸。

現代資本主義裡的官僚體制之擴展，既是法律、政治與工業的理性化之因，同時亦是果。所謂官僚化，所指的是行動理性化在行政管理上具體的顯示，而此種理性化已滲透到西方文化的各個領域，包括藝術、音樂與建築都在內。西方這種理性化的總體趨勢，乃是許多因素交互作用的結果。而資本主義市場的擴張乃是其中最主要的推動因素。當然，我們也不該認定這就是一種"無可避免"的演進趨勢。

理性化的概念散佈在韋伯的許多歷史著作裡，因此，想要說明它所指涉的到底主要是哪些範圍，倒不容易。從消極的觀點上來說，理

---

❸ *ES*, vol. 3, p. 989。

性化的擴展可以以逐漸"對世界的除魅"——消除巫術的思想與施行——來衡量，偉大的宗教先知與教士們的系統化活動是宗教理性化的主要動力，而這種理性化建立了首尾一貫的意義系統，以有別於巫術在釋事與慰解上任意採取的形式。不過，宗教思想的理性化也牽涉到許多相關的過程、特定象徵的澄清(例如歷史上猶太教有關唯一且全能之上帝的觀念之產生)，將此一象徵與其他象徵，依著一般的原則，毫無矛盾地連貫在一起(例如內在一致的神義論之發展)；擴展此種原則以涵蓋整個宇宙秩序，以便任何具體事件皆可以就其宗教意義做一可能的解釋(就此一觀點而言，則喀爾文教義乃是一種"整體性的"倫理)。

若想掌握俗世的理性化在西方成長的意義，則我們應謹記形式理性與實質理性之間的區別 **❸**。在韋伯看來，此一區別就社會學的分析而言是極端重要的，而且以此一區別來檢視現代資本主義的發展歷程，對他在解釋現代人所面臨的困境時，是非常重要的論證根據。行動的形式理性所指涉的，乃是行為是依據何種程度之可加以理性計算的原則所組成的。因此，以形式理性觀之，官僚體制的理念型可說是組織類型中最為理性的一種。更廣泛的說，西方文化中的形式理性可見諸無所不在的科學。當然，並不是說只有西方才有科學。然而，其他任何地方的發展程度都無法與之比擬。當然，科學原則雖已普遍涵蓋在現代的社會生活裡，但這並不意指身處其中的個人都知道這是些什麼

---

❸ *ES*, vol. 1, pp. 85-6, 參見弗利德曼(Friedmann)對馬庫色(Marcuse)的論文《工業化與資本主義》(Industrialisierung und Kapitalismus)的評論，收於 Verhandlungen des 15. deutschen Soziologentages: *Max Weber und die Soziologie heute* (Tübingen, 1965) pp. 201-5。

原則:「除非是個物理學家,否則乘坐電車的人並不知道電車是如何啓動的。而且,他也不需要知道。……野蠻人對其工具的理解,比我們多得多」。然而;如果有人想要求證一下這些原則,倒有途徑可循;而他這麼做的時候也相信「這其中並沒有任何神秘而無法計算的力量存在,而毋寧說我們可以在原則上透過計算而掌握事事物物❸」。在此意義下,這些原則可以說是"被知的"。

　　擴展形式理性與造就實質理性——運用理性的計算以進一步達成某一確定目標或價值的追求——二者間的關係並不很清楚。現代的理性資本主義,以效率與生產力的實質價值來衡量,是人類所發展過最進步的經濟體系。然而,推動此一發展的社會生活之理性化却與西方文明裡最為特出的價值(例如對個人的創造力與行動的自主性之強調)相衝突。現代生活的理性化,特別是官僚體制組織形式所顯示的,越來越將人類帶進某種"牢籠"之中。這就是韋伯在其《基督新教倫理》一書的結語中,所要傳達的訊息:

　　　　在近代社會裡,放棄像浮士德那種多方面追求的念頭,而專心從事一門工作是一切有價值活動的必要前題;行為(deeds)和斷念(renunciation)如今已互為彼此不可或缺的條件;中產階級生活樣式——它若要正面地成為生活樣式,而不只是反面地不是任何生活樣式——所具的這種制慾的基本格調,是歌德在〈遊歷時代〉和他給予浮士德一生的結局中,以他最高的人生智慧,所想啓示我們的事,此種認識,對他來說等於是向一個完美人(full

---

❸ *FMW*, p. 139。

and beautiful humanity)的時代斷然告別；這樣的時代，在我們文化發展過程中，已不能重演，正如古代雅典文化的全盛時代不能重演一樣❹。

以此觀之，西方社會可說是建立在形式理性與實質理性二者的內在衝突上的，而此種衝突矛盾，據韋伯對現代資本主義的分析看來，是無法解決的。

---

❹ *PE*, p.181。中譯者按：中譯主要參考張漢裕先生之譯文。

第 **4** 篇

資本主義、
社會主義與
社會理論

第 **13** 章
馬克思的影響

　　馬克思的著作與涂爾幹及韋伯的著作在學術思想上的關係，若不
參照那些使得三人著作有所牟合也有所離異的社會與經濟變遷的話，
就無法分析得完全。涂爾幹與韋伯二人都對馬克思有所批評，並且在
著作中都有意的對馬克思的作品採取駁斥或者批評的姿態。確實，在
第二手的文獻中，經常有著這樣一種說法：韋伯學術的主體就是一種
長期「與馬克思幽靈對話」的呈現❶。然而，在十九世紀晚期的德國與
法國，馬克思思想的影響遠超過純粹的知識圈：馬克思的著作，以"馬
克思主義"的型態，成為一強而有力的政治運動的原始動因。以此，馬
克思主義，或更廣義地說，"革命的社會主義"，便形成涂爾幹與韋伯
之視界的一個主要元素，尤其是後者❷。

　　馬克思認定他的著作乃是為了要達成一種明確之**實踐**的完成，而
不只是對社會所做的一種學術研究。同理，涂爾幹與韋伯二人亦是如
此，雖然他們的態度自然不是完全相同的。他們的寫作都在對他們所

❶見 Albert Salomon:"German Sociology"收於 Georges Gurvitch and Wilbert E.
Moore: *Twentieth Century Sociology*(New York ,1945),p. 596。

❷在以下的幾章裡，我將稱馬克思本人的觀點為"馬克思的"(Marxian)理念，而稱那些自
認為是馬克思之追隨者的學說或行動為"馬克思主義的"(Marxist)。我將以"馬克思主
義"(Marxism)來廣泛地指稱一般屬於後者的團體。

認爲的現代人終必要面對的,最緊要的社會與政治問題提出防制之策,並試圖提供一不同於馬克思所採取的立場。值得注意的是,在涂爾幹與韋伯崛起的那一代中,沒有任何英國的作者能夠與此二人相媲美。原因無疑是很複雜的,但是這種缺憾的**一個**因素是,在英國,並沒有眞正重大的革命的社會主義運動發生。

德國的社會與政治: 馬克思的立場❸

在十八、十九世紀之交,日耳曼乃是由三十九個彼此互競的公國所組成的。兩個主要的日耳曼邦國,普魯士與奧地利,同時也是兩個歐洲的強權國家:二者的對峙是阻礙日耳曼統一的因素之一。日耳曼民族主義者的希望,也由於普魯士與奧地利內部的民族因素而遭受挫折。奧地利在 1815 年以後,境內的人口是非日耳曼人多於日耳曼人;而普魯士的東境則混合了爲數衆多的波蘭人。對普魯士來說,若遵照民族主義者的敎條,則必得將這些土地交還給波蘭去統轄。而奧地利政府則明白的反對任何傾向於締造一個一統德國的運動。

除了上述阻礙德國之發展的因素外,更重要的是這個國家的社會與經濟結構的基本特色。與英國這個最先進的資本主義國家相較,德國幾乎仍處於中世紀,無論是就其經濟發展的水平而言,還是就各個日耳曼邦國的政治自由程度之低落而言,皆是如此。在普魯士,擁有土地的貴族(the Junker);其權力由於擁有易北河東岸大片的前斯

---

❸在這章裡, 我取材自先前所發表過的一篇論文"Marx,Weber,and the development of capitalism", pp. 284-310. 關於馬克思著作在世紀之交對社會學所發生的影響, Maximilien Rubel:"Premiers contacts des sociologues du XIXe siécle avec la pensée de Marx",*Cahiers internationaux de sociologie*, vol. 31, 1961, pp. 175- 84。

拉夫人的土地而躍升，在經濟上與政治上保持著支配的地位。正如朗德斯(Landes)所說的，在十九世紀早期，「歐洲愈往東去，資產階級就愈成為莊園式社會裡的一個面目可怪的外來物，他們一方面受到貴族的嘲弄，一方面又為那些與地方領主有私人契約關係的農民階層所害怕與憎恨(或者根本一無所知)」❹。

　　然而，德國終必無法完全孤立於 1789 年法國大革命所帶來的變遷狂潮之外。馬克思早年的作品便是對德國革命之期待而寫的。我們確實可以這麼說，馬克思意識到德國在社會與經濟結構上的落後，是其對無產階級在歷史上所扮演的角色之原始觀念的根源。馬克思於 1844 年寫道：「在法國，部分的解放乃是完全解放的基礎」；然而在德國，由於是如此的落後，「漸進的解放」是不可能的：進步的唯一可能是透過激進的革命，而且也只有透過革命的無產階級才有可能達成。不過，德國在其時根本還沒有一個無產階級，而且馬克思在 1847 年時就已明白德國當時要有革命，就必然是個資產階級的革命，並且「那個國家的資產階級才正在和封建的專制主義發生衝突❺」。但是，就德國社會結構的特殊環境而言，馬克思認為，一次資產階級的革命之後，就有可能緊跟著來一次無產階級的革命❻。

　　然而，1848 年革命的失敗，使得馬克思對於德國之即時的"躍向未來"所抱持的樂觀態度大受打擊。對於日耳曼邦國的統治圈子而言，1848 年的暴亂也帶來某些有用的經驗，尤其是在普魯士，不過這暴亂

❹ Landes, p. 129。

❺ CM, p. 167。

❻ 參見恩格斯對此事的看法，於其"Der Status Quo in Deutschland", We, vol.4, esp. pp. 43-6 & 49-51; 及其 Germany: Revolution and Counter-revolution (London, 1933)。

並沒有打破他們的支配。1848 年的未能締造任何激烈的變革，不僅對一些社會主義小集團的希望，是一記喪鐘，就是對那些自由主義者而言，亦是如此。土地貴族之經濟力量的穩固，他們在軍隊之軍官團、以及文官官僚體制上支配，使得德國的自由主義者接受了一連串妥協的措施，除了組成一個類似國會制的民主政體，以及在自身的階層中劃下更永久的分歧外，別無所獲。

　　1848 年的事件成爲馬克思與韋伯之間的一條直接的歷史連結線。就馬克思而言，事件的結果是使他浪跡於英國，並且認識到將資本主義作爲一經濟體制所具有的"運動律"詳細顯示出來的重要性。在德國境內，由於 1848 年的失敗，使得俾斯麥的霸權獲得空前的成功：而相對的也讓自由主義政治走上無能之途，這是韋伯整個思想形成的重要背景❼。再者，德國在 1848 年之後仍保持着的傳統社會、政治結構，強烈的影響了勞工運動的角色。本章並不擬分析馬克思與拉薩爾(Lassale)及其所帶領的運動間複雜關係的本質，但是這關係中的某些方面有些重要性。社會民主主義運動在一開始時，其內在便對馬克思學說有正反兩面的矛盾之情，而形成其黨內永無休止之歧異的來源。拉薩爾一方面深深浸淫於馬克思在資本主義之發展上的理論觀點，但在新運動的實際領導方面，他的行動又往往與馬克思在某些問題上看法大相逕庭，其所採取的策略也難與其所聲稱接受的理論相契合。因此，相對於馬克思所認爲的，德國的工人階級應該投向資產階級，以助成

❼在他那本由齊默所著的《叔本華與尼采》(*Schopenhauer und Nietzsche*)裡，韋伯在齊默說：「社會終極而言是表現在個人的**作爲**」之處，註解道：「對極了，參見俾斯麥」。此文引自 Eduard Baumgarten: *Max Weber:Werk und Person*(Tübingen, 1964), p. 614.

資產階級的革命，繼而爲無產階級奪取政權的條件鋪路的主張，拉薩爾將工人階級運動帶離與自由主義者合作的路線。正如梅林(Mehring)所說的，拉薩爾「的政策基本上認爲進步之資產階級的法利賽式的運動(Philistine movement)，將不會有任何結果，『即使等上幾世紀、幾個地質年代，也不會有』……❽」。

　　拉薩爾死於韋伯出生的那一年。此時，德國即將到臨的未來已佈置妥當。勞工運動與自由主義分子的離異，再加上其他的因素，爲俾斯麥準備好了統一德意志的舞台，這其中，正如俾斯麥所言：「德意志所指望的，不是普魯士的自由精神，而是其力量❾」。1875 年，當李卜克內西(Liebknecht)與貝貝爾(Bebel)——馬克思在德國境內的鼓吹者——接受與拉薩爾勞工運動的聯盟時，德國在政治與經濟上都已經是一個與馬克思在 1840 年代寫作時大不相同的國家。政治的統一已經達成，不過並不是透過資產階級的發起革命，而大多是基於**實力政治**(Realpolitik)與國家主義政策的結果，此一政策根本上是基於"由上而下"之政治力量的大膽應用，並且是運用在一個大致上保留了傳統結構的社會體系中——雖然在某些方面來說它也達成了某種"福利國家"的把戲。德國所用以達成內部政治統一與邁向工業化之"起飛"等艱困步驟的方式，與英國典型的發展過程大不相同。馬克思在其一生經歷開始時便注意到使德國、法國與英國在社會與經濟方面有所不同的個

❽ Franz Mehring: *Karl Marx*(Ann Arbor, 1962), p. 313。
❾ 瑪麗安妮韋伯已證實了 1870 年戰爭對年輕的韋伯所居處的家中，所帶來的強烈感情震撼。Marianne Weber, pp. 47-8。對韋伯的人格與心理發展，最近的一部分析性作品(在某方面來說是站在修正瑪麗安妮爲韋伯所寫的傳記的某些層面之立場而寫的)，見 Arthur Mitzman: *The Iron Cage: An Historical Interpretation of Max Weber*(New York, 1970)。

別歷史發展。根據馬克思的觀點，如果我們說，在經濟發展的層次與資本主義國家的內在特性之間，只存在著唯一的一種關係(見下文，頁322)，那可就錯了。不過，馬克思寫作時的基本主張仍是：就分析的觀點而言，經濟力量無處不是政治支配的基礎。因此，在《資本論》裡，馬克思很合邏輯的將英國當作是其資本主義發展理論的基本模式，並且，雖然他也意識到德國因其特殊的社會結構而包涵有複雜的問題，他也從來未曾放棄他的基本立場，套句他所用的話──De te fabula narratur：「故事怎麼說，全在於你」──即是。「對那些工業較不發達的國家而言，工業愈是發達的國家，就愈是其自身未來的形象❿」。

因此，十九世紀末期的德國境內，無論是馬克思派的社會主義者，還是自由主義分子，都未能秉持一適切的歷史模式，來充分地了解其所處地位的特殊性。二者都仰賴著前一個時代所發展出來的理論，而且主要都奠基在英國於十八世紀末到十九世紀所獲得的經驗。在社會民主黨裡，此種情形迫使其內部出現了馬克思強調的以革命來打倒資本主義，與拉薩爾主張的透過一個充分的普遍參政體制來消解資本主義國家之間的內在緊張。伯恩斯坦的《社會主義的前題假設》(*Die Voraussetzungen des Sozialismus*)一書，雖然有某些部分仍是以英國模式為基礎，但仍是最能在理論上具體表現出此一深刻理解的著作：若以大多數馬克思主義者所抱定的《資本論》之主要論點──一個兩種

❿德文版《資本論》第一冊之前言，*SW* vol.1, p. 449。即使到現在，還有許多經濟學家和社會學家仍然或明或暗地以英國的經驗為範例來分析工業─政治的發展。然而視英國為一個"反常的"例子，在某方面來說似乎更恰當些。在某些相關的問題上，參見 Barrington Moore:*Social Origins of Dictatorship and Democracy*(London,1969),pp. 413-32及全書各處。以馬克思主義觀點來敘述德國社會思想與這個國家的"落後"之間的關係者，見 Georg Lukács: *Die Zerstörung der Vernunft*(Berlin, 1955)。

階級的社會的逐漸形成、廣大群衆的"貧窮化"、以及資本主義在其最終一次的危機禍患中土崩瓦解——來加以觀照，則資本主義之經濟發展與政治發展之間的關係即無法獲得一適切的了解。伯恩斯坦的"修正主義"(revisionism)雖爲社會民主黨的正統派所拒，但它却以加強了機械唯物論，亦即有效地回復到馬克思在其學術生涯早期所批判與棄絕的"被動的"(passive)唯物論這個潮流爲代價。這個潮流之所以得到理論上的明確支持，是由於"馬克思主義"，無論是在守護者眼裡，或在自由主義批評者看來，就是恩格斯在其《反杜林論》中所提出的那套有系統的說明 ⓫。今天的西方學者往往強調馬克思與恩格斯在思想上的根本分歧性。雖然其間的差異無疑是太過被強調了 ⓬。不過，恩格斯在此書中所暗含的立場，自然是大不同於馬克思理論架構的中心——主體與客體間的辯證。恩格斯將此一辯證轉移到自然中去，並隱去馬克思觀念中的最根本要素——「主體與客體在歷史過程當中的辯證關係⓭」。以此，恩格斯是有助於激發這樣的一個觀點：在一消極的意義上，理念單單只是物質眞實的"反映"罷了⓮。

⓫ *Anti-Dühring*(Moscow,1954)。另參見其死後出版的 *Dialectics of Nature* (Moscow, 1954)。

⓬ 更正確地說，用拉斯基(Laski)的話，應該是「這兩個人所涉足的是一個共同的理念倉儲，就好像共同在知識銀行開了一個戶頭，哪一個也沒法子自由地提領」。Horold J. Laski, Introduction to *CM*, p. 20。

⓭ 此語出於盧卡奇(Lukács)的 *Geschichte und Klassenbewusstein*, p. 22。

⓮ 恩格斯試圖逃離他的觀點所導致的死胡同而說「根據歷史的唯物觀，歷史上的決定性因素終極而言是眞實生活裡的生產與再生產。過此以往，馬克思與我都未曾有所主張」。恩格斯於 1890 年 9 月寫給布洛克(Bloch)的信，*Selected Correspondance*, p. 475。馬克思曾不得不嘲諷地說他「不是個馬克思主義者」。關於恩格斯對實證主義之長久同情的本質，H. Bollnow 有很有趣的分析，見其"Engels affassung von Revolution und Entwicklung in Seinen 'Grundsätzen des Kommunismus'(1847)", *Marxismus-studien*, vol. 1, pp. 77-144。

　　馬克思之著作所根據的原理——主體與客體間創造性之辯證的交互作用——被隱去一部分，在倫理學理論的層次上可能會帶來兩種結果，而這兩種結果都發生在德國的社會民主黨中。其一是走上哲學唯物論的路子，視理念為附帶的現象，因而使馬克思主義者能墨守一種倫理的概念。其二是由修正主義者所採取的路線，重拾建立像傳統哲學一樣的、非歷史的理論倫理學的可能性。這有助於泯除任何由於感到理念可以在制約社會變遷上扮演一"獨立"的角色所帶來的尷尬，而引介一種意志論的立場，使得理想的呈現與其真正的實現之間無常軌可循。這便是伯恩斯坦所採取的立場。

韋伯與馬克思主義及馬克思的關係

　　在韋伯的許多提及馬克思及馬克思主義的論點中，其要旨只有在我們上面這些描述相當簡要的背景下，才有辦法加以適當的了解。對於"政治的"力量與"經濟的"力量乃是有所分野的這層意義上的識見，正如俾斯麥成功地用來加強內部的團結與發展德國的經濟的手法（尤其是官僚體制在此一過程所具有的重要性）一般，是韋伯的政治學及——更概括地說——其社會學的主要特色。韋伯對於國家主義的認同，其畢生對德國這個國家之優越性的強調，也都必須在這樣的觀照下，才能加以理解。不過，在韋伯的思想裡，對政治力量之運用的現實有所體認的這層確定，却與他對歐洲古典的自由主義之價值同等堅定的信念，互相衝突。這是強烈表現在韋伯多處著作中的動人力量之所由來的一個主要因素；他發現自己被迫去承認存在於現代社會之典型發展路線，與他認為西方文化之特出的精神所代表的價值之間，有越來越擴大的差距。但這也部分地表達出德國自由主義整體所處之特殊的兩難，只是他是出之以高度精緻與推論的形式❶。

　　韋伯在其 1895 年福萊堡就職演說中,勾勒出他對於德國的資產階級自由主義在面對浪漫的保守主義與馬克思主義政黨時，所秉持的希望之解釋。講詞中表達了對國家之"帝國主義式的"利益的熱烈擁護，同時也分析出德國的各個主要階級的地位，其準則是當德國在面對國際性的壓力時，它們所能夠擔負政治上的領導以保全德國之統一的程度而定。

　　韋伯聲稱,「我們在社會政策上所致力的目標,並不是在謀求世界的幸福,而是要在社會上建立起一個經濟進步的一統國家⋯⋯❶」。不過韋伯也拒絕由保守的唯心論者所提出來之國家之"神秘"觀念，並斥責那些土地貴族是經濟上沒落的階級，沒有能力來領導國家。然而工人階級在政治上又是「徹底的不成熟」，無法成為政治方向上所必備的資源。因此，領導的希望必須要到資產階級裡去找；但是這個階級由於臣服於俾斯麥之統治的這段歷史而頗不健全，因此還未能準備好接手這個終必要由它來擔負起的政治任務。韋伯嘲諷那些資產階級在面

---

❶ Mommsen 對韋伯的政治論著有長篇的描述。不過這部書未能充分地表達出韋伯對古典自由主義之價值與韋伯所稱的「人的個人自主性」，以及「人類的精神與道德價值」的認定。引自瑪麗安妮韋伯，p.159。參見 Eduard Baumgarten, p. 607; 以及筆者之 *Politics and Sociology in the Thought of Max Weber*。

❶ "Der Nationalstaat und die Volkswirtschafts politik", *GPS*, p. 23。比較涂爾幹之評論 Treitschke 為德國保守的國家主義之典型: "L'Allemagne au-dessus de tout"(Paris, 1915)。韋伯於其學術生涯的過程中，在政治上"傾向左派"所具有的意義，往往被過分誇大(例如, Ralf Dahrendorf:*Society and Democracy in Germany*《London,1968》,pp. 41-61); 韋伯的改變毋寧是對政治的評估，而不是根本的政治態度。參見 Gustav Schmidt:*Deutscher Historismus und der Übergang zur parlamentarischen Demokratie* (Lübeck and Hamburg, 1964)。

對"紅色的幽靈"時所表現的懦弱：

> 　　然而在我們的狀態裡，**令人害怕的事**是作為國家利益所繫之
> 力量的擔綱者之資產階級，似乎正趨於凋蔽，而工人階級又尚未
> 顯示出可以取代其地位之成熟的跡象。危險……並**不在於群眾**。
> 問題不在於**被統治者**的**經濟**狀況；而在於統治者及更高階層的**政
> 治資格**……**⑰**。

照韋伯的看法，認為激進的革命，是工人階級為達成政治解放與經濟
改善之目的的唯一手段，是全然錯的。事實上，工人階級在政治力量
上的成長，以及經濟環境上的改善，都是可以在資本主義裡完成的，
而且這種完成確實是有利於資產階級。

　　韋伯在其政治生涯的晚期時，更加清楚地認識到，要強化自由的
資產階級，就必須發展出一個行政的體制，將真正的政治權力賦予國
會，並創造一個純正政治領袖的養成所。照韋伯的看法，俾斯麥之統
治的結果是使得德國的國會缺乏自主性，(而此種國會自主性是孕育政
治的領導，以控制由前人傳給這個國家的行政官僚機器所必備的條件)
因此，使德國受到「不受控制之官僚體系的支配」的威脅 **⑱**。韋伯對於
在德國建立社會主義──包括過渡性的埃思那(Eisner)政權──之可
能性的態度，是直接與他對於德國的社會與政治結構的這些看法相結
合的。韋伯在其早期的學術生涯中就已注意到，社會民主主義運動主
體中的領導者所表現的革命狂熱，根本與真正的發展路向不合。誠如
韋伯所表示的，德國這個國家將會征服社會民主黨，而不是社會民主

---

⑰ *GPS*, p. 23。
⑱ *ES*, vol.3, p. 1453。

黨征服德國；這個政黨將會以其自身來相就於既有的秩序，而不是發動激烈的革命來反對它 **⓳**。韋伯認為社會民主黨本身就已經是高度官僚化了。而德國所面臨之主要的政治兩難就在於設法逃離官僚體制之恣意統治的枷鎖。一旦社會主義政權，加上計劃經濟，結果就是官僚體制之壓迫的擴展。不但在政治領域上無法找到與官僚體制之擴張相抗衡之物，就是在經濟領域裡亦復如此。在韋伯看來，「這就是社會主義，就好像古埃及的"新王國時期"也是社會主義的一樣**⓴**」。

韋伯視社會民主黨為一個"革命的"政黨的這個看法，終其一生皆未改變。然而，他就此一政黨的政策來對自己的政治立場所做的評估，的確因著德國政治結構之本質的變遷——尤其是世界大戰所造成的結果——而有所改變。因此，在其生命已近尾聲之時，他先前所預見的事終於發生了——社會民主黨愈來愈與既有的國會制的政治秩序相契合；韋伯宣稱他與這個政黨相親合的程度就像他發現自己實在難與其分離的程度一樣 **㉑**。不過，韋伯對"馬克思主義"一貫的看法，正如社會民主黨在德國所表現的，是其所宣稱的目標——以革命推翻政府，建立一個無階級的社會；而與其最終在德國政治上所真正扮演的角色，是完全大相逕庭的。

對於學院派的馬克思"詮釋者"所提的理論著作與經驗著作，韋伯

⓳ *GASS*, p. 409。

⓴ *ES*, vol. 3, p. 1453。關於韋伯在二十世紀(譯按：此處原書誤為十九世紀)早期對革命後的俄國之看法，參見 *GPS*, pp. 192-210。韋伯對他在 1918 年所觀察的布爾什維克主義之支配，認為：它「是個純粹的**獨裁**，不只是一般民眾，而且是**信徒們**的。」(*GPS*,p. 280)。

㉑ *GPS*, p. 472。韋伯對更激進的社會主義重建之企圖的看法是非常嚴厲的：「我絕對相信這些實驗將可以，而且只會，使社會主義遭到玷辱一百年。」(寫給盧卡奇的信，引自 Mommsen, p. 303);「Liebknecht 是屬於精神病院裡的，而 Rosa Luxemburg 則屬於動物園。」(引自前書，p. 300)。

所取的態度當然不能光由他與社會民主黨之間的關係來推得，因爲後者多少是取決於韋伯就德國的政治現實狀況所做的取捨。當然，韋伯也承認某些與他同時的馬克思主義的領導學者，在經濟學、社會學、及法學等各方面都有卓越、甚至輝煌的貢獻，而且他也與一些深受馬克思影響的學者保持著密切的連繫 ㉒。重要的是，我們要知道，韋伯有關資本主義與宗教的著作，大體並不是在思想上對馬克思著作之直接的或簡單的知識回應。韋伯無疑地在其學術生涯的早期就已對馬克思的著作有一概括性的認識；然而來自於其他方面的影響却更爲重要些 ㉓。韋伯的主要興趣，特別是在其學術生涯的早期，是經濟史與法律史方面的正統問題。再者，當韋伯用到"歷史唯物論"這個語彙時，他所指的通常是那些奉馬克思爲宗師的學者寫於 1890 年代的大量著作。這有時也顯示出韋伯所採的是馬克思被通俗化了的理念，否則就顯然與韋伯所認爲的馬克思立場之主要論旨有所違拗㉔。因而，《新教倫理》一書有其複雜的思想系譜。韋伯在其年輕時便對於作爲一種社會現象的宗教感到興趣 ㉕。雖然他在法律與經濟方面的研究，使得他並

㉒關於韋伯與宋巴特的關係，參見 Talcott Parsons:"Capitalism in recent German literature: Sombart and Weber", *Journal of Political Economy*, vol. 36, 1928, pp. 641-61; 韋伯與米歇爾之關係則見 Roth, pp. 249-57。關於"社會政策學會"對馬克思理念的接受，見 Lindenlaub, pp. 272-384。

㉓正如 Roth 所指出的，韋伯的早期著作就具體表現了一種歷史唯物論的初步批評，但這要到後來才成爲他興趣之中心所在。Günther Roth: "Das historische Verhaltnis der Weberschen Soziologie zum Maxismus", *Kölner Zeitschrift fürm Soziolegie und Sozialpsychologie,* vol. 20, 1968, pp. 433ff。

㉔例如可參見韋伯討論 Stammler 的文字，收於"R. Stammlers 'Uberwindung' der materialistischen Geschichtsauffassung",*GAW*, pp. 219-383。韋伯在其羅馬農業史論文的最後，嘲諷式的提及貝貝爾(Bebel)，就是其著作中，對當代馬克思主義理論家所做的各種小旁白之典型。*Die römische Agrargeschichte*, p. 275。

㉕有趣的是，韋伯早年在閱讀 David Strauss 的 *Das Leben Jesu* 時，即印象深刻：也就是

沒有直接循著這些興趣去開展他最初的學術著作，然而此書在某方面
來說，却是其內心經常耿耿於懷的一種關切的表達。

　　韋伯對馬克思原著之妥當性與適用性的看法，自然有部分必須與
他對"庸俗的"馬克思主義之評估分開來。然而，從散見於韋伯著作中
無數引用馬克思的地方，我們可以清楚看到韋伯與馬克思之論旨或同
或異之處。當然，韋伯承認馬克思對史學與社會的分析有其基本的貢
獻。但是，根據韋伯的看法，馬克思之發展的概念只不過可被視爲一
種洞見，最多也只不過是一種理想類型的概念，只可用來說明特殊的
歷史情境。在韋伯眼裡，馬克思加之於歷史過程中之整個理性的"方
向"，就其在馬克思所採取的架構中而言，是與它所具現的、且它所由
生的黑格爾哲學之內容一樣的正當。雖然韋伯也承認(非常保留地)，
利用發展的"階段"來作爲理論的建構，是有助於歷史研究的一種"實用
的手段"，但他完全反對以發展的一般性理論爲基礎來擬製"決定論的
架構"。

　　據此而論，經濟關係是歷史發展之動源的這個觀念，只有偶然的
妥當性。"經濟的"因素之特殊重要性是因時空而大有差異的，因此必
須透過個別情境的經驗研究，方能加以評定。韋伯認爲，理念與價值
雖然非常確定的並非物質因素(在任何單純的觀點上)的"起源"，但是
必須置於和下面這個因素的關係中來加以分析：

這本書，在青年黑格爾學者之觀點的形成上，扮演了很重要的角色。參見瑪麗安妮韋伯，
pp. 117-20; *Jugendbriefe*(Tübingen, n.d.), pp. 205ff。除了來自宋巴特的刺激外，Georg
Jellinek 所著的 *Erklarung der Menschen- und Bürgerrechte*(1895)，在影響韋伯之學術
興趣的方向上可能很重要。

　　過去的觀念認爲：所有的文化現象都可以被當作是"物質的"因素組合的一種功能或產物而**推衍**得出。雖然我們如今已自此一觀念中解放出來，但是我們相信，在**社會與文化現象的分析上**，對它們的**經濟**條件與類別特別加以參證，是一個會得到創造性成果的科學原理，如果能小心應用，並避免教條式的拘泥，則其效用將長持不墜❷❻。

雖然如此，某種尋求將〔本身即是多樣性〕的理念之內涵所具有的獨立的歷史意涵否定掉的理論，是無法令人接受的。認爲經濟的因素無論如何最終都可以解釋歷史之過程的理論，韋伯認爲「若就一個科學的理論而言，是徹底的完蛋了❷❼」。

　　韋伯認識到馬克思的著作裡有著各種不同程度的複雜性，就如他表現在歷史的唯物論解釋中的一樣。例如《共產黨宣言》就是「以其早期形成的天分所具有的粗糙素質」來陳述馬克思的觀點❷❽。但即使在表達更加通透的《資本論》中，馬克思都未曾對屬於"經濟的"要如何與社會的其他領域劃分開來的問題加以嚴格的界定。韋伯清楚的分辨出"經濟的"、"與經濟有關的"以及"受到經濟上之制約的"種種現象，就是爲了要廓清此種不足。有許多人類行動的模式，例如宗教的實踐，雖然它本身在性格上並非"經濟的"，但却與經濟行動相關，因爲它們會影響到人類爭取或使用效用的方式。這就是與經濟有關的行動類型。與經濟有關的行動又與受到經濟上之制約的行動有所分別：後者同樣不是

---

❷❻ *MSS*, p. 68; *GAW*, p. 166。

❷❼ *GASS*, p. 456。

❷❽ *MSS*, p. 68。

"經濟的"行動，但是會受到經濟因素的影響。正如韋伯所指出的，「總
而言之，很明顯的是：一、"經濟的"現象之界限是模糊不清的，而且
也不容易界定；二、某一現象之"經濟的"層面，絕不**只是**"受到經濟上
之制約的"，或**只是**"與經濟有關的"……**㉙**」。

　　韋伯也指出馬克思著作裡的另一個曖昧之處，馬克思並沒有清楚
地分辨"經濟的"與"技術的"之間的不同。韋伯表示，每當馬克思或多
或少地落入直接的科技決定論時，他的作品有時就顯出其不當。馬克
思有個著名的論斷：「手工磨坊給人一個有封建領主的社會；蒸汽磨
坊的社會則是工業資本主義的」**㉚**；據韋伯看來，這是「一個技術上的
假定，而非經濟上的，而且我們可以清楚地證明它只是個錯誤的論斷。
因為一直還持續到現代的手工磨坊的時代，在各個不同的地區顯出不
同的文化"上層結構"來**㉛**」。一種特定的技術形式可以與不同種類的社
會組織結合在一起——這是隱含於馬克思自己之觀點裡的一個事實，
因為雖然社會主義所涉及的技術基礎根本上與資本主義的一樣，但對
馬克思而言，社會主義當然是個相當不同的社會形式。

　　韋伯雖然承認階級衝突在歷史上所具有的意義，但是卻否定階級
鬥爭扮演了如馬克思所認為的那般重要的角色。雖然韋伯對於階級與
階級衝突的觀念，在某方面來說並不像我們通常所認為的那麼不同於
馬克思——韋伯的確相當強調，有產與無產的差別是階級劃分的一個
最重要的來源；但身分地位之壟斷的歷史意涵才是韋伯真正加以強調
的。對韋伯而言，在歷史上，再沒有比政治社團與民族國家之間的衝

㉙ *MSS*, p. 65。
㉚ *Poverty of Philosophy*, p. 92。不過韋伯並未計及此一陳述所在之處引人爭議的文章內
　容。關於韋伯自己對"經濟"與"技術"之間的分辨，見 *ES*, vol. 1, pp. 65-7。
㉛ *GASS*, p. 450。

突更加重要的身分團體之衝突了。因此，在韋伯的觀點裡，不同類別上的"利益"之概念，不能局限於經濟的利益，而必須推展到社會生活的其他層面上。因此例如政治黨派有來自於他們作爲權力之熱衷者或支配者的利益，然而此種利益並不必然以其共同的階級爲基礎。

不過，韋伯的觀點之有別於馬克思者，最重要的層面還在於貫串韋伯著作整體的廣泛的認識論立場。韋伯所採取之澈底新康德主義立場，乃是以事實命題與規範性的命題之間在邏輯上的完全劃分爲其前題。在韋伯的著作裡，此一立場的必然推論，是他認爲，在互競的價值間有其不可化約性的主張。就是因著韋伯採取的這種認識論立場，使得他的觀點與馬克思有了決定性的不同：馬克思的著作儘管有其毋庸置疑的重要性，但其所認定的是一"終極目的"之"科學的"倫理，因此必然接納一種"整體的"歷史觀。而卡理斯瑪的觀念，以及它在韋伯著作裡所扮演的角色，顯示韋伯確信歷史的發展無法由一個表示出其規範性效力的理性架構來加以解釋。對韋伯而言，科學無法解答「我們應該服侍那一位交戰中的神?」這個問題❸。

十九世紀的法國：馬克思與馬克思主義的成長

馬克思與馬克思主義，在某種程度上來說，是韋伯知識世界之一部分的情形，在涂爾幹身上是找不到的。馬克思是德國人，大部分的著作也都是用德文寫成的，在十九世紀時，沒有任何國家擁有一個像

---

❸ *FMW*, p. 153。參考韋伯論及社會主義政黨時所說的話：「**我將不會加入這些教會**」。引自 Baumgarten, p. 607。

德國社會民主黨這樣龐大且政治意味獨具的馬克思主義政黨。雖然涂爾幹於其學術生涯早期曾留學德國，他的思想觀點仍幾乎純然是法國的。不過涂爾幹發展其社會學的社會與政治之形式背景，在某些重要的層面上，與影響韋伯的情境有相合之處。就像韋伯一樣，涂爾幹生活與寫作的環境，正是兩大分歧的政治思想與活動威脅著由法國大革命所蘊生出來之自由理念的時刻：一邊是保守的國家主義，一邊是激進的社會主義。同韋伯一樣，涂爾幹從這些互相競爭的思想體系裡，各吸收了一些東西，並具體表現在他的政治立場中，更廣泛的說，具體表現在他的社會理論中。然而，韋伯與涂爾幹所得到的結論，在某些方面來說是相當分歧的，這部分應該要追溯到十九世紀後半期時，法國相對於德國的整個發展的特殊方式。

　　馬克思於 1840 年代時，對於法國的態度，很自然的受到那個國家在政治進步的程度上相對於德國要來得高超的意識所支配。而無論革命在法國所激起的反動力量有多大，法國社會主義思想家所抱持的政治思慮都深植於一個已與其封建時代決定性地決裂的社會結構中。馬克思的一個主要批判就是，大部分的德國社會主義者從法國"輸入"理念，而未曾顧及存在於兩個國家之間的實質差異。正如馬克思於 1843 年所寫的：

　　　如果有人想從德國本身的現況出發，即使用的是最合宜的方式，亦即否定的方式，其結果也將只是一個時代的錯誤。即使是對我們的政治現狀加以否定，這也都已是現代國家的歷史堆棧中的一件骯髒的事實罷了。即使我否定了那些油頭粉面的頭戴假髮者，我終究仍與那些不擦粉的戴假髮者為伍。如果我否定德國在

1843 年時的狀況，根據法國的紀年，我仍然得不到 1789 那年的狀況，並且更遜於現今這個充滿活力的中心❸。

不過，從巴黎暴動於 1848-9 年發生之後的發展，很顯然地可以看出，法國自由派的資產階級在此之前對控制政府方面所達到的穩固程度，是很值得懷疑的。恩格斯頗花了些篇幅來記述他和馬克思由於受到法國 1848 及 1849 年的事件結果之刺激，而對先前的觀點所做的再思考。雖然無產階級在 1848 年的巴黎暴動中，扮演了主要的角色，但真正的結果卻是偉大的資產階級的一次勝利，他們藉此將 1789 年大革命以來由於保守力量之反動的結果而未曾把握住的進步牢牢鞏固。恩格斯寫道，「歷史已經判明，我們以及和我們有同樣想法的人，錯了，它很清楚的指出，當時的經濟發展狀態距離消除資本主義的成熟時刻，還有一段不短的路途……❹」。

馬克思曾以兩篇長論探討法國在十九世紀中葉時的情形，即《法國的階級鬥爭》(The Class Struggle in France) 及《路易波拿巴的霧月十八日》(The Eighteenth Brumaire of Louis Bonaparte)❺。馬克思在此對經濟與國家之間的關係，並沒有一種"機械論的"觀念；因為他雖然是以英國作為其《資本論》的經濟理論之模式，但他却認為法國才是進步的自由資產階級政治之最純粹的典型。根據馬克思的看法，英國由於歷史發展上的特殊情境，使得國家的基礎奠定於資產階級與殘存的古老地主貴族之間的聯盟上 ❻。相對的，此種"妥協"在法國並不生效，且階級衝突的政治特色更加的明白可見。對馬克思而言，法

---

❸ *EW*, pp. 44-5。亦見於 *CM*, pp. 167-70。
❹ *SW*, vol. 1, p. 125。　❺ *SW*, vol. 1, pp. 139-344。　❻ *We*, vol. 1, pp. 95-7。

國的資產階級和無產階級是歐洲的"政治家"，就像德國人是"哲學家"，而英國人則是"政治經濟學家"一般❸。

在馬克思看來，路易菲利普(Louis-Philippe)統治下，只有一部分的資產階級能夠控制政治權力，他們是金融資本家、銀行家、以及坐食者。而路易菲利普垮台後，主要的得利團體是那些先前很少接近政壇的大工業家。其結果是使階級間的爭鬥壁壘分明，工人階級與資產階級間的分劃更形尖銳，因而成為這兩大工業階級走向直接的政治對立的一個來源：

> 法國的工人們已無法再向前跨一步，他們連資產階級秩序的邊都碰不著，直到革命的歷程喚起了全國的群眾為止；農民與小資產階級則站在無產階級與資產階級之間，他們反抗此一秩序，反抗資本的統治，並迫使此一秩序歸屬於無產者，且以之為其首腦❸。

然而馬克思並不期望法國馬上就陷入一場新的內戰，而讓無產者出頭成為勝利者；此種希望只能期之於一個不甚確定的時機。「**只有在一個新的危機產生後，才有可能暴發一個新的革命。不過，革命就像這危機一樣的必然發生❸**」。二十年後，危機的確發生了，不過並不像馬克思所期待的，是作為英國——"資產階級秩序的創造者"——之經濟不景氣的結果，而是路易拿破崙與德國在 1870 年發生的一個慘痛戰爭的結果。

---

❸ *We*, vol. 1, p. 405。
❸ *SW*, vol. 1, p. 149。
❸ *SW*, vol. 1, p. 231。

俾斯麥獲勝的結果，是使得本書所分析的三位作家的思想產生關連的決定性軸心。在德國，軍事的勝利是使俾斯麥以普魯士政權來支配整個一統德國的計劃得以成功的主要因素；對法國而言，其結果則是一場災難，不但政治陷入混亂，而且大多數人民都長久背負著恥辱的感覺。馬克思對於巴黎公社(the Commune)的態度，其複雜程度是相當引人議論的，而且我們也無法在此處加以追述。重要的是公社在其短短的生命中所遭受到的野蠻鎮壓及其所帶來的重大影響——階級仇恨的渲染——更進一步加深了法國內部的分裂。然而，公社並非一如馬克思所希望的，是「一個新社會的榮耀先驅❹」。相反的，繼之而起的是一段法國民族主義復甦的時期，為國家統一的恢復提供了一個最堅實的基礎，並且在某種程度上而言，這個國家就此安於其自身的落伍。法國地方的主體在許多層面上自十八世紀以來一直沒有改變；表現在教會、有產的坐食者、以及農民身上的極保守的因子，仍然強而有力。甚至馬克思在其《法國的階級鬥爭》中所描述的——用的是較其早期更嚴肅的觀點，讚揚前進的工業資產階級份子所獲致的真實政治權力的層次——都顯得太過於樂觀了❹。

然而，在第三共和時，有了將國家從保守因子的繫累中解放出來的大幅度進展。德瑞福事件(Dreyfus affair)使得共和主義與教會和軍方所代表的反動勢力之間的衝突達到最高潮，最後導致各種行政功能自專權之控制中脫離出來：此處最重要的是教育世俗化的擴展。這許多都是由激進黨(Radical Party)的活動所達成的，馬克思主義在

---

❹ *SW*, vol. 1, p. 542。

❹ 見馬克思在〈路易波拿巴的霧月十八日〉中的評論，*SW*, vol. 1, p. 333-5, 以及全書各處。

十九世紀末期之法國的發展，只是德國社會民主黨在世紀末時強而有力之復甦的一個蒼白的影子罷了。然而就像德國一樣，法國在鎮壓公社後的十年裡所植下的馬克思主義思想的種子，與本土的社會主義傳統——本來與馬克思主義處於一種不穩固的聯盟——相互混合在一起。就馬克思主義左派在法國所處的弱勢地位而言，這種混合的結果，只是一種主義的演化罷了，正如李希特海姆(Lichtheim)所評論的，「最好時是個近似，最壞的話，是一幅諷刺畫❷」。

涂爾幹對馬克思的評估

在這些情況下，我們不難了解，為什麼馬克思主義對涂爾幹的早期學術生涯少有影響。涂爾幹不像韋伯，他沒有興趣積極參與政治活動，並且始終置身於"政治事務"(cuisine politique)的鬥爭與爭論之外❸。一般而言，涂爾幹政治立場的主要內容十分清楚，它拒絕保守主義，也拒絕革命的社會主義。就像韋伯一樣，涂爾幹的自由主義思想深受其祖國特殊的社會與政治狀況所影響。對涂爾幹而言，1870—1年大災難後的國家重整，具有基本的重要性，在涂爾幹的全部著述中隨處可見其受道德整建之一般關懷的影響。確實，涂爾幹之著作的主題是關懷：在現代分工社會中，維持一個整體所引發的、世俗之個人主義的增長與道德要求之間的調和。涂爾幹對德瑞福事件的貢獻，是他寫了一篇反駁一位天主教保守領導分子的文章，把這些問題清楚地

---

❷ George Lichtheim: *Marxism in Modern France*(New York, 1966)，p. 9。Althusser 認證馬克思之著作在法國流傳起初是在一種「缺乏民族的**理論性**傳統之遺產與支援」的狀況下，而為人所知的。Althusser: *For Marx*, p. 26。

❸ Georges Davy: "Emile Durkheim"，*Revue de métaphysique et de morale*, vol. 26, 1919, p. 189。

表達出來❹。涂爾幹認為，德瑞福主義者(Dreyfuards)的個人主義，完全不同於教會與軍隊中所認同的那種非道德的自我追求。像經濟人這種為了自我之目的而有所追求的，全然不等於理性的個人主義。經濟學家把人的行為化約成市場交換。這種功利主義現在已經死了，新興之個人主義的倫理，本身就是一種道德的現象，而不是一種非道德的現象：「人……被認為是神聖的 ❺」。因此，主張一個現代社會應該建立在一個集體的道德整體上，並且由此一道德整體來對個人的權利與自由提供最極致的表達，這是不矛盾的。我們必須面對的問題，是無法透過傳統權威形式的再現以壓抑個人主義的方法來解決的。相反的，主要的問題在於如何擴大個人的具體機會以發展其潛能，而與我們現今的社會秩序所據以為基礎的道德原則相契合。

涂爾幹建議在個人與國家之間建立中介職業社團的主張，根源於激進社會主義者所持之社會連帶主義思想(solidarisme)❻。但是，對涂爾幹而言，這些主張是建立在嚴格之社會學前提上，這前提是從《分工論》一書建立的結論所導出的。如果認為涂爾幹所發展的這些觀念是與社會連帶論者的政治旨趣緊相密合的，那就錯了，雖說他的建構無疑地對許多的政治人物產生了不小的影響 ❼。涂爾幹對於社會連帶主義者所提出的，包括了失業、疾病與養老等事項的國營福利計劃，表示了同情的支持。但是他堅持，這些都不應該被置於一個支配的地位

---

❹"L'individualisme et les intellectuels"。德瑞福事件的發生顯示出法國與德國之間某些最主要的不同之點。在德國，一個猶太人不可能取得像德瑞福那樣的地位；而且這樣的事件也不可能激起可與之比擬的全國性的**良心的危機**(*Crise de conscience*)。

❺同前書，p. 8。

❻參考 Hayward。關於涂爾幹對革命的工團主義的看法，見他與 Lagardelle 之間的討論，收於 *Libres entretiens*, 1905, pp. 425-34。

❼包括工團主義運動的領導者。關於索雷爾對涂爾幹之影響的看法，見 Georges Sorel: "Les théories de M. Durkheim", *Le devenir social*, vol. 1, 1895, pp. 1-26 & 148-80。

上，並且它們必須要與工業組織之有系統的道德律則相一致才行。

　　由於馬克思主義在 1890 年代法國勞工運動的各個部門裡的不斷擴展，也由於知識分子間對馬克思的著作的學術興趣愈來愈高漲，最後逼得涂爾幹不得不直接面對社會學與社會主義之間的關係。十九世紀末，馬克思社會主義在法國的擴展，表現在恩格斯、考茨基、以及拉布里奧拉(Labriola)等人之著作的被翻譯出版，取代了原來蓋德派(Guesdist, 譯按：由法人 Guesde [1845-1922] 所領導的社會主義)原始的馬克思主義說法，而使馬克思的理念有了較包容完整的呈現。在對拉布里奧拉對馬克思思想之一般解釋的法文翻譯版所作的評論裡，涂爾幹清楚地表達了他與馬克思的不同 ❹。涂爾幹在 1895 到 96 年間為社會主義所做的演講，很顯然部分是由於他的一些學生改信馬克思主義所帶來的挑戰而激發出來的。雖然涂爾幹心儀聖西門，認為這位關鍵人物的著作才是社會主義與社會學最重要的單一源頭，但他仍試圖要好好對普魯東、拉薩爾、以及馬克思等人進行一番思考。不過，由於《社會學年刊》(Année sociologique)於 1896 年創刊，這些計劃只好延後，然而終其一生，涂爾幹再也沒有回到這園地來。涂爾幹在其《社會主義》(Socialism)一書裡，特別強調社會主義與社會學之間緊密的歷史相關性。涂爾幹指出，在十九世紀剛一開始時，就有三組理念出現：「一、擴張到社會科學裡的(為社會學之所來自的)實證科學方法、與歷史學方法(為社會學所不可或缺的輔助者)的理念；二、某種

❹ 對 Antonio Labriola 所著之 *Essais sur la conception matérialiste de l'histoire* 的書評，*RP*, vol.44, 1897, pp. 645-51。拉布里奧拉的著作極度傾向於恩格斯；他稱《反杜林論》為一本「社會主義文獻上無與倫比的書籍」。 Antonio Labriola: *Socialism and Philosophy* (Chicago, 1918), p. 53。

宗教復興的理念；三、社會主義的理念❹」。涂爾幹繼而表示，毫不意外的，有如 1789 年大革命過後的十年裡，那個禍端橫生且危機四伏的時代，這三種理念潮流在十九世紀末葉時又再次興起。乍看之下，這是三股少有共通之處且互相矛盾的思想潮流。鼓吹宗教復興的運動本身被認為是與理性主義及科學相敵對的。一般而言，社會主義運動是立於反對宗教的基礎上，並且其所據以為基礎的觀念是，社會學研究必須從屬於政治活動的規範性要求。然而事實上，這三個思想潮流因為各表現出社會真實的一面，所以才顯得互相牴牾。每一方都表達了人在社會發生激烈變革時——既有的習慣被推翻，「不穩的集體組織不再能依恃本能的權威而運作」——所感到的某些需要❺。

　　社會學所受到的刺激來自於人們需要了解、導致影響深遠的社會再組織之變遷的原因。然而科學研究的進度緩慢且謹慎，涂爾幹經常在其著作中強調，科學活動若不能在某些方面產生實際的用途，那麼便是沒有價值的。不過，科學的本質是，其過程與對象必須與立即的實際要求有點距離；只有在一種"無所欲"(disinterested)的態度下，科學的成果才能達到最大的效益。科學不可以被當成「一種被崇拜的對象或偶像」；它能給我們的「只是某種程度的知識，除此之外別無它物❺」。然而，解決社會問題的急切需要，卻常大大地超過了基於科學所建立的知識能夠應付的程度：因而刺激了社會主義學說的發展，社會主義學說為社會之必要的再組織提供了全面的計劃。要求宗教之復興的反動，也同樣地顯示了科學的缺陷。由於舊信仰已經被懷疑，尚

❹ *Soc*, p. 283。

❺ *Soc*, p. 284。

❺ "L'enseignement philosophique et lágrégation de philosophie", *RP*, vol.39, 1895, p. 146。

未有新信仰代之而起所引起的道德斷層，產生了一種對社會之道德凝聚的關懷：因而宗教理想重新高揚。

涂爾幹在全盤檢討社會主義時，並沒有遺漏了馬克思。馬克思的著作裡包含了一個完整的思想系統，儼然是一個以科學為基礎所建立的命題體系。不過，此一體系事實上乃是以一個遠超過我們現今所能加以採用的龐大知識體為其前題假設的。我們必須以大量的研究才能對包含在《資本論》中一些甚至已是較有限度的通則加以證實。因此，在評論理查(Gaston Richard)所著之《社會主義與社會科學》(*La socialisme et la science sociale*)時，涂爾幹說：「在所有理查對馬克思的批判中，最讓人覺得強而有力的，是它能約束自己而跳脫出存在於那個體系的基本命題與其所依據的觀察間，那一大段的差距❷」。

下述這些觀點可見之於涂爾幹對拉布里奧拉闡述馬克思思想的討論中。涂爾幹表示他讚同具體表現在歷史唯物論中的某些最重要的觀點。涂爾幹說道，不光從社會中個人之意識的觀點上來看社會生活，而且還要從那些逃離個人意識、但卻具有影響力的因素的檢視與形塑的工作上來看社會生活，這是相當成熟的一個觀念。進一步來說，一如馬克思所認為的，這些因素必須要到社會的組織裡去尋求，這也是對的。「為了要使集體的表現可解釋，那麼它們就必須是從某些事導出來的，因為它們不能形成一個依賴自己的封閉圈子，它們所來自的根

❷ 對 Gaston Richard 所著之 *Le Socialisme et la science sociale* 的書評，*RP*, vol. 44, 1897, p. 204. 涂爾幹表示他贊同那些德國與義大利的社會主義者之試圖「更新與擴展他們久被禁錮於其中的理論」——尤其是「經濟唯物論的教條，馬克思主義的價值理論，［工資的］鐵律，……［以及］階級鬥爭的無上重要性」。對 Merlino 之 *Formes et essence du socialisme* 的書評，*RP*, vol.48, 1889, p. 433.

源就必須是位於它們自身之外的[53]」。將理念之根源置於一個明確的實質基礎上是相當正確的；凃爾幹反問道，這個實質基礎如果不是由社會成員所交織成的明確社會關係所構成的，那還會是什麼呢?

不過，從凃爾幹看來，我們並沒有理由認爲，任何接受此一看法的人，就必然要接受馬克思的整個思想。凃爾幹說他自己能夠有這個觀念，但並未接受作爲馬克思著作之基礎的其他原則，而且他自己的理念構成也絲毫不受馬克思的影響。根據我們上述有關社會學與社會主義之關係的討論所得的一般結論，一個人是可以以此態度來研究社會組織，而不必然接受馬克思社會主義其他的一些前題。對理念與其“物質”基礎之間的交互作用加以檢視只是社會學方法的本質，而且是以科學的態度來研究社會的必要條件。正如韋伯所強調的，社會主義並不是一艘可以任由乘它航行的遊客隨意叫停的船——社會主義信仰本身必然要臣服於社會主義者用以分析其他信仰形式的那種手法；因此，凃爾幹強調，從一個社會學者的觀點看來，社會主義本身必須被視爲一種社會事實，就像任何其他的社會事實一樣。社會主義是根植於一確切的社會狀態裡，但它並不必然很正確地將它所由生的社會狀況表達出來[54]。

再者，歷史唯物論中心論旨——將理念的起源直接繫於經濟關係上——是「與似乎已成立的事實相反」。凃爾幹聲稱，我們已經可以證明，宗教是所有已經發展得較精細的理念系統的原始根源。但是，在最簡單的社會形式裡，「經濟因素是根本的，相反的，宗教生活是華麗且隱藏的[55]」。在這種情形下，經濟是比其他方面更受宗教實踐與象徵

[53] 對 Labriola 的書評，p. 648。 [54] *Soc*, pp. 40ff。
[55] 對 Labriola 的書評，p. 650。

意義所影響的。但這並不是說，隨著有機凝聚的成長與宗教之無所不包的特性之沒落，經濟關係的影響就能強而有力地決定在**集體意識**中具有主要的地位的信仰之本質。一套信仰一旦建立後，「它們以此便是獨具一格的眞理，是自主的，而且，反過來能夠成爲產生新現象的原因❺❻」。在只具簡單結構的原始社會裡，所有的理念都繫於一個單一的宗教表徵系統中，並且因而在內容上緊緊繫於社會組織的形式。但隨著分工之分殊化的成長，以及批判理性的應用，而導致分歧理念的衝突，信仰與其所根植的實質基礎之間的關係，也愈變愈複雜。

　　根據此種強調，涂爾幹拒絕馬克思式的命題——經濟關係，亦即階級結構，是社會之政治權力的主要焦點所在。依涂爾幹的說法，社會上的政治組織，即使在結構上相似，其中卻有相當大的變異性。以此，階級(或更一般地說，階級衝突)在歷史發展上的重要性，並不爲涂爾幹所重。當然，值得注意的是，涂爾幹在其著作中並未使用聖西門所說的"工業社會"，或者經濟學家所用的"資本主義"等名詞，而是用"現代社會"或"當代社會"。雖然涂爾幹也承認社會進展的明確"階段"所蘊涵的意義，但其發展模式卻毋寧更強調在歷史上之累積性變遷的重要性，而不是強調革命性的動態。根據涂爾幹的看法，那些最常發生政治革命的社會，並不是最具有變遷能力的社會，事實上，情形剛好相反：這都是些基本傳統保持不變的社會。「在表面上好像有一股不斷有新事件擁上來從不斷絕的激流。但在此種表面的變遷性之下，隱藏著最單調的同一性，在最具革命性格的民族裡，官僚的例行化往往是最強而有力的 ❺❼」。如果社會過去的發展不能從最根本的角度

❺❻同前書，p. 651。
❺❼ *Moral Education*, p. 137; *L'Education morale* (Paris, 1925), p. 156。馬克思在這一點

——馬克思認爲是階級衝突——來了解,那麼同樣的也無法了解現在。遍佈於當代社會裡的階級衝突,是現代世界之**病態**的一種徵兆,而不是其根本原因。階級衝突源自於另有其出處的一種失序狀態。在涂爾幹看來,「在本世紀裡所產生的一些經濟轉化——從小規模工業到大規模工業的轉變——並不必然要有某種大變亂以及社會秩序的激烈重組(renouvellement intégral)的發生……❸」。

雖然涂爾幹排除了當代社會在革命性變遷的基礎上進行激烈的重新組合的可能性,他無疑的是預先洞見了階級劃分行將消失的明確趨向。遺產繼承權的保留乃是使勞工與資本家之間的階級衝突持續下去的一個主要原因 ❸。遺產繼承是集體財產——財產爲整個血緣團體所共有——之古老形式的遺跡,它終必會被廢除,就像身分與法律上之特權的繼承轉移已經被廢除了一般 ❻。當然,對涂爾幹而言,這並不就是財產的集體化於國家的手裡。當代社會之道德的個人主義所要求的,是掃除所有足以妨害平等契約之成立的障礙,而不是廢除私有財產。

然而,在涂爾幹看來,導致社會主義興起的現代社會之"危機",主要並不能由經濟的重組來加以解決,因爲導致危機的因素並非經濟的,而是道德的。消除了"強迫性的"分工本身並不會自動的就使得"失規範狀態"的分工停止。這就是涂爾幹相異於馬克思最重要的意識基礎

上的立場,不應被過分簡化。關於十九世紀的法國,馬克思有過相當近似的論點,見〈路易波拿巴的霧月十八日〉,*SW*, vol. 1, pp. 249-50。

❸對 Labriola 的書評, p. 651。

❸ *PECM*, p. 123。

❻ "La famille conjugale", *RP*, vol. 91, 1921, p. 10。涂爾幹在 *PECM*, p. 217 中, 對這點稍有修飾。

之來源。馬克思爲減輕資本主義的病態所作的計劃，主要是基於經濟的辦法。馬克思在其著作裡爲工人階級之利益所作的辯護，直接來自於他對資本主義市場經濟之"矛盾的"本質所持的看法。"市場的無政府狀態"源自於資本主義的階級結構，而終將讓位給一個在中央化聯合經濟中作規格化生產的系統。「總之，在馬克思主義裡，資本並未消失；只是它並不由個人而是由社會來加以管理❻」。因此，依涂爾幹的說法，馬克思的著作也認定了作爲社會主義之明確特性的主要原理：將社會的生產能力集中在國家之手。但是這根本無助於減輕因爲現代工業的失規範狀態所引起的道德空虛感，反而加深了此一問題，因爲如此一來，社會勢必更爲"經濟的"關係所支配。此種沈沒於經濟的狀態，結果將與聖西門的工業主義無異。對馬克思而言，正如對聖西門一般，「實現社會和平的方法，就是一方面解救所有受到壓抑的經濟慾望，一方面實現並滿足它們。但是，這種作法是自相矛盾的❻」。

---

❻ *Soc*, p. 90。事實上，這正是馬克思所認爲，在資本主義與共產主義之間的**過渡**階段之確實描述。

❻ *Soc*, p. 41。

第 **14** 章
宗教、意識型態與社會

　　馬克思著作對宗教的批判方向，最初有來自於史特勞斯、鮑爾與費爾巴哈等人的理論爲其根源。在這些理論的背後，隱藏著黑格爾的影響，正如費爾巴哈所說的，黑格爾的哲學是「以神學的方式來否定神學❶」。黑格爾的哲學體系統一了後來馬克思視爲一種"意識型態"之形式，也是宗教之特性的兩大要素：人在社會中所創造出來之轉化了的價值表象，以及對一個現存之社會秩序與政治秩序——就黑格爾而言是普魯士——加以支持的規條。宗教對於社會生活的影響，也是涂爾幹及韋伯的主要關切，在這個最富有意義的次元裡，某些貫注於此二人之著作中的論題，可與包含於馬克思著作中的論題相比擬。在對宗教之"意識型態"的特性所作的分析上(此處，這點是挺重要的)，存在著兩組相關的問題，即：宗教象徵之內容的來源，以及現代生活之"俗世化"的結果。

　　第一個問題必須集中於幾個項目上來談，這些項目，牽涉到發生在十九世紀後半期、關於歷史之"唯物論的"解釋的性質所引起的巨大且長期的論戰。包括涂爾幹與韋伯，以及其他所有自由主義的馬克思

❶ Feuerbach: Sämmtliche Werke, vol. 2, p. 275。

批判者，都拒斥他們所了解到的馬克思在理念與"物質利益"之關係上
的觀念。關於這一點，本章的討論大都集中在馬克思與韋伯二人的關
係上。在前面幾章曾提到過的韋伯著作，比起涂爾幹的著作來，更具
直接針對歷史唯物論所做的批判性說明。再者，《新教倫理》之出版引
起關於"理念"在歷史發展中所扮演之角色的論爭，至今尚未稍歇❷。

　　第二組是關於"俗世化"的問題；這與"理念"和"物質實體"之間的
交互作用之本質無涉，而是有關宗教在現代世界裡影響力**下降**所隱含
的意義。本書所討論的三位作者，對於宗教在社會生活上愈來愈無約
束力的結果，無論是在實際層面上或在理論層面上都有所關懷。他們
三人在有關由於理性主義滲透到社會生活的每個領域裡，而使宗教思
想與行為逐漸失勢的研究上，都有相當重要的貢獻。將這個問題上的
主要相似點與相異點加以澄清，將會使我們更能洞識出馬克思的著作
與涂爾幹及韋伯的著作之間，最具深意的對比來。

馬克思與韋伯: 宗教作為"意識型態" 的問題

　　在檢視馬克思的與韋伯的宗教觀點之間的異同時，所碰到的主要
困難，當然就是馬克思著作在這個論題上的零散不齊。馬克思大部分
有關宗教體制之影響的陳述，無疑是懷有敵意的，不過，大多能不偏
不倚。馬克思關切的(即使表現在其早年著作裡的)仍是現代資本主義，

---

❷許多對《新教倫理》一書的爭議，都未注意到韋伯針對他早期的批評者所發表的答覆。請
　參照他的"Antikritisches zum Geist des kapitalismus", *Archiv für Sozialwissenschaft
　und Soialpolitik,* vol. 30, 1910, pp. 176-202；以及"Anti-kritisches Schlusswort".

及以社會主義來超越它。直到 1845 年之後，他才仔細地研讀宗教，原因是他與青年黑格爾學者及費爾巴哈決裂後，感到有必要以社會學的角度來分析經濟、政治與意識型態之間的關係，他有效地克服了——就其一己的目標而言——對宗教加以精詳地分析之必要。正如《神聖家族》中所點明的，青年黑格爾學者繼續將他們的精力投注在宗教的批判上，而因此總是無法逃出具有宗教性質之(即使是站在反面)世界觀的牢籠。

　　因此，任何企圖仔細地比較馬克思與韋伯在特殊宗教現象上之觀點的嘗試，終歸是要失敗的。而且馬克思對於東方社會的陳述實在有限，不足以形成一個能和韋伯探討中國與印度宗教的長篇大論相互詳加比較的基礎。即使是對於基督教在歐洲社會發展上的興起及其意義的看法，我們都必須從他對黑格爾及青年黑格爾學者之批判的各種隱晦的陳述中去找。這些都顯示出其與韋伯相對應與相對比之處。作為黑格爾的一個親密弟子，馬克思顯然相當了解史家與哲學家認為基督教在西方具有根本重要性的看法。馬克思對於這點的妥當性並不懷疑。他所攻擊的是站在唯心論的立場上來分析基督教的影響。因此，他反對史特納(Stirner)完全從理念層次上來處理早期基督教之興起的手法❸。馬克思指出，基督教起先是個失了根而四處流浪之游民的宗教，它的擴展與羅馬帝國內部的腐化有關：「最後，希臘與羅馬世界，在精神上毀於基督教，在物質上毀於蠻族的入侵❹」。然而韋伯卻認為，基督教一向主要是個都市工匠的宗教 ❺。不過馬克思也強調，相對於羅

---

❸ *GI*, pp. 143ff.　❹ *GI* , p. 151(注譯)。
❺ *ES*, vol.2, pp. 481ff. 關於考茨基有關基督教之"普羅"性格的理論——為韋伯所反對的——見他的 *Der Ursprung des Christentums* (Stuttgart, 1908)。

馬的道德腐化，基督教的倫理觀形成了一股充滿活力的新潮流。基督教以一宇宙獨一之神的觀念來取代羅馬的多神論，其權威是奠立在基督教獨特之原罪與救贖的觀念上。後來基督教在歐洲的演變過程中，宗教改革是相應於封建社會之內部分裂而起的另一次類似的道德重整。「路德……解開了奉獻的枷鎖，卻代之以信念的枷鎖。他動搖了對權威的信仰，因為他又另建了信仰的權威。……他將人從外在的宗教中解放出來，因為他將宗教意念植入人的內在之中❻」。馬克思對宗教的態度雖然是敵對的，但他明白，雖然宗教的意識型態有使人安於此一塵世之困苦的功用，但它也有讓人面向一個更好的世界的積極精神鼓舞：它形成「一種對現實苦難的**抗議❼**」。

　　如果要超出像這種相對而言無甚系統的比較層次的話，我們必須轉到一個較為概括性的分析層面來談。要想解決馬克思如何處理宗教的這個詮釋性的問題，只有援引韋伯在其著作中所論列的項目，置於馬克思全盤的"唯物論"觀念的理路中來充分地加以探討。在評估馬克思的"唯物論"時，有兩個中心論點必須謹記於心。首先，馬克思從來未曾有意要建構起一個學院式的理論。馬克思的態度很充分地表達在他這個著名的警句中：「哲學家只是用各種方式來**解釋**這個世界；但我們的意思是要**改變**它❽」！在馬克思的觀念裡，社會思想家的理論本身形成社會生活"改變了人"也被"人所改變"這一辯證過程的一部分。其次，馬克思畢生的工作所完成的，不過是他在成年的初期時為自己

---

❻"Contribution to the critique of Hegel's Philosophy of Right", 譯文依照 *On Religion*(Moscow, 1957), p. 51。不過，馬克思是明白的對路德與路德教派懷有敵意的；路德「將身體的枷鎖解開，因為他把心靈再度套上枷鎖」。

❼ *EW*, p. 43。

❽ *WYM*, p. 402。

所立下的計劃之一小部分而已。馬克思的理論性著作實際上包含在《資本論》的一系列草稿中。即使是這部書，在馬克思生前也仍未完成。不過，這部書原先只是計劃要對以精確方式建立在資產階級社會之階級特徵上的資產階級經濟學作一個初步的分析。因此，將這部有四巨冊之多 ❾，然而卻很簡潔的《資本論》，視爲一部對資產階級社會之結構的全盤性探討與批判的著作，實在是錯誤的，雖然絕大多數的馬克思主義者及其批判者皆抱持著這種看法。馬克思在其《1844 年手稿》所寫的一段對其意圖之性質加以限定的附文，同樣能夠適用於《資本論》：「在這本書裡，有關政治經濟學與國家、法律、道德、社會生活等各方面的關係，都僅將在政治經濟學本身確實對這些主題有所探討的程度上來加以論列❿」。

　　因此，馬克思從未對其歷史的唯物論觀點作過有系統的說明，也沒有要應用在他全部之思慮所在的資產階級社會的社會形式上。然而，就其早期的著作而言，無可懷疑的是，馬克思的歷史唯物論絕不單單只是黑格爾唯心哲學的一個“翻轉”。另一方面，費爾巴哈的著作是奠立在這樣一個翻轉上，質此之故，費爾巴哈的唯物論哲學仍然局限在一個變調之宗教的人道主義上。費爾巴哈採取這個立場的結果是，宗教被當作是人的一種象徵性的“呈現”，並且爲了要消除人的自我疏離，宗教必須要除掉神秘性，而置於一個理性的層次上。馬克思的觀點則與此不同。在馬克思看來，費爾巴哈的錯誤在於抽象地談論“人”，因而無法了解人只存在於會隨著歷史發展而變遷的特殊社會情境裡，費爾巴哈的另一個錯誤是將理念與“意識”視爲只是人在物質世界中的活

❾《資本論》第四冊是《剩餘價値論》(*Thorien über den Mehrwert*)。
❿ *EW*, p. 63。

動的"反映"。

換言之，費爾巴哈所抱持的"唯物論"哲學內涵，正是馬克思所要反對的。用馬克思的話來說：「前此一切唯物主義(包括費爾巴哈)的主要缺點都在於對對象、現實界，即感性世界，只以**對象**的形狀或**直觀**得來的形狀去了解，而非將之視爲**可感受的人類行爲**，即不是從主體方面去理解❶」。存在於理念只是"附屬現象"這種觀點背後的，正是這樣一種唯物論的觀念，結果是使得意識形態之內容分析與人類行動的解釋不相關。我們必須承認的是，在馬克思的著作裡，這個觀念不光只有一條線索可循。例如在《德意志意識型態》裡，馬克思就寫道：「在所有的意識型態裡，人類及其處境好像都頭下脚上地倒立著，就像呈現在**照像機的暗箱**裡的景象一樣……」。不過，很明白的是，這樣的言論必須要置於歷史的脈絡裡來了解。在社會發展的早期階段，人類的意識都不過是物質活動的"直接結果"：它「只是一種群體意識」(herd-consciousness)。然而，隨著社會分化的擴展，「意識便將自己從這個世界裡解放出來，並且開始進行"純粹的"理論、神學、哲學與倫理學等的建構」。(如果拿理念永遠也無法完全自蘊生它們的社會條件裡"解脫"出來的這點來看，這種"解放"無疑是謬誤的)。此一情況之所以可能，首先是由於分工的結果，使得一個"勞心"的階層得以興起，在歷史上展現爲一個敎士階層的發展 ❷。下面這段話淸楚地表達了馬

❶ *WYM*, p. 400; *We*, vol. 3, p. 5。最近對費爾巴哈的討論，見 Eugene Pamenka: *The Philosphy of Ludwig Feuerbach* (London, 1970)。

❷ *GI*, pp. 37 & 43; *We*, vol. 3, pp. 27 & 31。正如 Poulantzas 在這段分析裡所說的：「"神聖的"領域會顯得較接近下層結構，而不是"法律"，至少從我們可以說到某種法理之眞實的那時起，以下這個事實就開始變得很明顯：宗敎層面是使法律在與下層結構發生關連時，讓人可以懂得它的最重要的媒介」。Nicos Ar. Poulantzas: *Nature des choseset du droit* (Paris, 1965), p.230。

克思所持的立場：

> 　　此一歷史觀乃是基於我們有能力從生命本身的物質生產出
> 發，去闡明眞正的生產過程，並且了解到，與此相關並由此一生
> 產方式(亦即由各個不同階段的市民社會)所創造出來的交往形
> 式，乃是所有歷史的基礎；然後，再在行動中將它顯現出來，並
> 且對各種不同的理論產物及各種意識、信仰、哲學與倫理形式等
> 等，都有所解釋。然後再根據那個基礎來追溯它們的起源與成長；
> 準此，整件事當然就可以被整體地描述出來(並因此而使得這些不
> 同層面彼此的互動得以呈現)❸。

　　據此，意識型態是「深植於生命的物質條件中」；然而，這並不就
是說，在社會的"眞正基礎"(即生產關係)與"法政上層結構"間，必然
有一普遍的或片面的關係存在。馬克思在對費爾巴哈的批判上所獲致
的獨特結論是，理念是社會的產物；這是站在歷史之外的哲學家所無
法了解的。馬克思的唯物論之獨特性格，必須要在**階級結構**與意識型
態的關連裡才可以得見，雖然這看起來相當簡單而且顯而易見，但卻
是馬克思的"唯物論"的根本所在，而絕不是將理念當作物質關係之附
屬現象的觀點。所有馬克思泛論意識型態與物質的"下層結構"之間的
關係之處，他都是從階級結構是二者之中介媒體的這個觀點上出發的。
社會的階級結構對於主導此一社會的理念，有決定性的影響；同樣的，
能夠對社會的支配性秩序產生有力挑戰的新理念之興起，也要靠階級
關係的形成來爲新的意識型態提供一個結構性的基礎。因此，雖然「共

---

❸ *GI*, p. 50。

產主義的理念」已在歷史上「出現過一百次了」，發生共產主義革命的真
正可能，還在於「有一革命階級的存在來做為其先決的條件❶」。

我們可以指出，即使是在費爾巴哈的哲學裡，宗教都不完全只是
物質真實的一種反映：它同時也是人類應該奮力追求的理想之泉源。
神就是人所應該成就的樣子，因而，神的形象代表了人有可能**變成**的
希望。馬克思將此一觀念與辯證的觀點互相配合起來，認為這些個理
念與"世人"的社會組織彼此交相作用的結果，形成一種歷史景象的核
心所在。而此種交互作用，必須要從社會之具體形式的經驗性研究的
角度來理解，如果我們「自歷史的過程裡抽身」，則無法了解❶。階級
結構與意識型態之間的關係的特性是會隨著歷史而變化的。資本主義，
它斬斷了封建制度裡所有私人關係上的紐帶，而代之以市場上非個人
關係的運作；且把科學應用到理性技術的建構，而斬絕了傳統秩序裡
的意識型態的裝飾——所有這些，在在使得宗教信仰對資本主義之起
源的影響為人所遺忘：

> 當它〔資產階級社會〕完全沈浸於財富的生產與和平的競爭
> 性鬥爭後，它就不再能意會到羅馬時代的神靈曾經照拂過它的搖
> 籃。但像資產階級社會這麼平凡的社會，它都是以英雄主義、犧
> 牲、恐怖、內戰與戰鬥來達成其為一個社會的目的。……同樣的，
> 在另一個發展的階段上，一個世紀以前，克倫威爾與英國的民眾，

---

❶ *GI*, pp. 51 & 62。無法掌握馬克思在這件事上的強調，是使得最近在討論所謂社會學
裡的"整合"與"強制"理論時，引起相當多混淆的要素。參見我的論文"Power in the
recent writings of Tolcott Parsons", *Sociology*, vol.2, 1968, pp. 268-70。
❶ *WYM*, p. 40。

借用得自舊約聖經上的言辭、熱情與幻象，來達到他們資產階級
革命的目的。等到眞正的目的一旦達成，等到英國社會眞正完成
了它的資產階級式的轉化，洛克就取代了哈巴谷書(Habakkuk,
譯按：舊約的一書)⓰。

　　以上的討論明白地顯示出，熊彼得(Schumpeter)所說「韋伯(在
其宗教社會學裡)提出的所有事實與論斷完全符合於馬克思的體系」，
有其實質的道理 ⓱。這也就是說，設若我們了解，所謂辯證乃是主體
與客體之間積極的交互作用的話，那麼，意識型態或"意識"，也就是
在爲個人作用於這世界、並同時受這世界的作用所影響的這件事，提
出一套意義來。眞實不僅僅是"外在於"人，從而形塑人的意識，它更
會因人的意識的積極應用及對前此存在之環境的改善，而適應於人類
的目的。在這個取向上，意識型態相當可以確定的，必不可被視爲一
種可自物質的眞實裡"推衍"而得的"結果"。另一方面，韋伯取自馬克
思思想的觀念，正是十九世紀社會思想對馬克思所做的獨特"詮釋"。
恩格斯晚期的著作在爲馬克思思想的這一變化的正當性提供基礎一事
上，扮演了很重要的角色。但是，正如我們在前一章裡所指出的，此
一"詮釋"的產生，同時也是由於主要的歐洲馬克思主義政黨在其母國
所處的實際危急地位所致。如果辯證法則一如《反杜林論》中所主張的，
存在於自然之中，那麼勢必會導向哲學的唯物論之途，而將理念作爲
社會變遷之積極資源自歷史舞台除去：意識型態是"結果"，而物質條

⓰ *SW*, vol. 1 p. 248。

⓱ Joseph A. Schumpeter: *Capitalism, Socialism and Democracy* (New York, 1962), p.
11。

件是"原因"。這就暴露了馬克思在其學術生涯早期就已理解到的, 存在於哲學唯物論中的特殊問題: 如果意識型態只是物質環境消極的"反映", 那麼人便失去了作爲社會眞實之創造者的積極地位⑱。

韋伯關於宗教的著作便有力地駁斥了此一立場——將"反映的唯物論"作爲有潛力的社會學分析的起點。不過, 在這方面, 如果將他與馬克思的關連也考慮進去的話, 我們可以說, 韋伯的著作幾乎可說是全面性的。韋伯拒絕去穿那件哲學唯物論的緊身衣——這是馬克思的追隨者以歷史唯物論的名義強加在歷史上的束縛。就此而言, 韋伯在宗教社會學上的著作, 是以主觀的唯心論立場爲出發點, 而部分地洗雪了馬克思的門徒所加之於其師的污染。韋伯將意識型態可被理性地轉移於展現其"眞正"內容的這個論證, 當作是馬克思的前題假設。而事實上, 正是這個觀念導致馬克思與青年黑格爾學派的決裂。因此, 韋伯運用"選擇性的親和力"之觀念 ⑲, 來分析理念系統與社會組織之關係的方法, 正好與馬克思處理意識型態的方法相契合。韋伯運用這個觀念來指明, 在個人"選擇"去遵循的象徵性信仰內容、與堅守這些信仰所必導致的社會行動之間的聯結, 有某種**偶然的**性質。相對地, 某一特定的社會階級或身分團體的生活模式, 也會產生一種接受某些個宗教倫理的親和力, 而不是去"決定"有關之信仰的性質。因此, 都市的工匠與商人, 由於生活是奠基於經濟經營上的實際計算之運用, 所以對"積極的禁慾主義"便較能產生"親和"的態度, 他們較傾向於採

---

⑱ *WYM*, p. 401。有關這點的重要性, 即在 Norman Birnbaum 一篇很精彩的討論裡也未能完全的發揮出來, 見其"Conflicting: Marx and Weber", *British Journal of Sociology*, vol. 4 , 1953, pp. 125-41。

⑲ 參見, 例如 *PE*, pp. 90-2。

取「作爲神的"工具"而服從神的意志去**行動**的態度，而不是據有神靈、或者在內心冥思默想神靈的態度，後者往往表現爲受到上流知識分子階層影響的宗敎所具有的高超價値❷」。然而，"積極的禁慾主義"並不只限定在都市階層的宗敎信仰裡，也不是所有的都市團體都遵循此一類型的宗敎倫理。

馬克思用以表達其立場的語調，實際上與韋伯所經常採用的，非常相像。例如，馬克思說：「理念並不能**做什麼**。爲了要使理念實行出來，便需要有能夠施展出某種實際力量來的人❷」。而韋伯則總是強調存在於意識型態之內容與作爲此一意識型態之"擔綱者"的團體之社會地位之間的關係，所具有之**偶然的**性質，但是一如馬克思，韋伯經常舉例指出理念以非常直接的方式表現了物質利益。對馬克思與韋伯二人而言，宗敎體系表現了人類價値的創造，它不是人類與生俱來就"旣有"的，而是歷史過程的結果。他們二人都同意，穩定的宗敎秩序會獨特地將支配關係正當化；並且，在現代時期之前，導致遽烈社會變遷的"突破"，都是在一個宗敎象徵精神的架構裡達成的。此外，馬克思也不否認，在前資本主義的社會裡，宗敎也爲那些接受它的人提供一個使生存成爲可解之事的宇宙觀。

從以上這幾點的比較分析裡，我們可以清楚的看出，認爲韋伯的宗敎學著作構成對馬克思歷史唯物論的"駁斥"──將意識型態作爲對社會變遷具有"獨立"之影響力的角色彰顯出來──這個標準觀點，乃是個誤解。在這方面，熊彼得的論斷，必須適當地加以考慮。我們不能夠因此而掩去了馬克思與韋伯之間的根本上的差異，而且在事實上

❷ *FMW*, p. 285。
❷ *Holy Family*, p. 160。

──在他所寫之爭議性的脈絡裡──這點也正是使韋伯有以批判哲學唯物論之處。因為，根據韋伯的前題，去建構馬克思所試圖奠定的那種歷史發展的理性架構，是不成問題的。但就韋伯否認，我們可以從社會與歷史的研究上得出客觀而可驗證的規範的這點上來看，那些強調韋伯的觀點與存在主義頗為相似的人，是完全正確的。個人的道德信仰──至少是對某些終極價值的接受──是無法由科學加以驗證的。另一方面，認為歷史中有某種可以被發現的理性存在，這乃是馬克思思想中的一個根本要素。正如馬克思自己說的：「我的辯證法不只有異於黑格爾的，且正好相反❷」。但這並不是說，馬克思的思想是我們在黑格爾著作裡可以找到的黑格爾式意識型態的一個"翻轉"。事實上，馬克思是煞費了番工夫才拒絕了這樣一個立場。根據馬克思的看法，視後來的歷史為「先前歷史的目標」，這乃是個「思維上的扭曲」，「任何標明為先前歷史的"命運"、"目標"、"根源"、"理念"者，都只不過是從後來的歷史裡、以及從先前的歷史所加之於後來的歷史的積極影響裡，所形成的抽象意念❷」。然而，只要歷史哲學這個名詞所指的是，我們可以從對歷史過程的經驗研究裡得出一個明確的發展"邏輯"這樣的理論立場，那麼，韋伯認為馬克思的著作構成一個歷史哲學這一點顯然完全正確。

在更直接的經驗層次上，這些差異可以從"卡理斯瑪"在韋伯著作之角色，和"階級"在馬克思著作之角色顯現出來。馬克思堅稱，階級關係會形成一個基本的軸心，順著這個軸心，意識型態才在一個社會裡得到普遍的接受。因此，在一個很重要的意義上，意識型態是"虛幻

---

❷ *SW*, vol.1 p. 456。

❷ *GI*, p. 60。

的"(illusory)：並不是說理念系統的內容只是物質生命的"反映"且因而無關乎主體的活動，而是指被認爲具有一般或普遍妥當的理念，事實上是一部分階級的利益的表現❷。然而，根據韋伯的立場，意識型態不能在這個意義上判定是虛幻的，因爲此種判定所假定的一個價值立場，是無法理性地被證明爲在倫理上高於其他價值立場之上。例如韋伯所用的卡理斯瑪的觀念，正與此點密切相關。關於卡理斯瑪的改革這點，對既存的社會秩序說來，是"非理性的"，因爲，就其純粹的形式來說，它單只基於對一個領袖之超凡稟賦的信仰。卡理斯瑪權威下的正當性關係，也因此同樣的不顧及可能由一個卡理斯瑪組織的存在所能提供的實質上的利益：最殘暴的恐怖主義與最爲豐美的善，可能在同樣的意義下，都稱之爲"卡理斯瑪的"。這是韋伯思想的焦點所在，並以此將其**詮釋社會學**的觀念，與其新康德學派之方法論的立場，連結在一個緊密的邏輯關係上。準此，韋伯力求證明：對"意義叢"(complexes of meaning)的了解，不僅在對社會行動——契合於既被接受的文化信仰——的詮釋上是必要的，並且在對例行公式之革命性脫離這件事的解釋上，也是必要的。因爲這樣的改革行動乃是基於相信一個領導者所秉賦之卡理斯瑪的非理性特質，新創的規範便不是能由伴隨而來的社會或經濟變遷裡"推衍"而得❷。在經驗層次上，這與從事實知識裡演繹出價值判斷的邏輯不可能性相關聯，這是韋伯十分強調的抽象原理。因此，韋伯雖然贊同馬克思有關理念與團體的局

---

❷ *GI*, p. 52。

❷ 重要的是要認識到，雖然尼采對於韋伯的影響是很重大的，但韋伯反對將"奴隸之叛變"視爲一種宗教的化約理論這個尼采式觀點。不過，韋伯對於尼采的評價可見之於他死前所發表的言論：馬克思與尼采是現代思想界裡最饒富意義的兩個人。

部利益之關連的重要性的看法，但他卻不接受階級利益與意識型態之**規範性的**不對稱(normative asymmetry)。對韋伯而言，信從於任何既予的一套理想，不管它們是宗教的、政治的、經濟的、還是其他任何方面的，其所蘊生的利益，只能由那些理想本身的內容這個角度來加以界定。另一方面，在馬克思的架構裡，將理性加諸歷史之所以可能，實在是因為他接受存在於"局部的"(階級)利益與"社會的"利益之間的兩分；此種利益上的兩分會逐漸由於封建體制經由資本主義再到社會主義的發展，而有利於後者，最終得以解決㉖。在經驗的層次上，此種分歧性顯現在馬克思之認為階級關係構成政治力量的來源。經濟力量與政治力量的合而為一，是馬克思著作中的一個關鍵命題。對韋伯而言，正好相反，政治力量與軍事力量在歷史上皆與經濟力量一樣具有意義，而且並不必然從後者導衍出來。

世俗化與近代資本主義的精神

　　現在該來談談"世俗化"的問題。當然，這樣一個名詞很難正確地說明馬克思與韋伯所認為的，宗教信仰的衰落與資本主義之發展所造成的許多後果。對韋伯而言，世界之日漸"除魅"是一個本身由宗教先知所刺激之理性化所激勵的過程。巫術儀式在喀爾文教派興起後即被完全掃除，然而此一教派卻隨著資本主義工業生產的日益成熟而反倒越來越與之不相干。我們無法確定到底馬克思有多接近韋伯關於新教倫理與近代資本主義企業的"精神"之間的親和性之陳述的特殊內容。

㉖ *Gru*, pp. 438-9。

不過，馬克思是接受此一關連在歷史上的重要性的，並且還特別強調近代資本主義之"禁慾的理性"。根據馬克思的看法，此一理性展現於人際關係裡市場的優勢，以及以金錢的獲取作爲目的本身來追求。金錢是人類在資本主義制度下自我異化的表徵，因爲它將所有人的質性化約爲量的交換價值。據此，資本主義具有一種"普遍化"(universalising)的特質，它可以打垮傳統文化的特殊性，並且蘊生出它自己的"金錢道德"(money morality)：「資本以不可遏抑之勢，超出國與國間的藩籬與偏見而四處伸展，……它摧毀了受到狹隘的限制並且以傳統的生活模式與再生產模式爲基礎的自我滿足 ❷」。資本主義是"禁慾的"，這表現在資本家基於自我斷念(self-renunciation)與利潤之不斷再投資的行動上。馬克思指出這在政治經濟學理論裡表現得很清楚：「作爲財富之科學的政治經濟學，因而同時也是斷念的科學、艱苦與攢聚的科學……。它眞正的典型是那種**禁慾的**而又懂得**賺取高利的**守財奴，是**禁慾的**但卻極**具生產力的**奴隸❷」。以財富的追求本身作爲一種目的的現象，就其爲一般的道德精神而言，只有在近代資本主義裡才能找到：馬克思在這一點上和韋伯一樣的明確：

> 這種對財富的熱衷，是個特殊的發展；也就是說，它實有別於對特殊貨物，例如衣著、武器、珠寶、女人、酒……等等的本能渴求……。擁有的經驗可以不必要藉著金錢而存在；自我充裕(self-enrichment)的渴望是個一定的社會發展的產物，它不是自

---

❷ *Gru*, p. 313。馬克思此處的重點，後來韋伯在他研究教士階層的"理性化"行動時，又再做了非常詳細的推展。

❷ *EW*, p. 171。

然如此的，而是具有歷史性的❷。

　　馬克思與韋伯都認為，成熟後的資本主義世界裡，宗教會被組織所取代，而科技的理性則踞有最高的地位。馬克思經常強調資本主義之進步的世俗化後果是，「將來自宗教狂熱、騎士式的熱情、與法利賽人般的多愁善感的極樂狂喜之情，都封凍於自我主義的算計之冰洋中」。正因為如此，作為資產階級社會之理論的政治經濟學，才能作為資本主義發展之科學的解釋與批判的基礎；在資產階級社會裡，「所有神聖的都被褻瀆了，人最終要被迫以清醒的心態來面對生命真正的處境和自己與同類間的關係❸」。

　　在馬克思的觀念裡，宗教的沒落，使得信仰的真正實行成為可能，在傳統的秩序裡，宗教信仰是"虛幻的"──以升入天堂的完美生活來神秘地取代所有人類原本在地上就可以享有完足生活的可能性。不過，這卻也無法在資本主義裡實現。資本主義秩序只會更將迷魅除去，並使人的異化更加厲害；但是，在這過程的同時，它也為另一個新社會的誕生創造了種種條件；在此一新社會中，以基督教的宗教形式所表達出來的價值，將能夠被具體實現出來。「將作為使人獲得虛幻之幸福的宗教廢除，乃是使他們獲得**真正的**幸福所必須的❸」。對馬克思而言，這並不意味著道德價值的"消失"，而毋寧更是價值投入的連根拔除，這種價值投入，只有正當化局部之階級利益的功能；其次，它無法以理性的詞語表達出來（"意識型態"即兼具此兩種特性）。人們經常認為，

---

❷ *Gru*, pp. 133-4. 馬克思此處的立場，很相近於齊默後來詳細的推究，Georg Simmel: *Philosophie des Geldes*(Leipzig, 1900)。韋伯對齊默此書的評論是：「貨幣經濟與資本主義，二者太過於緊密地被認同為一，有害於他具體的分析」。*PE*, p. 185。

❸ *CM*, p. 136。　　❸ *EW*, p. 44。

馬克思所期盼的未來社會——在其著作中稱之爲"共產主義的更高階段"——只不過是功利主義的另一個型態,而且正是完全基於哲學的唯物論上的一個理論性產物。然而,如果我們了解馬克思對於意識的看法——意識乃基於主體與客體的辯證——那麼,此一批評便無法得到支持。換言之,共產主義會蘊生出它自己的內在道德,這內在道德不能由許多只根據其自我利益而行的個人之總合、這樣的角度來看。

關於宗教對社會生活的影響力日漸消退的結果。馬克思與韋伯二人之間的差異的主要來源,並不在於我們一般的探索方向上——"理想"的消失。事實上,對於受到資本主義的刺激而興起、且性格獨具的生活模式所做的批判性評估,在二人的著作裏是十分引人注目地相似——技術理性的支配。然而,對韋伯而言,一個"世俗"社會的組織的技術危機,是它們必然牽涉到將某些會促使社會發展的主導價值抹煞或否定掉:它們沒有其他的可能性。另一方面,馬克思認爲,近代資本主義的異化特性是從其階級特性產生出來,且將隨着社會的革命性重整而消除。韋伯對於組織之官僚例行公式的結果的描述,幾乎與馬克思對資本主義裏的異化之後果的陳述一模一樣:

在一種特殊的意義上,完全發展的官僚制是處於一種無惡無好(sine ira ac studio)的原則之下。它那種爲資本主義所喜的特殊性格,愈是讓組織官僚制完全地"去人性"(dehumanized),就愈會完全成功地將那些無法以算計的愛、恨、及所有的純粹個人的、非理性的與感情性的因素從公務上的事務中消除[32]。

---

[32] *ES*, vol.3, p. 975; *WuG*, vol. 2 , p. 571。

　　韋伯因此感覺到資本主義裏有一種根本的非理性存在。組織官僚制的形式理性，雖然使得大規模管理工作在技術上有實現的可能，但在本質上卻與某些西方文明裏最特出的價值相牴觸，它抹煞了個體性與自發性。然而，卻也沒有任何理性的方法可以克服此一困境：這是"時代的命運"——必須生活於一個"機械僵化"的社會。只有新神靈的卡理斯瑪重新降臨，才能夠有令人可以想像的轉變發生❸。

　　不過，這種知性上的誠實要求我們指出，在今天，所有在等待新先知和新救主的許多人所處的情境，和以賽亞神諭所收的流亡時期以東(Edom)的守夜人的那首非常美的歌，所唱出的情境，完全一樣：「有人從西珥不住的大聲問我：『守望的啊！黑夜還有多久才過去呢？守望的啊！黑夜還有多久才過去呢？』守望的人回答說：『黎明來到了，可是黑夜還沒有過去！你們如果再想問些什麼，回頭再來吧！』」聽這段話的那個民族，已經詢問並等待了兩千多年了……❹。

　　因而，馬克思與韋伯之間最根深柢固的差異在於異化的特性到什麼程度，馬克思把這種異化歸因於作為階級社會之特殊形式的資本主義，韋伯則認為它事實上是緣自組織官僚的理性，而這是現代形式之社會的必然伴隨物，不管這社會是"資本主義的"或是"社會主義的"❺。在下一章中這一點將再詳細討論。

---

❸ *PE*, p. 182。

❹ *FMW*, p. 156。

❺ 參見 E. Jürgen Kocka: "Karl Marx and Max Weber, Ein methodologischer Vergleich", *Zeitschrift für die Gesamte Staatswissenschaft*, vol. 122, 1966, p. 328.

馬克思與涂爾幹：宗教與現代個人主義

　　涂爾幹對宗教社會學的關懷，當然在許多方面都與韋伯有所不同。想要建構一個宗教之一般"理論"的企圖，對韋伯的著作要旨而言，是陌生的。然而，我們很容易就會誤解涂爾幹在其《基本形式》中所關注的焦點。一般都同意，而且事實正是如此，在那本書裡所發展出來的宗教觀念，正是涂爾幹對現代社會結構的思考的基本所在。但是後來的涂爾幹詮釋者大都未能得出以下這個相關的推論：亦即，在《分工論》裏所分析之演化的次元，應該被放在原始社會之宗教功能圖象及其與現代社會秩序的關係之中來看。涂爾幹所強調的主要重點之一是，現代社會裏的"神聖的"信仰的特質與典型之傳統形式的特質是相當**不同的**。顯然《基本形式》的一個主要論點是指出宗教的功能意義在於它作爲傳統社會之凝聚性的關鍵性基礎。這是那些聲稱繼涂爾幹之後的大部分人類學與社會學研究，所集中注意的焦點。但是，在涂爾幹的著作裏，還有另一個同等重要的**母題**，即使是在將理念"靜態的"連結於社會結構的範疇裏，一般所謂的涂爾幹的"知識社會學"裏，也未將它表現出來，亦即：社會，尤其是展現在由時節性祭典所產生的集體狂歡之中的社會，是**新**信仰與象徵的來源。宗教祭典不只能加強現有的信仰，並且還是可供創造與再創造的一種情境**㊱**。「現在，這種集中專注，會帶來一種道德生命的高揚；在它展現爲一叢理想的觀念的形式裏，即鏤刻著那被喚起的新生命；它們[那些理想的觀念]所相對應的，正是這種添加到我們維持生存的日常事務的處理上的、新的精神

㊱ *EF*, p. 464。

力量**❸**」。

　　這個觀念與在《分工論》裏所提出之社會變遷的"機械"理論之間，並沒有必然的矛盾。在那本書裏，涂爾幹將人口的變化看成導致分工現象擴大的主要因素。但是此種結果只有在一個中間變數——同時是社會現象也是道德現象的"動力的密度"——的變動下，才有可能發生。在這樣的一個過程裏，由於涂爾幹將"道德密度"與"動力密度"視爲同義詞，其中所具有的道德特性便顯現出來。與斷節性社會結構之解體相連結的，是「社會羣體在此之前從未互相發生影響的各部分，相互交換活動……這種道德整合，只有在個體之間的眞正距離本身以某種方式抵除掉的情況下，才有可能產生它的效力……。試圖去找出由哪一個來決定其他的，是無用的；只消說他們是不可分的，也就夠了**❸**」。導致分工之分殊化的變遷，是社會的變遷，同時也是道德的變遷，而且，兩者是互相倚賴的；個體崇拜之道德的個人主義，是分工這一複雜事物之出現的規範相對物：「當個體與個體之間越來越分化，而個體的價值也因而增加時，相應而起的崇拜，在宗敎生活的整體裏，也就相對的占有一個更重要的地位……**❸**」。

　　就是在這種社會組織與理念體系間的相對性關係的強調上，涂爾幹強調其立場與馬克思的不同：

---

❸ *EF*, p. 476; *FE*, p. 603。因此，若提出這樣的問題：「爲什麼終究對社會的崇拜會比對神的崇拜來得更容易解釋？」就是個值得注意的誤解。見W. G. Runciman: "The Sociological explanation of 'religious' beliefs", *Archives européennes de Sociologie*, vol. 10, 1969, p. 188.

❸ *DL*, p. 257; *DTS*, pp. 237-8.

❸ *EF*, p. 472.

　　因此，必須設法避免的是，將此一宗教理論，單只視爲歷史唯物論的再生：那將是對我們的想法的一種絕對的誤解。當我們指出，宗教在根本上是社會性的，這時我們絕不是說，它就可以被轉譯爲另外一種語言，即社會的物質形式即其直接之必要物❹。

　　這裏面所具有的歷史意涵是很明顯的：涂爾幹將他自己跟認爲理念與其社會"基礎"之間只有單向關係存在的知識理論分隔開來。這是當我們在考慮涂爾幹的主旨，在事實上，有多麼不同於馬克思著作的主旨時，所應最先加以注意的。而且，《基本形式》所處理的，是宗教現存的最簡單的形式；此書中所發展的知識理論，不可以整個應用在較爲分化的社會類型裏，將社會的型態從最簡單的到較爲複雜的，在理論上作一個主要的貫串，可以說就是，將涂爾幹在其學術生涯早期所敍述的那個原理，在理論上加以更精緻的建構：也即，雖然在傳統與現代的社會之間，有著非常巨大的不同，但是，存在於機械的與有機的凝聚之間，仍有一種明確的道德連續性❹。

　　根據涂爾幹在其《基本形式》中的論點，圖騰信仰裏的思想範疇，都是由社會事實的表徵所形成的，例如"空間"、"時間"等觀念，都是得之於"社會的空間"與"社會的時間"等等。正如涂爾幹所說的，這是基於宗教信仰的內容「不會純然是虛幻的」這個一般性的前題 ❹。既然宗教信仰的基本形式，無論是奠立在自然現象的表徵上，或是奠立在人類心靈內在"既有"的範疇上，等等觀點都是涂爾幹所唾棄的，那麼

---

❹ *EF*, p. 471; *FE*,p. 605。

❹ Review of Tönnies, p. 421。

❹ *EF*, p. 464。

它們所賴以爲據的，就必是唯一的另外一個"眞實"——那個眞正的秩序之所在的社會。涂爾幹堅持嚴格地區分"自然"與"社會"的結果，是將二者明確的置於某種對立的狀態下。馬克思與涂爾幹二人在重點強調上的主要不同，就是因爲這個緣故。關於在簡單的社會裏，社會眞實與理念之間有相對直接的關連這點，馬克思的觀點與涂爾幹的並無不同。在這樣的社會裏「意識……就只是**直接**感受環境的知覺，以及與在自我意識正在增長之個人以外的其他人與事，發生有限關連下的知覺❹」。但是，對馬克思而言，這無可避免是建立在人與自然在生產中之交互作用上的。原始人是幾乎完全疏離於自然，因此，比較起來他想要去控制自然世界的微小努力，在面對非他所能控制的宇宙力量時，就會被一種無能的感受掩蓋過去。自然儼然是一種「全能的、無懈可擊的力量，人與它的關係純粹是動物性的，而且就像是野獸般受到它的威嚇；因此，這純粹是一種動物性的自然意識（自然宗敎）」。然而馬克思並不認爲此種"自然宗敎"是"人"與"自然"之間直接衝突的結果：「此種自然宗敎……乃是被社會的形式所決定的，反之亦然❹」。

馬克思和涂爾幹一樣，也視人口密度的增加是改進這種「像羔羊似的，或部落式的意識」之"根本的"要素❹。這會導致分工的發展，並且，就如我們前面所提到的，對馬克思而言，這反過來也成爲形成理念系統的主要先決條件，而且有正當化一個階級社會的功能。不過，在涂爾幹的分析裏，經濟與社會之間的相互關係的重要性被減至最低，而較強調在集體祭禮中產生之宗敎信仰所具有的社會特性。涂爾幹也承

---

❹ *GI*, p. 42。
❹ *GI*, p. 42。
❹ *GI*, p. 43。

認經濟活動對簡單社會的理念系統所產生的**可能**影響，但他認為，大體而言，經濟關係應該從屬於宗教觀念 **❹**。這也可以拿來描述更複雜之社會的型態。在涂爾幹的類型學架構裡，主要的排列原則是依結構上的分化程度而定的。因此，經濟階級的存在並不具有特殊的重要性：對涂爾幹而言，階級關係當然不構成擁有分殊化分工之社會的社會結構的主要軸心。在涂爾幹的社會分類裏，對於分門別類的基本類型學標準而言，甚至是政治權力的分配，都只具有次等的重要性。準此，涂爾幹與馬克思之歧異的主要根源，並不在於有關理念有多麼"獨立"於其社會之"下層結構"的程度，而在於**那個下層結構的組成特質**。同樣的，有關這一點的進一步結果，我們把它放到下一章裏再談。

　　關於宗教信仰之"虛幻的"特質這個問題，在原始宗教理論與涂爾幹和馬克思對於宗教在現代社會裏所具有的意義的看法之間，形成一座合適的橋樑。就某種程度而言，這兩位思想家在這個問題上的歧異，正如韋伯之不同於馬克思一樣，都是因為他們各自的倫理立場不同的緣故。涂爾幹排斥哲學的新康德主義，而偏好他自己以社會的"病態"為基礎所發展出來之特殊的倫理相對論觀念。根據他的看法，對某一社會類型而言為"妥當"(valid)的道德，並不一定適合於不同類型的社會：沒有任何一種道德理想，能聲稱具有普遍的妥當性。馬克思在很大的程度上也接受這樣一種相似的主張。不過，對涂爾幹而言，某一套道德理想，是否具有妥當性的主要判準，在於它們一般而言是否「相應於社會有機體的需要」，但在馬克思的觀念裏，這是與階級關係相關連的，因此，道德乃是社會中經濟力量之分配不均的一種表現。在馬

---

❹ *EF*, p. 466(注釋)。

克思的著作裏，這反過來又與從歷史裏來解決"部分的"與"一般的"利益之劃分(階級結構／異化)的強調，結合在一起，而在涂爾幹的著作裏則不是這樣。因而，對馬克思而言，宗教之"虛幻的"特性是放在異化的歷史發展上來衡量。原始的人是疏離於自然的，而且這種疏離以"自然宗教"的形式表達出來。隨著分工的擴展，對自然的控制增加了，宗教信仰也就變得愈來愈成為清明之"理性化"的理念系統(就韋伯所使用的意義而言)，而表達在人類的**自我**異化上。資本主義大大地增進了人類對自然的控制：自然越來越為人類技術與科學的進步所"人為化"──然而這是在付出極大的自我異化的代價下才達成的，這種自我異化的急遽增大，與資本主義生產的刺激下所形成的分工擴展是相互應和的。宗教之"虛幻的"特質，於是就在這裏顯現出來：它用以正當化現存的(異化的)社會秩序的辦法，是將它轉化為以人的能力有可能在資本主義裏企及的(而事實上並不能實現的)一個虛構的宇宙。

馬克思對宗教(帶有貶意的)的陳述──那麼宗教就是人們的"鴉片"**❹**，因為宗教信仰是在正當化一個被支配階級的從屬地位──直接的**社會學**內涵，與涂爾幹認為宗教安慰貧者，「並且以告訴他們社會秩序所帶有的天意本質的方式，來教導他們安於自己的命運……」的這個主張，所具有的內涵是一樣的 **❹**。但是，在馬克思以異化為主題的脈絡裏，宗教信仰就絕對是奠基在一種"幻象"上的，因為它假設了人的能力可以比之於超人類的力量。相反的，對涂爾幹而言，宗教之為虛

---

❹ *EW*, p. 44。

❹ *Su*, p. 254。這就是為什麼，將涂爾幹對宗教之"贊許的"態度，與馬克思對宗教之"敵對"態度，以它們的"表面價值"來做他們二人在社會學上的比較，是錯誤的。像這種簡單化觀點的一個例子，見 Robert A. Nisbet: *The Sociological Tradition*(London, 1967), pp. 225-6 & 243-51。

幻的，絕不是在這樣一種意義上，除非是某一套宗教信仰在功能上不
再適用於某一種社會類型的存在。這確實就是傳統宗教存在於現代社
會裏的情形。涂爾幹承認，基督教，或更特別地說，基督新教，乃是
現代的個體崇拜的直接來源。涂爾幹相當強調古代宗教崇拜與基督教
的象徵性內涵之間的對比：上古世界的宗教，「尤其是那些儀物體制，
主要的目的是要確保天地有規律的運行」；他們的焦點因此是被「轉移
到外在世界」的。但是，基督教就將它的重點放在個人靈魂的救贖上：

> 對基督徒而言，既然美德與虔誠都不在於物質性的儀式上，
> 而在於內在的靈魂狀態上，那麼他就不得不無時無刻地監視自己
> ……。因此，在所有的可能的思想兩極上，一邊是自然，一邊是
> 人類，基督教社會之思想所倚重的，必然是圍繞著後者……❹。

不過，雖然道德的個人主義是從這個根源上來的，但是它也表達
了自十八世紀末以來，導致現代社會之轉化的一連串變遷；在這種轉
化中，理性主義已滲透到社會生活的所有層面。雖然這些信仰也都有
其純正而"神聖的"特質，它們卻已不再被保證能再回復到以前教會所
據有的那種優勢；對於現代道德秩序的維持，國家必然越來越要挑起
主要的責任。

涂爾幹對先前時代的宗教與現在的道德要求之間的理論連結，並
不允許將其對傳統社會與當代社會之間具有同等意義的分辨遮掩了。
涂爾幹完全反對回歸到傳統自然神教的保守呼籲。這是因為涂爾幹是
在一個較廣泛的意義上來定義"宗教"，將它界定為神聖的，以及他所

---

❹ *L'évolution Pédagogique*, p. 323。

認為的道德律則；以此，他就能夠一方面強調象徵與價值之間的連續性，並且同時也強調存在於過去與現在之不連續上的重要因素。基於"人格崇拜"之未來的道德，就好比是將宗教轉化為俗世的人文主義一般。使得這個觀念與馬克思(以及費爾巴哈)的觀念有所不同的，並不是傳統宗教必須由一個人文主義的倫理來取代——這是自十九世紀早期起，法國與德國的社會思想所共同持有的立場；而是此一倫理與具體之社會結構(例如：分工)之間的關係之本質。關於這一點，就必須要稍微涉及一下方法論上的問題。

在涂爾幹觀念裏，社會事實是"外在於"個人，並對個人產生"約束"的，而馬克思則強調，我們必須「尤其要避免再次將"社會"當作是與個人相對立的抽象物」；在解釋這兩個觀點之間的關係時，我們必須要記得馬克思對異化與對象化這兩者的分辨。對馬克思而言，社會"事實"——在資產階級社會中——在兩層意義上，是"外在於"個人的。首先，與人類所創造出來的物質製造品一樣，社會關係在它們成為"真實"後，就被對象化了：以此，馬克思一直對烏托邦的(一般說來是唯心論的)社會主義有所批評，原因就在於它將社會當作是思想的創造品，而錯解了社會生活的真實面貌。在這層意義上，每個人都同時是他也作為其中一部分的社會關係之產物與生產者；這當然是對每一種的社會而言的，包括社會主義。不過，在資產階級社會中，社會事實上還帶有一種"外在於"及約束性的特質，這與歷史的發展有關，並且是出於異化關係的結構中。因此，在這層意義上，個別勞工被迫進入那"外在於"他的關係中，其進入的各種方式，馬克思在其對異化的分析中都有所說明；不過，這種個人與社會間的二元性，將會因資本主義的被超越而解決。因此，雖然在涂爾幹的方法論裏，外在性與約束性必然是緊密地互相為倚的，但在馬克思的想法裏，外在性與約束性，就**異化**的意義而言，並不是社會現象的普遍性質。在社會主義的社會裏，道德權威的性格將不會要求要保留義務或職責這些康德哲學的要素，因為這牽涉到每個人必須去遵從他所不能相容的道德規範。

這些理論上的考慮潛藏於馬克思與涂爾幹二人在著作中對俗世化之結果的不同處理上。根據馬克思的看法，宗教總是一種異化的形式，因為宗教牽涉到將事實上為人所擁有的能力與力量歸之於神秘的物體。根據這個立場，宗教的廢除，所指的並不僅是由理性與科學的知識來取代宗教象徵意義，而是已往用一種神秘的形式來表達的種種人類的能力與樣式，都在意識上恢復過來。因為個人與社會的分歧與對立是有可能加以解決的，因此宗教的超越也是可能的。從涂爾幹的立場上來看，則只要看看當代社會的組織，就可斷定這只是個烏托邦。只有在一層意義上，涂爾幹可以同意馬克思所說的、在一種社會形式裏，沒有個人與社會間的分歧性存在──機械性凝聚的情況下。機械性的凝聚「將個人毫無間隙地直接與社會連結在一起 ❺」。然而，此種社會形式已過渡到有機式的凝聚，並且沒有回頭的可能；即使有可能，馬克思所設想的那種社會，也只有在普遍的**集體意識**再度被奉行的情況下，才有可能實現，這就必然要神聖的領域再來一次廣泛的擴張才行。

關於世俗化在各個現代社會裏所產生的結果，馬克思與涂爾幹二人的對比，在他們對這些社會裏所**突現的**主要發展潮流的各別診斷上，顯得最是意味深長。這導致了馬克思、涂爾幹與韋伯三人之著作

---

❺ *DL*, p. 129。

所涉及的一個主要論題，並由此論題貫串起、表達出三人在著作裏的某些主要不同之點。此一論題即：對於分工的複雜性的增長，所必然引起的社會分化的結果，他們三人所提出的各種不同的解釋。

第 **15** 章
社會分化與分工

　　馬克思、涂爾幹與韋伯的著作，以不同的方式，融合了對現代社會的分析與道德的批判。韋伯雖然堅持在經驗知識或科學知識與價值導向的行動之間，有一絕對的邏輯分野；我們也得了解他也相當明白地肯定，將歷史的分析與社會學的分析運用於政治與社會之批判的適切性。馬克思與涂爾幹則都拒斥康德的倫理二元論，並且都企圖更直接地將他們對當代社會秩序的特殊面貌所做之事實的評估與道德的評估連結起來。涂爾幹畢生的用心，是為他對先進社會的"病態的"面貌所提出的診斷性解釋，建立一個科學性的基礎。而馬克思的著作及其政治活動，所根據的見解則是「人必須去證明真理，亦即，在**實踐**中，證明真理與力量，以及其思想之現世性」❶。

　　在後二者的著作裡，"異化"與"失規範狀態"，分別是他們對現代社會之批判性解釋的焦點所在。異化的觀念是馬克思對資本主義之批評的主要柱石，同時也是他認為資產階級體制會被一個新的社會形式所取代之論點的主軸。它所代表的不僅是馬克思後來已放棄的早期烏托邦立場，也不只是馬克思在《資本論》裡大談"商品崇拜"（fetishism

---

❶ *WYM*, p. 401, *We*, vol. 3, p. 5。

of commodities)時，相對而言顯得不很重要的樣子。涂爾幹之失規範狀態的觀念，亦是如此：它貫穿於涂爾幹對現代"危機"及其解決模式的整個分析裡。

異化、失規範狀態與"自然狀態"

馬克思與涂爾幹分別運用的異化的觀念與失規範狀態的觀念間的根本差異，很顯然是由於他們對於人處於一種"自然狀態"之下的內在看法不一所致。傳統上都認為，馬克思的異化觀念是建立在這樣一個前題上：人"原本"(naturally)是善的，但已受到社會的腐化；相對的，失規範狀態的觀念是根據：人"原本"是個桀傲不遜的動物，其自我主義必須由社會來嚴格地加以約束的這個主張。第一個觀點近似盧騷，第二個觀點則近似霍布斯 ❷。然而這種看法都有太過於簡化相關的問題之嫌。根本上，將異化與失規範狀態置於自然狀態之假設上來衡量，是忽視了馬克思與涂爾幹之著作的最根本面相：人的**歷史**本性，正如涂爾幹所表示的：「現代將自己與過去對立，但卻是出自於過去，並令其永存」❸。這兩位思想家都明白且斷然地將他們的立場與站在歷史之外的抽象哲學分隔開來。涂爾幹尤其是站在這一立場來批評盧騷與霍布斯。根據涂爾幹的看法，這兩個人都是以「個人與社會之間的連續性之斷裂」這一假設為其出發點，而認為「人因此原本是不服從於共

---

❷ 參見例如：John Horton："The de-humanisation of anomie and alienation",pp. 283-300; Sheldon S. Wolin: *Politics and Vision*(Boston, 1960), pp. 399-407; 更詳細的討論則見 Steven Lukes: "Alienation and anomie", 收於 Peter Laslett & W. G. Runciman: *Philosophy, Politics and Society*(Oxford, 1967), pp. 134-56。

❸ *L'éolution pédagogique*, p. 21。

同生活的；他只有在被強迫下，才會放棄自我」。涂爾幹於此強調，他所給予"約束"這個語詞的意義，是相當不同於霍布斯的❹。

　　不錯，涂爾幹是在個別有機體的生物(亦即"前社會的")結構上，來建構其自我主義的需求；不過，他也說得很清楚，自我主義在很大的比例上，也是社會的產物——例如：經濟上的自我提昇，對涂爾幹而言，就和對馬克思的意義一樣，是現代社會的產物❺。在個人主義高度發展的現代社會裡，自我主義呈現出隨之而來對社會和諧的更大威脅。個人主義很明顯的是與自我主義不同的，但是它的成長卻會擴大自我主義傾向的範圍。分布於現代社會的某些層面上的失規範狀態，反映出個人在動機上與感覺上的相當高拔，這也是社會經過長期發展的後果。換言之，現代人，在經歷一種失規範狀態的處境時，是相當不同於處於前社會的自然狀態下的一個(假設性的)野蠻人。後者並不會處於一種失規範的境遇。同樣的，一個人類的嬰孩，在初生時，就是個自我的個體，但並非失規範狀態下的個體，因為他的需求，只限定在生物性上。當小孩成為一個社會化了的個體後，他自我衝動的範圍就會擴大，而他的未來可能性也就被置於一種失規範的狀態下。「如果社會生活整個消失了，那麼道德生活也就會跟著整個消失，因為不再有任何的客觀。十八世紀哲學家所說的自然狀態，即使不是不道德的，至少也是**非道德的**(amoral)❻」。

　　這個一般性的立場，幾乎並不那麼不同於馬克思所經常採取的。馬克思與涂爾幹一樣，都注意到十八世紀的理性主義者，在處於自然

---

❹ *RSM*, pp. 121 & 124。

❺ *Su*, p. 360; 另參見 *DL*, Vol. 11, pp. 272-4 & 403-4。

❻ *DL*, p. 399。「雖然小孩自然是個自我主義者，………但文明的成人……便有許多與官能的需求無關的理念、情感、與作為」。*Su*, p. 211。

狀態下的人身上，加上了事實上從社會而來的能力。人類社會的早期
形式，由於受到自然相對上無法控制的變化所支配，相形之下人類的
本質與能力也就處於很有限的範圍裡。對馬克思而言，這正是人之所以
為"人"——亦即，與禽獸有所分別——的人類社會特徵。所有人類在
感官上與生物上的需求，都能夠有這種轉化。例如性行為、吃、喝等，
對人類而言，都不再是生物性驅使下的一種單純的滿足，而是在社會
發展的過程中，已經轉化為可以提供多方面滿足的行動。一如馬克思
所描述的：「我們的欲望與快慰源自社會；因此，我們用以衡量它們
的，是社會，而不是可以使它們得到滿足的事物。因為它們具有一種
社會的本質，一種相對性的本質❼」。

在這個意義上，潛藏在異化觀念背後之"不變的事物"(constants)
與潛藏在失規範狀態觀念背後之"不變的事物"，二者之間的相似性，
要比光是從表面的比較所顯示出來的，大得多 ❽。馬克思與涂爾幹二
人都強調，人的品質、需求與動機，很大部份都是社會發展的產物。
二人也都察覺到政治經濟學理論——以自我主義作為社會秩序理論的
基礎——的根本缺失所在。正如馬克思所說的：「**分工**與**交換**這兩個現
象，被經濟學家用來吹噓其學科中具有社會的特性，然而，就在同樣
的語氣下，他們也不自覺地暴露出這個學科的矛盾本質——想要透過
非社會的、特殊的利益來建構社會」❾。同樣的，涂爾幹也批評特尼厄

---

❼ *SW*, vol. 1, p. 94。

❽ 涂爾幹也經常被拿來與佛洛伊德做一種過於皮相的比較，這也是由於忽略了涂爾幹對
　於人類需求所具有之歷史與社會特性的強調。涂爾幹的立場，在相關的層面上，有多少
　可與霍布斯(Hobbes)的觀點相比較，這要看後者實際上對於自然狀態的看法如何。參
　見 C. B. Macpherson: *The Political Theory of Possessive Individualism*(London,
　1962), pp. 19ff。

❾ p. 187；另參見他對 Stirner 之自我主義哲學的批評，*GI*, pp. 486-95。

斯, 就是因爲在後者的**社會**(Gesellschaft)觀念裡, 以功利主義理論的
方式, 將社會當作是個由獨立而個別的"原子"所組成的集合體來處理;
這只會構成一個單位體, 因爲它是在"外在的"國家影響力下所統合起
來的。根據涂爾幹的看法, 這是完全不恰當的: 個人在訂定契約的行
動上, 表現了在分工的社會環節裡的一個廣泛的網路。馬克思在一段
不同的爭論性文字裡, 也作了幾乎完全相同的看法。一個市民社會裡
的個人, 是與一個原子不同的, 因爲一個原子「**沒有需求**」, 而且「**是自
給自足的**」。經濟學家所採取的原子個體觀之所以是謬誤的, 是因爲市
民社會裡的成員是以相互依賴的關係而與其他人結合在一起的。這些
未知的關係才是國家的眞正基礎所在: 在眞實裡, 國家「是由社會生活
所糾結起來的」❿。在資產階級社會裡, 分工之成長的**整合**特性, 事實
上是馬克思持之以批判政治經濟學的一端: 資本主義的擴張摧毀了自
主的地方共同體, 而將人類帶進一個無所不包之相互依賴的網羅裡
——雖然對馬克思而言, 這只有在付出個別的異化的代價下, 才會發
生。

　　再者, 馬克思對"自由"(freedom)的觀念, 事實上也相當接近涂爾
幹對自我控制之自主性的看法, 而絕對不可以被視爲一種功利的觀點。
"自由的"與"理性的"這些字眼在馬克思的著作裡, 就像在黑格爾的著
作裡一般, 是緊緊地結合在一起的。黑格爾拒斥隱涵於功利主義裡的
那個觀點: 一個人可以自由到任意去做他內心所驅使他去做的任何
事。「凡人都以爲自己是自由的: 假如他能愛做什麼就做什麼; 但是在

❿ *Holy Familiy*, p. 163。馬克思也認爲, 市民社會裡的個人所得之"原子式的"立場, 可由
契約與財產的規範來加以正當化。與封建制度相對比的是, 「**權利**在此處取代了**特權**」
(p. 157)。

這種恣意任情裡，就暗示著他並不是自由的⓫」。事實正好相反，自由並不是自我主義的發揮。一項行動的進行，所涉及的如果僅是個人在面對許多行動的方向時所做之非理性的抉擇，那麼這項行動可以說是"恣意的"，而不是"自由的"。處於困境的一隻野獸，選擇去和敵人打鬥而不是逃走，這並不能說它就是在"自由地"行動。自由指的是有自主性，而不爲理性控制之外的外在力量或內在力量所驅迫；這就是爲什麼自由是人類特有的權能，因爲只有人，才會經由成爲社會的一員，而對一己的意志，不僅在形式上，並且在內涵上，加以控制。在黑格爾的觀點裡，這才有可能將個人與理性的精神合而爲一。對馬克思而言，這就預設了具體的社會重組──一個共產社會的成立。個人在社會裡的地位也將因爲那個特性而彼此類似，就像科學家在科學的社群裡的處境一樣(這也是涂爾幹在類似的脈絡裡所舉的一個例子)。一個接受那界定科學活動之規範的科學家，並不會比一個對此規範加以審愼拒絕的科學家，來得不自由；相反的，由於是科學社群裡的一員，他才能夠加入這個集體的事業，去擴展、並創造性的發揮其一己的聰明才智。以此，接受道德的要求，並不是在接受一種外在的約束，而是對合理事物的一種承認。

當然，這並不是說，馬克思與涂爾幹在他們可說是具有"非歷史"之意涵的個別立場上，沒有重要的差異。雖然涂爾幹強調，個人的人格極受他所存在於其中、並在其中社會化的社會形式之性格所影響。但是在這方面他並不接受一種完全的歷史相對論：每一個人，無論他是"原始人"還是"文明人"，都是個**雙重人**(homo duplex)，因爲在每

⓫ *Philosophy of Right*, ed. Knox (London,1967),p. 230. 關於韋伯對經濟"自由"的觀念，見他對 Roscher 與 Knies 的討論，收於 *GAW*。

個人裏面，都有自我主義的衝動與那些具有"道德"內涵的層面之間的對立。馬克思並不採納這樣的心理學模式；在馬克思的觀念裡，像這種個人與社會之間所暗含的對立，並沒有任何非社會性的基礎。對馬克思而言，「個人**是社會性存在**………。個別人類的生命與物種的生命，並不是不同的東西**⑫**」。以一種特別醒目的形式在資產階級社會中出現的，個人與社會之間的自我主義對立，是分工發展的結果。另一方面，涂爾幹對於人類人格的界定，是建立在這樣一種假定上：嬰孩的自我主義是得自於與生俱來的生物性驅力，這是永遠也沒辦法由於小孩後來在道德的發展，而被完全轉變或去除的。

　　這點可與生產活動在馬克思與涂爾幹所分別採用的社會模式裡，所扮演的不同角色連結起來。對涂爾幹而言，由於他強調那"社會的"[因素]在因果關係上的獨特性——社會學解釋上的自主性——使得他一般而言略去社會與自然之間的交互作用。這一點，以一獨特的方式，明白表現在這樣一種見解上：那些在物質世界裡，與生理之存活有關的需求，並不會被那些根植於**社會**認同的衝動所同化。相較之下，馬克思則將社會與自然之間的交互作用，作爲其分析的焦點，並且因而強調，介乎個人的自我主義與個人對物質環境的適應之間，那些"感官的需求"所具有之社會化的特性。但是這點也不可太被誇大：正如上面所說的，馬克思與涂爾幹二人都強調人類需求之約束的歷史層面。對涂爾幹而言，只有在人類的感受極度高張的社會形式裡，自我主義會變成社會和諧的威脅。「一切跡象都在迫使我們尊重我們爲內在的天人交戰所做的努力，而有以增進文明的成長**⑬**」。

---

⑫ *EW*, p. 158.

⑬ "The dualism of human nature", p. 339。

分工的未來

　　在馬克思對資產階級社會所做的分析裡，根植於資本主義生產方式的異化，有兩個直接相關但部分而言又可加以分別的根源。其一是在勞動過程上、在工人的生產活動上的異化。其二是工人與其生產品的異化，亦即，在勞動過程之**結果**的控制上的異化。爲了方便起見，我就分別稱此二者爲"技術的異化"(technological alienation)與"市場的異化"(market alienation)⓮。這兩種異化都源自資本主義生產的分工。後者表現出，包含某種階級制度在內的生產關係之組織，是建立在某一階級對另一階級的剝削支配上；而前者則指出，職業上的專門化，是使工作零碎化成例行且容易之工作的根源。

　　對馬克思而言，這兩種異化對於分工的擴展都是必要的：階級社會之所以有可能在歷史上興起，有賴於因工作專門化的成長所帶來的剩餘生產。因此，一個無階級社會的形成，必然導致——就我們所知在資本主義下的——分工之廢除。在馬克思的觀念裡，市場的異化與技術的異化，因此都與分工分不開：「**分工**，不是別的，是人類活動的**異化**形式……⓯」。透過社會之革命的重組可以克服市場的異化，從而改善因爲專業化所造成的支離破碎的結果；這種結果的造成是由於個人的活動被限制在某一有限的工作崗位上，而使得個人毫無機會在其勞動上充分地伸展其所有的聰明才智與能力。

　　涂爾幹的分工理論使他走向另一個相當不同的方向上。對涂爾幹

⓮ 這並不全然相對應於馬克思所區別之異化的各種意思，而只是爲方便本章討論所做的基本分野。

⓯ *EW*, p. 181: *We, Ergd*, p. 557。

而言，分工的成長應該是以專門化的必然結果這個角度來說明，而不是以階級制度之形成來說明。因此，涂爾幹並不將階級鬥爭當作是社會之革命重建的一個基礎，而是將之視為分工之各個不同的職業團體在道德的整合上不夠充足的一個病徵。涂爾幹的理論裡，"強迫性的"分工與"失規範狀態的"分工，是大有分別的，前者的緩和並無法克服後者所帶來的問題。根據他的看法，馬克思的社會主義所關懷的完全是強迫性的分工，這種分工是透過市場的規律化——生產的社會化——而實現的。然而，在涂爾幹的觀點裡，則相反的認為，由於經濟關係的日漸居於主導地位，使得舊社會的道德脊柱所在的傳統組織趨於瓦解，這才真正是現代"危機"的主要因素。

　　事實上，涂爾幹認為市場的規律化(市場之異化的消除)是馬克思之旨趣的唯一焦點的看法，是錯誤的。馬克思一開始就更為深切地關懷著與涂爾幹相同的問題：經濟關係對於現代社會之**非道德的**支配性；並且認識到生產的社會化是去除勞動之限制(技術的異化)的手段，因為這種限制將人屈服於經濟的生產之下，使人"非人性化"(de-humanise)。涂爾幹本人當然也體認到現代勞動過程裡的異化特性——工人「重覆著同樣單調而有規律的動作，但對它們一點也不感到興趣，並且也不了解」；他並且也同意這是「人性的一種貶仰」❻。但對於這種工人的非人性化的情形，涂爾幹所提出之減輕或者消除的辦法，是建立在分工之專門化的道德整合(moral cosnolidation)上，而馬克思所期盼並寄望的，是這種分工本身的劇烈轉變。這才真正是馬克思之運用異化觀念與涂爾幹之運用失規範狀態的觀念間，最重要的不同

---

❻ *DL*, p. 371。

點。對涂爾幹而言，生產活動之非人性化並不是分工本身所造成之支
離的結果，而是工人之失規範的道德狀態的結果。換句話說，勞動過
程的非人性化之所以發生，是因為個別的工人並沒有一個清楚之整體
目標的觀念──個人的生產活動是與社會集體的生產努力結合在一起
的。因此，要改善這種情形，就必須使個人有一種道德上的自覺，意
識到自己在分工上所扮演的特殊角色，在社會上的重要性。那麼，他
就不再是個異化的自動機器，而是個有機整體之有用的一部分：「從那
時起，他的行動，不管是特殊的，還是一致的，都將是個有智性的生
物所發出的，因為這個行動有其方向，而可以為個人所意識到❶」。這
完全符合涂爾幹對於分工的成長、及其與人類自由之關係的一般看法。
個人只有在道德上能夠接受一己在分工裡所扮演的個別角色的情況
下，才能使自己成為一個具有高度自主性的個體，而且也才能夠逃脫
存在於未分化的社會裡，那種嚴厲的道德一致性要求的凌虐，以及逃
脫那無法實現之欲求的壓迫。

馬克思觀念的前題，則不是這種個人在分殊化的分工裡的道德融
合，而是以分工的有效**消除**作為人類社會結合的組織原則。馬克思並
沒有在任何地方特別詳細說明這個未來的社會要如何適切地建構起
來，但無論如何，其手法必然大不相同於涂爾幹。以個體義務與整體
凝聚的道德規範為整合基礎的一個高度分殊化分工的景觀，是與馬克
思期盼中的未來社會形式大相逕庭的❶。

---

❶ *DL*, p. 373; *DTS*, p. 365。對於涂爾幹之立場的批評，見 Georges Friedmann：*The Anatomy of Work*(London, 1961)，pp. 72-81 及全書各處。

❶ 不過，恩格斯的觀點倒是與涂爾幹的立場相近得多。參見 Engels："On authority"，*SW*, vol. 1, pp. 636-9。

　　根據涂爾幹的立場，在馬克思消除技術之異化的希望背後，所蘊涵的那個準則，表現出一種舊道德——不再適用於現代社會形式的道德——的回歸。這正是涂爾幹在其《分工論》裡一開始就提出的問題：「我們的責任，是去尋求成爲一個徹底而完全的人、一個十分完足的人呢？還是相反的，只是成爲整體的一個部分，一個有機體裡的某個器官**⓳**」？書中的分析相當明白地顯示出，在涂爾幹的觀念裡，有機的凝聚（organic solidarity）才是現代社會的"正常的"類型，因此，"通人"（universal man）的時代是過去了。後面這個理想，一直到十七、十八世紀，都還盛行於西歐，不過已與當代秩序的變化不能相容 **⓴**。相反的，馬克思堅持這個理想，他認爲：導致資本主義趨於瓦解的這股潮流本身就能夠使得人類"普遍的"智能有效的恢復過來，這是每個人都具有的：

　　　分工的廢除，對於社會的交流與生產力的發展想要達到一種普遍性的程度而言，是必要的；在這種狀況下，私有財產與分工變成這些發展的障礙，……而只有在個人有了全面性發展的狀況下，私有財產才有可能消除。……在一個共產社會裡——也就是個人具有創意而且自由的發展不再只是個表面措辭而已的唯一一個社會——這種發展正是由個人與個人之間的相互關係所決定；而這種相互關係部分是在經濟的先決條件裡，部分是在全面性自

⓳ *DL*, p. 41; *DTS*, p. 4。

⓴ *L'évolution pédagogique*, pp. 374ff。涂爾幹於另一處說道：「在《分工論》裡，我們曾就古典的人文主義道德理想與成就有教養之人的道德理想加以評量：我們指出，這在今天是多麼的日益不合時宜，而一個新的理想已隨著社會功能的日益專門化而逐漸在形成與發展中」。*AS*, vol. 10, 1907, p. 355。

由發展所必要的凝聚裡，最後，還在於在現存的生產力之基礎上，個人的行動所具有的普遍性特質❷。

　　與一般看法相反的，這個觀念所認定的並不是人的形上"完美"。把這樣一種觀點加在馬克思身上，是由於在異化與對象化這二者上有所混淆——這正是馬克思認爲功利學派該來負責的失誤。假如異化的克服指的就是，做爲主體的人，在行動上的障礙完全被掃除，那麼，這確實是假定了某種烏托邦的存在，在其中，人類的自我決定是無上的，而人類所有的潛能最終也都能發揮出來。然而，異化的超越與對象化的終極並不相干；社會(以及物質環境)依舊是"外在於"個人的。不過，在異化的狀態下，它們將不會是個與自覺下的**實踐**相對立或割離的世界，而是個與之連成一氣的世界。依馬克思的看法，先前所有的時代裡，通人的理想，要不是在付出人與自然之異化的代價下才達成的(例如在原始社會裡)，就是局限在少數人的階級裡。當資本主義被推翻而分工跟著也被取消時，每個人就可以從職業的範疇局限——將個人在社會上的主要性質特殊化(個人"是"個敎師，或"是"一個工資勞動者)——裡解脫出來。如此一來，個人即擁有普遍的人性特質，而個人與其"類存在"間的異化也就跟著化解了❷。

　　馬克思與涂爾幹二人在更一般性之立場上的差異，必須在這樣的脈絡裡來探討。對涂爾幹而言，現代的社會結構加深了自我主義與集

---

❷ *GI*, p. 495。我們在此處可以看到黑格爾，以及席勒(透過黑格爾)的顯著影響。參見 Schiller: *On the Aesthetic Education of Man* (1795) (Oxford, 1967), pp. 31-43 (第六封信)。

❷ 參見 Thilo Ramm: "Die Künftige Gesellschaftsordnung nach der Theorie von Marx und Engels", *Marxismusstudien*, vol.2, 1957, pp. 77-179。

體對個人的道德要求(個人乃集體的成員之一)之間的對立。而這種對立是不可能解決的，因爲就是當代社會的這種組織結構，才使得個體性與自我意識有發展的餘地，因此必然會提高個人之自我主義的傾向。再者，在涂爾幹的分工理論裡，有機的凝聚——分工裡的功能性相互依賴——旣是個“正常的”現代類型，那麼，有關道德整合問題(即失規範狀態)必是首要面對的。對一個在組織上必須保有分工之專門化與限定性的工作，而又沒有一種強而有力的倫理來使個人服屬於集體的社會秩序，如何「限制住個人的領域」的問題，或者反過來，如何疏解那些無法獲得滿足的慾望的問題，就顯得特別的尖銳。涂爾幹已預見了這種有許多職業性地位存在的社會，在其中，領導地位的攀升，並不是基於特權的繼承，而是基於以教育體系爲媒介而競爭性地拔取秀異者。這樣的社會，是透過能力上的公開證明，來對個人的造詣加以獎賞，如此便能明白的對那無法相容的自我主義之發展，施以壓力。在這樣的社會裡，「所有人對抗所有人的戰爭」是個旣存的威脅，而且必以自我主義與利他主義間的平衡持續下去；二者注定要永無休止的抗爭到底。

官僚制的問題

在馬克思對資本主義企業之分工的擴展所做的分析裡，工人生產工具的被剝奪，極具重要性。在馬克思看來，這是資產階級社會興起的首要條件，並且就歷史的脈絡來看，可以指認出暗含在資本主義生產方式裡的階級關係——資本家與勞工——之形成。正是這種存在於分工與階級結構之間的內在本質關係，使得馬克思得以做出這樣的結論：透過資本主義的廢除，異化現象可以被超越。涂爾幹與韋伯也都不否認締造一個社會主義社會的可能性：只是他們兩人都認為，過渡到社會主義，並不會使現存的社會形式有劇烈的轉變。然而，此處，涂爾幹的立場，在本質上與韋伯的立場大相逕庭；我們可以說：韋伯對分工在西方社會之發展的觀念，構成馬克思與涂爾幹之外所提出的第三種看法。

　　韋伯的知識論使他對於社會發展的一般看法，與其他兩位作者的看法大異其趣。後二者儘管有許多不同之處，但他們都認定，在社會發展的"階段"上，有一個明確的全盤模式：從原始社會一直到現代。一般往往以為，韋伯著作裡的"俗世理性化的一般進展"就相當於其他二位所提出的發展架構 ❷。但我們可別忘了，從韋伯的立場來看，理性化之成長的分析，並不等於就是歷史之"唯一"或"正確的"展現，而只不過是某個文化"觀點"上的知識而已。如此，只要我們能將此一重要的界定謹記於心，那麼我們便能夠將韋伯對資本主義發展之主要過程的分析，拿來與馬克思的分析做一番比較。

　　韋伯著作裡，有很重要的一部分是在勾勒宗教信仰的領域裡，能夠「在意義的層面上」促進理性化開展的因素。不過，韋伯不斷強調，要追索出那些不但影響到理性化的成長，而且也受到理性化成長之影響的社會關係連鎖來。如此，最重要的問題就不只是理性化的"程度"了，並且還要包括它用以促成社會關係與體制之特殊連結的模式。那麼，西方，或更確切地說，資本主義，不只在理性化的程度上，並且也在理性化"方向"的選取上，不同於其他各主要的文明。在現代西方

---

❷ Gerth and Mills: "Introduction: the man and his work", *FMW*, p. 51。

資本主義的許多領域裡，理性化發展的方向，及其發展的程度，都是其他地方所未曾有過的。前者指的是科學的進展，這是個具有根本重要性的現象：它不只完成了"世界之除魅"的歷程，並且也使得理性的科技能夠逐步地應用於生產上。再者，「科學工作和一個進步的過程不可分離，………每一次科學的"完滿"都產生了新"問題"；科學工作**要求**被"超越"，它**要求**過時」❷。以此，科學便使得現代生活與一股革新與變遷的伏流結下不解之緣，但科學本身卻無法提供"意義"(除了職業的科學工作者，亦即以科學上的要求做為其行動之組織規範的人外)。將科學上的進步應用在技術上，在現代經濟裡，就是引進理性計算的方法：以簿記一項做為典型的例子，它使得經營活動成為一種有方法可循的行為，而在現代資本主義裡展現出如此鮮明的角色。反之，理性的資本主義行為也必然會對社會組織的領域產生影響，其結果是無可避免的造成官僚制的擴展。

當然，韋伯並不否認現代資本主義會造成一個以資本家與勞工為基礎的階級制度，並且他也認識到農民在歷史上所受的剝削，而為馬克思所強調之現象的重要性。但就韋伯的立場而言，這個現象並不是做為資本主義之特色的分殊化分工、在結構上的主要軸心所在。韋伯所強調的是，做為現代資本主義生產之特色的行動的理性所具有的意義，以及它的並不完全仰賴於階級關係；以此，韋伯將資本主義的階級制度與分工裡的分殊化分隔開來(但是與涂爾幹的方式不同)。換言之，官僚制裡的職工專門化，被韋伯認為是資本主義的最主要面貌。這一點，在韋伯對經濟上及政治上，部分而言，可以分隔開的官僚化

---

❷ *FMW*, p. 138。

過程做過分析後，更得到了經驗性的証實：擁有官僚體制的理性國家，其成長並不全然源自於經濟上的理性化，並且就某種程度而言，還要先於資本主義的發展——而且，確實，還創造了促使它興起的條件。

因此，韋伯明白的表示反對將工人的被剝奪生產工具直接限定在工業的領域裡，而是將之應用到其他的組織脈絡裡。在韋伯的命題裡，任何具有權威層級體系的組織形式，都必歷經一"剝奪"的過程：韋伯將馬克思之"生產工具"的概念，代之以"管理工具"的概念。稍微簡單一點地說，韋伯是將馬克思理論主要重心所在的生產關係，轉移為支配與臣服關係的組織。根據韋伯的看法，任何一個政治群體都可以在一種"階級"的形式下被組織起來，而公職人員本身即擁有其管理工具。因此，在中世紀時，封臣是直接控制其管轄地區之財政的，並且負責供給他們自己的兵源與軍事配備。現代國家組織的形制，則是由君主將管理工具集中一己之手的行動所促成的：

> 沒有任何單一的公職人員個人擁有他所付出去的金錢，或者在他控制之下的房屋、商店、工具、以及作戰器械。在現代"國家"——而且這是國家觀念的本質——裡，管理人員、官吏、以及工人，與管理組織的物質工具，徹底的被"分離"❷。

這些發展是促使現代國家興起的最重要因素，在其中，「基於分工原則之熟練公務員」❷，完全與其管理工具的擁有權分隔開來。一般而言，分工的發展是隨著管理工具的集中與公職人員的因此被"剝奪"「管理工具」而推進的。韋伯指出，這可証之於軍事組織，在封建軍隊裡，每

❷ *FMW*, p. 82。
❷ *FMW*, p. 88。

個士兵要負責提供自己的武器：各種類型的民兵都是如此。但是在需要有一支常備部隊以供君主調度的國家裡，例如古埃及，就會有一個官僚化的結構發展起來，藉此，國王不但擁有而且可以指揮軍隊並調度軍事配備。在西方資本主義裡，在管理權的集中、以及工作上的理性計算的双重影響下，管理工具之剝奪的過程，滲透到每一個領域裡，不只包括了軍事，而且也包括了有專門化分工發展的其他組織，例如大學、醫院等等，官僚制之專門化的擴展，主要是由於其技術的優越性，在企業的管理工作上，超過其他的組織類型。這反過來說，部分又有賴於根據是否擁有專門的教育資格，來補充官僚體系裡的位置。「只有在現代官僚體制獲得完全的發展，才使得理性而專門化的考試制度無以抗拒地居於首要地位❷❼」。因此，官僚體制的擴展，必然導致專業教育的需求，以及人文教育的日趨支離破碎，而使得從前基於人文教育培養出來的"通人"，或如涂爾幹所說的「通達而完整的人」，都不復存在。韋伯基本上也表示了類似的觀點：從前之"有教養的人"(cultivated man)，現在都被訓練有素的專家取代了。既然官僚化的潮流在資本主義裡是不可逆轉的，那麼，功能之專門化的增長就是現代社會秩序所必然附帶而來的現象。

　　根據韋伯的看法，「官僚體制之機械化的進一步推展」，是現代世界所「不可免的」❷❽。不過，正如我們在前面的章節裡所說的，在韋伯的眼裡，官僚化不斷進展的結果，會在管理之技術效率的要求上，與人類自發、自主的價值之間，產生一種緊張。官僚體制的分工形成一種現代**志業人**(Berufsmenschen)所不得不住進去的"牢籠"：「清教徒

---

❷❼ *ES*, vol. 3, p. 999; *WuG*, vol.2 p. 585, 另參見 *GASS*, pp. 500-1。
❷❽ *GASS*, p. 413。

曾渴求爲職業人，我們現在却被迫爲職業人❷」。浮士德式的"通人"必須被放棄，而取較合於現代生產效率要求之勞動專門化人才——「沒有精神的專家，沒有情感的享樂人」。在韋伯看來，最主要的規範性問題並不在於官僚化的進展如何才能被扭轉，因爲這在一個各個部門的管理上都講求精確計算的社會裡，是不可能的：「因此，最大的問題是，⋯⋯我們怎樣來對付這種機械化，才能在支離破碎的靈魂裡，以及這種完全居於優勢之官僚式生命理想上，保留一部分人性?」❸

應該很淸楚的是，在韋伯的見解裡，根本沒有透過社會主義革命的進行來轉化官僚化之社會生活的可能性。而且，正好相反。在資本主義經濟裡，有許多事情的運轉，都付之於市場力量的運作；但是在一個社會主義化的經濟裡，這些都交在國家的手裡，而被置於組織官僚體制的管理下。因此，一個社會主義的社會，無可避免的會比資本主義更囚禁在官僚體制控制的牢籠裡：以生產手段來消除私有財產，將無法扭轉此一趨勢，反倒會加速它的進展。馬克思對官僚體制的看法則完全不同，而這種差異的存在，主要是由於馬克思在市場的異化與技術的異化之間，所建立起來的關係——亦即，在階級結構與官僚專門化之間的關係——所致。馬克思在官僚體制問題之思考的本質是由其早期對黑格爾在同一問題之著作的批判而出發的。

在黑格爾對這個問題的處理上，國家官僚體制儼然是個"普遍的階級"，負起施行對社會具有一般利益之事的責任，而貫通存在於市民社會裡之自我主義的「所有人對抗所有人的戰爭」。根據黑格爾的看法，

---

❷ *PE*, p. 181。今天，個別的工人只是官僚機器裡的"一個小齒輪"，「他唯一能問自己的就是：是不是能從這樣一個小齒輪，進步到稍微大一點的一個」。*GPS*, p. 413。

❸ *GASS*, p. 414。

「政府公務上的分工」，亦即文官官僚體系，會形成個人在市民社會裡之特殊的、個人的利益與國家的普遍性質之間的一個組織上的媒介。官僚體制之層級化的特性，則被解釋為，為了連結市民社會裡個人之"具體"利益、與國家政策之"抽象"性質，所必須具有的一種建構層面上的面相。基於考試任命官員、將他們分派到各個受薪的機關去，再加上非個人性之道德上的"職責"觀念，都確保了"普遍階級"裡的成員會捨棄「基於主觀目的而要求的各種滿足。……只要是基於公眾事務上的考慮，普遍的利益便會以此而與特殊的利益貫串起來，構成國家的概念及其內部的穩定❸」。然而，在馬克思看來，黑格爾對官僚體制的討論，只不過是以一特別直接的方式，來展現黑格爾之國家概念裡所包含的一般性錯誤而已。官僚制所代表的並不是公共的利益，而是特殊的利益；官僚體制的權威是基於一種虛幻的普遍性上，在事實上則是某種特殊階級利益的偽飾外衣。國家官僚體制因而是支配階級借以組織其階層力量的管理機關。準此，官僚體制組織裡的形式權威層級，並不會創造出像黑格爾所說的，市民社會與國家之間的連結來，而反倒會使政治權力集中起來，並使之**脫離**市民社會眾人的掌握：官僚體制國家是「一個高於社會之上的機關」❷。此外，由於官僚體制所具有之緊密的統合特性，因此它是一個特別不負責任的政治管理形式：「官僚體制是個任何人都自其中逃脫不得的鐵籠。……官僚體制擁有國家的本質、擁有社會的精神本質，作為其**隱藏的屬性**。官僚體制的普遍精神即是那不為人所知的**秘密**，那以層級形式而包含於官僚體制本

---

❸馬克思引黑格爾，*WYM*, p. 181。

❷ *SW*, vol. 2, p. 32

身裡，並且有如一個封閉之機關而置身於其外的神秘」❸。

　　那麼，對馬克思而言，國家官僚體制便是官僚組織的典型形態，其消除的可能性是轉變到社會主義之革命的結果。依馬克思的看法，官僚體制高度發展的國家——法國與德國皆在此一範疇內——都是些資產階級與土地貴族之間爭奪政治權力最為激烈的國家。法國的官僚機器源自專制王政的時代，藉著1789年的大革命，又往前邁開一大步。馬克思對官僚體制的分析，若就其歷史的內涵而言，與韋伯在某些中心點上，有共同之處。馬克思同意，官僚體制在歐洲國家的興起，是由於它可以做為君主政體的一項工具，以消除封建的地方分權：國家的集中化於君主之手，是資產階級利益之所以興起的主要條件，並因此而攫奪權力於其手中 ❸。但在馬克思的觀點裡，這並不像韋伯所認為的，是一股在社會生活的所有領域裡，邁向分工之組織官僚專門化這一不可逆轉之趨勢的一部份。對馬克思而言，官僚制的集中化毋寧是資產階級國家的一種特殊的表現形態，因此與資本主義本身一樣，是一種過渡的社會形式。

　　在馬克思對法國之組織官僚化的評述中，我們可以看到他是如何去擬想官僚制在社會主義裡的瓦解。在法國，這個"寄生之體制"的「無所不在與無所不知」，甚至已超過了在德國的情況。馬克思對法國之官僚制自十八世紀以來不斷的增長，特別有所批評：「所有的革命都在使這個機器更加完美，而不是將它銷毀❸」。但是，這樣的一種獨立的官僚秩序，對一個中央化的經濟而言，並沒有本質上的必要性；社會主

---

❸ *WYM*, pp. 185-6。參見 Iring Fetscher: *Karl Marx und der Marxismus*(Munich, 1967), pp. 164-73。

❸ *SW*, vol.1, p. 516。

❸ *SW*, vol. 1, p. 333。

義就能夠使「國家的行政簡化」並且「讓市民社會與公共意見產生它們自己的運用機構，而獨立於政府權力之外❸」。這樣一個變遷的構想，正如馬克思在《法國的內戰》(*The Civil War in France*)一書中論及巴黎公社時所明白表示的，就等於資產階級國家的一起廢除。公社裡的官員是「經由普選而推舉出來的……並且即使在短期內也可以被罷免」。法官與警察也都是「被舉於事而隨時都可以罷黜的」公社經理人。在這樣的條件下，作為獨立於市民社會之政治權力機構——官僚制國家——就被取消了：「公共機構不再是中央政府據以為工具的私有財產❸」。

這個立場與韋伯所採取的不同，是顯而易見的。韋伯對官僚化的影響所做的概括性論斷，是基於官僚制之進展與理性權威在管理上的要求之間的相連結。因此，對韋伯而言，對官僚制國家的成長所做的分析，是為官僚化在所有各個領域裡之進展的解釋，提供了一個典範。另一方面，對馬克思而言，「系統的與層級的分工」❸在國家的行政管理上，代表一種政治權力的集中，當資產階級國家本身被超越時，它也就會被**廢除**。馬克思並未就官僚制國家的問題來討論工業領域裡官僚化的問題，不過他卻以類似的方式來處理它。根據馬克思的看法，現代工廠之權威體系本質上是連接於資本主義經濟所產生的必然要

---

❸ *SW*, vol. 1 p. 284。

❸ *SW*, vol. 1, p. 519。參見馬克思在《法國的內戰》(*The Civil War in France*)第一份草稿中的評論，*We*, vol. 17, pp. 538-49。馬克思說，公社即是「社會解放的政治形式」(同前書，p. 545)。

❸ *SW*, vol.1, p. 516。馬克思基於統治機器的官僚化來鋪陳資產階級社會的政治體系，與韋伯的觀點緊密相應和。以此，在討論到十九世紀的法國時，馬克思說：「在統治階級裡，那些相互爭奪權力的部門與黨派，成認能擁有及領導此一龐大的統治機器，為最高的勝利之果」。*We*, vol. 17, p. 539。

求。但是既然合作經營企業可以有各色各樣的形式，那麼當然也就可以創造出相當不同的權威結構類型來，這就會打破官僚制的層級結構。在合作經營的企業裡，已不再有單向的權威分配❸。

結　論

本章的目的，是在強調馬克思、涂爾幹與韋伯的社會學觀點，皆根植於他們對現代社會形式之基本結構與發展趨向的不同觀念上。馬克思對資本主義的分析，全都基於分工的擴展（與異化形式的分歧）以及兩極階級結構之出現，這兩者之間的假設性關連上。對馬克思而言，西歐資本主義最初興起的一個主要因素，是生產者被剝奪他們控制生產工具的這個歷史過程。資本主義因而在本質上就是一個階級社會：一個資產階級以一個從屬於它的無產工人階級為其存在的**必要條件**，且反之亦然。然而，資本主義的階級制度與歐洲前此之社會形式裡的階級制度，截然不同。在封建制度裡，支配當然是建立在對生產工具（亦即土地資財）的掌握程度上。不過，依**身分**(Stände)之不同而建構起來的封建階級結構，並不會將個人與他在共同體內的種種關係完全分隔開來；"社會的"層面與"經濟的"層面尚未有清楚的劃分。資本主義的興起將市民社會的紐帶轉換為純粹的市場紐帶：個人只有在一層抽象的意義上——在一個已分離的"政治"領域裡，具有作為一個公民的權利——才成其為一個"社群"中的一員。現代的社會秩序因而「將人之**主體的**本質分隔於」人類的控制之外，並且將人類自身的智能轉化成

❸ *Cap.* vol. 3, p. 431。

"被外化"的形式❹。工人在物質上被剝奪了生產工具──就歷史而言，相當於資產階級社會的階級制度之形成──因此與他和其"類存在"之間的異化攜手並進；並且與他的智能與技藝的運用──這是他在參與社會時，照理說**有可能**做的到──也產生異化，換句話說，資本主義大大增加了社會的生產力，只不過是以極大的異化作爲代價罷了。在資產階級社會裡，透過科學而理性地對這個世界加以解釋，已將宗教的世界觀大爲驅散。根據宗教的世界觀，眞實最終不是由神就是由魔鬼來加以掌管、控制的。但這已由人受市場經濟力量控制這一異化形式取代了。"神的律則"已代之以"市場的律則"：人類的目標與對象，顯然都受到外在的經濟力量之運作所約制。就具體的層面而言，這明顯的表現在那服屬於分工的**職業當行之人**（Fachmench）的無助上。

《資本論》則以經濟的角度來表陳這個現象：資本主義是個商品生產的體系，其推動的驅力來自最大的交換價值的追求。交換價值，而非使用價值，是資本主義生產之邏輯所不可或缺的；這點甚至也能適用於人類的勞動上：勞動只有在成爲勞動**力**，亦即能量的抽象耗損時，才具有價值。內在於資本主義經濟之基本"矛盾"，就是直接源之於它是個基於交換價值而生產的體系。去維持、或擴展利潤率的需求，正好與利潤下跌的趨勢之法則相對立；生產者與消費者的分離(亦即，資本主義考慮的是最大交換價值的需求，而不是考慮到已知的需求才生產)，是潛藏在資本主義一再面臨之危機背後的主要因素；而資本主義市場的運作必然造成：勞動力的價格必不能賣得比其交換價值高(因此便使得勞動階級大衆陷於持續的經濟困境中)，以及有一大批"後備

❹ *We*, vol. 1, p. 285。

軍"注定要生活在貧窮裡。由資本主義生產的"運動法則"所蘊生出來的經濟轉化，不但會從內部來轉化這個體系，並且同時也會準備讓它辯証地由一個新社會秩序來取代。根據馬克思的看法，資產階級社會之階級制度的超越，會帶來一種新的社會發展，在此社會中，現存的分工現象會遭到劇烈的轉化。

另一方面，對涂爾幹與韋伯而言，階級結構與分工的逐步分殊化之間，並沒有必然的關係。他們二人雖然也都接受現代的社會形式是個階級社會的說法，但他們都排斥這些階級的劃分可以表現出其內在本質的觀點。在涂爾幹的觀念裡，"強迫性"的分工是個「不正常的形式」，但這並不是社會分化本身所必然造成的結果。現代社會裡的階級鬥爭，是「階級的組成……不能或不再能相應於自然之才智的分配」所造成的結果 ❹。換言之，階級鬥爭之所以發生，主要是由於運用經濟力量來強行實施不公平的契約所致。使現代的社會形式與傳統類型有所分別的，並不是它獨特的階級性格，而是有機凝聚的普及。現代社會的基本組織原理，並不見於其"資本主義的"特質上──一個分別有產與無產的階級制度，而要見之於企業的職業分劃裡的"有機的"專門化。

從涂爾幹的立場來看，馬克思之將階級結構與個人在分工裡的異化連結起來，是由於在"自我主義"與"個人主義"這兩個觀念上的混淆。現代社會秩序裡的"個人主義"，必不可與政治經濟學家與功利主義哲學家所說的"自我主義"弄混了：個人主義──分工裡之專門化的道德規範──是現代社會在發展上必然伴隨而來的。潛藏於現代秩序的"病

❹ *DL*, p. 375: *DTS*, p. 268

態"之下的獨特因素,是由於分工**缺乏**一種道德上的認定。這種道德的認定,無法得之於傳統的資源──宗教;在一個理性化的世界裡,舊有的象徵與舊有的道德支配形式,都已無用。因此,國家與職業社團便必須成為在道德上支持"個體崇拜"的主要來源。要想藉著某種運動以締造一新的社會,而使分工在其中產生劇烈的轉化,並且使作為一個分離的政治領域的國家,也因此而消失,這完全是不可能的。相反的,將國家與社會分隔開,這是減輕失規範狀態的一個必要條件。對涂爾幹而言,國家當然不只是個"政治的"機構;但是,只有當它是個與市民社會有所關連,卻又與之有所分別的單元時,它才能完滿地扮演其在道德上的角色**❷**。

　　相對於涂爾幹,韋伯使用"資本主義"這名詞 **❸**,但是他對現代社會形成的基本特質卻與馬克思有不同的界定。在韋伯的觀念裡,理性的計算是現代資本主義企業的主要因素,並且,社會生活的理性化大體是現代西方文化最特出的面貌。馬克思認為是資本主義之樞紐所在的階級關係,事實上只不過是一個更為廣泛之理性化歷程中的一個因子而已,這樣一種歷程將「工人被剝奪其生產工具」的經過,擴展到現代社會的每一個層面中去。只有在組織官僚化進一步成長的狀況下,工人階級才有可能從資本主義轉換成社會主義的過程中,獲取經濟利益。由於組織官僚化的分工所導致之人性的"分割",是這種人類行為之理性化所必然帶來的結果。作為理性資本主義之發生的先決條件,並且也由此一事件而更加完全之世界的"除魅",將先前只作為人類行

---

❷ *PECM*, pp. 55-69。

❸ 參見 Parsons: "Capitalism in recent German literature"。

動的“手段”──在一專門的職業裡，理性地追求利益──轉變爲人類行動的目的⑭。

在一個以例行化之分工爲基礎而組織起來的社會世界中，表達個人之自主性與自發性的大道，被限制得只存在於社會組織的夾縫裡⑮。除此之外，其他的一切都是從當代世界這種理性之非理支配的一種逃脫。一個「無法背負時代之命運」的個人，可以到旣有的宗教裡、或者新的神秘主義的形式裡，去尋求庇護；但這只不過是在逃避現代社會秩序對人的要求。韋伯本身對社會科學之方法論的要求，即緊緊扣合於此一分析：一個能夠面對“時代之命運”的人，就是個「在正視生命之眞實時，具有訓練有素的無動於衷的人，他有能力去面對這些眞實，並且發自內心去配合這樣的眞實⑯」。

因此，資本主義裡所存在的“矛盾”，並不必然可以在歷史上尋得解決。相反的，理性化的進展，雖然創造出了至今無以估量的物質財富⑰，但是卻無可避免地促使西方文明裡的特出價值（自由、創造性、與自發性），與現代人被限制在“牢籠”裡的這個眞實的進一步分離。

---

⑭見 Karl Löwith: “Max Weber und Karl Marx”, *Archiv für Sozialwissenschaft und Sozialpolitik*, vol. 67, 1932, part 1, p. 85。

⑮因此，韋伯說道：「無怪乎我們最偉大的藝術，皆以隱邃柔歛見長，而非以巍峨雄放取勝；更無怪乎在今天，唯有在最小的圈子裡，在個人與個人的關係間，才有某種東西，以極弱的調子在搏動；換到以前的時代，這個東西，正是那曾以燎原烈焰掃過各大社會，而將它們融結在一起的那種發出先知呼喚的靈（Pneuma）」。*FMW*, p. 155。

⑯*FMW*, pp.126-7。參見 Löwith:「理念型“架構”，乃是以一特別“不懷幻想”的人性做爲基礎的⋯⋯」；Löwith, part 1, p. 75。

⑰「共產黨宣言相當正確地強調出了資產階級資本主義企業家的功業，在經濟上，而非在政治上，所具有的**革命性**特質」。*GPS*, p. 448。

〈後記〉
馬克思與現代社會學

關於馬克思的著作以及本書花了很大篇幅來討論的其他兩位作者之著作的關係，正統上有兩派極端的說法。第一種是認爲，馬克思的著作屬於社會思想的"史前時期"，社會學史應當是從涂爾幹與韋伯他們那一代才開始的 ❶。而馬克思主義者則通常持第二種說法，認爲後來這一代之社會思想家的著作，只不過是一種對馬克思的資產階級式回響。因此，大部份被認爲是屬於"社會學"領域的，也都只是一種自由派資產階級式意識型態的後期表現。這兩種正統的說法都超出了眞正的實質所在，並且都具有危險性的誤解。

第一種立場是基於直接接受了涂爾幹與韋伯那個時代的作者所固持的看法，認爲他們自己著作在建構上是"科學的"，因而在本質上就不同於十九世紀早期那些作者之龐大而"玄思式"建構。大體而言，接受此一觀點的人都忽略了涂爾幹、韋伯及其同時代的人，在理念的發展上及其所處的社會、政治環境之間的關係，並且也因此沒有顧慮到內在於這些思想家的學術著作裡，更深入且更爲廣泛的一層世界觀（Weltanschauung）。相反的，後來的馬克思主義者在發動他們對於社

---

❶見 Talcott Parsons: "Some comments on the sociology of Karl Marx", in *Sociological Theory and Modern Society* (New York, 1967), pp. 102-35。

會學的批判時，便致力於指認涂爾幹與韋伯寫作時的社會情境，以及他們在著作裡想藉以掩飾的政治利益❷。在這種攻擊的較粗糙說法裡，他們的著作內容因而被認爲是"謬誤的"，因爲它們所代表的多少是在面對馬克思的挑戰時，一種直接爲自由主義資產階級社會所採取的黨派式防衛。

　　後面這種看法甚至與馬克思自己的認識論不能相容，因爲在他的認識論裡已排除這種天眞的相對主義。例如，馬克思接受了許多有利於解釋資本主義之發展的資產階級經濟理論，只不過他認爲這只有部分的眞實性，並且從某方面來說，是被歪曲了的。在馬克思主義者看來，涂爾幹與韋伯二人都堅持於他們"資產階級的"政治立場，但是這並不能也作爲認定他們的著作就是錯誤的、不可完全相信的適當基礎。事實上，韋伯自己對於馬克思主義的批評，雖然是以新康德學派的唯心論爲其出發的前題，但是他所得到的結論，在某方面來說，要比某些聲稱爲馬克思之追隨者所持的決定論學說，來得更接近原始的馬克思辯證理論。至於涂爾幹與韋伯的政治觀點，很難用傳統自由主義與社會主義的分類法來加以歸類，這是毫不意外的。韋伯的方法論立場要比涂爾幹來得更"個人主義"些，但是他們二人都像在他們之前的馬克思一樣，反對功利主義者之理論的唯我主義，以及某些十九世紀的政治自由主義所做的假定。正如我在前面幾章試圖顯示的，這一社會、政治背景，可以從英國、法國與德國在這個世紀的後半段發展中來加以了解。這不但可以做爲涂爾幹與韋伯在著作中對馬克思提出批判的背景，而且可以說明涂爾幹與韋伯之間的主要不同點(這點是我在此書

❷參見 Herbert Marcuse: "Industrialisierung und Kaptialismus ", pp. 161-80。

中未曾加以分析的)。

　　涂爾幹與韋伯的著作之所以有意要護衛——或者說再解釋——政治自由主義的主張，主要是源於兩方面的壓力：一方面是浪漫的高度國家主義的保守主義，另一方面則是革命的社會主義。此外，馬克思的著作則構成早期資本主義的分析與批判。然而，馬克思的思想做為政治群眾運動的資源，在十九世紀後半期，也就是資本主義趨於鞏固的那個時期，取得了主導的地位。這是在馬克思原來的觀念已被轉化成十九世紀主要思想潮流的一種直接的**表達**，而不是一種批判性的分析、或者想要超過此種潮流的嘗試這一脈絡中發生的。結果是，馬克思的著作，相對於涂爾幹與韋伯對它們的看法，顯然與後二者的著作有甚多雷同之處：很明顯的，這三位作者所論列的要旨是一樣的，因為就像其他兩位作者一樣，馬克思的著作，是試圖轉化或超越德國哲學之浪漫的保守主義和表現在古典經濟學中的功利主義的努力。

　　我們也曾說過，必須加以承認的是，馬克思與其他兩位作者，在理論的觀點上以及經驗性的解釋上，有著不相容的歧異。我也曾試圖指出，某些最基本的差異集中在他們對分工——不純粹從經濟的觀點來看，而是將它當作一種社會的分化來了解——在現代社會裡的增長所造成的結果，各有不同的解釋。不過，對那些承認馬克思在社會學上的貢獻所具有的意義，而又不只將他當作一個"死的聖人"，而是一個"活的思想家"❸的人而言，許多有意義的問題，便可透過比較分析的方法——將馬克思的著作與其他社會思想家的著作，就其思想的內容加以考察分析——而合宜地予以釐清。

---

❸ Erich Fromm: "Forward", *EW*, p. i; 參見 Iring Fetscher, pp. 9ff。

　　說馬克思主義與學院派社會學二者都在進行理論的再思考是毫不誇大的 ❹。大體而言，這是受到同樣的環境所激起的：在資本主義社會與社會主義社會的社會結構上所發生的，一種明顯的"輻湊"(convergence)現象。在涂爾幹與韋伯寫就他們的大部分著作的那個時代，並沒有任何社會自稱是"社會主義社會"，或者聲稱是從馬克思那兒得到主要的精神啓發。然而，大規模的工人階級運動，以一種自承是革命的性格，在法國和德國出現，而社會主義的革命並不是完全沒有發生的可能。不過，十月革命却發生在歐洲最落後(以經濟而言)的國家之一──俄國。馬克思雖然在其學術生涯的晚期接受了俄國有可能透過村落共產組織(mir)來直接進入社會主義的說法，不過，這次革命並不是他期望的、以革命來推翻西歐資本主義的響亮號角。相反的，這只刺激了那些在經濟發展上、與俄國同樣落伍、或者更落後的國家，在內部產生革命的變故。

　　如果說先進的資本主義國家已經改變了，那並不是由於革命，而是由它們自己逐漸累積的改變而來的。無可否認的，今天許多這種內在的修正已成爲社會固有的本質，諸如：國家在經濟上的日益插手干預、白領部門的成長，以及舊日的上層資產階級部分被一個更無形而多元的菁英分子所取代。而正如歐洲資本主義國家在這近三、四十年來所發生的諸多改變一般，俄國以及緊隨著它而經歷了社會主義革命洗禮的歐洲國家，也都有了改變，在這些國家裡，馬克思所期盼的一種秩序──階級支配被一種理性的秩序所取代，而「以個人自由發展爲

---

❹參見 Norman Birnbaum: "The crisis in Marxist sociology" , in Hans Peter Dreitzel: *Recent Sociology No.1* (London, 1969), pp. 12-42。亦見 Jürgen Habermas: *Theorie und Paxis* (Neuwied and Berlin, 1967), pp. 261-335。

全體自由發展的必要條件」❺——之難以達成，就如它想要在西方的自由民主制裡實現一樣的希望渺茫。事實上，他們已採取一種在認識論上有所扭曲的馬克思主義樣本來正當化他們對工業化的肯定，並以"趕上"西方國家的經濟層次爲其首要的目標。

結果，至少到目前爲止，在過去這幾十年來，馬克思主義社會思想完全未能應付、包括資本主義社會與社會主義社會二者在發展趨向上所產生的問題。霍布生—列寧(Hobson-Lenin)的"帝國主義"理論，被援以支持這樣的假定：這些發展趨向，無法以這些社會在結構上之任何重要的**內部**修正來加以解釋，它們是由這些社會與那些"未開發"國家之間的剝削關係所造成的。馬克思主義本身已經變成社會主義社會在意識型態上的教條，因而任何在理論上對這些社會的發展所做的重新評估，都會被這些意識型態上的教條所排除。很諷刺的結果是，在這些國家裡，"社會學"變成一門非常狹隘的描述性學科。不過，西方的社會學家也尚未能處理好這些問題。一般而言，那些試圖去闡明資本主義社會所發生之變遷的著作，都只不過是涂爾幹與韋伯那個時代的社會思想家表現於著作裡的觀點之延伸而已。不過，最被強調的重點已轉變爲嘗試去建構一個非歷史的"一般理論"(general theory)體系，有意地將注意力從社會變遷與發展的問題上轉開❻。迄今，與馬克思主義社會思想的情形一樣，凡是從事發展研究的，注意力都集中在非工業國家上。

在理論和研究的領域上，西方科學技術與文化爲非工業國家帶來

---

❺ *CH*, p. 162。
❻ 尤其見於 Talcott Parsons: *The Social System* (London, 1951)。

的衝擊，對社會學具有重大的意義。然而，以這個研究途徑來做研究的架構，通常會暴露出這樣一個隱含的假設來："已開發社會"所具有的主要特質，都是**已知的**，問題在於"第三世界"的社會在未來能在什麼程度上成功地達成這種模式。在社會學裡幾乎無人不用的術語"工業社會"，或更近的用法"後工業社會"，所指的是名義上爲"資本主義的"社會、以及"社會主義的"社會，這種用法意含著基於上述立場所做的假定。不過，在最近興起的有關資本主義與社會主義社會之"輻湊"的問題 ❼、以及有關階級關係——以其在傳統上所被認識的形式——之消解的問題 ❽，等等的各式各樣的爭論，都顯示着發展趨勢的分析，有再走回針對"先進"社會下手的跡象。

在很重要的層面上來說，這表示又回到我們書裡所討論到的三位作者，在其著作中的最重要問題上來。如果想要藉此趨勢而造成社會理論之重要的重新取向，那麼他們三位的著作仍舊是主要的出發點。也許有人會認爲，馬克思的資本主義模式，完全「不適用於我們所生活的後資產階級工業社會……❾」。但這並不表示說，馬克思對資產階級社會之分析的某些主要的成分，現在不再具有相當的意義。這裡我們不是在暗示或覆蹈那個眾人所熟知的主題："馬克思正確的"預測了當代社會的某些重要的特色,或者他的其他"預測"結果被證明是錯誤的。

---

❼ 見 John H. Goldthorpe: "Social stratification in industrial society", in Paul Halmos: *The Development of Industrial Society, Sociological Review Monograph*, no.8, 1964, pp. 97-122。

❽ Ralf Dahrendorf:*Class and Class Conflict in Industrial Society;* Norman Birnbaum: *The Crisis of Industrial Society* (New York, 1969)。

❾ George Lichthiem: "On the interpretation of Marx's thought", in Lobkowicz, p. 4。

我們是在指出，馬克思在分析裡所提出的問題，對於現代社會學而言，仍應被認為十足**具有問題性**：涂爾幹與韋伯的著作，也確實都是如此。認為現代社會學主要工作之一是必須回到它的開山祖師們所關懷的某些問題上去，並不是一種將腳步完全往回踏的作法：弔詭的是，只有當我們重拾那些已往主要被關懷的問題時，我們才有希望將我們自己從對他們所提出的理念的嚴重依賴上，徹徹底底地解放出來。

參考書目

一、原著

馬克思與恩格斯：

Marx and Engels: *Werke*. Vols. 1-41, plus supplementary volumes. Berlin, 1956-67.

Marx and Engels: *Historische-kritische Gesamtausgabe*. Vols. 1-11. Frankfurt-Berlin, 1929-31.

Marx: *Grundrisse der Kritik der politischen Ökonomie,* Berlin, 1953.

T. B. Bottomore: *Karl Marx, Early Writings,* New York, 1964.

Loyd D. Easton and Kurt H. Guddat: *Writings of the Young Marx on Philosophy and Society.* New York, 1967.

Marx and Engels: *Selected Works*. Vols. 1-2. Moscow, 1958.

Capital. Vols. 1-3. Vol. 1, London, 1970; vol. 2, Moscow, 1957; vol. 3, Moscow, 1962.

The German Ideology, London, 1965.

The Communist Manifesto. New York, 1967 (Laski's edition).

The Holy Family, or Critique of Critical Critique. Moscow, 1956.

Selected Correspondence. London, 1934.

On Religion. Mosocow, 1957.

T. B. Bottomore and Maximilien Rubel: Karl Marx: *Selected Writings in Sociology and Social Philosophy.* London, 1963.

Marx: *Pre-Capitalist Economic Formations. London,* 1964.

Marx: *The American Journalism of Marx and Engels.* New York, 1966.

Marx: *Articles on India.* Bombay, 1951.

Marx: *Marx on China, 1853-60.* London, 1951.

Marx: *A Contribution to the Critique of Political Economy*. Chicago, 1904.

Marx: *The Poverty of Philosophy*. London, n. d.

Marx: *Theories of Surplus Value* (ed. G. A. Bonner and E. Burns).London, 1951.

Marx: *Theories of Surplus Value*. Vols. 1-2. London, 1964 & 1969.

Engels: *Anti-Dühring*. Moscow, 1954.

Engels: *The Dialectics of Nature*. Moscow, 1954.

Engels: *The Condition of the Working Class in England in 1844*. Oxford, 1968.

Engels: *Germany: Revolution and Counterrevolution*. London, 1933.

涂爾幹：

The Division of Labour in Society. London, 1964.

De la division de la travail social. Paris, 1960.

The Elementary Forms of the Religious Life. New York, 1965.

Les formes élémentaires de la vie religieuse. Paris, 1960.

Professional Ethics and Civic Morals. London, 1957.

Lecons de sociologie. Paris, 1950.

The Rules of Sociological Method. London, 1964.

Les régles de la méthode sociologique. Paris, 1950.

Socialism. New York, 1962.

Le socialisme. Paris, 1928.

Suicide, a Study in Sociology. London, 1952.

Le suicide, étude de sociologie. Paris, 1960.

(with E. Denis): *Qui a voulu la guerre?* Paris, 1915.

'L'Allemagne au-dessus de tout'. Paris, 1915.

L'évolution pédagogique en France. Paris, 1969.

Sociology and Philosophy. London, 1965.

(with M. Mauss): *Primitive Classification*. London, 1963.

Montesquieu and Rousseau. Ann Arbor, 1965.

Moral Education. London, New York, 1961.

L'éducation morale. Paris, 1925.

Education and Sociology. Glencoe, 1956.

Pragmatisme et sociologie. Paris, 1955.

Journal Sociologique. Paris, 1969.

Review of Schäffle: *Bau und Leben des socialen Körpers, Revue philosophique,* vol. 19, 1885, pp. 84-101.

Review of Gumplowicz: *Grundriss der Soziologie, Revue philosophique,* vol. 20, 1885, pp. 627-34.

'Les études de science sociale', *Revue philosophique,* vol. 22, 1886, pp. 61-80.

Review of Guyau: *L'irréligion de l'avenir, Revue philosophique,* vol. 23, 1887, pp. 299-311.

'La science positive de la morale en Allemagne', *Revue philosophique,* vol. 24, 1887, pp. 33-58; 113-42; and 275-84.

'Le programme économique de M. Schäffle'. *Revue d'économie politique,* vol. 2, 1888, pp. 3-7.

'Suicide et natalité, étude de statistique morale', *Revue philosophique,* vol. 26, 1888, pp. 446-63.

Review of Tönnies: *Gemeinschaft and Gesellschaft, Revue Philosophique,* vol. 27, 1889, pp. 416-22.

'L'enseignement phiosophique et l'agrégation de philosophie', *Revue Philosophique,* vol. 39, 1895, pp. 121-47.

Review of Labriola: *Essais sur la conception matérialiste de l'histoire, Revue Philosophique,* vol. 44, 1897, pp. 645-51.

Review of Richard: *Le socialisme et la science sociale, Revue Philosophique,* vol. 44, 1897, pp. 200-5.

'L'individualisme et les intellectuels', *Revue bleue,* vol. 10, 1898, pp. 7-13.

'Deux lois de l'évolution pénale', *Année sociologique,* vol. 4, 1899-1900, pp. 65-95.

'La sociologie en France au XIXe siècle', *Revue bleue,* vol. 13, 1900, part 1, pp. 609-13, part 2, pp. 647-52.

'Sur le totémisme', *Année sociologique,* vol. 5, 1900-1, pp.82-121.

Review of Merlino: *Formes et essence du socialisme. Revue Philosophique,* vol. 48, 1889, pp. 433-9.

Debate with Lagardelle, *Libres entretiens,* 1905, pp. 425-34.

Review of works by Fouillé, Belot and Landry, *Année sociologique,* vol. 10, 1905-6, pp. 352-69.

Review of Deploige: *Le conflit de la morale et de la sociologie, Année Sociologique,* vol. 12, 1909-12, pp. 326-8.

'La famille conjugale', *Revue Philosophique,* vol. 91, 1921, pp. 1-14.

韋伯

Economy and Society. New York, 1968.

Wirtschaft und Gesellschaft. Tübingen, 1956.

H. H. Gerth and C. Wright Mills: *From Max Weber: Essays in Sociology,* New York, 1958.

Gesammelte Aufsätze zur Religionssoziologie, Vols. 1-3, Tübingen, 1920-1.

Gesammelte Aufsätze zur Soziologie und Sozialpolitik. Tübingen, 1924.

Gesammelte Aufsätze zur Wissenschaftslehre. Tübingen,, 1968.

Gesammelte politische Schriften. Tübingen, 1958.

The Methodology of the Social Sciences. Glencoe, 1949.

The Protestant Ethic and the Spirit of Capitalism. New York, 1958.

The Religion of China. London, 1964.

The Religion of India. Glencoe, 1958.

Gesammelte Aufsätze zur Sozial -und Wirtschaftsgeschichte. Tübingen, 1924.

Jugendbriefe. Tübingen, n. d.

Die römische Agrargeschichte in ihrer Bedeutung für des Staats-und Privatrecht. Stuttgart, 1891.

Die Verhältnisse der Landarbeiter im ostelbischen Deutschland. Leipzig, 1892.

General Economic History. New York, 1961.

'Antikritisches zum "Geist des Kapitalismus"', *Archiv für Sozialwissenschaft und Sozialpolitik,* vol. 30, 1910, pp. 176-202.

'Antikritisches Schlusswort zum "Geist des Kapitalismus"', *Archiv für Sozialwissenschaft und Sozialpolitik,* vol. 31. 1910, pp. 554-99.

二、二手研究

H. B. Acton: *The Illusion of the Epoch.* London, 1955.

Lord Acton: *Lectures on Modern History.* London, 1960.

Guy Aimard: *Durkheim et la science économique.* Paris, 1962.

Martin Albrow: *Bureaucracy.* London, 1970.

Erik Allardt: 'Emile Durkheim: sein Beitrag zur politischen Soziologie', *Kölner Zeitschrift für Soziologie und Sozialpsychologie,* vol. 20, 1968, pp. 1-16.

Harry Alpert: *Emile Durkheim and his Sociology.* New York, 1939.

Louis Althusser: *For Marx.* London, 1969.

Louis Althusser *et al.: Lire le Capital.* Paris, 1967.

Carlo Antoni: *From Hitory to Sociology.* London, 1962.

Raymond Aron: *Main Currents in Sociological Thought.* Vols. 1 & 2. London, 1968 & 1967.

Shlomo Avineri: *The Social and Political Thought of Karl Marx.* Cambridge, 1968.

J. A. Barnes: 'Durkheim's *Division of Labour in Society', Man* (New series), vol. 1, 1966, pp. 158-75.

Eduard Baumgarten: *Max Weber: Werk und Person.* Tübingen, 1964.

Georg von Below: *Der deutsche Staat des Mittelaters.* Leipzig, 1925.

Reinhard Bendix: *Max Weber, an Intellectual Portrait.* London, 1966.
'Social stratification and the political community', *Archives européennes de sociologe,* vol. 1, 1960, pp. 181-210.

Norman Birnbaum: *The Crisis of Industrial Society.* New York, 1969.
'Conflicting interpretations of the rise of capitalism: Marx und Weber', *British Journal of Sociology,* vol. 4, 1953, pp. 125-41.

H. Bollnow: 'Engels Auffassung von Revolution und Entwicklung in seinen "Grundsätzen des Kommunismus" (1847)', *Marxismusstudien,* vol. 1, 1954, pp. 77-144.

Roger Caillois: *Man, Play and Games.* London, 1962.

A. Cornu: *Karl Marx et Friedrich Engels.* Vols. 1-3, Paris, 1955.

Ralf Dahrendorf: *Class and Class Conflict in Industrial Society.* Stanford, 1965.
Society and Democracy in Germany. London, 1968.

Georges Davy: 'Emile Durkheim', *Revue francaise de sociologie,* vol. 1, 1960, pp. 3-24.
'Emile Durkheim', *Revue de métaphysique et de morale,* vol. 26, 1919, pp.

181-98.

Phyllis Deane and W. A. Cole: *British Economic Growth*. Cambridge, 1969.

Simon Deploige: *The Conflict between Ethics and Sociology*. St Louis, 1938.

Maurice Dobb: *Studies in the Development of Capitalism*. London, 1963.

Hans Peter Dreitzel: *Recent Sociology No. 1*. London, 1969.

Jean Duvignaud: *Durkheim, sa vie, son oeuvre*. Paris, 1965.

Iring Fetscher: *Karl Marx und der Marxismus*. Munich, 1967.

Louis Feuer: 'What is alienation? The career of a concept', *New politics*, 1962, pp. 116-34.

Ludwig Feuerbach: *The Essence of Christianity*. New York, 1957. *Sämmtliche Werke*. Vols. 1-10, 1903-11.

Julien Freund: *The Sociology of Max Weber*. London, 1968.

Georges Friedmann: *The Anatomy of Work*. London, 1961.

Walter Gagel: *Die Wahlrechtsfrage in der Geschichte der deutschen liberalen Parteien*. Düsseldorf, 1958.

Charles Elmer Gehlke: *Emile Durkheim's Contributions to Sociological Theory*. New York, 1915.

Anthony Giddens: 'A typology of suicide', *Archives européennes de sociologie*, vol. 7 1966, pp. 276-95.

 '"Power" in the recent writings of Talcott Parsons', *Sociology* vol. 2, 1968, pp. 268-70.

 'Durkheim as a review critic', *sociological Review* vol. 18, 1970, pp. 171-96.

 'Marx, Weber, and the developmemt of capitalism', *Sociology*, vol. 4, 1970, pp. 289-310.

 Politics and sociology in the thought of Max Weber. London, 1972.

 'The suicide problem in French sociology', *British Journal of Sociology*, vol. 16, 1965, pp. 3-18.

John H. Goldthorpe: 'Social stratification in industrial society', Paul Halmos: *The Development of Industrial Society*. Sociological Review Monograph, No. 8, 1964, pp. 97-122.

Fred M. Gottheil: *Marx's Economic Predictions*. Evanston, 1966.

Georges Gurvitch: *La vocation actuelle de la sociologie*. Paris, 1950.

Georges Gurvitch and Wilbert E. Moore: *Twentieth Century Sociology*. New York, 1945.

Jürgen Habermas: *Theorie und Praxis*. Neuwied and Berlin, 1967.

R. M Hartwell: *The Causes of the Industrial Revolution in England*. London, 1967.

J. E. S. Hayward: 'Solidarist syndicalism: Durkheim and Duguit', *Sociological Review*, vol. 8, 1960, parts 1 & 2, pp. 17-36 & 185-202.

G. W. F. Hegel: *Philosophy of Right*. London, 1967.

Donald Hodges. 'The "intermediate classes" in Marxian theory', *Social Research*, vol. 28, 1961, pp. 241-52.

John Horton: 'The de-humanisation of anomie and alienation', *British Journal of Sociology*, vol. 15, 1964, pp. 283-300.

Henri Hubert and Marcel Mauss. 'Théorie générale de la magie', *Année Sociologique*, vol. 7, 1902-3, pp. 1-146.

H. Stuart Hughes: *Consciousness and Society*. New York, 1958.

Jean Hyppolite: *Etudes sur Marx et Hegel*. Paris, 1955.

Barclay Johnson: 'Durkheim's one cause of suicide', *American Sociological Review*, vol. 30, 1965, pp. 875-86.

Z. A. Jordan: *The Evolution of Dialectical Materialism*. London, 1967.

Eugene Kamenka: *The Philosophy of Ludwig Feuerbach*. London, 1970.

Karl Kautsky: *Die Agrarfrage*. Stuttgart, 1899.

Der Ursprung des Christentums. Stuttgart, 1908.

Helmut Klages: *Technischer Humanismus*. Stuttgart, 1964.

E. Jürgen Kocka: 'Karl Marx und Max Weber. Ein methodologischer Vergleich', *Zeitschrift für die gesamte Staatswissenschaft*, vol. 122, 1966, pp. 328-57.

René König and Johannes Winckelmann: *Max Weber zum Gedächtnis*. Cologne and Opladen, 1963.

Karl Korsch: *Marxismus und Philosophie*. Leipzig, 1930.

Leopold Labedz: *Revisionism*. London, 1963.

Antonio Labriola: *Socialism and Philosophy*. Chicago, 1918.

Roger Lacombe: *La méthode sociologique de Durkheim*. Paris, 1926.

David S. Landes: *The Unbound Prometheus*. Cambridge, 1969.

V. I. Lenin: *Selected Works*. London, 1969.

George Lichtheim: 'Marx and the "Asiatic mode of production"', *St Antony's Papers*, No. 14, 1963, pp. 86-112.

Marxism, an Histrical and Critical Study. London, 1964.

Marxism in Modern France. New York, 1966.

Dieter Lindenlaub: *Richtungskämpfe im Verein für Sozialpolitik.* Wiesbaden, 1967.

Nicholas Lobkowicz: *Marx and the Western World.* Notre Dame, 1967.

Karl Löwith: 'Max Weber und Karl Marx', *Archiv für Sozialwissenschaft und Sozialpolitik.* Vol. 67, 1932, part 1, pp. 53-99 and part 2, pp. 175-214.

Georg Lukács: *Der junge Hegel.* Zurich and Vienna, 1948.

Geschichte und Klassenbewusstein. Berlin, 1932.

Die Zerstörung der Vernunft. Berlin, 1955.

Steven Lukes: 'Alienation and anomie', in Peter Laslett and W. G. Runciman: *Philosophy, Politics and Society.* Oxford, 1967, pp. 134-56.

Ernest Mandel: *Marxist Economic Theory.* Vols. 1 & 2. London, 1968.

Marcel Mauss: 'Essai sur les variations saisonnières des sociétés eskimos', *Année sociologique,* vol. 9, 1904-5, pp. 39-130.

David McLellan: *Marx Before Marxism.* London, 1970.

The Young Hegelians and Karl Marx. London, 1969.

C. B. Macpherson: *The Political Theory of Possessive Individualism.* London, 1962.

Ronald Meek: *Studies in the Labour Theory of Value.* London, 1956.

Franz Mehring: *Karl Marx,* Ann Arbor, 1962.

István Mészáros: *Marx's Theory of Alienation.* London, 1970.

Alfred G. Meyer: *Marxism, the Unity of Theory and Practice.* Ann Arbor, 1963.

Arthur Mitzman: *The Iron Cage: An Historical Interpretation of Max Weber.* New York, 1970.

Wolfgang J. Mommsen: *Max Weber und die deutsche Politik, 1890-1920.* Tübingen, 1959.

Barrington Moore: *Social Origins of Dictatorship and Democracy.* London, 1969.

Robert A. Nisbet: *Emile Durkheim.* Englewood Cliffs, 1965.

The Sociological Tradition. London, 1967.

Stanislaw Ossowski: *Class and Class Structure in the Social Consciousness.* London, 1963.

Melchior Palyi: *Erinnerungsgabe für Max Weber.* Munich and Leipzig, 1923.

Talcott Parsons: 'Capitalism in recent German literature: Sombart and Weber', *Journal of Political Economy,* vol. 36, 1928, pp. 641-61.

Sociological Theory and Modern Society. New York, 1967.

The Social System. London, 1951.

The Structure of Social Action. Glencoe, 1949.

Alessandro Prizzorno: 'Lecture actuelle de Durkheim'. *Archives européennes de sociologie* vol. 4, 1963, pp. 1-36.

John Plamenatz: *Man and Society.* Vols. 1 & 2. London, 1968.

Heinrich Popitz: *Der entfremdete Mensch.* Frankfurt, 1967.

Nicos Ar. Poulantzas: *Nature des choses et du droit.* Paris, 1965.

J. A. Prades: *La sociologie de la religion chez Max Weber.* Louvain, 1969.

Thilo Ramm: 'Die künftige Gesellschaftordnung nach der Theorie von Marx und Engels', *Marxismusstudien,* vol. 2, 1957, pp. 77-179.

Hanns Günther Reissner: *Eduard Gans.* Tübingen, 1965.

Reminiscences of Marx and Engels. Moscow, n. d.

Joan Robinson: *A Essay on Marxian Economics.* London, 1966.

Günther Roth: *The Social Democrats in Imperial Germany.* Englewood Cliffs, 1963.

'Das historische Verhältnis der Weberschen Soziologie zum Marxismus', *Kölner Zeitschrift für Soziologie und Sozialpsychologie,* Vol. 20, 1968, pp. 429-447.

Maximilien Rubel: 'Premiers contacts des sociologues du XIXe siècle avec la pensée de Marx', *Cahiers internationaux de sociologie,* vol. 31, 1961, pp. 175-84.

W. G. Runciman: 'The sociological explanation of "religious" beliefs', *Archives européennes de sociologie,* vol. 10, 1969, pp. 149-191.

Alexander von Schelting: *Max Webers Wissenschaftslehre.* Tübingen, 1934.

F. von Schiller: *On the Aesthetic Education of Man.* Oxford, 1967.

Alfred Schmidt: *Der Begriff der Natur in der Lehre von Marx.* Frankfurt, 1962.

Gustav Schmidt: *Deutscher Historismus und der Übergang zur parlamentarischen Demokratie.* Lübeck and Hamburg, 1964.

Joseph A. Schumpeter: *Capitalism, Socialism and Democracy.* New York, 1962.

Alfred Schutz: *The Phenomenology of the Social World.* Evanston, 1967.

Georg Simmel: *Philosophie des Geldes.* Leipzig, 1900.

Georges Sorel: 'Les théories de M. Durkheim', *Le devenir social,* vol. 1, pp. 1-26 & 148-80.

Leo Strauss: *Natural Right and History,* Chicago, 1953.

Paul Sweezy: *The Transition from Feudalism to Capitalism.* London, 1954. *The Theory of Capitalist Devolopment.* New York, 1949. *Böhm-Bawerk's Criticism of Marx.* New York, 1949.

F. Tenbruck: 'Die Genesis der Methodologie Max Webers', *Kölner Zeitschrift für Soziologie und Sozialpsychologie,* vol. 11, 1959, pp. 573-630.

Edward A. Tiryakian: 'A problem for the sociology of knowledge', *Archives européennes de sociologie,* vol. 7, 1966, pp. 330-6.

Robert C. Tucker: *Philosophy and Myth in Karl Marx.* Cambridge, 1965.

Verhandlungen des 15. deutschen Soziologentages: *Max Weber und die Soziologie heute,* Tübingen, 1965.

Marianne Weber: *Max Weber: ein Lebensbild.* Heidelberg, 1950.

Johannes Winckelmann: 'Max Webers Opus Posthumum', *Zeitschrift für die gesamten Staatswissenschaften,* vol. 105, 1949, pp. 368-97.

Karl A. Wittfogel: *Oriental Despotism.* New Haven, 1957.

Kurt H. Wolff: *Emile Durkheim et al., Essays on Sociology and Philosophy.* New York, 1964.

Murray Wolfson: *A Reappraisal of Marxian Economics.* New York, 1964.

Sheldon S. Wolin: *Politics and Vision.* Boston, 1960.

P. M. Worsley: 'Emile Durkheim's theory of knowledge', *Sociological Review,* vol. 4, 1956, pp. 47-62.

索　引

十一畫

西中名詞對照表

abstract labour	抽象勞動
Acton,Lord	艾克頓爵士
adventurers' capitalism	冒險家的資本主義
alienation	異化
altruistic suicide	爲他式的自殺
Année sociologique	社會學年刊
anomie	失規範狀態
Asiatic mode of production	亞細亞生產方式
Aufhebung	廢除
Baptist sects	洗禮派
Bauer, Bruno	鮑爾
Bebel, A.	貝貝爾
Bernstein, E.	伯恩斯坦
Besitzklassen	有產階級
Bismarck, O. von	俾斯麥
bourgeoisie	資產階級
Boutroux, E.	布突魯
bureaucracy	官僚(體)制

Caesarism	凱撒制
calling	天職
Calvinism	喀爾文教派
capitalism	資本主義
Catholicism	天主教
causal explanation	因果解釋
causal imputation	因果推斷
charismatic authority	卡理斯瑪支配
civil society	市民社會
commercial classes	營利階級
Comte	孔德
Confucianism	儒教
consience collective	集體意識
constant capital	固定資本
contradiction	矛盾
corporations	職業團體
Coulanges, Fustel de	古朗士
cult of the individual	個體的崇拜
Darwin, C.	達爾文
dehumanisation	非人性化
descriptive concepts	描述性概念
determinism	決定論
dialectic	辯證
direct understanding	直接的了解

disenchantment	除魅
division of labour	分工
domination	支配
dynamic density	動力密度
Ecole Normale	高等師範學院
economic conditioning	受經濟制約的
economic ethic	經濟倫理
economic relevance	與經濟有關的
economic traditionalism	經濟傳統主義
egoism	自我主義
elective affinity	選擇性親和
Engels, Frederick	恩格斯
Entäusserung	異化；外化
ethical neutrality	價值中立
ethical theory	倫理理論
ethic of responsibity	責任倫理
ethic of ultimate ends	心志倫理
exchange-value	交換價值
expropriation	剝奪
external inequality	外在的不平等
externality	外在性
feudalism	封建制

Feuerbach, Ludwig	費爾巴哈
Fichte, J. G.	費希特
forced division of labour	強制性的分工
formal rationality	形式理性
ghost of Marx	馬克思幽靈
Guesdism	蓋德派
Hegel, G. W. F.	黑格爾
Herrschaft	支配
Hinduism	印度教
historical materialism	歷史唯物論
Hobbes, T.	霍布斯
Hobson-Lenin theory of imperialism	霍布生-列寧帝國主義理論
homo duplex	雙重人
ideal types	理念型
indvidualism	個人主義
Industrial Revolution	工業革命
Instleute	奴隸勞工
integration theory	整合理論
interpretative sociology	詮釋社會學
iron cage	牢籠

Judaism	猶太敎
Junker aristocracy	土地貴族
kadi-justice	卡地裁判
Kantianism	康德哲學(派)
Kathedersozialisten	講壇社會主義
Kautsky, Karl	考茨基
labour-power	勞動力
Labriola, Antonio	拉布里奧拉
Lassalle, F.	拉薩爾
latifundiae	大農場
law of declining profit	利率下降法則
legal authority	法制型支配
liberalism	自由主義
Lukács, Georg	盧卡奇
Lumpenproletariat	失業者
Lutheranism	路德敎派
mana	靈力
market alienation	市場的異化
market situation	市場狀況
Marxism	馬克思主義

materialism	唯物論
Mauss, Marcel	牟斯
means of administration	管理工具
mechanical solidarity	機械性凝聚
methodism	美以美派
Michels, R.	米歇爾
Mommsen, T.	蒙森
Montesquieu, C. ed S.	孟德斯鳩
moral authority	道德權威
natural religion	自然宗教
normality and pathology	常態與病態
objectification	對象化
objectivity	客觀性
occupational groups	職業團體
organicism	有機論
organic solidarity	有機的凝聚
Oriental society	東方社會
Paris Commune	巴黎公社
patrimonialism	家產制
pauperisation	貧窮化
penal law	刑法

perfectibility	完足
piacular rites	贖罪的儀式
political economy	政治經濟學
post-industrial society	後工業社會
pragmatism	實用主義
Praxis	實踐
predestination	上帝預選說
primitive accumulation	原始積累
proletariat	無產階級
prophecy	先知預言
Protestantism	基督新教
purposively rational conduct	目的理性行為
rate of exploitation	剝削率
rationalisation	理性化
reflective materialism	反映的唯物論
relations of production	生產關係
repressive sanctions	壓制性的制裁
reserve army	後備軍
restitutive sanctions	償復性制裁
Rickert, H.	李克特
Roman law	羅馬法
Roman society	羅馬社會
romantic conservatism	浪漫的保守主義

Roscher,W.	羅雪
Rousseau, J.-J.	盧騷
routinisation of charisma	卡理斯瑪例行化
Russian revolution	俄國革命
sacred and profane	神聖的與凡俗的
Saint-Simon	聖西門
Schäffle, A.	謝弗勒
Schmoller, G.	施莫勒
Schumpeter, J.	熊彼得
secular humanism	俗世的人文主義
Simmel, Georg	齊默
Smith, Adam	亞當斯密
social action	社會行動
Social Democratic Party	社會民主黨
social facts	社會事實
social integration	社會凝聚
socialism	社會主義
social morphology	社會的病態
sociological method	社會學方法論
Sombart, W.	宋巴特
species-being	類存在
spontaneity	自發性
state of nature	自然狀態

status position	身分地位
Stirner, Max	史特納
stock exchange	股票交易
stock market	股票市場
Strauss, D.	史特勞斯
substantive rationality	實質理性
suicide	自殺
superstructure	上層結構
surplus value	剩餘價值
technological alienation	技術的異化
technological rationality	科技的理性
Tönnies, F.	特尼厄斯
totemism	圖騰崇拜
traditional authority	傳統型支配
tribal society	部落社會
usage and custom	習慣與習俗
value rational action	價值理性行為
value and prices	價值與價格
variable capital	變動資本
volksgeist	人的精神
Windelband, W.	溫德爾班
Wundt, W.	馮特
Young Hegelians	青年黑格爾學者

國家圖書館出版品預行編目資料

資本主義與現代社會理論：馬克思‧涂爾幹‧
　韋伯 / 紀登斯（Anthony Giddens）著；簡惠美
譯. -- 新版. -- 臺北市：遠流, 1994[民 83]
　　面；　公分. --（新橋譯叢；5）
　譯自：Capitalism and modern social theory： an
analysis of the writings of Marx, Durkheim and Max
Weber
　參考書目：面
　含索引
　ISBN 957-32-2888-2(平裝)

　1. 馬克思(Marx, Karl, 1818-1883）- 學術思想 -
社會學　2. 涂爾幹(Durkheim, Emile,1858-1917) -
學術思想 - 社會學　3. 韋伯(Weber, Max, 1864-
1920) - 學術思想 - 社會學
540.2　　　　　　　　　　　　　　　85008056